工伤认定

典型案例解析与实务指南

解决实务中的工伤认定问题，防范化解纠纷
依法处理工伤事故，提高用人单位管理效能

王勤伟 | 著

中国法制出版社
CHINA LEGAL PUBLISHING HOUSE

图书在版编目（CIP）数据

工伤认定典型案例解析与实务指南 / 王勤伟著. —
北京：中国法制出版社，2022.9（2025.12重印）
（企业管理与法律实用系列）
ISBN 978－7－5216－2758－9

Ⅰ.①工…　Ⅱ.①王…　Ⅲ.①工伤事故－认定－案例
－分析－中国－指南　Ⅳ.①D922.545－63

中国版本图书馆 CIP 数据核字（2022）第 114394 号

策划编辑：杨　智
责任编辑：马春芳　　封面设计：周黎明

工伤认定典型案例解析与实务指南

GONGSHANG RENDING DIANXING ANLI JIEXI YU SHIWU ZHINAN

著者/王勤伟
经销/新华书店
印刷/北京虎彩文化传播有限公司
开本/730 毫米×1030 毫米　16 开　　印张/ 16.75　字数/ 302 千
版次/2022 年 9 月第 1 版　　2025 年 12月第 8 次印刷

中国法制出版社出版
书号 ISBN 978－7－5216－2758－9　　定价：59.80 元

北京市西城区西便门西里甲 16 号西便门办公区
邮政编码：100053　　传真：010－63141600
网址：http：//www.zgfzs.com　　**编辑部电话：010－63141822**
市场营销部电话：010－63141612　　**总编室电话：010－63141606**

序　言

在用人单位生产经营活动中职工工伤事故时有发生，如何保障工伤职工的合法权益，使他们在受到事故伤害后及时获得帮助和补偿，是一个重要的社会话题。我国在20世纪50年代初即建立了工伤保险制度，为保障工伤职工的合法权益提供了重要的法律依据和制度保障。2020年5月28日，第十三届全国人民代表大会第三次会议表决通过了《中华人民共和国民法典》，自2021年1月1日起施行。这是中华人民共和国成立以来第一部以“法典”命名的法律，是新时代社会主义法治建设的重大成果。民法典的立法目的是“保护民事主体的合法权益，调整民事关系，维护社会和经济秩序，适应中国特色社会主义发展要求，弘扬社会主义核心价值观”，囊括了各类民事主体，即自然人、法人、非法人组织在社会生活中所涉及的方方面面，规范民事主体的人身关系和财产关系，既凸显社会的进步、观念的进步，更体现了“人民至上”的立法精神。它的诞生顺应时代发展要求，维护人民切身利益，正深刻影响我们每个人。

在新形势下，解决工伤认定问题如何体现以人民为中心的法治理念，更好地维护职工的合法权益，需要我们进行深入研究。《工伤保险条例》施行于2004年1月1日，在2010年12月8日，国务院第136次常务会议通过《关于修改〈工伤保险条例〉的决定》，自2011年1月1日施行。十余年来，我国社会经济生活发生了翻天覆地的变化，我们已经全面建成小康社会，步入了一个新时代，社会经济水平、人们的生活水平都有了显著的提升，新的就业形态也不断涌现。如何适应“以人为本”的社会理念，如何保障新就业形态下劳动者的合法权益，特别是在劳动者因工作遭受事故伤害时更好地保护他们的权益，使他们不致因工伤导致个人甚或家庭生活水平降低，而获得更好的社会医疗救治和经济补偿，是摆在我们面前的一个现实问题。每个法律工作者在司法实务中都应注意把握《工伤保险条例》的立法精髓，体现以人民为中心的法治理念，切实维护、保障工伤职工的合法权益。

在司法实践中，劳动者因工作遭受事故伤害或者患职业病而申请工伤认定，会存在这样那样的情形，有时也会伴随一些特殊的事由，这就给工伤认定带来一系列的问题，如确认劳动关系、进行司法鉴定等，而每一个环节、每一道程序都需要一定的时间，从而导致工伤认定要经历比较长的时间，个别案件甚至出现行政部门作出的决定被法院撤销、重新作出决定后又被法院撤销等多次反复的情形。工伤职工的合法权益不能及时得到保障，用人单位有时也疲于应对。笔者撰写、出版本书，旨在通过通俗易懂的语言，全面介绍与工伤认定相关的法律知识，让读者对工伤的性质、认定标准、认定程序、特殊情形下工伤的认定、不服工伤认定决定的救济、工伤赔偿计算标准等问题有一个清晰的认识，轻松了解和掌握工伤相关法律法规，能够对劳动者遭遇事故伤害是否属于工伤作出比较准确的判断，帮助广大用人单位和劳动者正确认识工伤，依法依规处理发生的事故，统筹兼顾，既要维护职工的合法权益，使遭遇事故伤害的职工得到及时的医疗救治和经济补偿，也要维护用人单位的合法权益，防范员工过度维权及不合理的要求，保证国家有关工伤法律法规的正确实施。

本书具有以下几个特点：

一是面向公众，通俗易懂。本书虽然介绍的是工伤认定方面的专业知识，但面向广大读者群众，尽量使用通俗易懂的语言，即便是专业术语，读者在阅读时也能轻松理解。

二是知识点全面，内容翔实。笔者力求体现有关工伤认定的各个方面，使广大读者朋友在实际运用中，能够比较轻松地把握工伤认定的实质及认定工伤的关键点，准确作出判断；围绕法律法规规定的认定工伤的各种情形，一一列举相关案例，展开分析，案件事实介绍清楚，法理分析力求到位，帮助读者轻松掌握相关知识。

三是案例典型，指导性强。书中选取的案例，绝大多数是地方高级人民法院审判监督的案例，有的还是经过最高人民法院再审的案例，这些案例都具有典型性，具有很高的指导价值，可以作为法律实务工作者办案的参考。

四是实用性强，读者可以参照相关案例，自己操作。在案例解析部分，结合对案件情况的介绍，比较全面地展现了工伤认定案件从申请到作出决定、再到行政复议、最后到法院审判这一全过程，方便广大读者朋友在研习相关案例后，可以自己按照程序要求进行实际操作，依法及时维权。

本书对工伤认定案例的介绍，虽言简意赅，但基本保留了案例的全貌，便于读者在学习、参考案例时，能够对案件的实质有一个全面的把握。通过学习案例、分析案例、研究案例，去区别案件的不同要点、特殊情形，真正把握案例的裁判要旨，正确运用典型案例指导司法实践，减少工伤纠纷认定难、耗时长、解决难等问题。如果本书能够给用人单位、劳动者以及法律工作者带来些许裨益，笔者就知足了。

在本书成书过程中，中国法制出版社和编辑杨智老师给予了支持和帮助，提出了一些中肯的修改、完善意见，在此表示谢意！同时，也感谢我的同事、朋友，他们给了我莫大的支持和帮助；还要感谢我的家人对我工作的不懈支持和付出。笔者水平有限，书中错误在所难免，希望广大读者朋友能够不吝赐教，并致谢意。

是为序。

王勤伟

2022 年 7 月于泉城济南

目　　录

第一章　工伤是怎么回事儿

一、工伤概述

（一）什么是工伤

工伤是工作伤害的简称，有广义和狭义之分。广义的工伤，是指劳动者在工作中或者法定的特殊情况下因意外事故所造成的负伤、致残、死亡或者患职业病；狭义的工伤，仅指劳动者在工作中因意外事故所受的伤害，不包括职业病。职业病，是指企业、事业单位和个体经济组织等用人单位的劳动者在职业活动中，因接触粉尘、放射性物质和其他有毒、有害因素而引起的疾病（《中华人民共和国职业病防治法》第二条规定）。我国对工伤的认定适用广义的工伤概念。

（二）工伤的法治进程

20 世纪 50 年代初，我国就建立了工伤保险制度。1995 年 1 月 1 日，《中华人民共和国劳动法》施行，以法律的形式明确规定了国家工伤保险制度，保障了劳动者的工伤保险权。《中华人民共和国劳动法》第 70 条规定："国家发展社会保险事业，建立社会保险制度，设立社会保险基金，使劳动者在年老、患病、工伤、失业、生育等情况下获得帮助和补偿。"第 73 条第 1 款规定："劳动者在下列情形下，依法享受社会保险待遇：……（三）因工伤残或者患职业病……"1996 年 8 月，劳动部颁布了《企业职工工伤保险试行办法》（已失效），第一次将工伤保险作为单独的保险制度统一进行规定。同年，国家技术监督局发布了《职工工伤与职业病致残程度鉴定标准》（GB/T 16180－1996）。2006 年，国家质量监督检验检疫总局（已撤销）、国家标准化管理委员会又发布了《劳动能力鉴定 职工工伤与职业病致残等级》（GB/T 16180－2006），代替前者。2014 年 9 月 3 日，国家质量监督检验检疫总局、国家标准化管理委员会联合发布了《劳动能力鉴定 职工工伤与职业病致残等级》（GB/T 16180－2014），代替 GB/T 16180－2006。

2003 年 4 月 27 日，国务院颁布了《工伤保险条例》，自 2004 年 1 月 1 日起施行。这标志着我国的工伤保险立法进入一个新的阶段。2010 年 12 月 20 日，国务院发布了《关于修改〈工伤保险条例〉的决定》，对《工伤保险条例》进行了修订。劳动和社会保障部（现为人力资源和社会保障部）陆续颁布了《工伤认定办法》《非法用工单位伤亡人员一次性赔偿办法》《因工死亡职工供养亲属范围规定》《关于农民工参加工伤保险有关问题的通知》等一系列部门规章和规范性文件，进一步完善了工伤立法及相关保险制度。

二、工伤认定中的用人单位有哪些

（一）一般劳动关系中的用人单位

《工伤保险条例》第2条第1款规定，中华人民共和国境内的企业、事业单位、社会团体、民办非企业单位、基金会、律师事务所、会计师事务所等组织和有雇工的个体工商户应当依照本条例规定参加工伤保险，为本单位全部职工或者雇工缴纳工伤保险费。

根据本条的规定，企业、事业单位、社会团体、民办非企业单位、基金会、律师事务所、会计师事务所等组织、有雇工的个体工商户都可以成为工伤认定中的用人单位。但是，这些组织和个体工商户要成为工伤认定中的用人单位，必须具备合法经营资格。无营业执照或者未经依法登记、备案的单位以及被依法吊销营业执照或者撤销登记、备案的单位并不具备组织性的法定要件，难以成为劳动关系的主体，根据《工伤保险条例》第66条的规定，这些单位的职工受到事故伤害或者患职业病的，由该单位向伤残职工或者死亡职工的近亲属给予一次性赔偿，赔偿标准不得低于《工伤保险条例》规定的工伤保险待遇。同时，可参照《非法用工单位伤亡人员一次性赔偿办法》（人力资源和社会保障部令第9号）的规定进行赔偿。

公务员和参照公务员法管理的事业单位、社会团体的工作人员因工作遭受事故伤害或者患职业病的，由所在单位支付费用。具体办法由国务院社会保险行政部门会同国务院财政部门规定。这类单位不属于《工伤保险条例》规定的用人单位，不适用《工伤保险条例》的规定。

案例1①

2016年4月12日，罗某向某市人社局提交工伤认定申请表，称其是李某经营的某木器店的员工，在2015年8月9日上午9时左右上班期间，使用铣床机时被割伤左手食指和中指，后到某医院进行治疗，请求认定其受到的伤害为工伤。

市人社局经调查，于2016年6月7日作出工伤认定申请不予受理决定书，认为罗某没有提供有效的劳动关系证明材料，没有证据显示罗某与木器店存在劳动关系，不

① 案号：（2017）粤行申543号。

符合《广东省工伤保险条例》第 14 条第 1 款第 2 项的规定[①]，决定不予受理。

罗某不服市人社局作出的工伤认定申请不予受理决定书，向法院提起行政诉讼。

一审法院认为，市人社局作为该市行政区域内的社会保险行政部门，依法享有对该市行政区域内的工伤事故进行处理和认定的法定职权。市人社局作出工伤认定申请不予受理决定书并送达罗某和李某，其执法主体适格，程序合法。综合本案的证据来看，尚未有充分的证据可以证明罗某与李某经营的木器店之间存在劳动关系。因此，市人社局对于罗某的工伤认定申请不予受理，适用法律正确，并无不当。判决：驳回罗某的全部诉讼请求。

罗某不服一审判决，向二审法院提起上诉。

二审法院认为，本案的争议焦点在于罗某与李某经营的木器店之间是否存在劳动关系。纵观全案证据材料，只有作为甲方的木器店与蔡某（案外人）、罗某共同作为乙方所签订的结算单能够最为直接地反映两者之间的实际用工关系。根据结算单记载内容显示，蔡某、罗某承包木器店的缅花餐椅之加工工作，后者根据前者的工作完成进度及验收情况支付相应人工费。可见两者之间符合承揽合同的法定构成要件，并不属于劳动关系。市人社局决定不予受理罗某的工伤认定申请并无不妥。罗某主张结算单系事后被迫签订，但无证据证明，其该项主张不能成立。罗某在二审期间才提出证人出庭作证申请书，业已超出法定举证期限，二审法院不予准许。一审判决认定事实清楚，法律适用正确，处理结果亦无不当。判决：驳回上诉，维持原判。

罗某不服二审判决，向广东省高级人民法院申请再审。

再审法院认为，罗某申请工伤认定时未能提供充分证据证明其与李某经营的木器店之间存在劳动关系，一、二审法院认定市人社局以现有证据不能证明罗某与木器店存在劳动关系为由，对罗某的工伤认定申请不予受理，适用法律正确，据此判决驳回罗某的诉讼请求，并无不当。裁定：驳回罗某的再审申请。

在工伤认定中，遭受伤害的职工与用人单位之间存在劳动关系（包括事实劳动关系）是进行工伤认定的基本条件。《广东省工伤保险条例》第 14 条[②]规定："提出工伤认定申请应当提交下列材料：（一）工伤认定申请表；（二）用人单位与劳动者存在劳动关系（包括事实劳动关系）的证明材料……"本案中，罗某仅提供了与木器店签订的结算单，而该结算单不能反映出罗某与木器店之间的劳动关系。根据法院查明的事实，罗某与李某经营的木器店之间是承揽合同的关系，不属于劳动关系。因此，市人

---

① 此处为 2011 年修订版《广东省工伤保险条例》。现行有效的《广东省工伤保险条例》为 2019 年修订版，相同内容的规定为第 13 条第 1 款第 2 项。

② 此处为 2011 年修订版《广东省工伤保险条例》。现行有效的《广东省工伤保险条例》为 2019 年修订版，相同内容的规定为第 13 条。

社局不予受理罗某的工伤认定申请是正确的。

（二）双重劳动关系中的用人单位

双重劳动关系，是指一个劳动者具有双重身份和享有两个劳动关系。我国现有的劳动法律法规并未禁止双重劳动关系。《中华人民共和国劳动合同法》第39条第4项规定，劳动者同时与其他用人单位建立劳动关系，对完成本单位的工作任务造成严重影响，或者经用人单位提出，拒不改正的，用人单位可以解除劳动合同；第69条第2款规定，从事非全日制用工的劳动者可以与一个或者一个以上用人单位订立劳动合同；但是，后订立的劳动合同不得影响先订立的劳动合同的履行。《最高人民法院关于审理劳动争议案件适用法律问题的解释（一）》（法释〔2020〕26号）第32条第2款规定，企业停薪留职人员、未达到法定退休年龄的内退人员、下岗待岗人员以及企业经营性停产放长假人员，因与新的用人单位发生用工争议而提起诉讼的，人民法院应当按劳动关系处理。

从上述规定来看，我国允许双重或多重劳动关系存在。那么，在双重或多重劳动关系中如果劳动者发生工伤，由哪个用人单位承担工伤保险责任呢？

根据《劳动和社会保障部关于实施〈工伤保险条例〉若干问题的意见》（劳社部函〔2004〕256号）第1条的规定，职工在两个或两个以上用人单位同时就业的，各用人单位应当分别为职工缴纳工伤保险费。职工发生工伤，由职工受到伤害时其工作的单位依法承担工伤保险责任。《最高人民法院关于审理工伤保险行政案件若干问题的规定》（法释〔2014〕9号）第3条第1款第1项规定，职工与两个或两个以上单位建立劳动关系，工伤事故发生时，职工为之工作的单位为承担工伤保险责任的单位。因此，职工依法在两个或两个以上用人单位工作，或者职工离岗或下岗后依法受聘于新的用人单位，受到伤害时其工作的单位为工伤认定中的用人单位。

案例2①

2013年4月2日，蔡某与同事一起被某科技公司派往外地办理验货事宜。4月3日3时20分许，蔡某所乘车辆行至某国道某处发生交通事故，蔡某受伤。交警部门出具的道路交通事故证明载明，案外人王某对该事故负全部责任。

2013年8月12日，蔡某向某区人社局提出工伤认定申请。因该工伤认定需要以交警部门的结论为依据，区人社局于8月15日作出工伤认定中止通知书，中止工伤认定。10月8日，蔡某向区人社局提交了道路交通事故证明等材料。同日，区人社局作出工伤认定申请受理决定书。

---

① 案号：（2014）一中行终字第7555号。

科技公司向区人社局提交了情况说明等材料，认可蔡某系因工出差途中遭遇交通事故，且未对公司与蔡某之间的劳动关系提出异议，仅认为蔡某的保险手续未转移至公司的原因系蔡某本人不愿意，故蔡某不具有申请工伤认定的资格。

2013 年 11 月 6 日，区人社局作出认定工伤决定书，认定蔡某于 2013 年 4 月 3 日受到的事故伤害为工伤。

科技公司不服，向某市人社局提起行政复议。市人社局于 2014 年 2 月 27 日作出复议决定，维持区人社局的工伤认定决定。

科技公司不服市人社局的复议决定，向法院提起行政诉讼。

一审法院认为，蔡某被科技公司派遣到外地办理验货事宜，属于因工外出。蔡某在办理验货事宜途中受到交通事故伤害，且其在交通事故中无责任，该情形符合《工伤保险条例》第 14 条第 5 项规定的工伤认定情形。此外，在工伤认定过程中，科技公司未向区人社局提供有效证据，以否定蔡某构成工伤的事实。因此，区人社局认定蔡某所受伤害属于工伤，并无不当。关于科技公司提出的蔡某与某发电厂存在劳动关系，与科技公司系劳务关系的主张，一审法院认为，科技公司与蔡某签订的《劳动合同书》可以证明蔡某在受伤时与科技公司存在劳动关系。科技公司在工伤认定过程中未对其与蔡某之间的劳动关系提出异议，其在诉讼过程中提交的证据材料尚不足以证明其与蔡某系劳务关系。区人社局在工伤认定过程中，履行了受案、调查取证、送达等行政程序，符合法律规定，其作出的认定工伤决定书程序合法、适用法律正确。判决：驳回科技公司的诉讼请求。

科技公司不服一审判决，向二审法院提起上诉。

二审法院另查明，生效的劳动仲裁裁决书认定蔡某于 2013 年 3 月 20 日入职科技公司，职务为销售工程师，双方签订有固定期限为 2013 年 3 月 27 日至 2015 年 3 月 26 日的《劳动合同书》，科技公司于 2013 年 8 月 22 日以蔡某存在旷工为由向蔡某提出解除劳动合同，并制作了关于对蔡某同志旷工处理的决定。该裁决书认为，科技公司所持其与蔡某之间应为劳务关系的主张不能成立。裁决：撤销科技公司对蔡某作出的关于对蔡某同志旷工处理的决定，继续履行劳动合同。二审中，科技公司明确表示其仅对认定工伤决定书中关于蔡某与科技公司之间存在劳动关系的认定有异议，对其他认定不持异议。

二审法院认为，根据区人社局在工伤认定程序中取得的证据可以认定蔡某于 2013 年 4 月 3 日所受事故伤害符合《工伤保险条例》第 14 条第 5 项之规定，构成工伤。科技公司在工伤认定程序中对事故当日蔡某系因工受伤及蔡某与其之间具有劳动关系并未提出异议，亦未提供相反证据。区人社局作出的认定工伤决定并无不当。一审法院判决正确，应予维持。判决：驳回上诉，维持一审判决。

我国法律法规并没有禁止双重劳动关系，劳动者可以与多个用人单位建立劳动关系，基于此，劳动者在劳动过程中遭受事故伤害，在申请工伤认定时，只能以受到伤害时为之工作的单位为承担工伤保险责任的主体。本案中，蔡某提供了其与某发电厂签订的《内部退养协议书》，证明其系某发电厂的内退人员，提供了其与科技公司签订的《劳动合同书》，证明其与科技公司存在劳动关系，故蔡某具有双重劳动关系。但是蔡某系在受科技公司派遣外出工作时受伤，科技公司应当承担工伤保险责任。因此，区人社局对蔡某与科技公司之间劳动关系的认定以及作出的认定工伤决定是正确的，一、二审法院判决驳回科技公司的诉讼请求正确。

（三）劳务派遣和借调、借用关系中的用人单位

劳务派遣是指劳务派遣单位根据用工单位的用工需求，招聘合格人员，并将所聘人员派遣到用工单位工作的一种用工模式。劳务派遣涉及三方主体，即劳务派遣单位、接受以劳务派遣形式用工的单位、劳动者三方。根据《中华人民共和国劳动合同法》的规定，劳务派遣单位是用人单位，应当履行用人单位对劳动者的义务，与被派遣劳动者订立劳动合同。接受以劳务派遣形式用工的单位为用工单位。劳务派遣单位派遣劳动者应当与用工单位订立劳务派遣协议。《最高人民法院关于审理工伤保险行政案件若干问题的规定》（法释〔2014〕9号）第3条第1款第2项规定，劳务派遣单位派遣的职工在用工单位工作期间因工伤亡的，派遣单位为承担工伤保险责任的单位。从上述规定可以看出，劳务派遣关系中工伤认定的用人单位为劳务派遣单位。

借调、借用等用工形式，虽然与劳务派遣不同，但是就劳动者与原用人单位的法律关系而言，并无改变。被借调、被借用劳动者的劳动关系仍在原用人单位，原用人单位承担为劳动者缴纳工伤保险费等责任，劳动者的工资、履历等与工伤保险有关的档案资料，一般也都由原用人单位保管，不在借调单位之间转移。因此，被借调、被借用劳动者的工伤认定与劳务派遣中劳动者工伤认定的原理相同，应由原用人单位作为借调、借用关系中工伤认定的用人单位。

《工伤保险条例》第43条第3款规定，职工被借调期间受到工伤事故伤害的，由原用人单位承担工伤保险责任，但原用人单位与借调单位可以约定补偿办法。第44条规定，职工被派遣出境工作，依据前往国家或者地区的法律应当参加当地工伤保险的，参加当地工伤保险，其国内工伤保险关系中止；不能参加当地工伤保险的，其国内工伤保险关系不中止。《最高人民法院关于审理工伤保险行政案件若干问题的规定》（法释〔2014〕9号）第3条第1款第3项规定，单位指派到其他单位工作的职工因工伤亡的，指派单位为承担工伤保险责任的单位。

另外，根据上述《工伤保险条例》的相关规定，劳务派遣单位、原用人单位可以与用工单位、借调单位就劳动者的工伤保险问题进行约定，签署相关协议，当劳务派遣单位、原用人单位承担劳动者的工伤保险责任后，可以按照协议约定要求用工单位、

借调单位给予补偿。

案例3①

2016年9月29日19时30分许，莫某在某五金公司生产车间不慎被机器压伤右手指。五金公司提供的莫某与案外人某劳务派遣公司签订劳动合同的时间是2016年9月22日。劳务派遣公司是2016年6月14日成立的企业，2017年3月10日首次向行政许可机关提出经营劳务派遣业务申请，并于2017年4月6日取得准予行政许可决定书。莫某在五金公司的工作岗位是冲压工，工作内容是进行冲压机操作。

莫某于2016年12月8日向某区社会事务局提出工伤认定申请。区社会事务局于12月13日受理，并向五金公司送达申请书（副本）和举证通知书，告知其依法享有的权利，要求其在法定期限内进行举证。在举证期间，五金公司向区社会事务局提交了相关证据，并在工伤认定申请表中写明“莫某是劳务派遣工，承认他在我司上班时间受伤”的意见。区社会事务局经过调查审核，于2017年2月27日作出认定工伤决定书，认定莫某2016年9月29日所受伤害为工伤。

五金公司不服区社会事务局作出的认定工伤决定，向法院提起行政诉讼。

一审法院认为，《劳务派遣行政许可实施办法》（人力资源和社会保障部令第19号）第6条规定：“经营劳务派遣业务，应当向所在地有许可管辖权的人力资源社会保障行政部门依法申请行政许可。未经许可，任何单位和个人不得经营劳务派遣业务。”本案中，劳务派遣公司于2017年4月6日取得准予行政许可决定书后才具备劳务派遣业务开展资质，而五金公司提供的莫某与劳务派遣公司签订劳动合同的时间是2016年9月22日，此时劳务派遣公司还未取得从事劳务派遣业务的资质。因此，劳务派遣公司在未取得相应资质的情况下与莫某签订的劳动合同不符合《劳务派遣行政许可实施办法》第6条之规定，对莫某的劳务派遣工身份不予认定。此外，根据莫某的工作证件和入职登记表可知，莫某在五金公司的工号为“00990”，工作部门是“五金”，工作岗位是“冲压工”，其具体的工作内容是在五金公司生产车间内进行冲压机的操作，同时，五金公司在工伤认定申请表中也承认莫某是在五金公司上班期间受到的伤害，因此，可以认定莫某与五金公司存在事实劳动关系。区社会事务局作出的认定工伤决定证据确凿，认定事实清楚，适用法律、法规正确，符合法定程序。判决：驳回五金公司的诉讼请求。

五金公司不服一审判决，提起上诉。

二审法院经审理认为，一审法院判决驳回五金公司的诉讼请求，并无不当。判决：驳回上诉，维持原判。

---

① 案号：（2018）粤行终30号。

根据我国劳动法律法规的规定，劳务派遣单位是用人单位，与劳动者建立劳动关系。因此，被派遣劳动者在用工单位发生工伤，应当由劳务派遣单位承担工伤保险责任。而本案中，莫某在与劳务派遣公司签订劳动合同时，劳务派遣公司尚未取得从事劳务派遣业务的资质，不具备劳务派遣资格，而莫某提供的工作证和入职登记表，以及五金公司提供的工伤认定申请表中也承认莫某是在五金公司上班期间受到的伤害，因此，可以认定莫某与五金公司存在事实劳动关系，五金公司是莫某的实际用工单位。故法院对莫某的劳务派遣工身份不予认定，而确认其与五金公司存在事实劳动关系，从而作出相应判决，这是正确的。

（四）承包经营中的用人单位

承包经营是指企业全部或部分经营权的承包，如工厂、学校、企业、事业单位和国家机关内部食堂的承包，快递公司将某一区域的快递业务对外承包，企业将工作任务分解后将一部分工作承包给个人等。在建筑施工、货物和旅客运输、餐饮等领域，承包的情况非常普遍。实践中，一些企业为规避劳动法律法规赋予的义务，采用所谓的承包经营方式，将其所有的工作流程全部承包出去，不仅在工作时间、工资报酬等事项上肆意违反劳动法律法规，而且一旦出现工伤，就以其与受伤职工存在的是承包关系而不是劳动关系或者以企业不是受伤职工的用人单位为由拒绝承担工伤保险责任，拒绝支付工伤相关费用。《劳动部关于企业内部个人承包中保险待遇问题给四川省劳动厅的复函》（劳险字〔1992〕27 号）指出，企业与职工个人签订承包合同，是企业内部经营管理的一种方式。企业经营机制的转变，并未改变企业和职工的劳动关系，也未改变承包者的职工身份，因此企业应按照国家现行政策保障职工的社会保险权益。为维护劳动者的合法权益，规范承包经营中的工伤责任，《工伤保险条例》第 43 条第 2 款规定："用人单位实行承包经营的，工伤保险责任由职工劳动关系所在单位承担。"依据这一规定，用人单位实行内部承包经营的，职工的劳动关系在用人单位，职工发生工伤时，用人单位为工伤认定中的单位主体。而用人单位实行外部承包经营的，职工的劳动关系有可能在用人单位，也有可能在外部承包经营者处，需要根据实际情况具体分析认定。

实践中，还有一些承包者没有领取营业执照，导致难以确定承担工伤保险责任的用人单位。对这一问题，笔者认为，应当区分是承包经营还是个人承揽。如果是承包经营，则根据上述，结合承包实际情况，确定用人单位。如果是个人承揽，则承揽人与企业为平等的民事主体，二者之间属于民事关系，承揽人又雇请他人提供劳务的，其与受雇方形成劳务关系，在此情形下，不能认定企业是受雇方的用人单位。如果受雇方因劳务活动受到伤害的，由受雇方与承揽人根据各自的过错程度承担相应的民事责任。

案例4[①]

2013年2月26日，曾某进入某彩瓦厂从事彩瓦生产工作。4月15日12时40分许，曾某在工作中不慎被机器压到右手，造成右手中指、无名指受伤。6月14日，曾某为与倪某的非法用工一次性赔偿争议一案，向某区劳动人事争议仲裁委员会申请仲裁。11月22日，区劳动人事争议仲裁委员会作出裁决书，认为彩瓦厂的经营者尹某将该厂业务发包给不具备用工资格的自然人倪某经营与管理，在倪某承包经营期间所需工作人员虽未经尹某直接招用，但根据承包者倪某以发包人即彩瓦厂的名义从事生产经营活动，曾某又系承包者倪某招用后安排在彩瓦厂从事彩瓦操作工作的事实，应认定曾某与彩瓦厂之间具有事实劳动关系，裁决确认曾某与彩瓦厂具有事实劳动关系，驳回曾某要求倪某承担非法用工单位工作伤亡人员一次性赔偿的仲裁请求。

2013年12月4日，曾某向某区人社局提出工伤认定申请，区人社局于同日受理。2014年1月11日曾某去世，曾某之子曾乙于2014年7月7日向区人社局做出书面声明，表明因其父亲已经去世，其继续申请工伤认定。7月8日，区人社局作出认定工伤决定书，对曾某受到的事故伤害认定为工伤。彩瓦厂对该决定不服，向区政府申请行政复议。区政府于2014年11月7日作出行政复议决定书，维持该认定工伤决定。

彩瓦厂仍不服，于2014年12月29日向法院提起行政诉讼，请求撤销该认定工伤决定。该案在审理期间，区人社局于2015年1月30日作出撤销认定工伤决定书，载明：因其作出决定时曾某已经死亡，不符合《工伤认定办法》第5条关于工伤认定申请人主体资格的规定，决定撤销已作出的认定工伤决定，并于2月6日向法院提交该撤销认定工伤决定书。彩瓦厂坚持要求对区人社局的原具体行政行为进行审理，法院于3月5日作出判决书，判决确认区人社局作出认定工伤决定书的具体行政行为违法。彩瓦厂不服该判决，向二审法院提起上诉。二审法院经审理后判决驳回上诉，维持原判。

2015年2月11日，曾乙向区人社局提出申请，要求代曾某以其生前提交的工伤认定材料重新申请工伤认定，区人社局于同年2月15日予以受理，依法向彩瓦厂发出受理通知书、举证通知书，并经调查核实后，于3月26日作出第二份认定工伤决定书，对曾某受到的事故伤害认定为工伤。彩瓦厂不服该第二份认定工伤决定书，向区政府申请行政复议。区政府于2015年7月21日作出第二份行政复议决定书，维持区人社局作出的第二份认定工伤决定书。

彩瓦厂不服，向法院提起行政诉讼，请求撤销区人社局作出的第二份认定工伤决定书和区政府作出的第二份行政复议决定书。

---

① 案号：(2017) 浙行申340号。

一审法院认为，曾乙作为曾某的近亲属向区人社局提出申请，要求代曾某以其生前提交的工伤认定材料重新申请工伤认定，区人社局予以受理并作出第二份认定工伤决定书，符合相关行政法规、规章的规定。曾某与彩瓦厂之间具有事实劳动关系，曾某在彩瓦厂工作期间，在工作时间和工作场所内，因工作原因受到的事故伤害，符合《工伤保险条例》第 14 条第 1 项的规定，应当认定为工伤。区人社局作出的第二份认定工伤决定书及区政府作出的第二份行政复议决定书，均事实清楚，程序合法，适用法律依据正确。判决：驳回彩瓦厂的诉讼请求。

彩瓦厂不服一审判决，向二审法院提起上诉。

二审法院经审理认为，一审法院认定事实清楚，适用法律正确，彩瓦厂的上诉请求依法不能得到支持。裁定：驳回上诉，维持原判。

彩瓦厂仍不服，向浙江省高级人民法院申请再审。

再审法院经审查认为，彩瓦厂提出曾某与彩瓦厂之间不存在事实劳动关系，但根据区人社局提供的调查笔录、仲裁裁决书等证据，均明确指向曾某与彩瓦厂之间具有事实劳动关系。彩瓦厂否认曾某受到的伤害属于工伤，但区人社局依法要求彩瓦厂提交证据时，彩瓦厂仅做简单说明，并未提交相关证据。相反，根据仲裁庭审笔录、对尹某所做的调查笔录、仲裁裁决书等证据以及一审法院的庭审调查，均明确指向曾某因工作受伤害的事实。故一、二审法院认定曾某受伤构成工伤，并由彩瓦厂依法承担举证不能的后果并无不当。区人社局作出的第二份认定工伤决定书以及区政府作出的第二份行政复议决定书，事实清楚，适用法律依据正确，程序合法。彩瓦厂的再审申请不符合《中华人民共和国行政诉讼法》第 91 条规定的情形。裁定：驳回彩瓦厂的再审申请。

承包经营，有的是承包给用人单位内部人员，有的是承包给外部的个人或者单位，在职工发生伤害事故进行工伤认定时，需要明确受伤职工的劳动关系在何处，由职工劳动关系所在单位承担工伤保险责任。本案中，彩瓦厂的承包者为倪某个人，不具有用工主体资格，且倪某的生产经营是以彩瓦厂的名义进行的，因此，区人社局认定曾某与彩瓦厂之间存在事实劳动关系并无不妥，曾某在工作时间、工作场所因工作原因受到伤害，符合认定工伤的条件，区人社局认定曾某受到的伤害为工伤是正确的。彩瓦厂认为曾某受到的伤害不属于工伤，应当承担举证责任。《工伤保险条例》第 19 条第 2 款规定，职工或者其近亲属认为是工伤，用人单位不认为是工伤的，由用人单位承担举证责任。而本案中，彩瓦厂没有提供相应的证据，应当承担举证不能的不利法律后果。

（五）企业合并、分立、转让中的用人单位及分支机构

企业合并，是指两个或者两个以上的企业联合组成一个企业或者一个企业兼并另

一个或者一个以上的企业；企业分立，是指一个企业分成两个或者两个以上的企业；企业转让，是指一个企业转让给另一个企业。《工伤保险条例》第 43 条第 1 款规定，用人单位分立、合并、转让的，承继单位应当承担原用人单位的工伤保险责任；原用人单位已经参加工伤保险的，承继单位应当到当地经办机构办理工伤保险变更登记。依据这一规定，用人单位分立、合并、转让的，承继单位承担原用人单位的工伤保险责任。

企业依法成立的分支机构可以作为用人单位。《中华人民共和国劳动合同法实施条例》第 4 条规定，劳动合同法规定的用人单位设立的分支机构，依法取得营业执照或者登记证书的，可以作为用人单位与劳动者订立劳动合同；未依法取得营业执照或者登记证书的，受用人单位委托可以与劳动者订立劳动合同。因此，依据此条规定，分支机构可以作为用人单位。但是，根据《中华人民共和国公司法》第 14 条的规定，分公司不具有法人资格，其民事责任由公司承担。《中华人民共和国民法典》第 74 条第 2 款规定，分支机构以自己的名义从事民事活动，产生的民事责任由法人承担；也可以先以该分支机构管理的财产承担，不足以承担的，由法人承担。

案例 5①

刘某于 1986 年 3 月至 1992 年 7 月以轮换工的形式在某矿山公司某矿工作，岗位为采矿工。2009 年 6 月，某矿山分公司成立后，矿山公司歇业，矿山分公司接收矿山公司人员，接收矿山公司某矿。2015 年 1 月，矿山分公司委托某医院为刘某诊断接触矿粉尘职业病，并出具职业病诊断企业信息、职业史证明。2015 年 2 月，该医院出具职业病诊断证明，载明：刘某职业危害接触史为 1986 年 3 月至 1992 年 7 月在从事的采矿工作中接触矽尘，诊断刘某患有矽肺二期。

2015 年 3 月 25 日，刘某向某市人社局提出工伤认定申请，4 月 3 日，市人社局作出受理决定。4 月 14 日，市人社局向矿山分公司送达工伤认定举证通知书。4 月 18 日，矿山分公司向市人社局提供举证材料，表明刘某与矿山分公司不存在劳动关系。市人社局遂向刘某发出工伤认定申请补正材料通知书，告知刘某需确认其与用人单位的劳动关系。之后，刘某就确认其与矿山分公司及矿山公司存在劳动关系提起劳动仲裁。2017 年 1 月 14 日，一审法院判决确认刘某与矿山公司在 1986 年 3 月至 1992 年 7 月期间形成劳动关系，并注明刘某所在的矿山公司某矿已转归矿山分公司。一审判决后，矿山公司不服，提起上诉。2017 年 6 月 22 日，二审法院作出终审判决，驳回上诉，维持原判。

2017 年 8 月 23 日，市人社局作出认定工伤决定书，并向矿山分公司、刘某送达。

---

① 案号：（2019）冀行申 343 号。

矿山分公司不服市人社局作出的认定工伤决定，向法院提起行政诉讼。

一审法院认为，刘某在法定期间提出工伤认定申请，提供了相关材料，市人社局依照工伤认定程序向相关各方送达了工伤认定文书，程序合法。在事实认定方面，市人社局依据双方提供的材料，确认刘某于1986年3月至1992年7月间的工作中接触矽尘，患矽肺二期，证据充分，认定事实清楚。矿山分公司认为不排除刘某离开原单位后再次接触矽尘的可能，但未提供证据证实。矿山分公司提出的刘某的身份问题，已经法律生效文书确认。至于矿山分公司提出的用人单位问题，因其已接收矿山公司人员，接收矿山公司某矿，根据法律规定，矿山分公司承继矿山公司之权利义务，市人社局将其列为认定工伤的用人单位符合法律规定。由于刘某所患矽肺二期疾病构成职业病，符合《工伤保险条例》第14条第4项规定的认定工伤的情形。市人社局作出的认定工伤决定，证据确凿，适用法律、法规正确，符合法定程序。判决：驳回矿山分公司的诉讼请求。

矿山分公司不服一审判决，提起上诉。

二审法院另查明，某村委会出具证明，证明刘某于1992年从某矿回来后，一直在家务农，没有加入任何工作单位。矿山分公司对此不认可，但未提交证据证明。

二审法院认为，法院生效判决认定刘某与矿山公司存在劳动关系。矿山分公司成立后，矿山公司歇业，矿山分公司在矿山公司机关办公楼办公，接收原矿山公司人员，接收原矿山公司某矿。根据《工伤保险条例》第43条第1款的规定，用人单位分立、合并、转让的，承继单位应当承担原用人单位的工伤保险责任，因此，矿山分公司应承担刘某原用人单位，即矿山公司的工伤保险责任。一审法院判决结果正确，应予维持。判决：驳回上诉，维持原判。

矿山分公司不服二审判决，向河北省高级人民法院申请再审。

再审法院认为，根据本案查明的事实，依据《工伤保险条例》第43条第1款之规定，矿山分公司应承担刘某原用人单位，即矿山公司的工伤保险责任。故市人社局作出的认定工伤决定，认定事实清楚，程序合法，适用法律正确。一、二审法院判决驳回矿山分公司的诉讼请求和上诉，并无不当。裁定：驳回矿山分公司的再审申请。

《中华人民共和国劳动合同法》第34条规定，用人单位发生合并或者分立等情况，原劳动合同继续有效，劳动合同由承继其权利和义务的用人单位继续履行。《最高人民法院关于审理劳动争议案件适用法律问题的解释（一）》（法释〔2020〕26号）第26条规定，用人单位与其他单位合并的，合并前发生的劳动争议，由合并后的单位为当事人；用人单位分立为若干单位的，其分立前发生的劳动争议，由分立后的实际用人单位为当事人。用人单位分立为若干单位后，具体承受劳动权利义务的单位不明确的，分立后的单位均为当事人。因此，用人单位合并、分立、转让的，应由承继单位承担原用人单位的工伤保险责任。本案中，刘某原在矿山公司某矿工作，岗位为采矿工，矿山分公司成立后，矿山公司歇业，矿山分公司接收矿山公司人员，接收矿山公司某矿，承继矿山公司的权利义务，根据上述相关规定，矿山分公司应当承担原矿山公司的工伤保险责任。因此，市人社局作出的认定工伤决定认定事实清楚，适用法律正确。

（六）居委会、村委会等群众性自治组织

居民委员会、村民委员会等群众性自治组织是否可以被确定为工伤认定中的用人单位，实践中存在争议。一种观点认为，居委会、村委会作为群众性自治组织，其组成人员与居委会、村委会之间并非劳动关系，况且这种工作关系具有一定的不确定性。居民或者村民可以通过改选或者罢免的形式消灭既存的工作关系，因此居委会、村委会不应被确定为工伤认定中的用人单位。还有一种观点认为，居委会、村委会的工作人员应当被纳入工伤保障的覆盖范围。

笔者认为，居委会、村委会系合法的民事主体，可以作为工伤认定中的用人单位。理由如下：一是《工伤保险条例》第 2 条第 1 款对用人单位主体的规定，以列举的方式规定了我国境内的企业、事业单位、社会团体、民办非企业单位、基金会、律师事务所、会计师事务所等组织和有雇工的个体工商户可以作为用人单位，并未穷尽用人单位的主体形式，其中的“等”字还包含其他合法组织；二是依据《中华人民共和国民法典》第 101 条第 1 款的规定，居民委员会、村民委员会具有基层群众性自治组织法人资格，可以从事为履行职能所需要的民事活动。国家法律已经赋予了居委会、村委会以法人主体资格，因此，居委会、村委会作为合法的民事主体，可以被确定为工伤认定中的用人单位。

案例 6①

2018 年 6 月 13 日，李某与某居民委员会签订《聘请员工协议书》，协议书有效期为一年。2018 年 8 月 28 日 7 时 30 分许，李某在居委会南门门岗值班时突感不适，随后李某之子李某某将李某送到甲医院进行治疗，后转到乙医院进行救治。经诊断，李某为急性心梗、呼吸心跳骤停。当日 10 时许，李某因抢救无效死亡。

李某某向某区人社局提出工伤认定申请，并提交了门诊病历、急诊（留观）病历及证明李某在工作时间、工作岗位突发疾病的录音材料。区人社局受理后，依法向居委会送达了工伤认定限期举证通知书，但居委会在举证期限内并未提交举证材料。区人社局于 2018 年 12 月 24 日作出认定工伤决定书，认定李某属于工伤认定范围，予以视同为工伤。

---

① 案号：（2019）鲁 03 行终 255 号。

居委会不服区人社局作出的认定工伤决定，向法院提起行政诉讼。

一审法院认为，《中华人民共和国民法总则》第101条第1款①规定："居民委员会、村民委员会具有基层群众性自治组织法人资格，可以从事为履行职能所需要的民事活动。"具体到本案，居委会于2018年6月13日同李某签订《聘请员工协议书》，聘请李某为其员工（门卫）的行为是居委会为履行职能所实施的民事活动，其聘请李某为其员工（门卫）并向李某发放工资的事实，本身也说明居委会具备用工和支付报酬的能力。再从《工伤保险条例》第2条的规定看，也未将居民委员会排除在缴纳工伤保险费的用人单位之外，故居委会称其不属于法律规定的劳动用人单位范围、不是承担工伤保险责任主体的理由不成立。从区人社局提供的李某某与谢某（案外人）的录音，李某某、马某（案外人）与谢某的录音，甲医院门诊病历，乙医院急诊（留观）病历来看，能够证明李某病发时在居委会上班，后进入医院抢救，经抢救无效在48小时内死亡的事实，故区人社局作出的认定工伤决定书事实清楚，适用法律正确。判决：驳回居委会的诉讼请求。

居委会不服一审判决，向二审法院提起上诉。

二审法院认为，本案查明的事实能够证实2018年8月28日7时30分许，李某在居委会南门门岗工作时突发疾病，在48小时之内经抢救无效死亡的事实。区人社局依据《工伤保险条例》第15条第1款第1项之规定，认定李某属于工伤认定范围，予以视同为工伤，认定事实清楚，适应法律正确。居委会主张根据甲医院门诊病历中记载的"2018.8.28.8：10急诊科，胸痛90分钟"，8：10向前推90分钟的时间为6：40，系在交班时间7点之前，说明李某在交班前已经发病而不是交班后发病。对此，二审法院认为，李某提前二十分钟赶到工作岗位是为了确保按时交接班，系与工作有关的预备性工作，应视为工作时间的合理延伸，符合《工伤保险条例》第15条第1款第1项关于工作时间的规定，对居委会的该项主张，不予支持。本案中，居委会与李某签订《聘请员工协议书》，聘请李某作为其员工，从事门卫工作，且由居委会为李某发放工资，该行为构成用工行为。居委会关于其不属于劳动用人单位范畴、不应作为承担工伤保险责任主体的理由不能成立，不予支持。一审判决认定事实清楚，适用法律正确，审判程序合法。判决：驳回上诉，维持原判。

关于居民委员会、村民委员会的法律地位问题，在以前的实践中对其作为基层群众性自治组织没有异议，但没有明确其法人资格。2017年3月15日，第十二届全国人民代表大会第五次会议通过的《中华人民共和国民法总则》，其第101条第1款明确规定，居民委员会、村民委员会具有基层群众性自治组织法人资格，可以从事为履行职

---

① 《中华人民共和国民法总则》已于2021年1月1日废止，该条款现为《中华人民共和国民法典》第101条第1款。

能所需要的民事活动，从法律上明确了居民委员会、村民委员会的法人资格，将其列入特别法人一节。2021 年 1 月 1 日起施行的《中华人民共和国民法典》，将《中华人民共和国民法总则》列入总则编，该条款内容也没有改变。因此，居民委员会、村民委员会具有法人资格，可以成为合法的用人单位。本案中，居委会招聘李某为其员工，从事门卫工作，双方建立了劳动关系，居委会依法应当承担工伤保险责任。因此，一、二审法院判决驳回居委会的诉讼请求和上诉，维持区人社局作出的认定工伤决定是正确的。

（七）挂靠关系中的用人单位

挂靠是一个行业用语，不是一个规范的法律术语。挂靠，即挂靠经营，指一个机构、组织或者个人从属或依附于另一机构或组织，以另一机构或组织的名义开展经营活动。挂靠经营在社会实践中带来了一系列的问题，有的甚至争议较大。《最高人民法院关于审理工伤保险行政案件若干问题的规定》（法释〔2014〕9 号）第 3 条第 1 款第 5 项规定，个人挂靠其他单位对外经营，其聘用的人员因工伤亡的，被挂靠单位为承担工伤保险责任的单位。

案例 7[①]

2012 年 10 月 7 日，周某驾驶登记在某旅游汽车公司名下的大型客车，在长途客运工作途中发生侧翻受伤。交警部门出具的道路交通事故认定书认定周某在事故中无过错、无责任。

2013 年 7 月 16 日，周某以旅游汽车公司为用人单位，向某市人社局申请工伤认定。市人社局对周某的申请材料进行初步审查后，要求周某补充劳动合同或事实劳动关系证明。2013 年 8 月 12 日，某区劳动人事争议仲裁委员会作出仲裁裁决书，认定周某与旅游汽车公司存在事实劳动关系。2014 年 2 月 17 日，市人社局受理了周某的工伤认定申请。市人社局在听取旅游汽车公司的申辩后，于 2014 年 4 月 14 日作出认定工伤决定书，认定旅游汽车公司为周某的用人单位，周某在 2012 年 10 月 7 日所受伤害为工伤。

旅游汽车公司不服市人社局作出的认定工伤决定，向法院提起行政诉讼。

一审法院认为，区劳动人事争议仲裁委员会作出的仲裁裁决书具备法律效力，该裁决确认周某与旅游汽车公司存在事实劳动关系。周某于 2012 年 10 月 7 日驾驶登记在旅游汽车公司名下的涉案事故车辆，在长途客运工作途中发生事故侧翻受伤，是在工作时间和工作场所内，因工作原因受到的伤害，符合《工伤保险条例》第 14 条第 1

---

① 案号：（2016）鲁行再 19 号。

项规定的情形，应当认定为工伤。市人社局作出的认定工伤决定证据确凿，适用法律、法规正确。判决：驳回旅游汽车公司的诉讼请求。

旅游汽车公司不服一审判决，向二审法院提起上诉。

二审法院认为，根据《最高人民法院关于审理劳动争议案件适用法律若干问题的解释》第17条的规定①，劳动争议仲裁委员会作出仲裁裁决后，当事人对裁决中的部分事项不服，依法向人民法院起诉的，劳动争议仲裁裁决不发生法律效力。区劳动人事争议仲裁委员会作出仲裁裁决书后，旅游汽车公司对该裁决确认事实劳动关系的事项不服，依法向人民法院起诉，该裁决书不发生法律效力。一审判决认定该裁决书已经生效，并根据上述裁决认定周某与旅游汽车公司存在事实劳动关系，属于认定事实不清。《山东省道路运输企业客运班车驾驶员即时驾驶证明管理办法（试行）》第7条规定："驾驶员因故不能驾驶准驾车辆的，由企业所属基层车辆管理单位安排替班驾驶员，并为替班驾驶员签发《客运班车驾驶员替班通知单》，与《客运班车驾驶员即时驾驶证明》合并使用。《客运班车驾驶员替班通知单》由企业统一印制。"本案中，一方面，周某的《客运班车驾驶员即时驾驶证明》载明的准驾车辆为涉案大型客车，制发单位是省交运集团，旅游汽车公司将准许驾驶涉案大型客车的《客运班车驾驶员即时驾驶证明》制发给了驾驶员高某。另一方面，涉案车次加班协议上登记的驾驶员也是高某，周某在涉案车次运营中调换工作时，也未取得旅游汽车公司的《客运班车驾驶员替班通知单》。上述两方面的事实说明，涉案大型客车虽然挂靠在旅游汽车公司名下，旅游汽车公司也准许高某驾驶该客车以该公司名义从事运营活动，但并未准许周某驾驶该客车以该公司名义从事运营活动，与《最高人民法院关于审理工伤保险行政案件若干问题的规定》（法释〔2014〕9号）第3条第1款第5项规定的挂靠情形并不一致。市人社局认定周某与旅游汽车公司存在事实劳动关系，亦属于主要证据不足。判决：撤销一审判决，撤销市人社局作出的认定工伤决定。

周某不服二审判决，向山东省高级人民法院申请再审。

再审法院认为，市人社局提供的证据以及旅游汽车公司在原审中的自认可以证实：周某受雇于范某，范某所有的涉案大型客车挂靠登记在旅游汽车公司名下，2012年10月7日，周某驾驶该客车在长途客运出车途中发生交通事故受伤，本人无过错、无责任。因此，周某所受伤害符合《最高人民法院关于审理工伤保险行政案件若干问题的规定》（法释〔2014〕9号）第3条第1款第5项规定情形，市人社局认定周某所受伤害为工伤，认定涉案事故车辆被挂靠单位旅游汽车公司为承担工伤保险责任的单位，并无不当。旅游汽车公司关于事故发生时周某所承担的运输任务并非其公司指派、周

① 该司法解释已于2021年1月1日废止，相同内容的规定为《最高人民法院关于审理劳动争议案件适用法律问题的解释（一）》第16条。

某驾驶发生事故的涉案大型客车违反相关管理制度规定等主张，均不能推翻涉案车辆系车主范某所有并挂靠登记在旅游汽车公司名下对外经营以及周某作为车主范某聘用的司机在从事长途客运途中发生交通事故受伤等事实，因此不能作为撤销市人社局作出的认定工伤决定的正当理由，再审法院不予支持。另外，旅游汽车公司据以主张周某与旅游汽车公司之间不构成事实劳动关系的意见，亦非人民法院及工伤保险管理机关认定是否构成工伤以及确定工伤保险责任承担单位的法律依据，再审法院亦不予支持。是故，一审法院的判决并无不当，应予维持；二审法院的判决属于适用法律错误，应予纠正。判决：撤销二审判决，维持一审判决。

挂靠经营，特别是在运输领域、建筑领域非常普遍，这也是实践中一个比较突出、棘手的问题。为维护挂靠关系中劳动者的合法权益，《最高人民法院关于审理工伤保险行政案件若干问题的规定》（法释〔2014〕9号）第3条第1款第5项规定，个人挂靠其他单位对外经营，其聘用的人员因工伤亡的，被挂靠单位为承担工伤保险责任的单位。本案中，法院已经查明周某系范某雇佣的司机，范某的车辆挂靠在旅游汽车公司名下经营，根据最高人民法院上述司法解释的规定，旅游汽车公司应当为承担工伤保险责任的用人单位。二审法院以“旅游汽车公司并未准许周某驾驶该客车以该公司名义从事运营活动”为由，判决撤销市人社局作出的认定工伤决定是错误的，再审法院对此进行改判，适用法律正确，判决正确。

（八）违法发包、转包中的用人单位

实践中，建筑施工或矿山等行业领域违法发包、转包的情况时有发生，甚至有层层分包、转包的情形，造成此类工伤认定案件中不具有用工资格的用工主体与其雇佣的劳动者之间的劳动关系难以确定，受伤职工的权益难以保障。为此，《劳动和社会保障部关于确立劳动关系有关事项的通知》（劳社部发〔2005〕12号）第4条规定，建筑施工、矿山企业等用人单位将工程（业务）或经营权发包给不具备用工主体资格的组织或自然人，对该组织或自然人招用的劳动者，由具备用工主体资格的发包方承担用工主体责任。《最高人民法院关于审理工伤保险行政案件若干问题的规定》（法释〔2014〕9号）第3条第1款第4项规定，用工单位违反法律、法规规定将承包业务转包给不具备用工主体资格的组织或者自然人，该组织或者自然人聘用的职工从事承包业务时因工伤亡的，用工单位为承担工伤保险责任的单位。根据上述规定，建筑施工企业、矿山企业等用人单位违反法律规定，将工程（业务）或者经营权发包给不具有用工主体资格的组织或者个人，该组织或个人聘用的职工因工作受到事故伤害或者罹患职业病的，具备用工主体资格的发包方为用人单位。

案例 8[①]

徐某在某建设项目工地做工，从事拉砖和拉砂浆等工作。该项目建设单位为某置业公司，施工单位为某建设公司。2017 年 6 月 29 日 17 时 45 分许，徐某在项目工地做完事，骑电动车下班回家，途中经过一路口时发生交通事故，徐某当场死亡。交警部门出具的道路交通事故认定书认定徐某在本次事故中负次要责任。

2017 年 7 月 18 日，徐某之妻张某向市人社局申请工亡认定。市人社局于 8 月 29 日作出工亡认定决定书，认定徐某为工亡，工作单位为建设公司。

建设公司不服，在法定期限内向某市政府申请行政复议。市政府于 2017 年 12 月 13 日作出行政复议决定书，认为徐某本次事故符合《工伤保险条例》规定的应当认定为工伤的情形，但张某提供的证据无法充分证明建设公司是工伤保险责任主体。故市人社局作出的工亡认定决定书认定建设公司为工伤保险责任的主体事实不清、证据不足，决定：撤销该工亡认定决定书，责令市人社局重新作出具体行政行为。

张某不服市政府作出的行政复议决定，向法院提起行政诉讼。

一审法院认为，各方当事人对徐某本次事故符合应当认定工伤（亡）的情形均无异议，故本案的争议焦点是建设公司是否是徐某工亡的用工责任主体。徐某所工作的项目工地由建设公司承建，其所从事的拉砖、拉砂浆等工作均系建设公司施工内容的组成部分，结合徐某的工友徐某某、郑某的证言，可以认定徐某是为建设公司工作。建设公司主张徐某系置业公司员工，在庭审中述称置业公司是借用其名义招标、建设项目由置业公司自行施工等，但均未提供充分证据证明。对于徐某某、郑某所佩戴工地胸牌上加盖了置业公司的印章，张某提供的建设项目部保安管理方案以及置业公司建设项目部工作人员的通话录音等证据，可以合理说明不能据此推定徐某、徐某某、郑某等人系置业公司的员工。据此，市政府在行政复议时认定张某所提供的证据不足以证明建设公司是工伤保险责任主体，主要证据不足、事实不清，应予撤销。市人社局作出的工亡认定决定书认定事实清楚，适用法律正确，应予恢复其法律效力。判决：撤销市政府作出的行政复议决定书，恢复市人社局作出的工亡认定决定书的法律效力。

建设公司不服一审判决，向二审法院提起上诉。

二审法院认为，徐某因下班途中发生交通事故死亡且负次要责任，符合法律规定应当认定工伤的情形。《工伤保险条例》第 19 条第 2 款规定：“职工或者其近亲属认为是工伤，用人单位不认为是工伤的，由用人单位承担举证责任。”本案中，建设公司主张徐某系置业公司的员工，并提供徐某某、郑某所佩戴工地胸牌上加盖了置业公司印章予以支持其主张，证据不充分。张某提供的杨某、郑某、邹某、余某、徐某某等

---

① 案号：(2019) 最高法行申 8432 号。

人出具的徐某事件说明，证明徐某工作的工地总清工由杨某承包，杨某又将其中的泥工部分转包给余某，以及郑某、徐某、徐某某被无资质的个人雇佣的事实。根据《最高人民法院关于审理工伤保险行政案件若干问题的规定》（法释〔2014〕9号）第3条第1款第4项的规定，用工单位违反法律、法规规定将承包业务转包给不具备用工主体资格的组织或自然人，该组织或者自然人聘用的职工从事承包业务时因工伤亡的，用工单位为承担工伤保险责任的单位。由于建设公司作为用工单位，未提供证据证明其不存在违法转包或分包的情形，因此，一审判决并无不当。建设公司的上诉理由因缺乏事实和法律依据，对其提出的上诉请求，不予支持。判决：驳回上诉，维持原判。

建设公司不服二审判决，向最高人民法院申请再审。

再审法院认为，本案的争议核心是建设公司是否是徐某工亡的用工责任主体。徐某从2017年4月9日起在项目工地做工，从事拉砖和拉砂浆等工作，系建设公司施工内容的组成部分。原审法院经调查并结合徐某之妻张某提供的在案证据，认定了徐某确系为建设公司工作。因此，一、二审法院的判决认定建设公司为承担工伤保险责任的单位，并无不当。市政府在行政复议过程中，认定张某所提供的证据不足以证明建设公司是工伤保险责任主体，主要证据不足、事实不清，依法应予撤销。对于涉及工伤认定的基础劳动关系的举证责任不宜不适当地全部加诸劳动者及其近亲属。市人社局作出的工亡认定决定书认定事实清楚，适用法律正确，应予恢复其法律效力。劳动者因工作原因死亡后其近亲属有权利及时得到抚恤与救济，工伤保险就是重要的社会保障机制之一。一、二审法院所作的判决具有较为充分的事实基础和法律依据，在很大程度上切实保障了劳动者的合法权益，于法有据，再审法院予以认可。建设公司申请再审的理由及所提交的材料不足以推翻原审法院认定事实和处理结果。裁定：驳回建设公司的再审申请。

目前，违法分包、转包的情况还时有发生，许多情况下分包、转包的主体都是个人，承担经济责任的能力有限。本案中，建设公司将工地总清工承包给杨某，杨某又将其中的泥工部分转包给余某，余某雇佣徐某从事拉砖和拉砂浆等工作。余某、杨某均不具备用工主体资格，根据《最高人民法院关于审理工伤保险行政案件若干问题的规定》（法释〔2014〕9号）第3条第1款第4项的规定，用工单位违反法律、法规规定将承包业务转包给不具备用工主体资格的组织或自然人，该组织或者自然人聘用的职工从事承包业务时因工伤亡的，用工单位为承担工伤保险责任的单位。因此，建设公司作为用工单位，依法应当承担工伤保险责任。二审法院和再审法院驳回建设公司的诉讼请求是正确的。

（九）无营业执照或者未依法登记、备案的单位以及被吊销营业执照或者撤销登记、备案的单位

《工伤保险条例》第66条规定：“无营业执照或者未经依法登记、备案的单位以及被依法吊销营业执照或者撤销登记、备案的单位的职工受到事故伤害或者患职业病的，由该单位向伤残职工或者死亡职工的近亲属给予一次性赔偿，赔偿标准不得低于本条例规定的工伤保险待遇……具体办法由国务院社会保险行政部门规定。前款规定的伤残职工或者死亡职工的近亲属就赔偿数额与单位发生争议的……按照处理劳动争议的有关规定处理。”根据该条规定，无营业执照或者未经依法登记、备案的单位以及被依法吊销营业执照或者撤销登记、备案的单位，因不具备用人单位主体资格，不能参加工伤保险，其职工在工作中受到事故伤害或者患职业病的，无法认定工伤，只能由该用人单位按照《工伤保险条例》规定的待遇，向伤残职工或者死亡职工的近亲属给予一次性赔偿。

2003年9月23日，原劳动和社会保障部发布了《非法用工单位伤亡人员一次性赔偿办法》，对非法用工单位伤亡人员一次性赔偿的有关事宜予以详细规定。一次性赔偿包括受到事故伤害或者患职业病的职工在治疗期间的费用和一次性赔偿金。一次性赔偿金数额应当在受到事故伤害或者患职业病的职工死亡或者经劳动能力鉴定后确定。2010年12月31日，人力资源和社会保障部公布了修订后的《非法用工单位伤亡人员一次性赔偿办法》（人力资源和社会保障部令第9号），自2011年1月1日起施行。

案例9[①]

高某由黄某招聘到某手袋厂，任职车间生产管理人员，平时主要负责生产管理、技术指导、生产纪律，高某的工作时间为8：00—12：00及14：00—18：00。手袋厂的实际经营者是黄某，该单位未经工商登记机关依法登记，属非法用工单位。高某于2017年8月12日8时30分许，在该厂车间上班巡查生产情况的过程中，与员工王某就计工时的问题发生争吵，在争吵的过程中被王某推倒在地，导致高某右髋部受伤。

2017年8月25日，高某向某市人社局提交非法用工单位职工伤亡事故处理申请表，请求市人社局责令黄某向其支付一次性赔偿。市人社局受理后向黄某发出提交材料通知书，并对事故进行调查核实。经综合相关证据材料和调查核实情况，市人社局于2017年11月10日作出关于对违反社会保险法规行为的责令限期改正决定书，责令黄某按照《非法用工单位伤亡人员一次性赔偿办法》的规定，支付高某相应的一次性赔偿。

① 案号：（2019）粤行申148号。

黄某不服市人社局作出的关于对违反社会保险法规行为的责令限期改正决定书，向法院提起行政诉讼。

一审法院认为，市人社局作为该市行政区域内的社会保险行政部门，依法享有对该市行政区域内的工伤事故进行处理和认定的法定职权。市人社局受理高某的申请后，依法进行调查核实，作出关于对违反社会保险法规行为的责令限期改正决定书，其执法主体适格，程序合法。本案事实有非法用工单位职工伤亡事故处理申请表、高某的身份证、查询结果、某医院诊断证明书、《租赁厂房合同书》、照片、询问笔录、讯问笔录等证据予以证实。依据《非法用工单位伤亡人员一次性赔偿办法》第 2 条的规定，黄某应对高某给予一次性赔偿，市人社局作出案涉关于对违反社会保险法规行为的责令限期改正决定书事实清楚、适用法律正确。另外，黄某在庭审中口头申请一审法院向公安部门调取谅解书，一审法院认为黄某的申请超过法定期限且未提交书面申请，另市人社局已向公安部门调取了公安部门对高某制作的询问笔录以及对王某制作的讯问笔录，与市人社局对高某及相关员工制作的询问笔录相互印证，并无矛盾，证实高某因为计工时的工作原因被王某推倒致伤，故对黄某的该申请，一审法院不予支持。判决：驳回黄某的诉讼请求。

黄某不服一审判决，向二审法院提起上诉。

二审法院认为，市人社局作出的案涉关于对违反社会保险法规行为的责令限期改正决定书，要求黄某向高某支付一次性赔偿，并无不当。黄某主张高某倒地后经过非专业人员处置，可能造成了二次伤害，仅为个人主观臆测，其在工伤认定阶段未曾提出过该项反驳理由，现亦无证据证明。至于黄某在二审期间补充提交的调查取证申请，因已超过法定举证期限，二审法院不予准许。退而言之，即使黄某申请调取的《赔偿协议》或调解书确实存在，能够证明王某已经向高某做出赔偿并取得其谅解，但也没有法律规定可以就此免除黄某作为非法用工主体所应承担的一次性赔偿责任。故判决：驳回上诉，维持原判。

黄某不服二审判决，向广东省高级人民法院申请再审。

再审法院认为，根据黄某申请再审提交的材料反映，手袋厂未经工商登记机关依法登记，属非法用工单位，实际经营者是黄某。一、二审法院经审理认定，黄某系非法用工主体，其员工高某在上班巡查生产时被同事王某推倒在地造成伤害，有公安机关向王某制作的讯问笔录及向高某制作的询问笔录，以及市人社局向黄某、肖某、郑某制作的询问笔录和现场调取的《租赁厂房合同书》、照片等证据予以证实，市人社局据此责令黄某向高某支付一次性赔偿，符合法律规定。一、二审法院判决驳回黄某的诉讼请求和上诉，并无不当。裁定：驳回黄某的再审申请。

《中华人民共和国劳动合同法》第 2 条第 1 款规定："中华人民共和国境内的企业、个体经济组织、民办非企业单位等组织（以下称用人单位）与劳动者建立劳动关系，订立、履行、变更、解除或者终止劳动合同，适用本法。”无营业执照或者未经依法登记、备案的单位以及被依法吊销营业执照或者撤销登记、备案的单位，不具备劳动合同法规定的用人单位主体资格，与劳动者之间不能建立劳动关系，其职工在工作中受到事故伤害或者患职业病的，无法认定工伤，只能由该用人单位按照《工伤保险条例》规定的待遇，向伤残职工或者死亡职工的近亲属给予一次性赔偿，赔偿标准不得低于《工伤保险条例》规定的工伤保险待遇。本案中，黄某开办手袋厂进行经营，但未经工商登记机关依法登记，属于非法用工单位，高某受到的伤害依法不能认定工伤。市人社局责令黄某向高某支付一次性赔偿符合《工伤保险条例》及相关法律法规的规定，是正确的。一、二审法院以及再审法院也对此决定予以维持。

三、工伤认定中的员工有哪些

（一）一般劳动关系中的职工

《工伤保险条例》第2条第2款规定：“中华人民共和国境内的企业、事业单位、社会团体、民办非企业单位、基金会、律师事务所、会计师事务所等组织的职工和个体工商户的雇工，均有依照本条例的规定享受工伤保险待遇的权利。”依据该条款规定，工伤认定中的职工指的是与企业、事业单位、社会团体、民办非企业单位、基金会、律师事务所、会计师事务所等组织和个体工商户建立劳动关系的职工或雇工，也即受《中华人民共和国劳动法》和《中华人民共和国劳动合同法》等劳动法律法规调整的、与用人单位存在劳动关系的劳动者。

案例10①

郑某系某水务公司的职工。2016年12月3日，郑某在水务公司车间切割钢管时不慎受伤，经某医院诊断为右手食指末节离断伤。

2016年12月22日，郑某向某区劳动人事争议仲裁委员会提出仲裁申请，请求确认其与水务公司自2016年10月4日至2016年12月22日期间存在劳动关系。仲裁委员会经审理，于2017年3月30日作出仲裁裁决书，裁决驳回郑某的全部仲裁请求。郑某不服，向法院提起民事诉讼，法院经审理，于2017年9月8日作出民事判决，判决确认郑某与水务公司自2016年10月4日至2016年12月22日期间存在劳动关系。水务公司对该判决不服，提起上诉。二审法院经审理，对一审判决中关于郑某与水务公司自2016年10月4日至2016年12月22日期间存在劳动关系的判项予以维持。

2017年11月24日，郑某向某区人社局提出工伤认定申请。区人社局予以受理，

① 案号：（2019）京行申433号。

并向水务公司送达工伤认定申请受理决定书、举证通知书，对水务公司负责人温某制作调查笔录。在举证期限内，水务公司先后向区人社局提交孟某、李某、于某、温某某等人的证词，水务公司负责人温某出具的证明以及孟某与郑某的聊天记录截图等证据材料。2018 年 1 月 15 日、1 月 23 日，郑某向区人社局补充提交其与水务公司委托代理人温某某的谈话录音光盘作为证据。区人社局经调查，于 2018 年 1 月 25 日作出认定工伤决定书，认定郑某为工伤。

水务公司不服区人社局作出的认定工伤决定，向法院提起行政诉讼。

一审法院经审理认为，依据《工伤保险条例》第 14 条第 1 项之规定，职工在工作时间和工作场所内，因工作原因受到事故伤害的，应当认定为工伤；第 19 条第 2 款规定，职工或者其近亲属认为是工伤，用人单位不认为是工伤的，由用人单位承担举证责任。水务公司称公司于 2016 年 11 月底被关停，但并未提供相应证据，且其向区人社局提供的证人证词之间存在互相矛盾之处，亦不足以证明郑某并非在水务公司受伤，故其应承担举证不能的责任。另，水务公司委托代理人温某某认可其与郑某的谈话录音内容，而在该录音中，温某某并未对郑某系在水务公司受伤一事予以否认，故根据该录音内容亦可以认定郑某系在水务公司受伤。区人社局作出的认定工伤决定，认定事实清楚，适用法规正确，程序合法。判决：驳回水务公司的诉讼请求。

水务公司不服一审判决，向二审法院提起上诉。

二审法院认为，水务公司上诉主张郑某并非在水务公司受伤，但并未提供相应证据，应承担举证不能的不利后果。区人社局认定郑某系在水务公司车间受到事故伤害，具有事实根据。郑某所受伤害符合在工作时间和工作场所内，因工作原因受到事故伤害之情形，区人社局根据《工伤保险条例》第 14 条第 1 项之规定作出的认定工伤决定书，认定事实清楚，适用法律正确，程序合法。一审法院判决正确。判决：驳回上诉，维持原判。

水务公司不服二审判决，向北京市高级人民法院申请再审。

再审法院经审查认为，区人社局经过调查，综合调查笔录、调取的门诊病历、证人证言、水务公司委托代理人温某某与郑某的谈话录音内容等证据，认定郑某系在水务公司车间受到事故伤害，具有事实基础。水务公司主张郑某非系在该公司处受伤，但其提供的证据不能支持该主张，应当承担相应的法律后果。二审法院判决驳回水务公司的上诉正确。裁定：驳回水务公司的再审申请。

本案中，水务公司未与郑某签订劳动合同，这对郑某申请工伤认定造成一定影响。一般来讲，用人单位与劳动者存在劳动关系是进行工伤认定的基本条件，否则，人社局很难受理工伤认定申请。本案中，郑某为证明其与水务公司之间存在劳动关系，通过劳动仲裁、法院一审、二审，确认了双方的事实劳动关系，为成功认定工伤奠定了基础。基于此，区人社局认定郑某在工作时间、工作场所因工作原因所受到的伤害为工伤，适用法律正确，也得到了一审、二审及再审法院的支持。

（二）双重劳动关系中的职工

存在双重劳动关系的职工，应当依法依规与建立劳动关系的各用人单位签订劳动合同，按照各用人单位规定的岗位职责、工作要求开展工作。各用人单位都应当依法依规用工，为与之建立劳动关系的职工缴纳工伤保险费，防范工伤风险，既维护职工的合法权益，同时也降低企业的用工成本。

案例 11①

刘某系某机电工程公司的股东和职工。2014 年 7 月，某电器公司向居住在某小区的业主黄某销售并安装空调。7 月 22 日起，受电器公司陈某指派，刘某来到该小区，加入电器公司名下的高某安装小组，一同为黄某安装空调。7 月 24 日下午，刘某在五楼外墙处接空调排水管时坠落摔伤，当即被送往医院救治，被诊断为骨盆、右股骨、胸骨、肋骨等多处骨折受伤。

2014 年 7 月 30 日，某区人社局受理刘某的工伤认定申请。同日，区人社局向电器公司送达工伤认定举证通知书。电器公司收到该工伤认定举证通知书后，于 8 月 11 日向区人社局提交了关于工伤认定举证通知书的回复。2014 年 9 月 3 日，区人社局作出认定工伤决定书，根据《工伤保险条例》第 14 条第 1 项之规定，认定刘某属于工伤。

电器公司因地址变更，于 2015 年 5 月 18 日收到区人社局作出的认定工伤决定书，并于同日向某市人社局提出行政复议。市人社局同日受理，于 2015 年 6 月 23 日作出行政复议决定书，维持区人社局作出的认定工伤决定书。

电器公司不服市人社局作出的行政复议决定，向法院提起行政诉讼。

一审法院认为，根据《工伤保险条例》第 14 条第 1 项的规定，职工在工作时间和工作场所内，因工作原因受到事故伤害的，应当认定为工伤。电器公司与刘某形成事实劳动关系，有 3 份证人证言证实，以及刘某在空调安装现场受伤的基本事实为凭。电器公司称黄某的空调安装工程已口头分包给了刘某所在的机电工程公司施工，但未提交证据加以证明，不予认定。刘某与电器公司劳动关系存续期间，在电器公司负责的空调安装工程施工现场履行工作职责时发生事故，导致身体受到伤害，其情形符合上述法律规定，区人社局作出的认定工伤决定书程序合法、证据充分、事实清楚。市人社局的行政复议程序合法。判决：驳回电器公司的诉讼请求。

电器公司不服一审判决，向二审法院提起上诉。

二审法院认为，区人社局举示的电器公司工商档案资料、3 份证人证言、2 份调查

---

① 案号：(2016) 渝行申 428 号。

笔录、病历资料等证据相互印证，能够形成证据链，能够证明刘某与电器公司存在事实劳动关系，以及刘某在电器公司负责的空调安装工程施工现场履行工作职责时发生事故，导致身体受到伤害的事实。电器公司主张刘某是机电工程公司的股东与职工与本案无关，法律并未禁止劳动者具有双重劳动关系。因此，刘某的受伤情形符合《工伤保险条例》第 14 条第 1 项规定的情形，区人社局据此认定刘某受伤属于工伤，并无不当。市人社局所作出的行政复议决定，事实清楚、程序合法、适用法律正确。同时，根据《工伤保险条例》第 19 条第 2 款的规定，职工或者其近亲属认为是工伤，用人单位不认为是工伤的，由用人单位承担举证责任。电器公司在工伤认定行政程序中，未按举证通知书的要求提供该安装工程已经分包给机电工程公司以及刘某非因工受伤的充分证据，应承担举证不能的不利后果。一审判决正确，应予维持。判决：驳回上诉，维持原判。

电器公司不服二审判决，向重庆市高级人民法院申请再审。

再审法院认为，《工伤保险条例》第 14 条第 1 项规定，职工在工作时间和工作场所内，因工作原因受到事故伤害的，应当认定为工伤。本案中，区人社局举示的电器公司工商档案资料、证人证言、调查笔录、病历资料等证据能够相互印证，证明刘某与电器公司存在事实劳动关系，且能够证明刘某在电器公司负责的空调安装工程施工现场履行工作职责时发生事故受到伤害的事实。因此，刘某的受伤情形符合上述认定工伤情形。区人社局据此认定刘某受伤属于工伤并无不当。电器公司在工伤认定行政程序中并未按举证通知要求提供该安装工程已经分包给机电工程公司以及刘某非因工受伤的相关证据，故其应承担举证不能的不利法律后果。一审、二审判决并无不当。裁定：驳回电器公司的再审申请。

本案双方当事人对刘某在电器公司负责的空调安装工程施工现场工作时发生事故受到伤害的事实没有争议，争议焦点在于刘某与电器公司之间劳动关系的确定。区人社局提交了电器公司工商档案资料、相关证人证言、调查笔录、刘某的病历资料等证据材料，这些证据能够形成证据链，相互印证，证明刘某与电器公司存在事实劳动关系，因此，其作出认定郑某所受伤害为工伤的决定是正确的，电器公司对该决定虽然不认可，但是未能提供相应证据，应当承担举证不能的不利后果。

（三）达到或者超过法定退休年龄的人员

达到或者超过法定退休年龄的人员，在实践中用工的情形比较复杂，不能一概而论。《中华人民共和国劳动合同法实施条例》第 21 条规定，劳动者达到法定退休年龄的，劳动合同终止。从该条规定来看，劳动者达到法定退休年龄的，劳动合同终止，其与用人单位不再存在劳动关系。但是，司法实践中，依据《最高人民法院关于审理劳动争议案件适用法律问题的解释（一）》（法释〔2020〕26 号）第 32 条第 1 款的规定，即“用人单位与其招用的已经依法享受养老保险待遇或者领取退休金的人员发生用工争议而提起诉讼的，人民法院应当按劳务关系处理”，又出现了新的观点，认为依据上述司法解释的该条规定，对于用人单位与其招用的已经依法享受养老保险待遇或者领取退休金的人员按劳务关系处理，那么，对于用人单位与其招用的未依法享受养老保险待遇或者领取退休金的人员则不能按劳务关系处理，双方之间的关系仍然是劳动关系。可以看出，这两条规定的内涵并不相同。《中华人民共和国劳动合同法实施条例》该条是针对达到或超过法定退休年龄的人员，而不论其是否享受养老保险待遇或者领取退休金；《最高人民法院关于审理劳动争议案件适用法律问题的解释（一）》（法释〔2020〕26号）的这一规定，针对的是已经依法享受养老保险待遇或者领取退休金的人员，而不论其是否达到或者超过退休年龄。在司法审判实践中，对于达到或者超过法定退休年龄人员的劳动关系问题仍有不同的意见。

达到或者超过法定退休年龄的人员，可以分为以下两种情况。

一是达到或超过法定退休年龄且已经依法享受养老保险待遇或领取退休金的人员。这类人员在工作中遭受伤害不能认定为工伤。达到法定退休年龄且已经依法享受养老保险待遇或领取退休金的人员，被原单位返聘或者在新的单位工作，双方形成的是劳务关系，不是劳动关系，这类人员如果在工作中发生事故伤害的，不能认定为工伤，不适用《工伤保险条例》的有关规定，而应依照人身损害赔偿的有关规定，由单位承担侵权民事责任。但是，也有例外。《最高人民法院行政审判庭关于离退休人员与现工作单位之间是否构成劳动关系以及工作时间内受伤是否适用〈工伤保险条例〉问题的答复》（〔2007〕行他字第6号）规定，根据《工伤保险条例》[①] 第2条、第61条等有关规定，离退休人员受聘于现工作单位，现工作单位已经为其缴纳了工伤保险费，其在受聘期间因工作受到事故伤害的，应当适用《工伤保险条例》的有关规定处理。虽然有相关规定，但离退休人员重新就业后，在社会保险经办机构缴纳工伤保险费在社会实践中尚难实现。

二是达到或超过法定退休年龄但未享受养老保险待遇或者未领取退休金的人员。这类人员可以依法认定为工伤。这类人员又分为两种情况。一种情况是达到退休年龄但尚未办理退休手续，依法未享受养老保险待遇或未领取退休金的人员，他们仍具有劳动者主体资格，实践中对于此类人员与用人单位的劳动关系问题仍有争议。《〈关于审理劳动争议案件适用法律问题的解释（一）〉几个重点问题的理解与适用》[②] 一文中指出：“关于与达到法定退休年龄但不能享受养老保险待遇人员建立的用工关系的性质认定。一般情况下，享受养老保险待遇的人员已经达到法定退休年龄，但是达到法

① 此处指2003年4月27日发布的《工伤保险条例》，自2004年1月1日起施行。

② 郑学林、刘敏、于蒙、危浪平撰写文章，载《人民司法》2021年第7期。

定退休年龄不一定能够享受养老保险待遇。对于用人单位与已达到法定退休年龄但是不能享受养老保险待遇人员的用工关系定性，实践中存在争议。一种意见认为，用人单位应当继续履行劳动合同，为劳动者缴纳社会保险，当符合可以享受基本养老保险的条件时，用人单位可以终止劳动合同。另一种意见认为，劳动者已经达到法定退休年龄而不能依法享受基本养老保险待遇的情况非常复杂，可能用人单位为劳动者缴纳了社会保险费，但是由于该劳动者累计缴费年限不满15年，因此不能享受按月支付的基本养老保险待遇；还有的地方没有把农民工等人员纳入基本养老保险覆盖范围，这些劳动者可能根本没有参加基本养老保险。如果在这些情况下，一律禁止用人单位终止劳动合同，对其不公。劳动合同法实施条例第二十一条规定，劳动者达到法定退休年龄的，劳动合同终止。我们认为，可以将该条规定视为劳动合同法第四十四条第（六）项规定的'法律、行政法规规定的其他情形'。但是这并不意味着劳动关系必然自动终止。人民法院应当对该条规定适用情形作实质审查，对于达到法定退休年龄，但是非因用人单位原因不能享受基本养老保险待遇的，例如前述另一种意见中出现的情况，可以终止劳动关系；对于达到法定退休年龄，但是因为用人单位原因不能享受基本养老保险待遇的，不能随意终止劳动关系。"

另一种情况是超过法定退休年龄的进城务工人员。进城务工人员并无退休年龄一说，往往也办不了退休手续，因此，即使进城务工人员超过了法定退休年龄，依法也应当享受工伤保险待遇，从而对进城务工人员的权益予以法律保障。《最高人民法院行政审判庭关于超过法定退休年龄的进城务工农民因工伤亡的，应否适用〈工伤保险条例〉请示的答复》（〔2010〕行他字第10号）规定，用人单位聘用的超过法定退休年龄的务工农民，在工作时间内、因工作原因伤亡的，应当适用《工伤保险条例》的有关规定进行工伤认定。《最高人民法院关于超过法定退休年龄的进城务工农民在工作时间内因公伤亡的，能否认定工伤的答复》（〔2012〕行他字第13号）对该问题进一步予以明确。因此，用人单位聘用的超过法定退休年龄的务工农民，在工作时间内、因工作原因伤亡的，应当适用《工伤保险条例》的有关规定进行工伤认定。

案例12①

陈某，1953年10月6日出生，户籍性质为农业户口。自2014年4月10日起，陈某受某劳务公司雇佣在某商业公司的店铺内从事保洁工作，服从商业公司管理。2016年1月5日，陈某进入商业公司店铺库房内的空调竖井间清理放置的物品时坠落受伤。

陈某受伤后，向某区劳动人事争议仲裁委员会申请劳动仲裁，请求劳务公司支付工伤保险赔偿60万元。2017年1月3日，区劳动人事争议仲裁委员会作出不予受理通

① 案号：（2019）京行申77号。

知书，以陈某主体不适格、其仲裁请求不属于劳动人事争议受案范围为由，决定不予受理。2017 年 4 月 25 日，陈某向法院提起民事诉讼，请求确认其与劳务公司自 2014 年 4 月 10 日起至诉讼发生时存在劳务关系。2017 年 7 月 19 日，法院作出民事判决书，判决确认陈某与劳务公司自 2014 年 4 月 10 日至 2016 年 1 月 31 日期间存在劳务合同关系。该民事判决书已经发生法律效力。

2017 年 8 月 4 日，陈某向某区人社局提出工伤认定申请，并提交了工伤认定申请表、身份证复印件及照片、医院诊断证明书等材料。8 月 10 日，区人社局作出工伤认定申请不予受理决定书，认定因陈某与劳务公司自 2014 年 4 月 10 日至 2016 年 1 月 31 日期间存在劳务合同关系，陈某不能提供其与用人单位存在劳动关系或事实劳动关系的证明材料，决定不予受理其申请。陈某不服区人社局作出的不予受理决定，于 2017 年 8 月 21 日向法院提起诉讼，10 月 19 日陈某自愿申请撤回该起诉。2017 年 10 月 23 日，陈某再次向区人社局提出工伤认定申请，同日区人社局予以受理。10 月 26 日，区人社局作出限期举证通知书并送达劳务公司。劳务公司在限期内向区人社局提交了营业执照（副本）、法定代表人身份证明书、授权委托书、陈某工伤认定案答辩和举证等材料。11 月 21 日，区人社局对劳务公司的委托代理人李某进行调查并制作了笔录。2017 年 12 月 18 日，区人社局作出认定工伤决定书，认定 2016 年 1 月 5 日陈某在工作时间和工作场所内，因工作原因受到事故伤害，符合《工伤保险条例》第 14 条第 1 项之规定，属于工伤认定范围，予以认定为工伤。

劳务公司不服区人社局作出的认定工伤决定，向法院提起行政诉讼。

一审法院认为，陈某系进城务工人员，根据已生效的法院判决，自 2014 年 4 月 10 日至 2016 年 1 月 31 日期间陈某与劳务公司存在劳务合同关系。2016 年 1 月 5 日陈某发生事故时虽然已经超过法定退休年龄，依据《最高人民法院行政审判庭关于超过法定退休年龄的进城务工农民因工伤亡的，应否适用〈工伤保险条例〉请示的答复》（〔2010〕行他字第 10 号）的规定，用人单位聘用的超过法定退休年龄的务工农民，在工作时间内、因工作原因伤亡的，应当适用《工伤保险条例》的有关规定进行工伤认定。《工伤保险条例》第 14 条第 1 项规定，在工作时间和工作场所内，因工作原因受到事故伤害的，应当认定为工伤。区人社局受理陈某的工伤认定申请后，经过调查，作出认定工伤决定书，认定陈某是在工作时间和工作场所内，因工作原因受到事故伤害，符合《工伤保险条例》第 14 条第 1 项之规定，属于工伤认定范围，予以认定为工伤，认定事实清楚，适用法律正确。判决：驳回劳务公司的诉讼请求。

劳务公司不服一审判决，向二审法院提起上诉。

二审法院认为，区人社局作出的认定工伤决定书和一审法院的判决认定事实清楚，适用法律正确，应予维持。判决：驳回上诉，维持原判。

劳务公司不服二审判决，向北京市高级人民法院申请再审。

再审法院认为，《工伤保险条例》第 14 条第 1 项规定，在工作时间和工作场所内，因工作原因受到事故伤害的，应当认定为工伤。第 19 条第 2 款规定，职工或者其近亲属认为是工伤，用人单位不认为是工伤的，由用人单位承担举证责任。《最高人民法院关于审理劳动争议案件适用法律若干问题的解释（三）》第 7 条规定[①]，用人单位与其招用的已经依法享受养老保险待遇或领取退休金的人员发生用工争议，向人民法院提起诉讼的，人民法院应当按劳务关系处理。《最高人民法院关于超过法定退休年龄的进城务工农民在工作时间内因公伤亡的，能否认定工伤的答复》（〔2012〕行他字第 13 号）指出："相同问题我庭 2010 年 3 月 17 日在给山东省高级人民法院的《关于超过法定退休年龄的进城务工农民因公伤亡的，应否适用〈工伤保险条例〉请示的答复》（〔2010〕行他字第 10 号）中已经明确。即，用人单位聘用的超过法定退休年龄的务工农民，在工作时间内、因工作原因伤亡的，应当适用《工伤保险条例》的有关规定进行工伤认定。"本案中，根据已生效民事判决认定的事实，并结合其他在案证据，可以认定区人社局作出认定工伤决定内容并无不当，程序合法。劳务公司在本案中提供的证据，不足以证明其主张。劳务公司提出的其与陈某为劳务关系，不是劳动关系，区人社局受理陈某工伤认定申请违法的申诉主张，亦缺乏事实根据和法律依据，不予采信。据此，一、二审法院的判决并无不当。裁定：驳回劳务公司的再审申请。

进城务工人员在我国各个行业的从业人数都很多，是我国经济社会发展的重要力量。许多进城务工人员在达到或者超过法定退休年龄后，依然进入企业工作，可能会发生在工作中受到伤害的情形。如何保障这部分进城务工人员的合法权益，保障他们在受到事故伤害后及时得到救济，这是必须解决的一个问题。最高人民法院针对该部分进城务工人员因工受伤能否认定工伤的问题，两次作出答复，明确用人单位聘用的超过法定退休年龄的务工人员，在工作时间内、因工作原因伤亡的，应当适用《工伤保险条例》的有关规定进行工伤认定。本案中，陈某虽然已经超过法定退休年龄，但其与劳务公司之间的劳务关系因被生效的法律文书确定，根据最高人民法院上述答复的精神，应当予以认定工伤。区人社局一开始不予受理陈某的工伤认定申请是错误的，在陈某再次申请工伤认定后，区人社局予以受理，经调查对陈某的伤害作出认定工伤决定，认定事实清楚，适用法律正确，一、二审法院与再审法院均对该认定工伤决定予以确认，是正确的。

（四）家政服务人员

现代社会中，保姆、保洁等家政服务人员越来越多。家政服务人员是否可以成为

---

① 该司法解释已于 2021 年 1 月 1 日废止，相同内容的规定为《最高人民法院关于审理劳动争议案件适用法律问题的解释（一）》（法释〔2020〕26 号）第 32 条第 1 款。

工伤认定中的劳动者，需要根据实际情况而定。《最高人民法院关于审理劳动争议案件适用法律问题的解释（一）》（法释〔2020〕26 号）第 2 条第 4 项规定，家庭或者个人与家政服务人员之间的纠纷不属于劳动争议。依据这一规定，对于家庭或者个人而言，家政服务人员不属于工伤认定中的适格劳动者。但是，实践中有大量的家政服务人员由家政服务公司派遣出去工作，受家政服务公司统一组织、统一管理。在此种情况下，家政服务人员与家政服务公司之间存在劳动关系，属于《工伤保险条例》调整的范围，此类家政服务人员属于工伤认定中的劳动者。对于那些仅履行中介职责的家政公司，则不能认定其介绍的家政服务人员是工伤认定中的适格劳动者。

案例 13①

代某系进城务工人员，为了获得更多的就业机会，于 2016 年年初自愿登记为某家政公司的家政服务人员，对外以家政公司员工的身份提供家政劳务。2016 年年初，尹某到家政公司雇家庭保姆，在家政公司的推荐下，尹某挑选了代某作为保姆。2017 年 2 月 10 日，家政公司、代某及尹某签订了《三方服务合同》，该合同约定尹某每月向代某支付 1800 元服务报酬，尹某预付一个月工资至家政公司，用于购买员工保险（家政服务责任险）和保障工资安全；尹某每年一次性支付家政公司管理服务费 1500 元；如果代某有违法行为，患有传染病，刁难、虐待尹某家庭成员，消极懈怠或者故意提供不合格服务的情形，尹某可以要求家政公司调换家政服务人员；代某每月休息时间为 4 天；代某有事需请假，应提前向尹某请假并取得同意，不得擅自离开工作岗位；家政公司有权临时召回代某，督促代某办理健康体检，对代某提供必要的岗前培训，实行跟踪管理、监督指导，定期回访了解代某的服务情况，对代某的职业道德、工作技能、服务水平进行必要的培训管理教育，为代某逐步建立个人职业信息档案，对尹某或者代某投诉、反映的情况，家政公司有责任向尹某或者代某了解核实情况，并做相应处理等。在实际执行中，代某的工作职责细化为与尹某母亲说话、散步、做饭（一日三餐）、打扫卫生及买菜。一个星期工作 6 天，休息 1 天。如果代某有事，一般找尹某母亲请假，经同意后就可以去做自己的事情。代某的劳动报酬，经家政公司通知尹某，由尹某直接向代某支付。家政公司一般于每年的中秋节和春节会购买一些礼物去慰问尹某母亲，顺便问一下代某的服务情况以及询问对代某提供的服务是否满意。2017 年 7 月 29 日 8 时许，代某在陪尹某母亲买菜过程中，因乘坐电梯时没有站好，身体不平衡从电梯上跌落，导致全身多处受伤。该事故发生后，代某随即通过电话向家政公司法定代表人张某予以报告，家政公司随后看望代某，但认为代某不属于工伤，未在 30 日内向人社局申请工伤认定。

---

① 案号：（2018）云 03 行终 54 号。

2017年9月25日，代某向某市人社局提出工伤认定申请，同日市人社局予以受理。9月27日，市人社局向家政公司送达了工伤认定举证告知书，要求家政公司于2017年10月12日前提交有关书面证据，如逾期未履行举证责任，市人社局将根据代某提供的证据或者调查取得的证据依法作出工伤认定。家政公司没有按照市人社局的要求提供相应证据，也未提出任何异议。市人社局调查取证后于2017年10月26日作出认定工伤决定书，认定代某系家政公司服务员，认定代某本次所受伤害系工伤。

家政公司不服市人社局作出的认定工伤决定，向法院提起行政诉讼。

一审法院认为，市人社局根据查明的事实于2017年10月26日作出认定工伤决定书，又根据法律规定的时限分别向代某及家政公司送达，做到了先取证，后裁决，程序正当并严格遵循法定时限，故市人社局所作的工伤认定行政程序合法，一审法院对此予以确认。对于家政公司认为其与代某之间不存在劳动关系，市人社局认定代某系家政公司服务员事实错误的主张，一审法院认为，首先，代某向市人社局提供的家政员工资料表载明代某为家政公司员工，该表亦加盖了家政公司的公章，家政公司、代某及尹某所签订的《三方服务合同》中也将代某作为家政公司员工看待，故代某与家政公司存在建立劳动关系的合意；其次，《三方服务合同》中约定的劳务报酬1800元系客户尹某与家政公司协商确定，并非系代某与尹某协商确定，代某所从事的家政服务工作系家政公司经营范围的有机组成部分，在此意义上家政公司显然属于用人单位，代某向尹某提供劳务，本质上属于完成家政公司交办、安排的工作任务，故代某与家政公司存在经济依附性；最后，《三方服务合同》系代某、尹某和家政公司在自愿、平等的基础上协商确定的，该合同不违反法律规定，具有法律效力，合同约定的家政公司对代某进行管理的相关内容，足以证明双方之间存在人身依附性，即存在管理与被管理的关系。因此，家政公司此主张没有事实依据。代某系在工作时间和工作场所内，因履行工作职责受到意外伤害，属于工伤。市人社局作出的认定工伤决定书认定事实清楚，行政程序合法，适用法律得当，应予维持。判决：驳回家政公司的诉讼请求。

家政公司不服一审判决，向二审法院提起上诉。

二审法院认为，一审判决认定事实清楚，程序合法，适用法律正确。判决：驳回上诉，维持原判。

从社会实践来看，家政服务人员与家政服务公司之间的关系，有的是居间、介绍业务关系，有的是劳动关系，需要根据实际履行情况判断。本案中，代某提供家政服务，系家政公司指派，受家政公司管理，对家政公司具有人身依附性，因此，法院认定代某与家政公司之间存在劳动关系。代某在提供家政服务过程中受伤，属于在工作时间和工作场所内因工作原因受伤的情形，应当认定为工伤。市人社局作出的认定工伤决定是正确的。

（五）实习生和勤工助学人员

高等学校在校学生为了增加就业的竞争力或者获取一些生活补贴，到一些单位实习或者勤工助学，有的学校按照专业培养目标要求和人才培养方案，也会安排或者批准学生自行到企业、事业单位进行专业技能培养等实践性教育教学活动，这已是社会的普遍现象。学生在实习或者勤工助学期间因工伤亡的，是否可以认定为工伤？从我国现有的法律法规来看，原则上不宜认定为工伤。原劳动部印发的《关于贯彻执行〈中华人民共和国劳动法〉若干问题的意见》（劳部发〔1995〕309 号）第 12 条规定："在校生利用业余时间勤工助学，不视为就业，未建立劳动关系，可以不签订劳动合同。"实习或勤工助学的学生并未与用人单位建立劳动关系，其实际的管理方仍然是学校。教育部、工业和信息化部、财政部、人力资源和社会保障部等八部门印发的《职业学校学生实习管理规定》（教职成〔2021〕4 号）第 36 条规定，学生在实习期间受到人身伤害，属于保险赔付范围的，由承保保险公司按保险合同赔付标准进行赔付；不属于保险赔付范围或者超出保险赔付额度的部分，由实习单位、职业学校、学生依法承担相应责任；职业学校和实习单位应当及时采取救治措施，并妥善做好善后工作和心理抚慰。

但是实践中，高校学生读书和就业形式多种多样，对于具体个案需要结合学生身份、用工方式等情形综合分析。如果学生与用人单位实质上已经建立了劳动关系，则应当按照劳动关系处理，适用《工伤保险条例》的规定进行认定工伤。

案例 14①

2015 年 6 月 19 日，张某取得某高校四年制本科毕业证书和学士学位证书。同年 9 月 25 日，某电视台都市频道通过手机短信联系张某的父亲，让张某尽早与都市频道联系，开始试用。10 月 21 日，张某向都市频道提交无违法犯罪记录证明，填写并提交都市频道实习生登记审批表。电视台制定的《实习生管理办法》第 1 条"实习生基本条件"第 1 项规定："实习生原则上应是全日制大学本科在校生。"10 月 23 日，张某进入都市频道工作，工作岗位为记者，在都市频道从事新闻采访和新闻报道同步配音等工作，受都市频道日常劳动管理和劳动纪律约束。11 月 10 日 11 时 25 分，张某与同事刘某乘坐同事粟某驾驶的单位小型轿车外出采访途中，轿车与一辆大型货车相撞致张某受伤，被送往医院救治。2015 年 11 月 16 日，交警部门作出道路交通事故认定书，认定张某在本次事故中不承担责任。

2016 年 8 月 11 日，张某向某市人社局提出工伤认定申请，并提交了相关证明材

---

① 案号：（2018）湘行申 760 号。

料。市人社局受理后向都市频道作出工伤认定协助调查通知书。8 月 23 日，都市频道向市人社局提交关于某电视台都市频道与张某不存在劳动关系的说明函和延期举证申请书，认为张某受伤不能认定为工伤，申请延期 10 日举证。9 月 6 日，市人社局作出认定工伤决定书，认为张某在外出采访途中遭遇交通事故受伤，符合工伤认定范围，根据《工伤保险条例》第 14 条第 5 项的规定，决定予以认定为工伤。都市频道不服，向某市政府申请行政复议。2017 年 2 月 9 日，市政府作出行政复议决定书，维持市人社局作出的认定工伤决定。

都市频道不服市政府作出的行政复议决定，向法院提起行政诉讼。

一审法院认为，各方当事人对张某与都市频道记者一起外出采访途中遭遇己方无责的交通事故而受伤，交通事故发生时张某已经大学毕业并且已经向都市频道提交无违法犯罪记录证明并填写提交都市频道实习生登记审批表等事实无异议，予以确认。虽然张某与都市频道未签订书面劳动合同，但张某已经于 2015 年 6 月取得大学毕业证书，年满 18 周岁，具有完全民事行为能力，已具备建立劳动关系的主体资格。张某进入都市频道工作显然是为了解决自己的就业问题，都市频道接受显然不符合其《实习生管理办法》所规定的实习生基本条件的张某，并按其《人力资源管理规章》规定的新进人员聘用流程，要求张某提交新进试用人员报到时要缴验的学历证书、无犯罪记录证明等资料，从都市频道和张某实施上述行为的性质、特征分析，结合本案其他相关证据，双方具有建立劳动关系的意思表示。张某与都市频道工作人员一起外出执行采访任务，受都市频道日常劳动管理和劳动纪律约束，并且张某完成的新闻采访和新闻报道同步配音等工作属于都市频道的业务组成部分，都市频道已采用其工作成果，足以证明都市频道存在对张某的用工事实。市人社局认定张某与都市频道之间已形成事实劳动关系并无不当。由于张某进入都市频道工作到发生交通事故伤害的时间不足一个月，张某未得到劳动报酬符合常理常情，因此，都市频道未向张某支付任何报酬不能成为都市频道与张某未建立事实劳动关系的理由。故对都市频道主张其与张某之间不具有劳动关系的诉称意见，不予采纳。本案中，都市频道认为，在工伤认定行政程序中其提交了延期举证申请并获得市人社局工作人员的口头同意，在延期期限内提交了证据材料但未被市人社局采纳，市人社局在延期举证期限届满前作出认定工伤决定，又未经催告程序，剥夺了都市频道的举证、申辩权利，系程序严重违法。对此，一审法院认为，行政机关作出具有外部效力的行政行为原则上应当以书面形式作出，市人社局并未作出同意都市频道延期举证申请的书面决定，都市频道没有证据证明其已经获得市人社局工作人员的口头同意，因此应当认定都市频道的举证期限并未延长，都市频道也未能提供证据证明其在法定举证期间向市人社局进行了举证。故市人社局在都市频道的举证期限届满后作出认定工伤决定，程序合法，市政府作出的行政复议决定，事实清楚，适用法律、法规正确，程序合法，依法应予维持。判决：驳回都市频道的诉讼请求。

都市频道不服一审判决，向二审法院提起上诉。

二审法院认为，都市频道与张某之间存在劳动关系。张某在外出采访途中遭遇交通事故受伤，属于因工外出，由于工作原因受到伤害，市人社局根据《工伤保险条例》第 14 条的规定，认定张某受伤为工伤并无不当。都市频道主张其延期举证申请已得到市人社局的口头准许，但都市频道未提交合法有效的证据证明市人社局已经准许其延期 10 日举证，市人社局对此也不予认可，对都市频道的该项主张不予采信。市政府认为都市频道主张的其与张某之间系实习关系证据不足，张某在前往采访目的地途中发生交通事故受伤，属于在工作时间因工作原因受到伤害，维持市人社局作出的认定工伤决定。该行政复议决定认定事实清楚，适用法律、法规正确，行政程序合法。一审判决认定事实清楚，适用法律正确。判决：驳回上诉，维持原判。

都市频道不服二审判决，向湖南省高级人民法院申请再审。

再审法院认为：根据《中华人民共和国劳动合同法》第 7 条“用人单位自用工之日起即与劳动者建立劳动关系。用人单位应当建立职工名册备查”之规定，用人单位与劳动者建立劳动关系的判断标准，也即唯一标准是“实际用工”，换言之，只要劳动者实际提供劳动，用人单位实际用工，双方就建立了劳动关系，而不论劳动者是否签订了书面劳动合同，都将受到同等的保护。实践中，存在用人单位以“试工”“临时工”“实习生”等名义雇佣劳动者，使得劳动者提供正常劳动之后却不能得到劳动法律规范的保护，为了更好地保护劳动者的合法权益以及应对实践中复杂的用工情形，遂作出上述明确规定。本案中，从都市频道和张某实施上述行为的性质、特征分析，结合本案其他相关证据，可以认定张某与都市频道之间已形成事实劳动关系。都市频道提出“原判决认定都市频道与张某具有劳动关系证据不足，适用法律错误”的再审申请理由，不能成立。张某外出采访途中遭遇交通事故受伤，属于因工外出，由于工作原因受到伤害，市人社局根据《工伤保险条例》第 14 条的规定，认定张某受伤为工伤并无不当。都市频道主张其延期举证申请已经过市人社局的口头准许，但都市频道未提交合法有效的证据证明市人社局已经准许其延期 10 日举证，市人社局对此也不予认可。故都市频道提出“市人社局收到都市频道的延期举证申请书后，在未做出是否同意延期决定的情况下，即作出工伤认定，程序明显不当”的再审申请理由，不能成立。市政府受理都市频道的行政复议申请后，进行了书面审查，作出了行政复议决定书，认定事实清楚，适用法律、法规正确，行政程序合法。故一、二审认定事实清楚，适用法律、法规正确，审判程序合法，依法应予维持。裁定：驳回都市频道的再审申请。

实习生和勤工助学的学生，其管理方是学校，原则上与用人单位不能建立劳动关系。但是，如果学生已经毕业或者存在其他情形，虽然用人单位是按照实习生来对待，但实际上双方已经建立了劳动关系，应当按照劳动关系处理。本案中，张某去都市频道的目的是就业，虽然都市频道为张某办理的是实习手续，但是从双方的实际权利义务来看，张某受都市频道管理，其提供的工作是都市频道的业务组成部分，双方之间已经形成事实劳动关系。因此，张某外出采访途中遭遇交通事故受伤，属于因工外出，由于工作原因受到伤害，其情形应当认定为工伤。法院最终驳回都市频道的再审申请是正确的。

（六）非法使用的童工

童工，一般指的是16周岁以下的人员，不具有劳动者资格。《禁止使用童工规定》（国务院令第364号）第2条规定，国家机关、社会团体、企业事业单位、民办非企业单位或者个体工商户均不得招用不满16周岁的未成年人，禁止任何单位或者个人为不满16周岁的未成年人介绍就业，禁止不满16周岁的未成年人开业从事个体经营活动。

使用童工属于非法用工，用人单位与童工之间不存在合法的劳动关系。使用童工不仅是一种违法行为，也是一种侵权行为，童工在工作中遭受伤害不能认定为工伤。依据《工伤保险条例》第66条的规定，用人单位使用童工造成童工伤残、死亡的，由该单位向童工或者童工的近亲属给予一次性赔偿，赔偿标准不得低于本条例规定的工伤保险待遇。具体办法由国务院社会保险行政部门规定。童工或者童工的近亲属就赔偿数额与单位发生争议的，按照处理劳动争议的有关规定处理。《禁止使用童工规定》第10条规定，童工患病或者受伤的，用人单位应当负责送到医疗机构治疗，并负担治疗期间的全部医疗和生活费用。童工伤残或者死亡的，用人单位还应当一次性地对伤残的童工、死亡童工的直系亲属给予赔偿，赔偿金额按照国家工伤保险的有关规定计算。

对于一些特殊行业，如文艺、体育单位，经未成年人的父母或者其他监护人同意，可以招用不满16周岁的专业文艺工作者、运动员。但是，用人单位应当保障被招用的不满16周岁的未成年人的身心健康，保障其接受义务教育的权利。这些特殊行业中的16周岁以下的劳动者因工伤亡的，可以依法申请工伤认定。

学校、其他教育机构以及职业培训机构按照国家有关规定组织不满16周岁的未成年人进行不影响其人身安全和身心健康的教育实践劳动、职业技能培训劳动，不属于使用童工。

案例15[①]

李某生于1999年11月12日，其父母是某钢丝制品公司的职工。2013年暑假，李某兄弟俩来到父母处。开学后，李某的弟弟回老家继续读书，李某不愿意再上学就留在了父母身边。同年10月25日，李某眼部受伤。2014年3月26日，李某的父亲丁某向某区人社局提出工伤认定申请，称李某系钢丝制品公司的员工，其在2013年10月25日0时许上夜班时右眼被弹起的钢丝绳击中，导致眼部受伤，请求认定为工伤。

区人社局依法受理后，经调查核实，于2014年8月6日作出工伤判定书，因李某受到伤害时不满16周岁，故根据《江苏省劳动和社会保障厅关于实施〈工伤保险条例〉若干问题的处理意见》（苏劳社医〔2005〕6号，2017年1月1日起废止）第6条的规定，判定李某受到的事故伤害符合《工伤保险条例》第14条第1项规定的情形。

钢丝制品公司不服该工伤判定，向法院提起行政诉讼。在该案审理过程中，区人社局于2014年12月31日作出撤销工伤判定决定书，以《工伤保险条例》未明确社会保险行政部门具有作出工伤判定的职责为由撤销了已作出的工伤判定书，并向李某及钢丝制品公司进行了送达。钢丝制品公司遂以区人社局已撤销原工伤判定书，提起诉讼的行政行为已不复存在为由，于2014年12月31日向法院申请撤回对区人社局的起诉。法院于2015年1月9日作出裁定，准许钢丝制品公司撤回对区人社局的起诉。

之后，区人社局对丁某于2014年3月26日提出的工伤认定申请重新进行审查。经审查认为，李某受到事故伤害时未满16周岁，不符合法律、法规规定的建立劳动关系的主体资格，故于2015年1月28日作出工伤认定终止决定书，以其申请不符合受理条件为由，决定终止工伤认定。

李某不服区人社局作出的撤销工伤判定决定，向法院提起行政诉讼。

在案件审理中，一审法院曾向李某作出释明，因撤销工伤判定行为与终止工伤认定行为均对其权利义务产生影响，故要求其考虑是否对该两行为一并提起行政诉讼。李某回复称，撤销工伤判定决定是消极性行政行为，如该撤销行为被撤销，则会让原工伤判定生效，故坚持仅起诉案涉撤销工伤判定决定，请求法院判决撤销区人社局作出的撤销工伤判定决定书，恢复工伤判定书的效力。

一审法院认为，行政机关行使职权的依据为法律、法规的授权，即使下位法需要设定职权或作出具体性规定的，也应得到上位法的授权许可，无法律、法规依据的授权无法施行行政行为，即“法无授权不可为”。《工伤保险条例》作为国务院颁布的社会保险行政部门履行工伤保险职能的行政法规，仅规定了社会保险行政部门有作出工

① 案号：（2018）苏行申695号。

伤认定的职责，并未规定有作出工伤判定的职权。《非法用工单位伤亡人员一次性赔偿办法》（人力资源和社会保障部令第9号）亦没有明确社会保险行政部门具有工伤判定的职责。虽然《江苏省劳动和社会保障厅关于实施〈工伤保险条例〉若干问题的处理意见》（苏劳社医〔2005〕6号，2017年1月1日起废止）第6条规定："用人单位使用的童工受到事故伤害或者被诊断、鉴定为职业病的，不作为工伤认定的对象。但劳动保障行政部门应依申请判定其是否符合《条例》第十四条、第十五条、第十六条规定的情形。"但该处理意见既非法律法规，亦非规章，且未得到上位法的授权许可。根据《中华人民共和国行政诉讼法》第63条的规定，人民法院审理行政案件，以法律和行政法规、地方性法规为依据，并可参照规章。故该处理意见不能作为人民法院认定社会保险行政部门具有工伤判定职责的依据。到目前为止，法律、法规、规章没有授权社会保险行政部门具有作出工伤判定的职责，区人社局以此为由作出的撤销工伤判定决定并无不当，李某所主张的理由及诉讼请求，不符合法律规定，依法不予支持。判决：驳回李某的诉讼请求。

李某不服一审判决，向二审法院提起上诉。

二审法院认为，根据《中华人民共和国行政诉讼法》第63条、《工伤保险条例》、《非法用工单位伤亡人员一次性赔偿办法》（人力资源和社会保障部令第9号）等规定，社会保险行政部门进行工伤判定没有行政法规及规章依据。需要说明的是，根据《工伤保险条例》第八章附则部分第66条关于"用人单位不得使用童工，用人单位使用童工造成童工伤残、死亡的，由该单位向童工或者童工的近亲属给予一次性赔偿，赔偿标准不得低于本条例规定的工伤保险待遇。具体办法由国务院社会保险行政部门规定"的规定来看，李某主张其系钢丝制品公司使用的童工，其在钢丝制品公司上夜班时受伤，故应当由钢丝制品公司承担赔偿责任。上述法条已经明确了救济途径，即应当由用人单位给予李某一次性赔偿。而对于用人单位拒不支付一次性赔偿的情形，《非法用工单位伤亡人员一次性赔偿办法》规定了救济途径，即可以向人力资源和社会保障行政部门举报。一审判决认定事实清楚，适用法律正确，审判程序合法。判决：驳回上诉，维持一审判决。

李某不服二审判决，向江苏省高级人民法院申请再审。

再审法院认为，相关行政法规及规章明确规定，用人单位使用童工造成童工伤残、死亡的，应当由非法用工单位向伤亡人员或其近亲属给予不低于工伤保险待遇的一次性赔偿，如发生争议，则按照劳动争议处理的有关规定寻求救济。本案中，李某受伤时尚未满14周岁，根据上述规定，应由用人单位给予申请人一次性赔偿；如用人单位拒不支付一次性赔偿或双方因赔偿数额发生争议的，李某可以向人力资源和社会保障行政部门举报或通过劳动争议处理途径加以解决。因区人社局针对李某提出的工伤认定申请，并无作出工伤判定书的法定职权或授权，故区人社局此后作出撤销决定，撤销工伤判定书，并无不当。原审法院判决驳回李某的诉讼请求亦无不当。裁定：驳回李某的再审申请。

根据我国相关法律法规，任何单位不得使用童工，用人单位与童工之间不存在合法的劳动关系，非法使用童工在工作中遭受伤害不能认定为工伤。本案中，区人社局后来撤销其作出的工伤判定书是正确的，符合相关法律法规的规定。虽然李某受到伤害的情形不能认定工伤，但李某可以依据《工伤保险条例》第66条的规定，要求钢丝制品公司给予一次性赔偿，以维护其合法权益。李某请求法院判决撤销区人社局作出的撤销工伤判定决定书没有法律依据，故无法得到法院支持，其再审申请亦被法院驳回。

（七）公务员和参照公务员法管理的事业单位、社会团体的工作人员

《工伤保险条例》第65条规定："公务员和参照公务员法管理的事业单位、社会团体的工作人员因工作遭受事故伤害或者患职业病的，由所在单位支付费用。具体办法由国务院社会保险行政部门会同国务院财政部门规定。"根据该条规定，公务员和参照公务员法管理的事业单位、社会团体的工作人员因工作遭受事故伤害或者患职业病的，不能直接适用《工伤保险条例》的规定。

案例16[①]

曾某系某公安分局在职民警。何某系曾某的妻子。2018年9月26日至10月31日，曾某被公安分局安排参加某体育中心体育场安保执勤任务，值一休三（值班24小时后休息72小时再值班24小时）。2018年10月26日8时，曾某完成当日安保任务后下班回家。当日21时左右，曾某与家人在某街吃过晚餐后行至××××号前路段时突然晕倒，家属立即拨打120急救，曾某被送往医院抢救，于当日22时08分左右经抢救无效死亡。死亡原因：心源性猝死。

公安分局于2018年11月23日向某市人社局提起工伤认定申请并提交了相关证明材料，市人社局受理后进行了调查，于2019年1月22日作出不予认定工伤决定书。何某对该决定书不服，于2019年3月11日向某市政府提出行政复议。市政府依法受理并调查后，于同年5月15日作出行政复议决定书，认为市人社局作出的不予认定工伤决定认定事实清楚、证据充分、程序合法、适用法律正确，依法予以维持。

何某对市政府作出的复议决定不服，向法院提起行政诉讼。

一审法院认为，市人社局具备进行工伤认定的行政职权，在受理了公安分局的工伤认定申请后，经过调查作出了不予认定工伤决定，并依法向何某及公安分局送达，

① 案号：（2020）桂行申212号。

程序合法。本案中，根据《公安机关人民警察内务条令》关于“公安机关应当实行24小时值班备勤制度”的规定①，实行24小时备勤制度的是公安机关整个部门，而不是指具体的民警个人，民警个人是有具体的工作时间安排和规定的；且根据公安分局提供的安保执勤安排表，曾某的执勤时间为2018年10月25日8时至2018年10月26日8时，故事故发生时，曾某并不在工作时间内。根据《中华人民共和国人民警察法》第19条“人民警察在非工作时间，遇有其职责范围内的紧急情况，应当履行职责”的规定，在非工作时间，人民警察因紧急情况履行职责而受伤，的确可认定为工伤，但综合本案调查的事实，及何某自述也确认曾某于2018年10月26日8时交班后回家，在当日21时左右与家人吃晚饭行至××××号前路段时突然晕倒，后经抢救无效死亡。无证据表明曾某在××××号前路段突然晕倒时，是在执行其职责范围内的事务。综上，事故发生时曾某并不是在工作时间及工作岗位上，根据《工伤保险条例》第15条第1款第1项“在工作时间和工作岗位，突发疾病死亡或者在48小时之内经抢救无效死亡的”的规定，曾某突发疾病猝死的地点并不是在工作岗位上，也不是在工作时间内，故不符合该条的视同工伤的规定，不能认定为工伤。关于行政复议的问题。市政府收到何某的行政复议申请后，依法进行受理，在查明事实的情况下，根据《中华人民共和国行政复议法》的规定，作出维持市人社局作出的不予认定工伤决定的复议决定，并依法向各方当事人送达。市政府作出的复议行为认定事实清楚，适用法律、法规正确，符合法定程序。判决：驳回何某的诉讼请求。

何某不服一审判决，向二审法院提起上诉。何某认为，一审判决认定市人社局具备进行工伤认定的行政职权，作出不予认定工伤决定书程序合法，是认定事实错误。曾某是人民警察，其死亡不能适用《工伤保险条例》作出工伤认定，应当适用《人民警察抚恤优待办法》认定其因公牺牲，不能当作普通劳动者适用《中华人民共和国劳动法》的8小时工作时间认定曾某的工作时间。《中华人民共和国人民警察法》第19条规定，人民警察在非工作时间，遇有其职责范围内的紧急情况，应当履行职责。此情形下，人民警察伤亡的，可认定为工伤。曾某被公安分局派往体育场执行安保执勤任务，该时期是特殊执勤期间，并未执行8小时工作制度，一审法院、市人社局、市政府都没有职权对民警的工作时间进行考勤；何某在一审提出证明曾某的死亡是在工作时间、工作岗位上因疲劳过度猝死的司法鉴定的申请，一审法院以没有必要为由予以拒绝，侵犯了何某的诉讼权利。

二审法院认为，根据《工伤保险条例》第5条第2款“县级以上地方各级人民政府社会保险行政部门负责本行政区域内的工伤保险工作”的规定，市人社局作为该市

① 该条令已于2021年10月28日失效，新修订的《公安机关人民警察内务条令》（公安部令第161号）第135条，为“公安机关实行24小时值班备勤……”

社会保险行政部门具有工伤认定的法定职责（权）。本案中，市人社局在受理公安分局的工伤认定申请后，通过调查作出不予认定工伤决定书，并依法向何某及公安分局送达，程序合法。同时根据上述规定，市人社局有权根据公安部门的工作性质、工作职责、工作时间安排等依照《工伤保险条例》第14条、第15条的规定，对曾某死亡时是否处于工作岗位、工作时间作出判断和认定。公安分局提供的安保执勤安排表显示，2018年10月25日8时至10月26日8时之前，曾某休班3日，此后至2018年10月31日，曾某未被排班。因此，曾某自2018年10月26日8时至其死亡时，并非处在工作岗位和工作时间。《中华人民共和国人民警察法》第19条规定："人民警察在非工作时间，遇有其职责范围内的紧急情况，应当履行职责。"因此，在非工作时间，人民警察因紧急情况履行职责而受伤，的确可认定为工伤。但综合本案证据及何某自述确认反映，曾某于2018年10月26日8时交班后回家，在当日21时左右与家人吃晚饭行至××××号前路段时突然晕倒，后经抢救无效死亡，无证据表明曾某在××××号前路段突然晕倒时，是在履行《中华人民共和国人民警察法》第6条规定的职责。综上，事故发生时曾某并不是在工作时间及工作岗位上，根据《工伤保险条例》第15条第1款第1项"在工作时间和工作岗位，突发疾病死亡或者在48小时之内经抢救无效死亡的"的规定，曾某突发疾病猝死不符合视同工伤的条件，不能认定为工伤。关于何某提出的本案审理应当适用《人民警察抚恤优待办法》的规定认定曾某因公牺牲，而不能适用《工伤保险条例》认定工伤的问题。二审法院认为，《人民警察抚恤优待办法》和《工伤保险条例》在适用范围、适用对象、职责（权）主体、适用程序等方面有所区别，属于调整不同法律关系的法律范畴。本案审理的是市人社局作出的不予认定工伤决定和市政府作出的行政复议决定行为的合法性问题，应当适用《工伤保险条例》，一审判决适用法律、法规正确。何某认为对曾某死亡性质的确定应当适用《人民警察抚恤优待办法》，可根据相关规定的程序另行主张。综上，市人社局作出的不予认定工伤决定认定事实清楚，适用法律、法规正确。市政府作出的行政复议决定认定事实清楚，适用法律、法规正确，符合法定程序。关于司法鉴定的问题。二审法院认为，猝死系人体内器官病变所致，而本案事实已经表明曾某的死亡不符合《工伤保险条例》第14条、第15条规定的工伤或者视同工伤的情形。因此，何某提出司法鉴定申请的事项与本案审理的事实没有关联，也无意义。综上所述，何某的上诉请求均无事实及法律依据，依法应予驳回。一审判决认定事实清楚，适用法律、法规正确，审判程序合法。判决：驳回上诉，维持原判。

何某不服二审判决，向广西壮族自治区高级人民法院申请再审。

再审法院经审查认为：关于市人社局是否有职权作出涉案不予认定工伤决定的问题。《工伤保险条例》第65条规定："公务员和参照公务员法管理的事业单位、社会团体的工作人员因工作遭受事故伤害或者患职业病的，由所在单位支付费用。具体办法由国务院社会保险行政部门会同国务院财政部门规定。”但是，截至目前该条规定的“具体办法”尚未出台。《广西壮族自治区实施〈工伤保险条例〉办法》第36条规定：“公务员和参照公务员法管理的事业单位、社会团体的工作人员，参照本办法的规定参加工伤保险。”2017年8月16日，广西壮族自治区人力资源和社会保障厅、财政厅、民政厅联合印发《关于广西壮族自治区公务员和参照公务员法管理的事业单位、社会团体工作人员参加工伤保险有关问题的通知》（桂人社发〔2017〕50号），决定将公务员和参照公务员法管理的事业单位、社会团体工作人员纳入工伤保险统筹管理。曾某是公安分局的民警，其于2018年10月26日死亡，属于上述规定的适用范围，市人社局作为该市社会保险行政部门有职权作出涉案的不予认定工伤决定。关于曾某的死亡是否属于《工伤保险条例》第14条规定的应当认定为工伤或第15条规定的视同工伤情形的问题。曾某于2018年10月26日8时完成当日安保任务后下班回家，当天8时至21时，曾某不属于在岗状态，而属于休息状态。曾某于当日21时左右突发疾病晕倒，22时左右经抢救无效死亡。曾某病发时并非在工作时间和工作场所内，不在工作岗位，亦非受到事故伤害，不属于《工伤保险条例》第14条规定的应当认定为工伤或者第15条规定的视同工伤的情形。市人社局作出的不予认定工伤决定正确。关于何某申请对曾某猝死诱因进行司法鉴定，是否应准许的问题。再审法院认为，猝死原因复杂，在曾某已于2018年10月31日火化处理的情况下，对其猝死诱因进行司法鉴定的条件不具备。且曾某病发时不处在工作时间、工作岗位，不符合认定为工伤的其他条件，故对何某的该项司法鉴定申请，原审法院不予准许并无不当。何某申请再审时仍提出鉴定申请，不予准许。综上，何某的再审申请不符合《中华人民共和国行政诉讼法》第91条、《最高人民法院关于适用〈中华人民共和国行政诉讼法〉的解释》第110条规定的情形。裁定：驳回何某的再审申请。

根据《工伤保险条例》的规定，公务员和参照公务员法管理的事业单位、社会团体的工作人员因工作遭受事故伤害或者患职业病的，不能直接适用该条例的规定，这主要是指在费用的支付方面。对于该部分人员工伤的认定，虽然国家尚未有明确的规定出台，但是依据《工伤保险条例》第5条的规定，国务院社会保险行政部门负责全国的工伤保险工作。县级以上地方各级人民政府社会保险行政部门负责本行政区域内的工伤保险工作。社会保险行政部门按照国务院有关规定设立的社会保险经办机构具体承办工伤保险事务。可见，社会保险行政部门具有对本行政区域内人员进行工伤认定的职权。有的地方出台了相应的管理规定，如《关于北京市机关、事业单位工作人员工伤认定的通知》（京劳社工发〔2005〕6号）规定：“在北京市机关、事业单位、社会团体、民办非企业单位工作的人员发生工伤，在国家尚未出台新的政策之前，其工伤认定暂按照《工伤保险条例》的规定执行……”北京市人民政府办公厅于2000年5月25日下发的《关于印发北京市劳动和社会保障局职能配置、内设机构和人员编制规定的通知》规定，北京市劳动和社会保障局的法定职责包括负责本市企业职工和本市机关、事业单位人员工（公）伤保险工作，负责组织工伤认定等工作。本案中，《广西壮族自治区实施〈工伤保险条例〉办法》第36条规定："公务员和参照公务员法管理的事业单位、社会团体的工作人员，参照本办法的规定参加工伤保险。"《关于广西壮族自治区公务员和参照公务员法管理的事业单位、社会团体工作人员参加工伤保险有关问题的通知》（桂人社发〔2017〕50号），决定将公务员和参照公务员法管理的事业单位、社会团体工作人员纳入工伤保险统筹管理。因此，市人社局具有工伤认定的行政职权，其对曾某的事故作出不予认定工伤决定书，符合相关法律、法规的规定。法院对此予以确认并驳回何某的再审申请是正确的。

第二章　工伤认定标准是怎样的

一、工伤认定的标准是什么

前章我们说过，工伤是指劳动者在工作中或者在法定的特殊情况下因意外事故所造成的负伤、致残、死亡或者患职业病。《工伤保险条例》的制定目的是保障因工作遭受事故伤害或者患职业病的职工获得医疗救治和经济补偿，促进工伤预防和职业康复，分散用人单位的工伤风险。《中华人民共和国社会保险法》第 36 条第 1 款规定，职工因工作原因受到事故伤害或者患职业病，且经工伤认定的，享受工伤保险待遇。从上述两部法律法规的相关规定可以看出，工伤保险是保障因工作遭受事故伤害或者患职业病的职工，其应有之义或者说对认定工伤的要求标准是“因工作”。通常来说，职工在工作时间和工作场所内，因工作原因受到事故伤害的，构成工伤。工作时间、工作场所、工作原因构成工伤认定的三要素，这是工伤认定的实质标准。从工伤事故的具体情形来看，职工受到的伤害必须符合《工伤保险条例》第 14 条、第 15 条规定的情形，并且又不属于第 16 条规定的排除工伤的情形，这是工伤认定的形式标准。

在工伤认定标准的三要素中，其各自的地位和作用是不同的。工作原因属于核心要件，是认定工伤的充分条件，只要能够认定是工作原因，就足以认定工伤。工作时间、工作场所是辅助条件，用以判断、推定是否属于工作原因，二者的功能和作用一方面是对工作原因的补强，另一方面是在工作原因无法查明时，用以推定是否属于工作原因。在工作场所、工作时间内，没有证据证明是否因工作原因导致职工伤亡的，有时依然可以认定为工伤。

（一）应当认定为工伤的情形

根据《工伤保险条例》第 14 条的规定，应当认定为工伤的有如下情形：

1. 在工作时间和工作场所内，因工作原因受到事故伤害的；

2. 工作时间前后在工作场所内，从事与工作有关的预备性或者收尾性工作受到事故伤害的；

3. 在工作时间和工作场所内，因履行工作职责受到暴力等意外伤害的；

4. 患职业病的；

5. 因工外出期间，由于工作原因受到伤害或者发生事故下落不明的；

6. 在上下班途中，受到非本人主要责任的交通事故或者城市轨道交通、客运轮渡、火车事故伤害的；

7. 法律、行政法规规定应当认定为工伤的其他情形。

（二）视同工伤的情形

根据《工伤保险条例》第15条的规定，职工有下列情形之一的，视同工伤：

1. 在工作时间和工作岗位，突发疾病死亡或者在48小时之内经抢救无效死亡的；

2. 在抢险救灾等维护国家利益、公共利益活动中受到伤害的；

3. 职工原在军队服役，因战、因公负伤致残，已取得革命伤残军人证，到用人单位后旧伤复发的。

（三）排除工伤的情形

根据《工伤保险条例》第16条的规定，职工虽然符合上述认定工伤或者视同工伤的规定，但有下列情形之一的，不得认定为工伤或者视同工伤：

1. 故意犯罪的；

2. 醉酒或者吸毒的；

3. 自残或者自杀的。

案例17[①]

宋某与某洗涤公司在2013年6月30日至2014年10月31日期间存在劳动关系。2013年7月31日，宋某在工作中被同事高某用推车不慎碰撞，摔倒后扭伤右足，造成右跖骨骨折。

2014年6月23日，宋某向某区人社局提出工伤认定申请，区人社局于同日受理后即展开调查，并进行了现场模拟。期间因宋某提起劳动关系确认诉讼，区人社局曾中止工伤认定审查。恢复审查后，区人社局于2014年11月6日作出认定工伤决定书，认定宋某于2013年7月31日在工作期间受到的事故伤害，符合《工伤保险条例》第14条第1项、《上海市工伤保险实施办法》（上海市人民政府令第93号）第14条第1项之规定，属于工伤认定范围，予以认定为工伤。

洗涤公司不服区人社局作出的认定工伤决定，向法院提起行政诉讼。洗涤公司认为，宋某受伤不符合《工伤保险条例》第14条第1项的规定。宋某因工作原因受伤与事实不符。高某所用的推车是“布草车”，车箱体安装在车轮上，距离地面20—25厘米，四个车轮都是万向轮。由于车厢体本身是呈下部小、上部大的立体梯形，车厢体上部边缘还设计有向外侧翻卷的扶挡，四个车轮无法撞伤前面行走人员的足部。即使从后方撞伤，理论上前方行走人员受撞击的部位只能是腓骨的下半段，因为车厢体本

① 案号：(2015) 沪高行申字第120号。

身就高于足部。宋某在工作时间受伤也与事实不符。宋某自述其于 2013 年 7 月 31 日上班时间，在收完布件推车送到 B1 装车点转弯处受伤，但高某陈述宋某自入职起经常说各处疼痛，当天上班的时候没有任何异常，也没叫过痛或者感到不适，8 月 1 日宋某未上班，高某给宋某打电话问其为何不来上班，宋某陈述他要去医院。故现有证据无法达到盖然性的高度，无法使人相信宋某是在工作时间因工作原因受伤。

一审法院认为，根据《工伤保险条例》第 5 条的规定，区人社局作为劳动保障行政部门，负责本行政区域内的工伤保险工作，具有对本案当事人的申请作出工伤认定的法定职权。本案中，洗涤公司认为即使高某用推车从后方撞伤宋某，理论上也无法造成宋某右跖骨骨折，但宋某已给出合理解释系高某用推车不慎撞到宋某，宋某在摔倒过程中扭伤右足，因果关系成立。故宋某的受伤情况符合在工作时间、工作地点，因工作原因受伤。洗涤公司起诉要求撤销认定工伤决定的诉请，缺乏事实证据及法律依据，不予支持。判决：驳回洗涤公司的诉讼请求。

洗涤公司不服一审判决，向二审法院提起上诉。

二审法院认为，区人社局向一审法院提交的工伤认定申请表、民事判决书、工伤认定调查记录、医疗诊断证明等证据可以形成证据链，足以证明认定工伤决定书中所认定的事实。区人社局受理宋某的工伤认定申请后，向洗涤公司及宋某发出受理决定书，并向洗涤公司发出关于提交宋某受伤书面情况的函，经调查核实后，综合洗涤公司、宋某提交的证据材料，依照《工伤保险条例》第 14 条第 1 项、《上海市工伤保险实施办法》第 14 条第 1 项之规定，在法定期限内作出认定工伤决定，并将认定工伤决定书送达洗涤公司和宋某，主要证据充分，适用法律并无不当，程序亦无不当。此外，《工伤保险条例》第 19 条第 2 款规定，职工或者其直系亲属认为是工伤，用人单位不认为是工伤的，由用人单位承担举证责任①。洗涤公司在工伤认定程序中并未提供充分有效的能够证明不应当认定为工伤的证据。故洗涤公司的上诉请求，缺乏事实根据和法律依据，不予支持。判决：驳回上诉，维持原判。

洗涤公司不服二审判决，向上海市高级人民法院申请再审。

再审法院认为，区人社局认为宋某受到的事故伤害属于工伤认定范围，在法定期限内作出认定工伤决定，其主要证据充分、适用法律正确、程序合法。洗涤公司未就其主张提供充分有效的证据，一、二审判决并无不当。裁定：驳回洗涤公司的再审申请。

我们知道，工作时间、工作场所和工作原因是认定工伤的基本要素。本案中，根据区人社局提交的证据，特别是对宋某所作的工伤认定调查记录、公安局案（事）件

---

① 现行《工伤保险条例》第 19 条第 2 款规定，职工或者其近亲属认为是工伤，用人单位不认为是工伤的，由用人单位承担举证责任。

接报回执单及调查的视频记录等，能够证明2013年7月31日在工作中，宋某被同事高某用推车不慎撞到右足而摔倒在地，在摔倒中扭伤右足，当场由高某陪同前往卫生所检查，于次日前往医院就诊；且宋某受伤后洗涤公司向其支付了3个月的工资和1000元的慰问金。宋某与高某曾因工伤事宜发生纠纷，最后报警处理。调查视频能够证明在区人社局进行调查时，洗涤公司对宋某受伤部位存有异议，但承认宋某受伤后立即告知高某的事实，以及宋某对受伤过程和受伤部位的合理解释，即当日推车撞到的是右足，在向外倒地过程中扭到跖骨，造成跖骨骨折。上述这些证据能够证明宋某是在工作时间和工作场所内，因工作原因受到的伤害，符合《工伤保险条例》第14条第1项认定工伤的条件，应当认定为工伤。区人社局作出的认定工伤决定是正确的。故一、二审法院和再审法院都予以支持，最终驳回了洗涤公司的诉讼请求。

二、什么是工作原因

（一）工作原因的含义

《工伤保险条例》第14条第1项规定，职工在工作时间和工作场所内，因工作原因受到事故伤害的，应当认定为工伤。

工作原因是一个概括性的用语，我国法律法规中没有对工作原因的具体含义进行统一的规定或解释，实践中一般按照通常意思理解，对于一些特殊情形，散见于不同的法律法规或相关规范性文件当中。这需要在实际工作中结合具体情况以及相关法律、法规、规章等进行认定。比如，《人力资源社会保障部关于执行〈工伤保险条例〉若干问题的意见（二）》（人社部发〔2016〕29号）第4条规定："职工在参加用人单位组织或者受用人单位指派参加其他单位组织的活动中受到事故伤害的，应当视为工作原因，但参加与工作无关的活动除外。"

有些地方法院制定了审理工伤认定案件的相关规定，其中对"工作原因"作了一些比较具体的规定，指导当地法院对工作原因的审查和把握。比如，《北京市高级人民法院关于印发〈关于审理工伤认定行政案件若干问题的意见〉（试行）的通知》（京高法发〔2007〕112号）第10条规定："职工因从事工作而解决必要生理需要时所遭受的事故伤害，以及职工为了用人单位的利益在处理重大、紧急情况的活动中、在用人单位组织或安排的与工作有关的活动中受到的事故伤害，可以视为'工作原因'。"根据《天津市高级人民法院关于印发〈关于审理工伤认定行政案件若干问题座谈会纪要〉的通知》（津高法〔2005〕164号）第11条的规定，人民法院对于造成事故伤害的工作原因的审查，一般应从是否属于本岗工作、是否属于单位临时指派的工作、是否属于单位重大紧急情况等方面考量。《四川省高级人民法院关于审理工伤认定行政案件若干问题的意见》（川高法〔2006〕436号）第19条规定："认定职工工伤的

'工作原因'是指职工所受事故伤害是因其从事本职工作、用人单位临时指派工作或因从事工作而解决必要生理需要时所致。职工为了用人单位的利益，在处理重大、紧急情况的活动中受到事故伤害的，应当视为因工作原因。职工在用人单位组织或者安排的政治思想教育、学习考察、工作交流及文体比赛等活动中受到事故伤害的，应当视为因工作原因。"《江苏省高级人民法院关于审理劳动保障监察、工伤认定行政案件若干问题的意见（试行）》（2005年11月17日由审判委员会第51次会议讨论通过）第20条规定："认定职工工伤情形中的'因工作原因受到事故伤害'，是指职工因从事生产经营活动导致的伤害和在工作过程中临时解决必需的生理需要时由于单位设施不安全因素造成的意外伤害。职工在用人单位安排或组织的政治思想教育活动、学习考察、工作交流及文体活动中发生伤亡事故的，应视为工作原因。"

综合上述相关规定来看，判断是否为工作原因，应当注意以下两个方面的关系。

1. 职工受伤与工作之间具有因果关系。工作原因的要素本意就是职工所受的伤害是因工作引起的，因此，工伤认定必须审查职工受伤与工作之间是否具有因果关系，从有利于保护遭受事故伤害职工的利益出发，通过分析职工伤害与工作之间的因果关系进行工伤认定。

2. 工作原因与职业利益的关系。工伤认定中，职业利益有时可以作为认定工作原因的辅助标准。在特殊情形下，有时即使不在工作时间、工作场所内，但是职工为了用人单位的利益所受伤害的，亦应当认定为工伤。

案例18①

董某系某物业公司工作人员，在某小区从事保洁工作，负责该小区7号楼、8号楼的楼道保洁。2013年12月6日11时左右，董某到楼下倒垃圾时遇到其同事刘某也在倒垃圾，后董某随刘某进入6号楼内，帮助刘某将6号楼楼道内的木板搬至6号楼中单元西户内。在搬运的过程中，董某从6号楼中单元西户室内2楼摔至1楼，造成重伤。

董某于2014年9月25日向某区人社局申请工伤认定，区人社局经过审查，于2015年7月13日作出认定工伤决定书，认定董某是因工负伤，并送达双方当事人。

物业公司不服区人社局作出的认定工伤决定，向法院提起行政诉讼。

一审法院认为，物业公司与董某的劳动关系已由生效的法律文书确定，本案的关键在于董某是否因工作原因受到伤害。首先，区人社局提交的证人刘某和江某的证言以及区人社局对刘某、江某所做的询问笔录相互印证，可以证实董某是在帮助刘某将6号楼内影响走廊通行的木板搬至中单元西户室内时受伤。虽然物业公司提交的刘某

---

① 案号：（2018）鲁行申222号。

的证言和对刘某的录音录像证实董某于事故发生时是在捡纸箱，与区人社局提供的刘某搬木板的证言不一致，但是无论董某是搬木板还是捡纸箱，都没有证据证实其不是因工作原因受到的伤害，从保护劳动者的角度考虑，物业公司应对董某的受伤承担责任，可以认定董某是因工负伤。其次，根据《工伤保险条例》第 19 条第 2 款的规定，职工或者其近亲属认为是工伤，用人单位不认为是工伤的，由用人单位承担举证责任。对物业公司提交的刘某的证言以及对刘某的录音录像的内容，刘某在区人社局对其所做的询问笔录中予以否认，且刘某为董某出具的证言与其给物业公司的证言也不一致，因此，物业公司证明董某非工伤的证据不足。区人社局作出的认定工伤决定事实清楚，适用法律正确，程序合法。判决：驳回物业公司的诉讼请求。

物业公司不服一审判决，向二审法院提起上诉。

二审法院认为，对于董某受伤的原因，区人社局提供了相应的证据，证据之间能够相互印证，证实董某是在工作时间因帮助同事工作而受伤，属于因工受伤，证据充分。董某受伤的地点虽然不在其负责的某小区 7 号楼和 8 号楼，但是其在帮助同事工作过程中受伤，客观上与本职工作有一定的关系，实际上也是为了完成公司工作。对物业公司关于董某受伤地点不是工作场所的主张，不予支持。物业公司称区人社局制作的两份询问笔录在询问时间上重合五分钟，对此区人社局已经做出了合理解释。物业公司主张区人社局认定工伤的程序违法，不予支持。一审判决认定事实清楚，适用法律正确。判决：驳回上诉，维持原判。

物业公司不服二审判决，向山东省高级人民法院申请再审。

再审法院认为，本案中，针对物业公司提交的刘某的证言以及对刘某的录音录像内容，证人刘某在区人社局对其所做的询问笔录中予以了否认，该证言及录音录像不能作为有效证据。故物业公司认为董某非工伤的证据不足，区人社局作出认定董某为工伤的认定工伤决定书并无不当。物业公司认为区人社局对刘某、江某的询问笔录不符合《工伤认定办法》相关规定的申请再审理由，无事实依据，该理由不能成立。一、二审判决认定事实清楚，适用法律正确。裁定：驳回物业公司的再审申请。

职工为了用人单位的利益，在处理与工作相关的活动中受到事故伤害的，应视为因工作原因受到伤害，予以认定工伤。本案中，董某受伤的地点虽然不是在其负责的区域，但是其在帮助同事工作过程中受伤，客观上与本职工作有一定的关系，实际上也是为了公司的利益。因此，对董某受到的伤害应当认定为工伤。物业公司认为董某所受伤害不是工伤，根据《工伤保险条例》第 19 条第 2 款的规定，应当承担举证责任，但其提交的刘某的证言以及对刘某的录音录像的内容，刘某在区人社局所做的询问笔录中予以否认，且刘某为董某出具的证言与其给物业公司的证言也不一致，因此，物业公司提供的上述证据不能作为有效证据，不能证明董某所受伤害不属于工伤。因此，区人社局作出的认定工伤决定书是正确的。

案例 19[①]

吕某系某物流公司的职工。2015 年 3 月 10 日 16 时左右，吕某到公司二楼会计室拿东西，出门后从二楼楼梯护栏处翻下受伤，后被送至某医院治疗，诊断为：1. 右桡骨小头粉碎性骨折；2. 左桡骨远端粉碎性骨折；3. 脑震荡；4. 外伤性松动。

2015 年 12 月 16 日，吕某向某港区管理委员会（以下简称港区管委会）提出工伤认定申请，港区管委会于当日受理并向吕某送达了工伤认定申请补正材料告知书。12 月 18 日，港区管委会向物流公司送达了限期举证通知书。12 月 24 日，物流公司向港区管委会提供了吕某翻越楼梯护栏的视频光盘、值班队长孙某的说明等证据材料。港区管委会根据吕某提供的申请材料及物流公司提供的证据，经审核后认为，吕某所受到的伤害不符合《工伤保险条例》第 14 条、第 15 条认定工伤的情形，于 2015 年 12 月 30 日作出不予认定工伤决定书，并分别送达物流公司及吕某。

吕某不服港区管委会作出的不予认定工伤决定，向法院提起行政诉讼。

一审法院认为，本案争议的焦点是吕某于 2015 年 3 月 10 日 16 时左右到公司二楼会计室拿东西，出门后从二楼楼梯护栏处翻下受伤是否应确认为“因工作原因受到事故伤害”。根据本案证据，吕某所受到的伤害虽然是在工作时间和工作场所内，但与工作无直接或间接因果关系，不是由于工作原因导致的意外伤害。物流公司提供的吕某翻越楼梯护栏视频光盘内容显示：物流公司为防止发生意外事故在二楼楼梯上已加装了 1 米多高的防护栏，吕某缓慢从会计室出来后，在事发处楼梯上没有任何阻碍及其他影响安全通行问题的情形下，向右侧张望了一下，然后突然直接翻下护栏，明显系个人行为。吕某提供的事发处楼梯照片显示：二楼距离一楼地面 2 米多高，加上 1 米多高的护栏，其翻越时身体距地面约 3 米多高，且楼梯下面堆放了大量废旧轮胎。吕某作为一个具有完全民事行为能力的成年人，应当知道楼梯安装护栏的目的，应当预见从离地面 3 米多高的护栏翻下可能造成伤害的后果，因此吕某受到的伤害不存在过失或不慎等情况。吕某主张其没有走楼梯是因为赶时间返回配工室，缺乏事实依据，吕某返回配工室最近的途径是直接走下楼梯，而其跳下楼梯反而是绕道回配工室，显然吕某主张赶时间的理由不成立，其翻越楼梯护栏无任何正当理由，更不是其履行工作的手段和方法。因此，港区管委会作出的不予认定工伤决定书认定事实清楚，程序合法，适用法律、法规正确。判决：驳回吕某的诉讼请求。

吕某不服一审判决，向二审法院提起上诉。吕某认为，一审判决认定其摔伤不属于“因工作原因”的依据不足，港区管委会提交的证据不足以证明其存在“本人主要责任”及“自残或者自杀”的情形。仅从物流公司提交的视频不能说明吕某自残或者

---

① 案号：（2018）鲁行申 274 号。

自杀，却能说明吕某在履行工作任务过程中由于过于自信导致了重大伤害。值班队长孙某与本案事实有直接联系，其基于继续留在公司工作的考虑而出具的假证言不足以采信，且作为证人证言，证人孙某应当出庭作证接受质询，否则不应作为有效合法证据。故吕某请求二审法院撤销原判，依法改判或发回重审。

二审法院认为，事发时，吕某所处二楼有通往楼下的楼梯，但吕某不走楼梯，而是翻越二楼护栏，导致其摔伤。吕某的该行为与其工作无关，不属于“因工作原因受到事故伤害”，不符合《工伤保险条例》第 14 条第 1 项规定的应当认定工伤的情形，也不符合《工伤保险条例》第 14 条其他应当认定工伤的规定及《工伤保险条例》第 15 条视同工伤的规定，港区管委会作出的不予认定工伤决定书认定事实清楚，适用法律正确，行政程序合法。一审法院判决驳回吕某的诉讼请求并无不当，吕某的上诉理由不能成立。判决：驳回上诉，维持原判。

吕某不服二审判决，向山东省高级人民法院申请再审。吕某认为，事发时其根据值班队长孙某的指示到会计室取胶水，后因还有其他紧急工作任务，一时心急翻越栏杆，不慎摔伤，系为完成工作任务所致，属于在工作时间和工作场所内，由于工作原因摔伤，因此符合《工伤保险条例》第 14 条第 1 项认定工伤的法定条件。吕某选择下楼方式不够谨慎的过失不影响工伤认定。《工伤保险条例》第 16 条明确规定了不认定工伤的三种情形，即故意犯罪的、醉酒或者吸毒的、自残或者自杀的，职工从事工作中存在过失不属于不认定工伤的法定情形，不影响职工受伤与从事本职工作之间因果关系的成立。在工伤事故中，受伤职工往往具有疏忽大意、精力不集中等过失。如果将职工主观上的过失作为工伤认定的排除条件，既不符合《工伤保险条例》保障劳动者合法权益的本意，也有悖于日常生活经验。即使吕某确实有失谨慎，亦不影响工伤认定。故吕某请求：撤销一、二审判决，依法改判或发回重审。

再审法院认为，本案的争议焦点是吕某所受伤害是否应认定为“因工作原因受到事故伤害”。根据物流公司在原审中提供的吕某翻越楼梯护栏视频显示，吕某从会计室出来后，在事发处楼梯上没有任何阻碍及其他影响安全通行问题的情形下，向右侧张望了一下，然后突然直接翻下护栏，明显系个人行为；吕某作为一个具有完全民事行为能力的成年人，应当知道楼梯安装护栏的目的，应当预见从离地面 3 米多高的护栏翻下可能造成伤害的后果，因此，吕某受到的伤害不存在过失或不慎等情况。吕某主张其没有走楼梯是因为赶时间，但从现场情况看，从会计室回吕某工作的配工室最近的途径是直接走楼梯，而其跳下楼梯反而是绕道，吕某的该理由不成立。虽然吕某受到伤害是发生在工作时间和工作场所内，但其翻越楼梯护栏无任何正当理由，更不是其履行工作的手段和方法，其所受到的伤害与工作原因无关，不属于“因工作原因受到事故伤害”，不符合《工伤保险条例》规定的应当认定工伤或视同工伤的情形。因此，港区管委会作出的不予认定工伤决定书认定事实清楚，适用法律、法规正确；

原审法院判决驳回吕某的诉讼请求，认定事实清楚，适用法律正确。吕某申请再审的事实及理由不足，不予支持。裁定：驳回吕某的再审申请。

本案中，吕某受到的伤害虽然发生在工作时间和工作场所内，但是，通过物流公司和港区管委会提交的证据，特别是事发现场的监控录像，清晰、完整地再现了吕某摔伤的全过程，可以看出吕某翻越护栏的行为完全是其个人行为，不是正常的工作方式方法。因此，吕某受到的伤害与工作无关，不属于因工作原因受到事故伤害，不能认定为工伤。港区管委会作出的不予认定工伤决定书是正确的，一、二审法院和再审法院驳回吕某的诉讼请求，认定事实清楚，适用法律正确，该裁判结果是正确的。

（二）从事与工作有关的预备性或者收尾性工作

《工伤保险条例》第14条第2项规定，工作时间前后在工作场所内，从事与工作有关的预备性或者收尾性工作受到事故伤害的，应当认定为工伤。

一般认为，与工作有关的预备性或者收尾性工作是指所从事的工作虽然不是直接的本职工作，但属于开展正常工作所必需的行为，是工作的延伸或合理的组成部分，包括职工在工作时间前后从事与工作过程相关的运输、清理、备料、安全、储存、收拾工具和衣物等行为，以及与工作有关的更衣、清洗等行为，有时甚至包括与工作有关的生理需要、听取负责人工作安排的行为等。

实践中，对“与工作有关”的理解和认识有时也存在争议。有的意见认为，“与工作有关”应当是工作所必需的。笔者认为，这种观点是比较片面的。“与工作有关”的范围要远远大于“工作所需”，“工作所需”属于直接原因，除此之外还有许多“与工作有关”的间接原因，因此，应当根据客观实际情况，从行为与工作之间的本质关系去进行工伤认定。

案例20①

2016年6月12日22时许，赵某到某广告公司加班，23时30分许工作结束后赵某骑车回家，在单位办公地点院内不慎摔倒受伤。广告公司与赵某未签订书面劳动合同，某市人社局出具的社会保险个人权益记录单载明，赵某参保单位为广告公司，参保状态为在职人员，缴费起止时间为2016年6月至7月，参保险种为养老、失业、医疗、工伤、生育。

2016年8月19日，赵某向市人社局提出工伤认定申请，因申请材料不全，市人社局要求其补正申请材料。2017年3月6日，市人社局受理赵某的工伤认定申请，并于5月4日作出认定工伤决定书。广告公司不服，于6月22日向某市政府提出行政复议

① 案号：（2019）鲁行申100号。

申请。市政府于6月23日受理，并于8月14日作出行政复议决定书，维持市人社局作出的认定工伤决定。

广告公司不服市政府作出的行政复议决定，向法院提起行政诉讼。

一审法院认为，《工伤保险条例》第14条第2项规定，工作时间前后在工作场所内，从事与工作有关的预备性或者收尾性工作受到事故伤害的，应当认定为工伤。本案中，赵某到广告公司加班，工作结束后在骑车回家过程中，在单位办公地点院内不慎摔倒受伤，符合上述条款的规定，应当认定为工伤。关于广告公司提出的其与赵某之间无劳动关系的问题，一审法院认为，广告公司与赵某虽未签订书面劳动合同，但从考勤表、社会保险个人权益记录单等证据看，双方形成了事实上的劳动关系。关于广告公司提出的未安排赵某加班的问题，一审法院认为，赵某到单位加班，无论是自愿还是单位统一安排，都是为了工作，不影响工伤的认定。市人社局受理赵某的工伤认定申请，作出认定工伤决定书，符合法定程序。市政府在法定期限内作出行政复议决定书，其受理、送达、作出复议决定等复议程序符合《中华人民共和国行政复议法》的有关规定。判决：驳回广告公司的诉讼请求。

广告公司不服一审判决，向二审法院提起上诉。

二审法院认为，根据市人社局在一审中提交的社会保险个人权益记录单、赵某6月的工作订单总量等证据，可以证明赵某与广告公司系事实劳动关系。广告公司主张其与赵某不存在劳动关系，但未提交相应的证据予以证明，故对其该主张不予支持。根据市人社局提交的微信群聊截图、2016年6月12日晚的接听电话记录等证据，可以认定赵某在受伤当晚受广告公司安排到单位加班工作的事实，即使该加班安排不具有强制性，也无论赵某是否自愿加班，都不能否定赵某于受伤当晚在单位工作的事实。广告公司关于赵某受伤当晚未安排赵某加班的主张不能成立。《工伤保险条例》第14条第2项规定的“收尾性工作”，系在工作结束后的一段合理时间内从事与工作相关的收尾工作，诸如收拾工具和衣物、安全储存、清理现场等。职工在工作过程中，在工作时间前后有时会需要做一些预备性和收尾性工作，但无论是预备性工作还是收尾性工作都必须与从事的工作相关联。本案中，赵某所从事的工作系电话接线员，但对其摔倒受伤时从事的是何种收尾性工作，且其受到伤害是否与电话接线工作相关等事项，市人社局提供的证据未能予以证明，故市人社局作出的认定工伤决定主要证据不足，适用法律错误，依法应予撤销，市政府作出的行政复议决定亦应一并撤销。综上，一审判决认定事实错误。2018年7月19日，二审法院作出判决：撤销一审判决，撤销市人社局作出的认定工伤决定书，撤销市政府作出的行政复议决定书，责令市人社局重新作出行政行为。

赵某不服二审判决，向山东省高级人民法院申请再审。

再审法院另查明，市人社局于2018年9月21日重新作出不予认定工伤决定书，认为赵某受伤的情形，无证据证明为非本人主要责任的交通事故，不符合《工伤保险条例》第 14 条、第 15 条规定的认定工伤或者视同工伤的情形，决定不予认定工伤或者视同工伤。

再审法院认为，赵某在广告公司所从事的工作系电话接线员，其于 2016 年 6 月 12 日 22 时左右到单位加班，23 时 30 分工作结束后在单位办公地点院内道路上骑行摔倒受伤。从市人社局提交的证据来看，不能认定赵某摔倒受伤时从事何种收尾性工作以及赵某受到的伤害是否与电话接线工作相关等事项，故市人社局作出的认定工伤决定书主要证据不足，适用法律错误，应予撤销。在二审法院判决撤销市人社局作出的认定工伤决定和市政府作出的行政复议决定后，市人社局又重新作出不予认定工伤决定书，赵某如对此不服，可以另行提起行政复议或者行政诉讼。市人社局作出的认定工伤决定书认定事实不清，适用法律错误，应予撤销，一审判决认定事实不清，二审法院予以撤销并改判，并无不当。裁定：驳回赵某的再审申请。

根据《工伤保险条例》的相关规定，职工在工作时间前后的预备性或收尾性工作中受到的伤害，能够被认定为工伤的前提是必须与从事的工作相关联，否则将难以被认为因工作原因。本案中，赵某是广告公司的电话接线员，其在 23 时 30 分工作结束后在单位办公地点院内道路上骑行摔倒受伤。市人社局认为，赵某受伤的情形符合《工伤保险条例》第 14 条第 2 项的规定，即工作时间前后在工作场所内，从事与工作有关的预备性或者收尾性工作受到事故伤害的，应当认定为工伤。但是，赵某摔倒受伤时从事的是何种收尾性工作，受到的伤害是否与电话接线工作相关，对这些事项，市人社局提供的证据未能予以证明。因此，市人社局作出认定工伤决定所依据的证据是不足的，适用法律错误，依法应予撤销，市政府作出的维持该认定工伤决定的行政复议决定和一审法院维持市政府作出的行政复议决定的判决也是错误的，依法应予撤销。二审法院改判撤销一审判决，撤销市政府作出的行政复议决定，撤销市人社局作出的认定工伤决定，认定事实清楚，适用法律正确，该判决是正确的，也得到了再审法院的认同。

（三）因履行工作职责受到暴力等意外伤害

《工伤保险条例》第 14 条第 3 项规定，在工作时间和工作场所内，因履行工作职责受到暴力等意外伤害的，应当认定为工伤。

如何理解“因履行工作职责受到暴力等意外伤害”？《劳动和社会保障部办公厅关于对〈工伤保险条例〉有关条款释义的函》（劳社厅函〔2006〕497 号）指出，“因履行工作职责受到暴力等意外伤害”中的因履行工作职责受到暴力伤害是指受到的暴力伤害与履行工作职责有因果关系。

一般来说，因履行工作职责受到暴力等意外伤害有两种情形：一种是指职工在工作时间和工作场所内，因履行工作职责受到的意外伤害；另一种是指职工因履行工作职责，使某些人的不合理或者违法目的没有达到，这些人出于报复而对该职工进行的暴力人身伤害。实践中，暴力伤害的情况千差万别，不能一概而论。

在工作时间和工作场所内，职工因超过本职工作从事活动而受到暴力等意外伤害的，是否应当认定为工伤？这个问题涉及工作原因与职业利益的关系。如果在工作时间和工作场所内为用人单位利益而超越岗位职责从事活动，则受到伤害可以认定为工伤。

在工作时间和工作场所内，因用人单位设施或者设备不完善，劳动条件或者劳动环境不良、管理不善等受到意外伤害的，是否应当认定为工伤？国务院法制办公室政法人力资源社会保障法制司、人力资源和社会保障部法规司、工伤保险司所编的《工伤保险条例释义》[①] 一书中指出，"因履行工作职责受到暴力等意外伤害的"，包括在工作时间和工作场所内，职工因履行工作职责受到的意外伤害，诸如地震、厂区失火、车间房屋倒塌以及由于单位其他设施不安全而造成的伤害等。因此，《工伤保险条例》规定的工作原因，不仅指职工所从事岗位工作，也包括用人单位提供的工作条件中可能存在的设施、管理和环境隐患等方面的原因。职工在工作时间和工作场所内，因用人单位设施或者设备不完善，劳动条件或者劳动环境不良以及管理不善等安全因素造成意外伤害的，也应认定为工伤。

在工作时间和工作场所内，职工因多个原因（包括履行岗位职责）受到暴力等意外伤害的，能否认定为工伤？一般认为，单纯因个人原因受到暴力等意外伤害的，不得认定为工伤，但是如果因工作原因引起的纠纷而致使职工受到暴力等意外伤害，应认定为工伤，而不论其中是否存在职工个人或者他人原因。

对于不在工作时间和工作场所内，因履行工作职责受到暴力等意外伤害的，能否认定为工伤？司法实践中意见不一。笔者认为，职工因履行工作职责受到暴力等意外伤害的，应当认定为工伤，而不论是否在工作时间和工作场所内。

案例 21[②]

2015 年 10 月 21 日上午，周某在某小学办公室上班期间，同事王某对周某说"你迟到了"，周某辩称其没有迟到，后周某被王某推倒在地，导致受伤。事发时仅有周某、王某两人在场。同日，周某经某医院诊断为 L3 左侧横突骨折。

2015 年 12 月 16 日，周某向某区人社局提出工伤认定申请，要求对其于 2015 年 10

---

① 国务院法制办公室政法劳动社会保障法制司、劳动和社会保障部法制司、医疗保险司编：《工伤保险条例释义》，中国法制出版社 2010 年版。

② 案号：(2017) 沪行申 463 号。

月21日上午在某小学办公室所受伤害认定为工伤，并提交了相关材料。区人社局于12月28日受理后，向某小学发出提供证据通知书。某小学向区人社局提供了相关申辩材料。区人社局经向某小学人事干部及工会主席、王某、周某进行调查询问，到某派出所调取询问笔录，并对相关材料审核后，于2016年2月24日作出认定工伤决定书，认为周某于2015年10月21日上午在某小学办公室上班期间所受伤害属于工伤认定范围，决定认定为工伤。

某小学不服区人社局作出的认定工伤决定，向法院提起行政诉讼。

一审法院认为，区人社局认定周某系在学校办公室上班即履行工作职责期间，因同事王某说“你迟到了”引发口角，后被王某推倒而受伤，有公安机关询问笔录、询问/讯问笔录、工伤认定调查笔录、人民调解协议书、医疗机构就诊记录及诊断报告等予以证明，符合《工伤保险条例》第14条第3项关于“职工在工作时间和工作场所内，因履行工作职责受到暴力等意外伤害的，应当认定为工伤”的规定。根据《工伤保险条例》第19条第2款的规定，职工或者其近亲属认为是工伤，用人单位不认为是工伤的，由用人单位承担举证责任。某小学作为用人单位不认为周某构成工伤，但其在工伤认定的行政程序中提供的证据并不能证明周某不构成工伤。区人社局根据《工伤保险条例》保护劳动者权益的立法宗旨，作出认定工伤决定，于法不悖。判决：驳回某小学的诉讼请求。

某小学不服一审判决，向二审法院提起上诉。

二审法院经审理查明，一审法院认定的事实清楚，予以确认。

二审法院认为，区人社局具有作出被诉工伤认定决定的法定职权。区人社局受理周某的工伤认定申请后，依法进行了调查，于法定期限内作出认定工伤决定并送达各方当事人，符合《工伤保险条例》第20条的规定，行政程序合法。区人社局认定周某所受伤害符合《工伤保险条例》第14条第3项、《上海市工伤保险实施办法》（上海市人民政府令第93号）第14条第3项的规定并据此作出工伤认定决定，认定事实清楚，适用法律正确。一审判决正确。判决：驳回上诉，维持原判。

某小学不服二审判决，向上海市高级人民法院申请再审。

再审法院认为，一、二审法院经审查认定，区人社局根据对某小学人事干部及工会主席、王某、周某所作调查记录，结合公安机关对王某所作笔录、道歉书、人民调解协议书的记载，认定周某所受伤害符合《工伤保险条例》第14条第3项、《上海市工伤保险实施办法》第14条第3项的规定并据此作出认定工伤决定书。该决定认定事实清楚，适用法律正确，程序合法。一、二审法院据此所作判决，均无不当。某小学的再审申请缺乏依据，其要求撤销一、二审判决的理由不能成立。裁定：驳回某小学的再审申请。

本案中，事发现场只有周某、王某二人，不利于对事件的查明。区人社局在受理周某的工伤认定申请后，向某小学人事干部及工会主席、王某、周某进行调查询问，到公安机关调取询问笔录，经过调查，认定周某于上班期间被同事王某推倒受伤，符合《工伤保险条例》第 14 条第 3 项关于职工“在工作时间和工作场所内，因履行工作职责受到暴力等意外伤害的”情形，应当认定为工伤；某小学不认为周某受到的伤害是工伤，应当承担举证责任，但其并未提供相应证据予以证明，应承担举证不能的不利后果。因此，区人社局认定周某受到的伤害构成工伤，从而作出认定工伤决定书是正确的，一、二审法院及再审法院均予以确认。

（四）因工外出期间受到伤害或者发生事故下落不明

《工伤保险条例》第 14 条第 5 项规定，职工因工外出期间，由于工作原因受到伤害或者发生事故下落不明的，应当认定为工伤。

因工外出期间，既包括职工受单位指派离开本职岗位到本地其他地方的时间，也包括出差到外地、境外的时间，但不包括外出游览、娱乐等非工作时间。《最高人民法院关于审理工伤保险行政案件若干问题的规定》（法释〔2014〕9 号）第 5 条第 1 款列举了三种情形的“因工外出期间”：职工受用人单位指派或者因工作需要在工作场所以外从事与工作职责有关的活动期间；职工受用人单位指派外出学习或者开会期间；职工因工作需要的其他外出活动期间。另外，根据《最高人民法院行政审判庭关于职工外出学习休息期间受到他人伤害应否认定为工伤问题的答复》（〔2007〕行他字第 9 号）的规定，职工受单位指派外出学习期间，在学习单位安排的休息场所休息时受到他人伤害的，应当认定为工伤。

由于工作原因受到伤害，是指由于工作原因直接或者间接造成的包括事故伤害、暴力伤害和其他形式的伤害，既包括与工作直接有关而发生的伤害，也包括工作准备活动、开展工作过程中所发生的伤害，如外出途中产生的伤害，因住宿、餐饮等场所存在的不安全因素产生的伤害等。事故包括安全事故、意外事故以及自然灾害等各种形式的事故。

因工外出期间受到伤害的工伤认定，应当以工作原因为基础，不能将因工外出期间发生的所有伤害均认定为工伤。《最高人民法院关于审理工伤保险行政案件若干问题的规定》（法释〔2014〕9 号）第 5 条第 2 款规定，职工因工外出期间从事与工作或者受用人单位指派外出学习、开会无关的个人活动受到伤害，社会保险行政部门不认定为工伤的，人民法院应予支持。这里的个人活动，一般指的是个人原因的探亲、访友、娱乐、游玩、购物等活动。根据该条规定，只要不属于职工从事与工作或者用人单位指派外出学习、开会无关的个人活动受到伤害的，都属于《工伤保险条例》第 14 条第 5 项规定的“由于工作原因受到伤害”，应当认定为工伤。职工在因工外出期间从事个人目的的行为或者违法行为而产生的伤害，不得认定为工伤。

有些地方人民法院对此也作了相应的规定。《北京市高级人民法院关于印发〈关于审理工伤认定行政案件若干问题的意见〉（试行）的通知》（京高法发〔2007〕112号）第8条第1款规定，职工因工作原因在工作场所以外从事与职务有关的活动的时间应认定为“因工外出期间”，但不包括外出游览、娱乐、购物等非工作原因的时间。《四川省高级人民法院关于审理工伤认定行政案件若干问题的意见》（川高法〔2006〕436号）第17条第2款规定，认定职工工伤的“因工外出期间”是指职工受用人单位指派或者根据工作性质要求在工作场所以外从事与职务有关的活动的时间。《江苏省高级人民法院关于审理劳动保障监察、工伤认定行政案件若干问题的意见（试行）》（2005年11月17日由审判委员会第51次会议讨论通过）第18条第2款规定，认定职工工伤情形中的“因工外出期间”，是指职工受单位指派或根据工作性质要求并经单位授权在工作场所以外从事与职务有关的时间。

另外，长期外派与因工外出不同，其在工伤认定上不能直接适用《工伤保险条例》第14条第5项的规定。因工外出具有临时性，只是为了完成工作任务而临时离开工作场所或工作岗位，而长期外派工作则不具有临时性，它往往是较长时间在工作单位之外从事工作。因此，长期外派工作的期间不属于“因工外出期间”。《四川省高级人民法院关于审理工伤认定行政案件若干问题的意见》（川高法〔2006〕436号）第17条第2款规定，用人单位长期外派到外地工作的职工发生事故伤害的，其工伤认定应根据具体情况，分别适用《工伤保险条例》第14条、第15条及第16条的相关规定，不能直接适用“因工外出期间”的规定。因此，用人单位长期外派工作的人员受到伤害或者发生事故，应当按照一般工伤认定标准予以认定是否构成工伤。

案例22①

汤某是某化妆品公司员工，从事设计、销售工作。2015年7月2日，汤某陪同客户倪某在某酒店参加其他化妆品公司举办的招商会议后，于当天20时左右陪客户到酒店游泳池游泳时，不慎摔倒致伤。经医院诊断为右股骨颈骨折。

汤某于2015年9月24日向某区人社局提交工伤认定申请表、化妆品公司劳动合同、门诊病历、诊断证明书等资料，申请工伤认定。区人社局受理后，依法向化妆品公司送达举证通知书，化妆品公司提交了关于汤某所受损伤不应认定为工伤的情况说明及相关举证材料。其后，区人社局分别对化妆品公司法定代表人罗某和汤某进行调查。12月1日，汤某向区人社局补充有关资料，其中包括与工厂司机对话录音、倪某的视频证明等。12月8日，区人社局作出认定工伤决定书，认定2015年7月2日晚汤某陪同客户在酒店游泳池游泳时不慎摔倒致伤，符合《工伤保险条例》第14条第5项

① 案号：（2016）粤行申1386号。

的规定，认定汤某上述伤情为工伤。

化妆品公司不服区人社局作出的认定工伤决定，向法院提起行政诉讼。

一审法院经审理认为，区人社局具有主管本行政区域内的工伤保险工作的职权，有权对汤某的工伤认定申请作出决定。区人社局在受理汤某提交的工伤认定申请后，于2015年12月8日作出认定工伤决定书，认为汤某受伤的情形，符合《工伤保险条例》第14条第5项的规定，应当认定为工伤，予以支持。《工伤保险条例》第19条第2款规定："职工或者其近亲属认为是工伤，用人单位不认为是工伤的，由用人单位承担举证责任。"本案中，经罗某签名且化妆品公司盖章的劳动关系证明已经确认汤某在化妆品公司从事设计、销售工作，且汤某陪同客户参加招商会议也是出于化妆品公司利益考虑，是拓展化妆品公司销售渠道的需要，是履行其工作职责的表现。客户倪某的证词与汤某的陈述相互印证，也充分证明了汤某陪同客户的行为已得到化妆品公司法定代表人罗某确认，并由罗某开车送他们到酒店。化妆品公司以汤某工作职责为设计产品宣传资料以及进行产品备案，汤某前往酒店参加会议未经公司同意，超出工作范围不属工伤为由，请求撤销上述认定工伤决定，未提供足够证据予以证实，理由不成立，不予支持。判决：驳回化妆品公司的诉讼请求。

化妆品公司不服一审判决，向二审法院提起上诉。

二审法院经审理认为，一审法院支持区人社局作出的涉案工伤认定，判决正确。化妆品公司认为汤某的工作职责是设计和备案，其到酒店是个人业余生活的上诉理由，与查明的事实不符，不予支持。判决：驳回上诉，维持原判。

化妆品公司不服二审判决，向广东省高级人民法院申请再审。

再审法院认为，本案的争议焦点为汤某在陪同客户倪某过程中在酒店游泳池边不慎摔倒致伤的情形是否应当认定为工伤。本案中，汤某作为化妆品公司员工，从事设计、销售工作。2015年7月1日，化妆品公司总经理驾车送汤某和公司客户倪某去酒店参加其他化妆品公司举办的招商会议的行为，可证明汤某系经公司同意，陪同客户参加招商会议，与其履行工作职责有密切联系，符合用人单位的利益。7月2日晚，汤某应客户倪某邀请前去游泳，与客户加强沟通联系符合公司的长期利益，应视为因工外出期间。因此，汤某在酒店游泳池摔倒致伤的情形符合《工伤保险条例》第14条第5项以及《最高人民法院关于审理工伤保险行政案件若干问题的规定》第5条第1款规定，且不属于《工伤保险条例》第16条规定的不得认定为工伤或者视同工伤的情形。区人社局据此作出认定工伤决定书，认定汤某上述受伤情形为工伤正确，原审法院予以支持并无不妥。化妆品公司提出的汤某工作职责是设计和备案工作，倪某非化妆品公司客户、汤某到酒店参加会议与本职工作无关的再审申请理由，未提供充分证据证明，理由不成立，不予支持。裁定：驳回化妆品公司的再审申请。

职工因工外出，是为了完成工作任务而临时离开工作场所或工作岗位，期间因履行其工作职责发生事故伤害的，应当认定为工伤。本案中，汤某在酒店游泳池边摔倒系受单位领导安排，在陪同客户参加招商会议过程中发生的伤害，是履行其工作职责的表现，符合《工伤保险条例》第14条第5项的规定，应当认定为工伤。区人社局对其予以认定工伤是正确的。一、二审判决驳回化妆品公司的诉讼请求，再审法院驳回化妆品公司的再审申请，认定事实清楚，适用法律正确，裁判是正确的。

（五）从事用人单位临时指派的工作

工伤认定，首先要确定受到的伤害与工作的因果关系，职工受伤害时所从事的工作是否是用人单位指派，对工作原因的认定举足轻重。我们知道，工作既包括职工从事的日常本职工作，也包括用人单位临时指派的工作。职工从事的日常本职工作自不待言，职工接受用人单位指派所从事的临时性工作，亦属工作原因的范畴，即使不属于职工的本职工作范围，但是应单位负责人要求而从事的工作，职工如因此受到伤害的，也应当认定为工伤。

案例23①

乔某系某餐饮公司厨工，某区劳动争议仲裁委员会的生效裁决书确认乔某与餐饮公司自2018年6月1日至2019年3月10日期间存在劳动关系。2018年12月27日15时许，乔某在单位工作间隙的休息时间，受单位厨师长、总厨的指令，清理单位二楼厨房仓库。在与同事从二楼搬抬压面机下一楼时，右足被压面机砸伤。当日，乔某至某医院就诊，初步诊断为足外伤，右侧第1跖骨骨折。

2019年5月21日，乔某向某区人社局提出工伤认定申请，区人社局经受理、调查询问后，于7月19日作出认定工伤决定书，认为乔某受到的事故伤害，符合《工伤保险条例》第14条第1项规定、《上海市工伤保险实施办法》（上海市人民政府令第93号）第14条第1项之规定，属于工伤认定范围，予以认定为工伤。

餐饮公司不服区人社局作出的认定工伤决定，向法院提起行政诉讼。

一审法院认为，《工伤保险条例》第14条第1项、《上海市工伤保险实施办法》第14条第1项规定，在工作时间和工作场所内，因工作原因受到事故伤害的，应当认定为工伤。其中，工作原因是认定工伤的核心因素。工作原因并不严格限定在本职工作的范围内，接受单位指令所从事的临时性工作，也属工作原因的范畴。本案中，结合相关证据，能够证明乔某受总厨、厨师长的指令，与同事一起清理厨房仓库、搬抬压面机，属于受单位指令所从事的临时性工作，工作内容与其厨工本职也具有紧密联系，其在清理厨房仓库的过程中被压面机砸伤，应认定为因工作原因受伤。从时间上

---

① 案号：(2020) 沪01行终408号。

看，乔某在工作间隙的休息时间接受单位指令工作，其休息时间应视为工作时间的合理延伸。从场所上看，乔某在其日常工作区域内受伤，并未脱离合理的工作场所范围。故乔某在工作时间、工作场所内，因工作原因受到事故伤害，符合《工伤保险条例》第 14 条第 1 项规定的认定工伤的情形，餐饮公司也未提供证据证明乔某不属于工伤，区人社局依据上述规定，在法定期限内作出认定工伤决定并送达，认定事实清楚、证据确凿，适用法律正确，程序合法。判决：驳回餐饮公司的诉讼请求。

餐饮公司不服一审判决，向二审法院提起上诉。

二审法院认为，区人社局受理乔某提出的工伤认定申请后，经调查取证后于法定期限内作出决定，程序合法。现有证据可以证明，乔某系受单位总厨、厨师长的指令，在工作间隙的休息时间为单位清理二楼厨房仓库，与同事搬抬压面机而受伤。该受伤事件发生在完成用人单位临时指派工作的时间内，系属于工作时间；乔某受总厨、厨师长的指令进行清理仓库、搬抬机器等工作，亦符合因工作原因的特征。因此，区人社局作出认定工伤决定，主要证据充分、适用法律正确。一审法院判决驳回餐饮公司要求撤销被诉认定工伤决定的诉讼请求并无不当。判决：驳回上诉，维持原判。

本案中，乔某系餐饮公司的厨工，虽然清理厨房仓库并不是其本职工作，但是与其工作内容也有密切联系，且乔某是在厨师长、总厨的要求下，与同事一起清理厨房仓库、搬抬压面机，属于单位临时指派的工作。区人社局在受理乔某的工伤认定申请后，经过调查了解，对上述事实予以确认。乔某在此过程中造成伤害，属于在工作时间和工作场所内，因工作原因受到的伤害，应当认定为工伤。因此，区人社局对乔某受到的伤害认定为工伤，并无不妥，一、二审法院和再审法院对该认定工伤决定予以支持是正确的。

（六）参加用人单位组织或者受用人单位指派参加其他单位组织的活动

用人单位要求职工参加集体活动，系用人单位与职工之间管理与被管理关系的具体体现，可以被认为是工作的一部分，应当视为工作原因。对该情形下职工发生的伤害认定为工伤，符合《工伤保险条例》的立法精神和原则。用人单位组织员工集体活动虽然不是直接以工作为内容，但属于与工作相关的行为，应当视为工作的延伸，可参照“因工外出”认定，主要是因为该集体活动是用人单位统一组织的，是用人单位福利待遇的另一种表现形式，用人单位要对整个集体活动过程负责，而且活动的目的旨在调节员工身心，提高员工工作积极性，增强凝聚力，对工作有益。对此，相关法律法规及规章也作了明确的规定。

《人力资源社会保障部关于执行〈工伤保险条例〉若干问题的意见（二）》（人社部发〔2016〕29 号）第 4 条规定，职工在参加用人单位组织或者受用人单位指派参加其他单位组织的活动中受到事故伤害的，应当视为工作原因，但参加与工作无关的活动除外。《最高人民法院关于审理工伤保险行政案件若干问题的规定》（法释〔2014〕9号）第4条规定："社会保险行政部门认定下列情形为工伤的，人民法院应予支持：……（二）职工参加用人单位组织或者受用人单位指派参加其他单位组织的活动受到伤害的……"该司法解释第5条规定，社会保险行政部门认定下列情形为"因工外出期间"的，人民法院应予支持："……（三）职工因工作需要的其他外出活动期间……"

案例24①

2015年4月2日11时许，某科技公司人力资源部员工陈某在公司内部QQ群中发布通知，内容为："根据公司规定，清明节放假两天（4—5号），6号公司集体活动（可以带家属），6号8：30在大学城C座门前集合。希望大家按时到场。公司人力。"同日12：30，陈某在公司内部QQ群中发布消息："个人装备要求：双肩包、探洞用照明工具，耐磨手套（俱乐部提供，但最好自己带）……照相机等。服装要求耐磨、宽松；鞋要软底防滑；长发者请挽起；不要留有长指甲；护膝、护腕等视情况自行配备。集合时间与地点：6号上午8：00在大学城C座门前停车场。"某保险公司为包括科技公司孙某在内的25人投保，保险期限为自2015年4月4日至2015年4月6日。2015年4月6日12时左右，孙某在攀岩训练过程中不慎坠落受伤，后送医院进行救治，诊断为左跟骨骨折。

孙某向某市人社局提交工伤认定申请书。2015年11月26日，市人社局作出不予认定工伤决定书，主要内容为："事故经过、受伤部位：2015年4月6日，科技公司员工孟某在清明节放假期间自发组织人员到某山上进行拓展训练，12时左右，孙某在攀岩训练过程中不慎坠落受伤。经医疗机构诊断为左跟骨骨折。工伤认定结论：该同志受到的伤害，不符合《工伤保险条例》第14条、第15条认定工伤或者视同工伤的情形。现决定不予认定或者视同工伤。"

孙某不服市人社局作出的不予认定工伤决定，向法院提起行政诉讼。

一审庭审中，证人孟某出庭作证，证明科技公司建立内部QQ群的事实，以及在QQ群中发布放假通知等情况。

一审法院认为，本案的争议焦点为孙某是在科技公司组织的活动中受伤还是在自发组织的活动中受伤。孙某所举证的科技公司内部QQ群的内容可以证实科技公司在放假通知中发布活动通知，由此可以证实，孙某是参加科技公司组织的活动，该活动应为工作的一个组成部分，孙某因参加活动受伤应属于工作原因，应当认定为工伤。市人社局作出的不予认定工伤决定书认定事实不清，适用法律不当，应予撤销。判决：撤销市人社局作出的不予认定工伤决定书，责令市人社局重新作出行政行为。

① 案号：（2017）鲁行申409号。

科技公司不服一审判决，向二审法院提起上诉。

二审法院认为，对孙某与科技公司具有劳动关系以及在活动中受到伤害的事实，各方当事人无异议。本案的焦点问题是孙某是否是在参加单位组织的活动中受到伤害。孙某所举证的科技公司内部QQ群的内容、证人孟某出庭作证的证言以及与科技公司董事长杜某的谈话录音等证据，相互印证，能够证实孙某是在参加科技公司组织的活动中受伤，应当认定为工伤。职工缴纳活动费用与是否参加单位组织的活动之间不具有必然的因果关系。市人社局认为孙某是在自发组织活动中受伤，与科技公司无关，从而作出不予认定工伤决定书，确有不当。一审判决撤销该不予认定工伤决定书，认定事实清楚，适用法律正确，应予维持。判决：驳回上诉，维持原判。

科技公司不服二审判决，向山东省高级人民法院申请再审。

再审法院认为，本案争议的焦点问题是孙某是否符合工伤认定的情形。《最高人民法院关于审理工伤保险行政案件若干问题的规定》（法释〔2014〕9号）第4条规定："社会保险行政部门认定下列情形为工伤的，人民法院应予支持：……（二）职工参加用人单位组织或者受用人单位指派参加其他单位组织的活动受到伤害的……"本案中，孙某系科技公司职工。孙某所举证的科技公司内部QQ群的内容，科技公司董事长杜某的谈话录音及证人孟某出庭作证的证言等证据，相互印证，能够证实孙某是在参加科技公司组织的活动中受伤，应当认定为工伤。一审法院判决撤销市人社局作出的不予认定工伤决定书，事实清楚，适用法律正确。职工缴纳活动费用与是否参加单位组织的活动之间不具有必然的因果关系，因此，科技公司的再审理由不能成立。裁定：驳回科技公司的再审申请。

根据人力资源和社会保障部、最高人民法院的有关规定，职工在参加用人单位组织或者受用人单位指派参加其他单位组织的活动中受到事故伤害的，应当视为工作原因，对职工因此受到的伤害，应当认定为工伤。本案中，孙某提交的证据足以证明此次活动是科技公司组织的集体活动，证人孟某的出庭证言能够证实科技公司存在内部QQ群的事实，虽然孟某的出庭证言与其之前所出具的书面证言存在不一致，但并不影响科技公司内部QQ群内容的客观存在。科技公司虽然认为活动是员工自发组织的，但无相应的证据予以证明。因此，市人社局对孙某在此次活动中受到的伤害不予认定工伤是错误的。一、二审法院和再审法院经审理，查明市人社局在对孙某的工伤认定申请进行处理时，认定事实不清，适用法律不当，判决撤销其作出的不予认定工伤决定书是正确的。

（七）工作过程中满足吃饭、喝水或者工间休息等人体正常生理、生活需要的活动

《中华人民共和国劳动法》规定，劳动者享有获得劳动安全卫生保护的权利，用人单位必须为劳动者提供符合国家规定的劳动安全卫生条件和必要的劳动防护用品。

在日常工作中，吃饭、喝水、如厕、工间休息等是劳动者必要的、合理的生理、生活需求，与劳动者的正常工作密不可分，应当受到法律保护。职工在工作过程中因吃饭、喝水、如厕或工间休息等受到伤害的，应当认定为工伤，享受工伤保险待遇。

案例 25①

张某是某实业公司的员工，于 2013 年 10 月进入实业公司工作，是实业公司制一课作业员，每天上班时间为 8 时至 12 时，13 时 30 分至 17 时 30 分，晚上加班时间为 18 时至 20 时，上下班须打卡。实业公司未依法为张某缴纳工伤保险。2014 年 5 月 22 日 17 时 30 分左右，张某下班去实业公司食堂就餐途中因下雨路滑摔倒受伤。实业公司工作人员将受伤的张某送往医院住院治疗。实业公司未依法为张某申报工伤。

2014 年 7 月 8 日，张某向某县人社局申请工伤认定。县人社局立案受理后，没有向实业公司和张某发出工伤认定举证通知书。8 月 11 日，县人社局作出不予认定工伤决定书，认定张某的受伤不属于或不视同工伤，并将不予认定工伤决定书分别送达实业公司和张某。张某不服该不予认定工伤决定，向某县政府申请行政复议，县政府经复议，维持了县人社局作出的不予认定工伤决定。张某不服，于 2014 年 12 月 25 日向法院提起行政诉讼。法院审理后认为，县人社局作出的不予认定工伤决定，主要证据不足，认定事实不清，适用法律错误，于 2015 年 3 月 17 日作出判决，撤销县人社局于 2014 年 8 月 11 日作出的不予认定工伤决定，判令县人社局重新作出具体行政行为。实业公司不服该判决，向二审法院提起上诉。二审法院审理后认为，张某下午的上班时间为 13 时 30 分至 17 时 30 分，晚上加班时间为 18 时至 20 时。张某虽然是在 17 时 30 分下班后去实业公司厂区饭堂打饭的路途中摔伤，但是下班吃饭是为了 18 时准时上班，其吃饭的行为是晚上加班前的预备性工作。根据《工伤保险条例》第 14 条和《广东省工伤保险条例》第 9 条第 2 项的规定，张某受到的伤害，符合认定工伤的情形。实业公司的上诉理由不充分，判决驳回上诉，维持原判。上述判决已经发生法律效力。

2015 年 7 月 22 日，县人社局向实业公司送达工伤认定举证通知书，责令实业公司在 8 月 7 日前将有关证据材料提交县人社局。县人社局根据上述二审法院生效判决，重新对张某申请工伤认定案件进行调查核实，于 2015 年 8 月 12 日作出认定工伤决定书，认为张某于 2014 年 5 月 22 日 17 时 30 分左右去公司饭堂就餐途中摔倒受伤，符合《工伤保险条例》第 14 条第 2 项之规定，认定张某此次受到的人身伤害属于工伤。

实业公司不服县人社局作出的认定工伤决定，向法院提起行政诉讼。

一审法院认为，县人社局受理张某的工伤认定申请后在法定期限内作出认定工伤决定书并送达实业公司及张某，程序合法。本案中，县人社局根据张某工作证、身份

---

① 案号：(2016) 粤行申 1137 号。

证复印件、疾病证明书、出院记录、实业公司企业登记信息等证据，于2015年8月12日作出认定工伤决定，认定张某受伤属于工伤事实清楚、证据充分。张某在2014年5月22日17时30分下班，当天18时要准时加班，吃饭的行为是晚上加班前的预备性工作，张某在去实业公司厂区饭堂就餐的路途中摔倒受伤是因工作原因，其受伤情形符合《工伤保险条例》第14条第2项规定的情形，依法应当被认定为工伤或视同工伤。劳动者享有获得劳动安全卫生保护的权利，是劳动法规定的基本原则，任何用工单位或个人都应当为劳动者提供必要的劳动安全卫生条件，维护劳动者的基本权利。劳动者在工作过程中满足用餐、喝水或者工间休息等人体正常生理、生活需要时所受伤害，与劳动者的正常工作密不可分，是由工作引起的，应当依法受到法律的保护。实业公司认为县人社局对张某受伤作出属于工伤的具体行政行为存在明显事实认定和法律适用错误，没有事实和法律根据，不予支持。判决：驳回实业公司的诉讼请求。

实业公司不服一审判决，向二审法院提起上诉。

二审法院查明的事实与一审法院查明的事实一致。

二审法院认为，根据一审法院查明的事实，可以认定张某是在工作时间前后、在工作场所内从事与工作有关的预备性工作受到事故伤害，符合《工伤保险条例》规定的应当认定为工伤的情形，县人社局作出的认定工伤决定书适用法律、法规正确，一审判决正确。判决：驳回实业公司的上诉请求，维持原判。

实业公司不服，向广东省高级人民法院申请再审。

再审法院认为，《工伤保险条例》第14条规定："职工有下列情形之一的，应当认定为工伤：……（二）工作时间前后在工作场所内，从事与工作有关的预备性或者收尾性工作受到事故伤害的……"第19条第2款规定："职工或者其近亲属认为是工伤，用人单位不认为是工伤的，由用人单位承担举证责任。"本案中，实业公司主张原审法院认定张某在2014年5月22日18时至20时期间需要加班是错误的，但其没有提供充分的证据予以证明，对该主张不予支持。实业公司的饭堂虽然不属于严格意义上的工作岗位，但应当视为工作场所的合理延伸，故原审法院认为张某在工作时间前后、在工作场所内从事与工作有关的预备性工作受到事故伤害，符合前述法律规定的应当被认定为工伤的情形，县人社局作出的认定工伤决定书适用法律、法规正确，据此判决驳回实业公司的诉讼请求，并无不妥。实业公司申请再审的理据不足，不予支持。裁定：驳回实业公司的再审申请。

用人单位为劳动者提供符合国家规定的劳动安全卫生条件和必要的劳动防护用品，是劳动法对用人单位的基本要求，劳动者在工作过程中满足用餐、喝水或者工间休息等人体正常生理、生活需要时所受伤害，与劳动者的正常工作密不可分，是由工作引起的，应当依法受到法律的保护。本案中，张某在去实业公司食堂就餐途中摔倒受伤，符合《工伤保险条例》第14条第2项规定的"工作时间前后在工作场所内，从事与工作有关的预备性或者收尾性工作受到事故伤害的”情形，应当认定为工伤。因此，县人社局作出的认定工伤决定是正确的，一、二审法院和再审法院驳回实业公司的诉讼请求，认定事实清楚，适用法律正确，裁决是正确的。

（八）为了用人单位的正当或者合法利益处理重大、紧急情况的活动

此类情形，主要着眼于职工活动系直接维护用人单位的利益，与职业利益密切相关。在此种情形下认定工伤，不能严格地限定于约定的工作范围之内，而应当将其视为与履行工作职责相关，职工由此所遭受的伤害可以被认为系工作原因造成，应当认定为工伤。《最高人民法院关于审理工伤保险行政案件若干问题的规定》（法释〔2014〕9号）第4条规定：“社会保险行政部门认定下列情形为工伤的，人民法院应予支持：……（四）其他与履行工作职责相关，在工作时间及合理区域内受到伤害的。”这是一个兜底性条款，实践中应结合具体事故情形加以适用。

案例26①

富某系某水洗坊员工。2016年10月7日15时30分左右，富某在单位车间工作期间，用手去试探熨平机温度时，右手被带入熨平机内导致受伤。经某医院诊断，富某伤情为右上肢挤压伤、右上肢骨筋膜室综合征。

富某向某区人社局申请工伤认定。区人社局于2017年5月17日作出认定工伤决定书，认定富某此次受到的事故伤害，符合《工伤保险条例》第14条第1项之规定，属于工伤认定范围，予以认定工伤，并向水洗坊、富某告知了复议权、诉讼权及相应期限。

水洗坊不服区人社局作出的认定工伤决定，向法院提起行政诉讼。

一审法院认为，区人社局作为本区工伤认定的劳动行政保障部门，有职权作出认定工伤的行政行为。富某系水洗坊员工，其在工作时间和工作场所内，因工作原因受到事故伤害，符合工伤认定的范围。区人社局对其作出认定工伤决定事实清楚、证据充分、适用法律正确、程序合法。对于水洗坊提出的富某的工作岗位系分拣员，分拣工作结束后协助其他工人叠毛巾，烫平机有专人关闭，富某被烫伤不属于工作原因的主张，一审法院认为，水洗坊未能提出证据证明富某的具体岗位职责分工，结合本案的实际情况，富某受伤时从事的工作与水洗坊经营范围一致，有益于用人单位的合法利益，应认定富某系因工作原因受伤，故对于水洗坊的该意见不予采纳。判决：驳回水洗坊的诉讼请求。

水洗坊不服一审判决，向二审法院提起上诉。

二审法院认为，本案的焦点问题是富某是否属于因工作原因受伤。水洗坊称熨平

---

① 案号：(2018) 辽08行终186号。

机有专人负责，富某关闭机器超出其工作范围，系违规操作，但水洗坊并没有提供工作规章、规程及岗位职责分工明细，也不能证明富某关闭机器的行为不是因为工作，其上诉主张无事实及法律依据。且根据《工伤保险条例》第16条之规定，有下列情形之一的，不得认定为工伤或视同工伤：故意犯罪的；醉酒或者吸毒的；自残或者自杀的。显然，法律法规排除认定工伤的情形是职工存在主观故意的行为，而并不包含本案中的情形。职工为了单位利益，从事与其职责相关的工作而受伤，依法应认定为工伤。因此，一审法院认定事实清楚，适用法律正确，依法应予维持，水洗坊的上诉理由不成立。判决：驳回上诉，维持原判。

本案中，水洗坊虽然提出富某的工作岗位系分拣员，分拣工作结束后协助其他工人叠毛巾，烫平机有专人关闭，关闭烫平机不是富某的工作职责，富某被烫伤不属于工作原因，但是，水洗坊对此并没有证据予以证明，且富某的该行为系在工作时间内从事的，有益于水洗坊的合法利益，因此，应认定属于工作原因。区人社局对富某所受伤害认定为工伤，一、二审法院予以确认，符合《工伤保险条例》的相关规定，是正确的。

（九）职业病

《工伤保险条例》第14条第4项规定，职工患职业病的，应当认定为工伤。

职业病是指企业、事业单位和个体经济组织等用人单位的劳动者在职业活动中，因接触粉尘、放射性物质和其他有毒、有害因素而引起的疾病。职业病的判断应当以原国家卫生和计划生育委员会、人力资源和社会保障部、国家安全生产监督管理总局、中华全国总工会2013年12月23日联合发布的《职业病分类和目录》（国卫疾控发〔2013〕48号）为准，不属于《职业病分类和目录》上的疾病，不得适用《工伤保险条例》第14条第4项的规定认定为工伤。按照《职业病分类和目录》，职业病包括如下十类：职业性尘肺病及其他呼吸系统疾病、职业性皮肤病、职业性眼病、职业性耳鼻喉口腔疾病、职业性化学中毒、物理因素所致职业病、职业性放射性疾病、职业性传染病、职业性肿瘤和其他职业病。

《工伤保险条例》关于职业病的规定，相对于其他工伤情形而言是不同的，既未提及工作原因，也未提及在工作时间和工作场所内，但是，这并不意味着职业病与工作无关。相反，职业病必须是《工伤保险条例》覆盖范围内的用人单位职工在职业活动中引起的疾病，而且职业病必须经法定的卫生部门确诊。

案例27[①]

胥某于2010年3月11日至2010年6月28日在某炭素公司从事炭素煅烧加料工

---

① 案号：（2017）最高法行再64号。

作，双方于该期间的劳动关系业经法院生效民事判决确认。2012 年9 月28 日，某市疾病预防控制中心对胥某作出职业病诊断证明书，诊断为“石墨尘肺二期”。炭素公司对该诊断结论提出异议并申请重新鉴定。某市职业病诊断鉴定委员会于同年 12 月 17 日作出职业病诊断鉴定书，对胥某职业病诊断为“石墨尘肺二期”。炭素公司仍然不服，向某省职业病诊断鉴定委员会申请再次鉴定。省职业病诊断鉴定委员会于 2013 年 2 月 26 日作出职业病诊断鉴定书，诊断结论为“煤工尘肺二期”，工作单位为炭素公司，职业病危害接触史为 2010 年 3 月至 2010 年 6 月在炭素公司从事煅烧加料工作，1998 年 2 月至 2004 年 9 月在山西临汾多个煤矿从事掘进工作。

2012 年 12 月 28 日，胥某向某市人社局提出工伤认定申请。2013 年 4 月 10 日，市人社局作出认定工伤决定书，认定胥某所患职业病符合《工伤保险条例》第 14 条第 4 项之规定，属于工伤认定范围，认定为工伤。

炭素公司对市人社局作出的认定工伤决定不服，于 2013 年 6 月 3 日向某市政府申请行政复议。市政府于 6 月 27 日审批立案。8 月 22 日，市政府法制办公室作出中止行政复议审理通知书，以炭素公司希望就案件进行协商调解为由，通知炭素公司中止该案行政复议审理，并于同月 23 日向炭素公司送达了中止行政复议审理通知书。2013 年 11 月 12 日、2014 年 2 月 14 日，市政府两次组织该案调解。2014 年 11 月 12 日，炭素公司向市政府出具和解意见函，表示为配合市政府调解，愿意在不承担工伤责任的前提下给予胥某 10 万元救济费。2015 年 2 月 23 日，市政府向炭素公司送达恢复行政复议审理通知书。4 月 10 日，市政府作出行政复议决定书，撤销了市人社局作出的认定工伤决定。

胥某不服市政府作出的行政复议决定，向法院提起行政诉讼。

一审法院认为，在工伤认定过程中，炭素公司在市人社局指定的举证期限内并未举示出胥某所患职业病是在其他公司形成而不是在炭素公司形成的有效证据；胥某虽然在 1998 年至 2004 年间在山西临汾多个煤矿从事过掘进工作，并在 2012 年自述“气短、胸闷 3 年”，但并无证据证实其在该期间确已患职业病，市人社局根据《工伤保险条例》第 19 条第 2 款关于用人单位举证责任的规定，认定炭素公司为胥某职业病的用人单位并无不当。市政府依据相关专家的咨询意见和《尘肺病》一书介绍的医学知识排除胥某系在炭素公司患上职业病，且相关专家并未出庭就案件涉及的专业问题进行说明，市政府据此撤销市人社局的认定工伤决定，属于证据不足，适用法律错误。判决：撤销市政府作出的行政复议决定。

炭素公司不服一审判决，向二审法院提起上诉。

二审法院认为，根据法院的生效判决，2010 年 3 月 11 日至 2010 年 6 月 28 日期间，胥某与炭素公司存在劳动关系。因胥某所患职业病有三个单位的不同诊断结论、鉴定结论，市政府认为胥某所患职业病应以 2013 年 2 月 26 日省职业病诊断鉴定委员会职业病诊断鉴定书所确认的“煤工尘肺二期”为准，并无不当。胥某出生于 1981 年

4月，其自述曾于1998年2月至2004年9月在山西临汾多个煤矿从事掘进工作。市政府认为，胥某于2010年3月到炭素公司，与该公司建立劳动关系的时间不满4个月，在此期间就患上要接尘10年至12年才患的尘肺病，且从“煤工尘肺”一期发展到二期，违背医学常识和规律。因此，根据胥某的职业史、职业危害接触史、临床表现，再结合医学常识与规律，市政府认为市人社局认定炭素公司是胥某所患职业病的用人单位，属认定事实不清，证据不足，作出撤销市人社局作出的认定工伤决定的复议决定，该行政复议结果并无不当。胥某要求撤销该行政复议决定的理由不能成立。一审判决撤销市政府作出的复议决定，属于认定事实不清，适用法律不当，应予纠正。判决：撤销一审判决，驳回胥某的诉讼请求。

胥某不服二审判决，向最高人民法院申请再审。

再审法院认为，胥某于2010年3月11日至2010年6月28日在炭素公司工作，工种为煅烧加料，双方劳动关系已经生效民事判决确认，胥某系炭素公司职工。经三次鉴定，胥某罹患职业病“石墨尘肺二期”或者“煤工尘肺二期”的事实清楚，市人社局依据《工伤保险条例》第14条第4项的规定，认定胥某为工伤，并无不当。《工伤保险条例》的制定，是为了保障因工作遭受事故伤害或者患职业病的职工获得医疗救治和经济补偿，促进工伤预防和职业康复。工伤保险应优先保护受害职工的合法权益，保障患职业病的职工得到及时的医疗救治，达到基本的生活水平。在本案中，胥某罹患职业病的事实清楚，炭素公司虽对其为承担工伤责任的用人单位有异议，但不应影响先以上述诊断鉴定结论所列明的单位作为责任单位认定胥某为工伤。故市政府、二审法院以市人社局认定炭素公司为胥某患“煤工尘肺二期”的用人单位属于事实不清、证据不足为由而撤销市人社局的认定工伤决定，不仅违反《工伤保险条例》第14条第4项的规定，亦有悖《工伤保险条例》的立法精神，依法应予纠正。首先，《职业病诊断与鉴定管理办法》[①] 第36条第4款规定：“职业病鉴定实行两级鉴定制，省级职业病鉴定结论为最终鉴定。”《四川省人力资源和社会保障厅关于进一步做好工伤保险工作若干意见的通知》（川人社发〔2015〕22号）第5条规定：“职工被初次诊断、鉴定为职业病，有关当事人申请工伤认定的，以职业病诊断、鉴定证明书载明的用人单位作为承担工伤保险责任单位，依法进行工伤认定……”依据上述规定，本案中的省职业病诊断鉴定委员会的诊断鉴定为最终鉴定，具有最终的法律效力。即胥某

① 原卫生部令第91号，已于2021年1月4日废止。新的《职业病诊断与鉴定管理办法》（国家卫生健康委员会令第6号），相应内容的规定为第35条：“职业病鉴定实行两级鉴定制，设区的市级职业病诊断鉴定委员会负责职业病诊断争议的首次鉴定。当事人对设区的市级职业病鉴定结论不服的，可以在接到诊断鉴定书之日起十五日内，向原鉴定组织所在地省级卫生健康主管部门申请再鉴定，省级鉴定为最终鉴定。”

患“煤工尘肺二期”职业病，工作单位为炭素公司，职业病危害接触史中包含了在炭素公司从事煅烧加料的工作经历。对于该诊断鉴定所载明的上述内容，市人社局在进行工伤认定时可以不再进行调查核实，故其依据该诊断鉴定结论，认定炭素公司为工伤用人单位，符合上述规定。其次，根据《工伤保险条例》第19条第2款的规定，职工或者其近亲属认为是工伤，用人单位不认为是工伤的，应由用人单位承担举证责任。在本案工伤认定过程中，炭素公司在市人社局指定的举证期限内并未举示出胥某所患职业病是在其他公司形成的有效证据，胥某虽然在1998年至2004年间在山西临汾多个煤矿从事过掘进工作，并在2012年自述“气短、胸闷3年”，但并无证据证实其在该期间确已患上职业病，且炭素公司亦未提供证据证明其已依法按照《中华人民共和国职业病防治法》第35条的规定，对从事接触职业病危害的作业的劳动者组织上岗前职业健康检查，而是直接安排胥某从事接触职业病危害的作业，存在过错，也导致无法排除胥某的职业病在其公司工作期间患上的可能，依法应承担相应的责任。故市人社局认定炭素公司为胥某职业病的用人单位，并不违反《工伤保险条例》关于用人单位举证责任的上述规定。最后，省职业病诊断鉴定委员会的诊断鉴定书关于职业病危害接触史中包含胥某1998年2月至2004年9月在山西临汾多个煤矿从事掘进工作及在炭素公司从事煅烧加料的工作，因没有列明期间的相关工作单位，既无法认定相关致害单位又无法辨别致害的因果关系，在胥某与炭素公司存在劳动关系已经为生效民事判决确认的情况下，为保护职业病职工的合法权益，市人社局依据省职业病诊断鉴定委员会的诊断鉴定结论，认定炭素公司为工伤用人单位，并无不当。同时，炭素公司及有关机构依法承担相应工伤保险责任后，如有相应证据，可以向相关单位主张权利，但因与本案不属同一法律关系，炭素公司及有关机构需依法另行主张。综上，市政府作出的复议决定及二审判决适用法律错误，应予纠正。判决：撤销二审判决，维持一审判决。

本案事实比较清楚，胥某已经被省职业病诊断鉴定委员会最终鉴定为职业病，则市人社局应当对胥某所患职业病认定工伤。本案的难点在于，胥某曾在多个单位工作，其罹患职业病有可能是在其他单位工作时造成的，但是炭素公司并没有相应证据予以证明，省职业病诊断鉴定委员会的诊断鉴定为最终鉴定，具有最终的法律效力，即胥某患“煤工尘肺二期”职业病，工作单位为炭素公司，职业病危害接触史中包含了在炭素公司从事煅烧加料的工作经历。因此，从保护职业病职工合法权益的角度，结合《工伤保险条例》的立法精神，市人社局依据该诊断鉴定结论，认定炭素公司为工伤用人单位，并无不妥。本案经最高人民法院再审，亦维持了该认定工伤决定，是正确的。

三、工作时间怎么认定

工作时间，通俗地理解，是指劳动者为用人单位提供劳动的时间，包括法律规定的工作时间、劳动合同约定的工作时间、用人单位要求工作的时间、加班加点工作的时间以及完成用人单位临时指派工作的时间等。

根据《中华人民共和国劳动法》第 36 条的规定，国家实行劳动者每日工作时间不超过 8 小时、平均每周工作时间不超过 44 小时的工时制度。这是法律规定的标准工作时间。《国务院关于职工工作时间的规定》（国务院令第 174 号）规定，职工每日工作 8 小时、每周工作 40 小时；在特殊条件下从事劳动和有特殊情况，需要适当缩短工作时间的，按照国家有关规定执行；因工作性质或者生产特点的限制，不能实行每日工作 8 小时、每周工作 40 小时标准工时制度的，按照国家有关规定，可以实行其他工作和休息办法。根据国家劳动法律法规的规定，任何单位和个人不得擅自延长职工工作时间。因特殊情况和紧急任务确需延长工作时间的，按照国家有关规定执行。不能实行标准工时制度的用人单位，可以根据单位自身实际情况，采用综合工时制或者不定时工作制，这两种工时制可以周、月、季度、年为一定的考核周期，但是折算平均工作时间也不得超过法律规定的标准工作时间。

实践中，认定工伤时对工作时间的认定，除法律规定的工作时间以外，还存在一些特殊情形。有的地方法院为了统一法律适用，制定了本地认定工作时间的标准。比如，《北京市高级人民法院关于印发〈关于审理工伤认定行政案件若干问题的意见〉（试行）的通知》（京高法发〔2007〕112 号）第 7 条规定，在工作场所内，职工从事与工作有关的准备性或者收尾性工作所需的时间、确因工作需要而加班加点的时间、及其他因工作需要的必要工间休息时间等，应认定为“工作时间”。《四川省高级人民法院关于审理工伤认定行政案件若干问题的意见》（川高法〔2006〕436 号）第 17 条规定，认定职工工伤的“工作时间”，是指劳动合同约定的工作时间、用人单位规定的工作时间、加班加点工作的时间以及完成用人单位临时指派工作的时间。认定职工工伤的“因工外出期间”是指职工受用人单位指派或者根据工作性质要求在工作场所以外从事与职务有关的活动的时间。用人单位长期外派到外地工作的职工发生事故伤害的，其工伤认定应根据具体情况，分别适用《工伤保险条例》第 14 条 、第 15 条及第 16 条的相关规定，不能直接适用“因工外出期间”的规定。《江苏省高级人民法院关于审理劳动保障监察、工伤认定行政案件若干问题的意见（试行）》（2005 年 11 月 17 日由审判委员会第 51 次会议讨论通过）第 18 条规定，认定职工工伤情形中的“工作时间”，是指劳动合同规定的工作时间或者用人单位规定的工作时间以及加班加点的时间。认定职工工伤情形中的“因工外出期间”，是指职工受单位指派或根据工作性质要求并经单位授权在工作场所以外从事与职务有关的时间。

（一）法律规定、劳动合同约定或者用人单位规定的工作时间

案例 28[①]

韦某是某印务公司的切纸工，住在公司安排的员工宿舍。印务公司规定的上班时间为8：00—11：30、13：00—17：30。韦某工作岗位的日常工作内容主要是负责操作切纸机进行生产。韦某自述，2016年5月12日7时30分左右其在印务公司仓库制作木刀架时，右眼不慎被砂轮片击伤，后去某诊所、甲医院、乙医院治疗，经诊断为右眼挫伤。

2016年6月20日，韦某向某区人社局申请工伤认定，并提交了工伤认定申请表及商事登记信息、劳动合同、门诊病历、疾病证明书等资料。区人社局于7月4日受理并向韦某出具受理回执，于同月20日向印务公司送达工伤认定举证通知书。印务公司在举证期限内向区人社局提交了关于韦某弄伤右眼的事情经过的说明、全体员工证明书、公司三名员工手写的证明书、韦某的声明书及借条、劳动合同等证明材料，证明韦某受伤并非工伤，韦某受伤无任何目击证人，全体员工无人知道韦某受伤的过程。其中，韦某于2016年5月13日向印务公司出具的声明书中载明："本人在2016年5月12日早上7点30分左右趁还未上班时，在未经厂同意情况下，用自己的磨砂机，开木板制作刀架，砂轮板片爆裂，不慎弄伤右眼，此事与本厂无关，厂未下达制作刀架任务。"8月18日，区人社局对印务公司的授权委托人周某、印务公司职工李某、卢某进行调查询问并制作调查笔录，周某陈述当日8时15分左右看到韦某包扎着眼睛回到公司，事发前公司买了两把新的切纸刀回来，但韦某是切纸工，不需要做刀架。李某、卢某均陈述韦某是公司切纸工，李某陈述不清楚谁负责做刀架，卢某陈述公司刀架是由厂长周某负责制作。8月29日，区人社局向印务公司职工韦某某进行调查询问并制作调查笔录，韦某某陈述其与韦某住在工厂马路对面的公司宿舍，均有公司仓库和厨房钥匙，在韦某受伤之后公司就换了锁，没有再给钥匙。8月31日，区人社局派工作人员前往印务公司生产经营场所现场勘验并制作勘验记录。

区人社局结合上述调查情况、韦某提交的工伤认定申请材料和印务公司提交的书面举证材料，于2016年9月2日作出认定工伤决定书，确认韦某于2016年5月12日7时30分左右在印务公司制作木刀架时右眼不慎受伤，依据《工伤保险条例》第14条第1项的规定，认定韦某受伤属于工伤。

印务公司不服区人社局作出的认定工伤决定，向法院提起行政诉讼。

一审法院认为，韦某在向区人社局申请工伤认定时，向区人社局提交了其与印务

---

① 案号：（2018）粤行申198号。

公司签订的劳动合同及医院门诊病历、诊断证明，应当视为韦某已就发生伤害及伤情的基本事实完成了相应的举证责任。区人社局受理韦某的工伤认定申请后，依法向印务公司送达了工伤认定举证通知书，印务公司在举证期限内向区人社局提交了书面证据材料。考虑到韦某陈述其受伤是在7：30左右，在印务公司正常上班时间之前，没有其他员工见到韦某受伤过程未超出合理范畴。另外，韦某在事发后向印务公司提交的声明书也只能证明韦某制作刀架的行为未经印务公司同意，亦不受印务公司指派，但不能据此认定韦某受伤不是因工作原因造成。因此，印务公司在工伤认定程序中提交的证据不能证明韦某受伤并非工伤。区人社局针对韦某的受伤事实进行了相应调查，韦某的陈述与医院的门诊病历、诊断证明互相印证，印务公司的授权委托人周某亦陈述在事发前公司购置了两把新的切纸刀。一审法院对上述事实予以确认。虽然韦某在公司规定的上班时间之前受伤，但工作时间是指法律规定的或者单位要求职工工作的时间，也包括加班时间。职工根据自身工作内容而主动加班的时间应当视为加班时间。因此，本案中韦某为了用人单位的利益提前到公司用磨砂机制作切纸刀的刀架，该行为引发的事故伤害符合“在工作时间和工作场所内，因工作原因受到事故伤害的”特征，应当认定为工伤。印务公司在庭审中提交的某诊所出具的回复函，制作时间为2017年4月3日，韦某就诊时间为2016年5月12日，在没有原始就诊记录时间的佐证下，该诊所在韦某就诊11个月后出具回复函陈述“处理过程40分钟左右”，明显证明力不足，该回复函不能作为认定韦某就诊时间的依据。印务公司还主张韦某使用磨砂机并非为了公司利益，而是为了自己的私人目的，不应认定为工伤，但未能提交有效证据予以证实，故对于印务公司的此项意见，不予采纳。综上，一审法院认为区人社局作出的认定工伤决定书认定事实清楚、适用法律正确、程序合法。判决：驳回印务公司的诉讼请求。

印务公司不服一审判决，向二审法院提起上诉。

二审法院另查明，本案中致韦某受伤的磨砂机是其自行购置的，印务公司的磨砂机锁在印务公司的工具箱中。

二审法院认为，韦某在印务公司从事切纸工作，其受伤并非在法定工作时间，也并非在切纸过程中造成，致其受伤的磨砂机是其私自购置并使用。综合全案证据，为切纸刀制作刀架之说仅有韦某的单方陈述，并无其他证据予以佐证。韦某因何原因使用磨砂机导致其受伤的事实不清，因此，区人社局认定韦某为切纸刀制作刀架而受伤的依据不足，一审判决认定错误，予以纠正。判决：撤销一审判决，撤销区人社局作出的认定工伤决定，责令区人社局重新对韦某的申请作出处理。

韦某不服二审判决，向广东省高级人民法院申请再审。

再审法院认为，印务公司规定的上班时间为8：00—11：30、13：00—17：30，韦某受伤并非在印务公司规定的上班时间，其在印务公司从事切纸工作，其受伤并非在切纸过程中造成的，致韦某受伤的磨砂机是其私自购置并使用的。综合全案证据，为切纸刀制作刀架之说仅有韦某的单方陈述，并无其他证据予以佐证。韦某因何原因使用磨砂机导致其受伤的事实不清。因此，区人社局认定韦某为切纸刀制作刀架而受伤的依据不足，二审判决并无不当。韦某的再审理由不成立，不予支持。裁定：驳回韦某的再审申请。

对于工作时间的认定，要根据法律规定结合用人单位要求的工作时间去认定。本案中，韦某虽然是在印务公司内受到伤害，但是根据法院查明的事实，韦某受伤并非在印务公司规定的上班时间，且韦某在印务公司从事切纸工作，其受伤并非在切纸过程中造成，特别是韦某所说的为切纸刀制作刀架而受伤一事，只有韦某的陈述，没有相应证据证明，韦某的受伤并不符合《工伤保险条例》规定的认定工伤或者视同工伤的情形。因此，区人社局作出的认定工伤决定没有事实根据和法律依据，是错误的。二审法院和再审法院撤销区人社局作出的认定工伤决定，并责令区人社局重新对韦某的申请作出处理，认定事实清楚，适用法律正确，判决是正确的。

（二）完成用人单位临时指派的工作的时间

案例 29①

赵某系某机械公司职工，从事维保工作。2014 年 6 月 19 日 17 时许，赵某在砂石厂干活后，应机械公司有关负责人要求，又前往火电厂加班干活。当日 19 时 30 分许，赵某无证未戴安全头盔驾驶无号牌二轮摩托车，沿某路由南向北逆向驶入该路西侧非机动车道后，该车前部与陈某无证未戴安全头盔驾驶的沿该路西侧非机动车道由北向南直行的普通二轮摩托车前部相撞，导致赵某、陈某受伤，两车受损的交通事故。交警部门出具的道路交通事故认定书，认定赵某应负本次交通事故的主要责任，陈某应负次要责任。该交通事故发生后，赵某和陈某二人分别被送往医院救治，陈某经抢救无效死亡。赵某被医院初步诊断为：“左侧血胸；左肺不张；前纵隔血肿；右侧第 4 前肋骨折。”后，赵某被法院以交通肇事罪判处有期徒刑一年五个月。

2014 年 10 月 11 日，赵某之妻李某向某市人社局提出工伤认定申请，并提供了相关材料。同年 12 月 19 日，市人社局受理了李某的申请，经调查核实后，于 2015 年 1 月 8 日作出不予认定工伤决定书，认为根据《工伤保险条例》第 14 条第 6 项之规定，赵某不符合认定工伤的情形，决定不予认定工伤。赵某不服该不予认定工伤决定，于 2015 年 3 月 10 日向某市政府提起行政复议申请，要求撤销该不予认定工伤决定书。市政府受理后，经审查于 2016 年 2 月 29 日作出行政复议决定书，以不予认定工伤决定

① 案号：(2017) 甘行终 345 号。

书认定事实不清，证据不足为由，决定撤销不予认定工伤决定书。随后，市人社局经调查核实，于2016年4月7日作出认定工伤决定书，认为赵某受到的事故伤害符合《工伤保险条例》第14条第1项之规定，属于工伤认定范围，予以认定工伤，并于4月14日向赵某和机械公司送达。

机械公司不服市人社局作出的认定工伤决定，向法院提起行政诉讼。

一审法院认为，《工伤保险条例》第5条第2款规定："县级以上地方各级人民政府社会保险行政部门负责本行政区域内的工伤保险工作"，故市人社局具有对辖区内职工赵某受到的事故伤害作出认定工伤决定的法定职责。依照《工伤保险条例》第14条第1项之规定，职工在工作时间和工作场所内，因工作原因受到事故伤害的，应当认定为工伤。本案中，首先，赵某在砂石厂干完活后，又应机械公司有关负责人要求，前往火电厂加班。当日19时30分许，赵某驾驶无号牌二轮摩托车与他人发生交通事故并受到事故伤害，该事故发生在机械公司有关负责人要求其加班的时间内，即赵某的"工作时间"内。其次，赵某的工作场所不固定，既包括砂石厂，也包括火电厂，其遭受事故伤害发生在从砂石厂前往火电厂的合理路线上，即赵某来往于多个工作场所之间的合理区域内，属于赵某的"工作场所"内。最后，赵某驾驶摩托车前往火电厂，该行为是应机械公司有关负责人的要求去加班干活，与其履行工作职责有一定关系，即符合"因工作原因"的条件。故赵某受到的事故伤害符合"工作时间""工作场所"和"因工作原因"三个要件，且不存在《工伤保险条例》第16条规定的不得认定为工伤的情形。因此，市人社局在行政复议决定书决定撤销不予认定工伤决定书之后，经调查核实，作出认定工伤决定书，认为赵某受到的事故伤害符合《工伤保险条例》第14条第1项之规定，属于工伤认定范围，予以认定工伤，该认定工伤决定书证据确凿，适用法律、法规正确，符合法定程序。关于机械公司提出的赵某事故发生时系上下班途中的主张，经审查，赵某受到的事故伤害发生于机械公司有关负责人要求其加班的时间内，应视为赵某上班时间，且赵某并未下班，故对机械公司的这一主张，不予采信。判决：驳回机械公司的诉讼请求。

机械公司不服一审判决，向二审法院提起上诉。

二审法院另查明，2016年2月2日法院作出生效刑事附带民事判决，认定"赵某交通肇事行为发生在所在单位机械公司指派其赶往另外一工作地点途中，与机械公司有一定的联系"。

二审法院认为，根据《工伤保险条例》第14条第1项的规定，职工在工作时间和工作场所内，因工作原因受到事故伤害的，应当认定为工伤。该规定中的"工作时间"，是指法律规定的或者单位要求职工工作的时间，包括单位的主要负责人、部门负责人、企业班组长、工作负责人以上的单位领导同意和安排的临时加班加点的工作时间。对下列情形应当认定或者视为《工伤保险条例》规定的"工作时间"：一是法律规定、劳动合同约定或者用人单位规定且实际履行的工作时间；二是完成用人单位临时指派工作的时间；三是各种加班加点延长工作的时间；四是在工作场所，职工从事与工作有关的准备性或者收尾性工作所需的时间。该规定中的“工作场所”，是指与职工工作职责相关的场所，在有多个工作场所的情形下，还应包括职工来往于多个工作场所之间的合理区域。对下列情形之一应当认定或者视为《工伤保险条例》规定的“工作场所”：一是与职工工作相关的，用人单位能够对其日常生产经营活动进行有效管理的区域以及自然延伸的合理区域；二是职工为完成其特定工作所涉及的单位内或者单位外的相关区域以及自然延伸的合理区域；三是职工来往于多个与其工作相关的工作场所之间的必经区域。该规定中的“因工作原因”，是指职工受伤与其从事本职工作之间存在关联关系，即职工受伤与其从事本职工作存在一定关联。对下列情形之一应当认定或者视为《工伤保险条例》规定的“因工作原因”：一是从事与工作有关的准备性或者收尾性工作；二是从事本职工作或者用人单位临时指派的工作；三是职工工作过程中满足吃饭、喝水或者工间休息等人体正常生理、生活需要的。本案中，赵某在机械公司从事维保工作，工作时间和工作地点不确定。2014 年 6 月 19 日，赵某接到机械公司有关负责人安排其前往火电厂加班的电话，同日 19 时 30 分许，赵某驾驶无号牌二轮摩托车与他人发生交通事故并受到事故伤害，该事故发生在机械公司要求其加班的时间内，属于“工作时间”。赵某受到的事故伤害发生在从砂石厂前往火电厂的合理路线上，属于来往于多个工作场所之间的合理区域，应当属于“工作场所”。赵某驾驶摩托车前往火电厂，该行为是应机械公司有关负责人安排去加班，与其履行工作职责有一定关系，即符合“因工作原因”。据此，赵某受到的事故伤害，符合《工伤保险条例》规定的因工受伤的要件，且不存在《工伤保险条例》第 16 条规定的不得认定为工伤的情形。市人社局作出的认定工伤决定认定事实清楚，适用法律、法规正确，符合法定程序。一审判决认定事实清楚，适用法律及判决结果正确。机械公司的上诉理由不能成立，依法应予驳回。判决：驳回上诉，维持原判。

本案中，赵某系在机械公司负责人的安排下前往火电厂加班，在去火电厂的路途中发生交通事故受到伤害，其受到伤害的时间是在完成机械公司临时指派工作的时间内，应当认定为工作时间，因此，虽然赵某对此次交通事故负主要责任并受到刑事处罚，但是对赵某来说，其发生此次交通事故系在工作时间、工作场所内，因工作原因受到伤害，符合《工伤保险条例》第 14 条第 1 项规定的工伤情形，市人社局对赵某受到的伤害作出认定工伤决定，认定事实清楚，适用法律正确，该认定是正确的。一审及二审法院对此也予以维持，并驳回了机械公司的诉讼请求。

（三）各种加班加点延长工作的时间

案例30①

俞某的丈夫冯某系某学校教师，担任该校高中部数学课教学和高中班主任工作。2011年11月15日晚，冯某任教的两个班级进行测验考试。考试结束后，冯某回到家中。次日7时左右，同校老师在冯某家中发现其身体异常状况，立刻拨打120急救中心电话，某医院医护人员到场进行抢救，冯某因抢救无效死亡。12月20日，医院出具居民死亡医学证明书，证明冯某因突发心肌梗死，于2011年11月16日在家中死亡，发病到死亡的大概时间间隔为“不详”。抢救记录上记载：“抢救时间段为2011年11月16日8时31分至9时32分”，“到达现场时患者已无心跳、呼吸”。

2011年12月15日，学校以冯某因长期工作劳累过度，在工作时间、工作岗位中突发心肌梗死死亡为由，向某市人社局提出工伤认定申请，要求认定冯某为工伤死亡。2011年12月13日，学校数学组证明：“2011年11月15日晚，从20：30至22：30进行考试，冯某连夜评完两个班学生的数学试卷，并进行试卷分析，因每周三为我校数学教学研究时间。”2012年6月26日，学校教师王某、陈某证明，事发当晚发现冯某行为异常，看见他偶尔用手摁一摁胸口，脸色不好。2013年3月11日，学校出具书面证明：“2011年11月15日晚上，从20：30到22：30进行考试，为及时了解学生的学习状况，该老师连夜评完两个班学生的数学试卷（107份），并进行试卷分析。每次测试完毕都是当晚批卷，这是常规工作……”证人黄某、胡某证实，冯某在2011年11月15日晚修时间，精神比往常差，气色苍白。海口市人社局于2012年5月23日作出不予认定工伤决定书，对冯某因病死亡不认定为工伤。俞某不服该不予认定工伤决定，向某省人社厅申请复议。省人社厅作出行政复议决定书，决定维持市人社局作出的不予认定工伤决定。俞某不服，向一审法院提起行政诉讼。一审法院判决驳回俞某的诉讼请求。俞某不服一审判决，向二审法院提起上诉。二审法院于2013年5月8日作出判决，以市人社局于2012年5月23日作出的不予认定工伤决定认定事实不清为由，判决撤销一审判决，撤销省人社厅作出的行政复议决定书，撤销市人社局于2012年5月23日作出的不予认定工伤决定，责令市人社局重新作出行政行为。市人社局不服二审判决，申请再审。再审法院于2013年8月16日作出驳回再审申请通知书，驳回其再审申请。市人社局仍不服，继续申诉。海南省高级人民法院于2014年2月14日作出驳回再审申请通知书，驳回其申请。

2015年1月17日，市人社局作出第二份不予认定工伤决定书，认定：2011年11

① 案号：（2017）最高法行申6467号。

月16日上午8时20分许，冯某被其同事韦某发现在家趴卧床上，呼之不应，急拨120呼叫抢救。经120到场抢救约1小时，于当日9时32分宣告临床死亡。经查明，2011年11月15日晚修时间，冯某约22时带女儿离校回家；冯某发病时已上床休息；2011年11月16日上午学校并未安排数学教研活动；学校规定，不得利用晚修时间上课或考试；学校领导否认安排教师通宵改卷或要求任课老师必须当天改完作业或试卷。市人社局据此认为，晚上进行考试不是学校安排的活动，学校也没有要求老师当天必须批改完作业或试卷的规定，冯某发病不是在工作时间，也不是在工作岗位上，不符合《工伤保险条例》第14条、第15条认定工伤或者视为工伤的情形，决定不认定为工伤或视为工伤。俞某不服市人社局于2015年1月17日作出的第二份不予认定工伤决定书，向省人社厅申请复议。省人社厅经审查，于2016年4月15日作出第二份行政复议决定书，维持市人社局于2015年1月17日作出的第二份不予认定工伤决定书。

俞某不服省人社厅于2016年4月15日作出的第二份行政复议决定书，向法院提起行政诉讼。

一审法院认为，第二份不予认定工伤决定书认定“冯某发病时已上床休息”，但某医院院前急救记录交接单上记载的抢救情况是到达时死亡，居民死亡医学证明书上对冯某发病到死亡的大概时间间隔一栏上记载为“不详”，市人社局仅凭冯某同事到家中看见冯某卧于床上，认定冯某发病时已上床休息，明显证据不足。市人社局未提交学校的相关规章制度，仅以学校校长调查陈述认定“学校规定，不得利用晚修时间上课或考试”，冯某晚上安排测试，不是工作时间，事实认定依据不足。市人社局对冯某连夜工作与突发疾病是否存在因果关系，是否因长时间工作劳累造成心肌梗死死亡等问题均未予认定，作出第二份不予认定工伤决定书，认定部分事实不清，证据不充分。判决：撤销第二份不予认定工伤决定书和第二份行政复议决定书，责令市人社局重新作出工伤认定。

市人社局不服一审判决，向二审法院提起上诉。

二审法院认为，病亡视同工伤需满足三个条件：工作时间、工作岗位、突发疾病死亡或者在48小时内抢救无效死亡。冯某组织晚修测验及批改试卷即使不是学校的硬性要求，但与其工作明显相关，且符合中小学教师的职业特点，应属于工作时间和工作岗位的延伸。突发疾病发病到死亡有一个持续的阶段和过程，如冯某这样的“猝死”，也有从不明显到明显的发病至死亡的过程。学校教师王某、陈某及冯某的学生证明，冯某在2011年11月15日晚修期间已有身体不适的表现，理应认定冯某于2011年11月15日晚修时已开始发病。冯某在某医院医护人员到达时已无心跳和呼吸，其属于突发疾病死亡的情况，而不是《工伤保险条例》第15条第1款第1项中“突发疾病在48小时之内经抢救无效死亡”的情况。判决：驳回上诉，维持原判。

市人社局不服二审判决，向最高人民法院申请再审。

再审法院经审查认为，《工伤保险条例》第15条第1款第1项规定，职工在工作时间和工作岗位，突发疾病死亡或者在48小时之内经抢救无效死亡的，视同工伤。该项规定中的视同工伤包括两种情形：一是在工作时间、工作岗位上，突发疾病死亡；二是在工作时间、工作岗位上，突发疾病，在48小时内经抢救无效死亡。未经抢救死亡，可能存在两种情形：一是突发疾病，来不及抢救即已经死亡；二是发病时，没有其他人员在场，丧失抢救机会死亡。无论是经抢救无效死亡，还是未经抢救死亡，视为工伤的关键都在于，必须是在“工作时间和工作岗位”上突发疾病死亡。根据通常理解，“工作时间和工作岗位”应当是指单位规定的上班时间和上班地点。同时，我们认为，职工为了单位的利益，在家加班工作期间，也应当属于“工作时间和工作岗位”。主要理由是：第一，根据《工伤保险条例》第1条的规定，制定和实施该条例的目的在于“保障因工作遭受事故伤害或者患职业病的职工获得医疗救治和经济补偿”。因此，理解“工作时间和工作岗位”，首先应当看职工是否为了单位的利益从事本职工作。在单位规定的工作时间和地点突发疾病死亡视为工伤，为了单位的利益，将工作带回家，占用个人时间继续工作，其间突发疾病死亡，其权利更应当受到保护，只有这样理解，才符合倾斜保护职工权利的工伤认定立法目的。第二，《工伤保险条例》第14条第1项、第2项、第3项认定工伤时的法定条件是“工作时间和工作场所”，而第15条视为工伤的规定使用的是“工作时间和工作岗位”，相对于“工作场所”而言，“工作岗位”强调更多的不是工作的处所和位置，而是岗位职责、工作任务。职工在家加班工作，就是为了完成岗位职责，当然应当属于第15条规定的“工作时间和工作岗位”。第三，视为工伤是法律规范对工伤认定的扩大保护，的确不宜将其范围再进一步做扩大理解。但是，应当注意的是，第15条将“工作场所”替换为“工作岗位”，本身就是法律规范对工作地点范围的进一步拓展，将“工作岗位”理解为包括在家加班工作，是对法律条文的正常理解，不是扩大解释。本案中，冯某被发现时已经没有呼吸和心跳，属于深夜在家发病，无人发现且未经抢救死亡的情形，不属于经抢救无效48小时内死亡的情形。虽然冯某在家中死亡，但从本案查明的事实可以看出，冯某在被发现死亡的前一天22时许，组织学生晚修测验回家，连夜评完两个班学生的数学试卷，并进行试卷分析，显然是为学校的利益，在回家后利用个人休息时间，加班从事教学岗位职责工作，属于“在家加班工作”的情形。是否能够认定冯某属于工伤，关键是看其发病、死亡是否发生在“在家加班工作期间”。冯某的居民死亡医学证明书对其发病至死亡的时间认定为“不详”，这就造成对冯某的发病时间究竟是在加班工作期间，还是在已上床睡觉期间难以判断。第二份不予认定工伤决定书根据冯某的同事第二天一早发现其趴卧床上的陈述，认定“冯某发病时已上床休息”。正如一、二审判决书所述，这一认定显然是缺乏充分证据予以支持的。趴卧床上，有可能是在发病后，身体不适倒卧床上，并非一定是上床睡觉后发病死亡。再审法院认为，在职工发病和死亡是否发生在工作时间、工作岗位上缺乏相关证据证明、难以确定的情况下，根据工伤认定倾向性保护职工合法权益的原则，应当作出有利于职工的肯定性事实推定，而非否定性的事实认定。因此，一、二审判决以事实不清、主要证据不足为由，撤销第二份不予认定工伤决定书，判决理由和结果均无不当。市人社局申请再审的理由，均是建立在不认可在家加班工作期间应当认定为“工作时间和工作岗位”这一前提之下，其主张与工伤认定的立法精神不符，缺乏事实根据，不予支持。应当指出的是，根据《工伤保险条例》第16条的规定，符合第14条认定工伤或者第15条视为工伤法定条件的，排除认定或视为工伤的是故意犯罪、醉酒或者吸毒、自残或者自杀三种情形。职工发生伤亡事故，是否存在违反单位相关规章制度的情形，并不是工伤认定应当考虑的因素。第二份不予认定工伤决定书在认定事实时，强调学校规定不得利用晚修时间上课或考试、学校领导否认安排教师通宵改卷或要求任课老师必须当天改完作业或试卷等事实，不属于工伤认定应当考虑的因素，市人社局的上述事实认定不妥，最高人民法院予以指正。裁定：驳回市人社局的再审申请。

《工伤保险条例》的制定和实施目的，在于“保障因工作遭受事故伤害或者患职业病的职工获得医疗救治和经济补偿”。职工为了单位的利益，在回家后利用个人休息时间，加班从事本职岗位工作，属于在家加班工作，如因此发生符合《工伤保险条例》规定的认定工伤或者视同工伤的情形，应当予以认定为工伤。本案中，冯某在家死亡，其发病时间和死亡时间难以确定，法院根据冯某的工作情况，学校其他老师和学生的证言，认定冯某在家加班死亡，根据工伤认定倾向性保护职工合法权益的原则，冯某的情形应当属于工伤，这样的判决符合《工伤保险条例》的立法精神，符合社会的价值取向。因此，市人社局作出不予认定工伤的决定在事实认定上不妥，其诉讼请求和再审请求均被法院予以驳回。

（四）在工作场所从事与工作有关的准备性或收尾性工作的时间

案例31[①]

张某生前为某工业公司职工。2018年10月16日，工业公司向某市人社局申请工伤认定，要求为职工张某的死亡认定工伤，并提供劳动合同、身份证、病历、死亡证明、考勤记录等材料。工业公司在张某受伤害经过中陈述：张某在2018年10月13日上夜班，在公司突然倒地，后被120急救车送往甲医院，甲医院急诊转至乙医院，于2018年10月15日0点20分左右死亡。

市人社局于2018年10月16日当日受理工业公司的工伤认定申请。10月19日，

---

① 案号：（2020）苏行申307号。

市人社局向工业公司成型部B组组长王某、杨某、王某某、成型部A组组长李某、陈某某作调查，了解到的基本情况为：张某是工业公司成型部A组作业员，她的组长是李某，成型部A、B两个组是分白班和夜班的，白班的工作时间是8：00至20：00，夜班的工作时间是20：00至次日8：00。上下班需要刷磁卡考勤，考勤机设置在公司门卫处；成型部A、B两个组的员工都需要提前打卡进入公司，在车间门口开交接班会，开过会之后进入车间进行交接班，组长和组长交接，员工和员工交接。10月13日19：30左右，陈某某和几个同事一起从公司南门进入公司，打卡进入厂区，张某也一起，等陈某某等人走到6号厂房门口时，陈某某回头看，发现张某倒在地上，口吐白沫，有点抽搐，陈某某就马上通知了车间，王某某赶来现场，并通知120急救车，120急救车赶到之后就送张某去医院。根据调查，市人社局于2018年11月12日作出不予视同工伤决定书，主要内容为：张某系工业公司成型部A组作业员，夜班工作时间为20：00至次日8：00，成型部员工需要打卡进入公司，在车间门口开交接班会，会后进入车间进行交接班。2018年10月13日张某上夜班，19：40打卡进入公司，还未进入车间，在厂区内6号厂房门口突然晕倒，后经治疗无效于2018年10月15日经乙医院急诊科确认死亡，主要死因为脑干小脑出血。张某非在工作中突发疾病经抢救无效死亡，其死亡情形不符合《工伤保险条例》第14条、第15条的规定，故依法不予视同张某死亡为工伤。

张某的配偶何某不服市人社局作出的不予视同工伤决定，向法院提起行政诉讼。

一审法院认为，《工伤保险条例》第5条第2款规定，县级以上地方各级人民政府社会保险行政部门负责本行政区域内的工伤保险工作。据此，市人社局有对本区域内职工是否构成工伤予以认定的职责。《工伤保险条例》第15条第1款规定："职工有下列情形之一的，视同工伤：（一）在工作时间和工作岗位，突发疾病死亡或者在48小时之内经抢救无效死亡的……"该条规定明确视同工伤的条件是在工作时间和工作岗位突发疾病死亡或者在48小时内经抢救无效死亡的。本案中，张某是在进入厂区但尚未开始进入工作岗位工作而突发疾病死亡，其情形不符合视同工伤的规定条件。市人社局作出的不予视同工伤决定书认定事实清楚，证据充分，适用法律正确，程序合法。判决：驳回何某的诉讼请求。

何某不服一审判决，向二审法院提起上诉。

二审法院认为，张某系工业公司成型部A组作业员，从事直接生产工作。夜班工作时间为20：00至次日8：00，成型部员工需提前打卡进入公司，在车间门口开交接班会，会后进入车间进行交接班。张某出事当日上夜班，19：40打卡进入公司，在进行交接班会进入车间之前突发疾病死亡，应当属于尚未进入工作岗位的情形，不符合视同工伤的条件。何某认为交接班时间段员工应处于的合理位置就是其交接班时间段的工作岗位，该理由没有法律依据，不予采纳。市人社局据此未予认定工伤，并无不当。何某的上诉理由和请求均不成立，不予支持。一审判决并无不当，依法应予维持。判决：驳回上诉，维持原判。

何某不服二审判决，向江苏省高级人民法院申请再审。

再审法院认为，本案的在卷证据表明，张某在2018年10月13日19时40分打卡后进入公司，在前往车间途中在6号厂房门口晕倒，后送医院抢救无效于2018年10月15日死亡。市人社局的调查笔录及工业公司的陈述证明，工业公司要求职工提前打卡进入公司，并在车间门口开交接班会，然后进入车间交接班。事发当日，张某虽已打卡考勤，但尚未到达单位规定的召开交接会的地点，故不能认定其已开始从事与履行本职工作有关的准备性工作，更不能认定其已开始履行工作职责。何某认为张某进入公司打卡后，在赶往交接车间门口的过程是工作交接准备阶段，应视为工作状态，应认定为工伤的主张，不能成立。裁定：驳回何某的再审申请。

本案中，根据市人社局调查收集的证据，能够证明张某突发疾病时尚未到达其工作场所，亦未进入工作状态，张某并不符合《工伤保险条例》第15条第1款第1项规定的“在工作时间和工作岗位，突发疾病死亡或者在48小时之内经抢救无效死亡的”视同工伤的情形，因此，市人社局对此不予认定工伤并作出不予视同工伤决定书认定事实清楚，适用法律正确，该决定是正确的，一、二审法院和再审法院也维持了该决定，驳回了何某的诉讼请求。

（五）在工作场所满足吃饭、喝水或工间休息等人体正常生理、生活需要的时间

案例32[①]

高某系某工业公司职工。2015年12月16日12时许，高某在工业公司食堂就餐时突发疾病，经某医院抢救无效于当日死亡。工业公司的上班时间为8：00至12：00、13：00至17：00，12：00至13：00有一个小时的就餐和休息时间。

2015年12月28日，工业公司就高某的死亡向某市人社局提出工伤认定申请，市人社局于2016年3月9日作出工伤认定申请受理通知书予以受理。4月25日，市人社局作出不予认定工伤决定书，载明：“经调查核实，2015年12月16日12时20分许，高某突发疾病，经某医院抢救无效死亡。死亡原因：脑干出血。高某所受伤害，不符合《工伤保险条例》第14条、第15条应当认定工伤或视同为工伤的规定，认定高某不是工伤。”

高某的配偶胡某不服市人社局作出的不予认定工伤决定，向法院提起行政诉讼。

一审法院认为，《工伤保险条例》第15条第1款规定：“职工有下列情形之一的，

---

① 案号：（2016）鲁06行终571号。

视同工伤：（一）在工作时间和工作岗位，突发疾病死亡或者在48小时之内经抢救无效死亡的……”2015年12月16日12时许，高某在工业公司食堂就餐时突发疾病并经抢救无效于当日死亡，不符合上述条款规定的视同工伤的情形。市人社局根据调查的事实、证人牟某及陈某的证言、工业公司出具的证明及员工伤亡经过证明、于某及李某的调查笔录，作出不予认定工伤决定书符合法律、法规的规定。判决：驳回胡某的诉讼请求。

胡某不服一审判决，向二审法院提起上诉。

二审法院认为，《工伤保险条例》第15条第1款规定：“职工有下列情形之一的，视同工伤：（一）在工作时间和工作岗位，突发疾病死亡或者在48小时之内经抢救无效死亡的……”本案主要从所涉及的工作时间、工作岗位及合理延伸等方面分析。首先，关于本案所涉午餐时间是否属于工作时间。一般地，在工作场所内因满足吃饭等人体正常生理、生活需要的时间是否为工作时间，关键看其是否与工作有直接的关系。如果在法律规定、劳动合同约定或者用人单位规定且实际履行的工作时间中发生的，应当认定为工作时间。本案中，工业公司明确规定且实际履行的工作时间是8:00至12:00、13:00至17:00，12:00至13:00是午餐和休息时间。2015年12月16日12时20分许，高某在工业公司食堂吃饭时突发疾病死亡，该时间点不应视为工作时间。其次，关于本案所涉工业公司食堂是否属于工作岗位。《工伤保险条例》第15条第1款第1项关于视同工伤的规定条件之一是“工作岗位”，在第14条中规定的是“工作场所”。这里所称的“工作岗位”是指职工日常所在的工作岗位和本单位领导指派所从事工作的岗位。本案中，高某午餐所在的工业公司食堂不应属于工作岗位。最后，关于本案所涉在食堂午餐是否属于与工作有关的预备性、收尾性工作。除了日常的工作时间和工作岗位之外，与工作有关的预备性、收尾性工作的工作时间和工作岗位，也应属于视同工伤的工作时间和工作岗位，这是为保护职工合法权益而对工作时间和工作岗位的合理延伸。这里的“预备性工作”一般指在工作前的一段合理时间内，从事与工作有关的准备工作，诸如运输、备料、准备工具等；“收尾性工作”一般指在工作后的一段合理时间内，从事与工作有关的收尾工作，诸如清理、安全储存、收拾工具和衣物等。本案中，高某于12时20分许在食堂吃饭，不应视为与工作有关的预备性、收尾性工作的工作时间和工作岗位。综上，市人社局作出的不予认定工伤决定认定高某不是工伤，与法并不相悖。一审判决认定事实清楚，适用法律正确。判决：驳回上诉，维持原判。

实践中，工伤认定时，把职工在工作场所内因满足吃饭、喝水、如厕、工间休息等人体正常生理、生活需要且与工作有直接关系的时间认定为工作时间，是职工工作时间的合理延伸，是为了维护职工的合法权益。本案中，工业公司规定12：00至13：00是午餐和休息时间，高某在12时20分许突发疾病死亡，不在工作时间之内，且当时高某在工业公司食堂吃饭，也不是在工作场所，因此，高某死亡不符合《工伤保险条例》规定的认定工伤的情形，市人社局作出的不予认定工伤决定是正确的。一、二审法院经审理，判决驳回胡某的诉讼请求，认定事实清楚，适用法律正确，判决正确。

（六）在工作场所换班、代班或者备班的时间

案例 33[①]

唐某系某文具公司的员工，从事门卫保安工作。2017 年 8 月 30 日，唐某向某市人社局提出工伤认定申请，称："2017 年 2 月 26 日 16：30 在文具公司保安室上班，在楼梯打扫卫生，不慎摔倒，致右手腕骨折。"

市人社局经审查，于 2017 年 8 月 30 日当日受理唐某的工伤认定申请，并于同日对唐某作了询问笔录，于 9 月 8 日对文具公司人事部经理张甲、二车间主任张乙作了调查笔录。根据唐某提供的信息，市人社局于 9 月 13 日对徐某（笔录显示是附近一工厂门卫保安）、9 月 15 日对王某（笔录显示是一货车司机）作了询问笔录，于 10 月 9 日对文具公司清洁工张丙和采购部工作人员吴某作了询问笔录。其中，唐某本人陈述其在事发当日 16 时 40 分在清理保安室楼梯时摔倒致右手受伤，徐某把他扶起来，并由张乙送至医院。徐某的笔录记载其于 16 时左右经过文具公司看见唐某在上班，就去门卫室坐一下，16 时 20 分左右，唐某开始打扫卫生，16 时 40 分左右看见唐某在打扫楼梯时摔倒，将其扶起后由公司的工作人员送至医院。张甲陈述事发当日就知道了唐某受伤一事，是当日下午张乙电话告诉他的，唐某告诉张乙自己上班时摔伤了，张甲就吩咐张乙送唐某去医院治疗。张乙的笔录记载，当日 17 时下班经过门卫室，唐某告诉其自己的手摔伤了，其打电话告诉张甲并按张甲吩咐送唐某去医院治疗。王某的笔录记载，其与唐某事发之前并不认识，是后来在劳务市场认识的，认识以后唐某告诉王某其在保安室摔倒和在文具公司上班一事，那天其拉货经过文具公司门口时看见有人趴在地上，然后几个人就把趴着的人抬走。市人社局于 9 月 25 日向文具公司发出工伤认定举证通知书，文具公司向市人社局提供了吴某、张丙书写的证言，张丙陈述事发当日唐某因有事去后宅让其代班，至 15 时 30 分未回公司；吴某陈述其在事发当日 16 时左右在后宅菜市场附近看见唐某摔倒在地并把他扶起来。在 10 月 9 日张丙的笔录中，其陈述证言内容是根据张甲要求写的，内容也是根据张甲陈述写的。吴某的笔录记载与其证言的内容基本一致。

2017 年 10 月 25 日，市人社局作出认定工伤决定书，认定：2017 年 2 月 26 日 16 时 40 分左右，唐某在公司大门处门卫室上班，清理门卫室前楼梯时不慎踩空摔倒，双

---

① 案号：（2018）浙 07 行终 410 号。

手撑地致右手受伤。唐某受到的事故伤害，符合《工伤保险条例》第14条第1项之规定，属于工伤认定范围，予以认定工伤。文具公司不服市人社局作出的认定工伤决定，于2017年12月28日向某市政府提起行政复议申请。2018年2月2日，市政府作出行政复议决定书，维持市人社局作出认定工伤决定书的具体行政行为。

文具公司不服市政府作出的行政复议决定，向法院提起行政诉讼。

一审法院认为，《工伤保险条例》第14条规定："职工有下列情形之一的，应当认定为工伤：（一）在工作时间和工作场所，因工作原因受到事故伤害的……"本案中，根据张丙和张甲、张乙的笔录可以证实，事发当时唐某系在上班之际，且系在从事其职责工作，市人社局依据查明的事实作出认定工伤决定事实清楚，证据确凿，适用法律、法规正确，程序合法；市政府作出的行政复议决定合法。文具公司诉请依据不足，不予支持。判决：驳回文具公司的诉讼请求。

文具公司不服一审判决，向二审法院提起上诉。

二审法院认为，根据《工伤保险条例》第19条第2款之规定，职工或者其近亲属认为是工伤，用人单位不认为是工伤的，由用人单位承担举证责任。根据本案查明的事实以及在卷证据，对唐某系文具公司的员工，其在2017年2月26日16时左右摔倒受伤的事实各方均无异议。文具公司主张唐某摔倒受伤的地点并非发生在公司，而是发生在后宅菜市场附近，但其提供的证据并不足以推翻市人社局调查所认定的事实。市人社局根据其调查并审核，认定唐某符合《工伤保险条例》第14条第1项的规定，作出认定工伤决定具有事实和法律依据。市政府作为复议机关，经审查作出维持市人社局作出的认定工伤决定的复议决定亦无不当。一审判决认定事实清楚，程序合法，适用法律、法规正确。判决：驳回上诉，维持原判。

本案中，用人单位文具公司对唐某摔伤的事实予以认可，虽然其认为唐某不是在公司内摔伤的，但其仅提供了吴某、张丙书写的证言，而张丙在市人社局调查时，在笔录中陈述，其证言内容是根据张甲的要求写的，内容也是根据张甲的陈述写的。上述二人的证人证言不足以证实文具公司的主张，文具公司应当承担举证不能的责任。市人社局根据调查核实的情况，认定唐某摔伤为工伤并无不妥。市政府经复议，维持市人社局作出的认定工伤决定，以及一、二审法院判决驳回文具公司的诉讼请求，认定事实清楚，适用法律正确。

（七）为完成工作任务从事与本单位工作性质相关的活动的时间

案例 34[①]

周某系某酒品商行的酒品销售员，酒品商行每月根据业务销售提成发放工资。2018 年 3 月 10 日 17 时许，郑某驾驶两轮电动自行车搭载周某沿某路北侧非机动车道由东向西行驶时与一辆小型轿车发生碰撞，致两车受损，周某受伤。经交警部门认定，小型轿车驾驶人负事故的主要责任，郑某负事故的次要责任，周某无责任。2018 年 3 月 12 日，某医院出具诊断证明书，周某被诊断为右膝内外侧半月板损伤，右髌骨半脱位、右膝关节积液（少量）、右膝软组织损伤。

2018 年 11 月 23 日，周某向某市人社局申请工伤认定。11 月 24 日，宇某商行出具证明，主要内容为：2018 年 3 月 10 日下午，宇某商行需要对 7 瓶二斗粮酒调货，特向酒品商行业务员周某要求进行调货，16 时 30 分左右周某到宇某商行取货。同日，某蔬菜店出具证明，主要内容为：2018 年 3 月 10 日 17 时左右，酒品商行业务员周某送二斗粮酒 7 瓶。市人社局于 2018 年 11 月 26 日受理周某的工伤认定申请，于 12 月 6 日向酒品商行送达调查举证通知书，酒品商行提交了营业执照、谈话笔录、考勤表、事故分析报告等材料。市人社局对周某、宇某商行的赵某、酒品商行经营者李某及蔬菜店的闫某进行了调查询问。其中，李某的笔录中提到酒品商行对酒品销售员的上下班时间规定为：早上 8 时 30 分上班，中午自行下班，下午是自己跑市场，不用到单位报到，跑完市场下班；商行有专人送货，没有专人负责调换货，不允许商家自行调换酒水。酒品商行提交的谈话笔录显示：周某要求酒品商行出具单位工作证明和受伤前三个月的工资表复印件，认可周某从 2018 年 3 月 8 日请假到 3 月 10 日。

2019 年 1 月 25 日，市人社局作出认定工伤决定书，认为周某受到的事故伤害符合《工伤保险条例》第 14 条第 1 项“在工作时间和工作场所内，因工作原因受到事故伤害的”应当认定为工伤的规定，决定认定为工伤。酒品商行不服该认定工伤决定，于 2019 年 3 月 12 日向某市政府申请行政复议。市政府于当日受理，并于当日向市人社局发出行政复议答复通知书，限期要求市人社局提交书面答辩意见和作出行政行为的证据、依据材料，向周某发出参加行政复议通知书。2019 年 4 月 25 日，市政府作出行政复议决定书，认为市人社局作出的认定工伤决定书，认定事实清楚，证据充分，程序合法，内容适当，适用法律正确，根据《中华人民共和国行政复议法》第 28 条第 1 款第 1 项之规定，决定予以维持。

酒品商行不服市政府作出的行政复议决定，向法院提起行政诉讼。

---

① 案号：（2019）甘 02 行终 8 号。

一审庭审中，酒品商行申请证人陈某、侯某出庭作证，陈某和侯某均陈述周某于2018年3月8日至3月10日请假休息，酒品销售业务员联系业务后，酒品商行需要进行派单，派单时业务员要填写单据，并由酒品商行统一安排送货，调换货也需要制作单据。酒品商行提交的2018年2月的部分制单为“周”的销货清单显示，主要业务范围在文化路、胜利路、河口路、富强西路的商铺、粮油商店等，包括周边几个小区，其中还有供货单位为“宇某”的销货清单，注明退回、换回、退货字样的销货清单上有陈某的签字，其中几张制单为“周”。

一审法院认为，市人社局作为负责本行政区域劳动和社会保障工伤认定的行政主管机构，具有作出社会保障行政确认的法定职权。市人社局在接到周某的工伤认定申请后，依法受理案件，向酒品商行送达调查举证通知书，并展开调查，结合周某和酒品商行的举证材料，在法定期限内作出认定工伤决定书并送达酒品商行和周某，符合法定程序。关于周某是否构成工伤的问题，酒品商行对周某系酒品商行酒品销售员以及发生非其本人主要责任的交通事故受伤的事实无异议，但认为周某发生事故时处于休假期间，且周某没有私自调换酒的职权，酒品商行对于调换酒执行严格的派单程序，其并未指派周某去调换酒，周某受到的事故伤害不构成工伤。一审法院认为，周某发生交通事故是在2018年3月10日17时许，宇某商行和蔬菜店提交的证明与市人社局对赵某、闫某制作的调查笔录能够证实周某取酒、送酒的事实。周某作为酒品销售员，工作内容和工作方式较为灵活，其工资与业务提成挂钩，其是否在休假期间工作，以及是否违规调换酒品，均不影响其为酒品商行工作的性质，故周某在调换酒品过程中受伤，属于因工作原因受伤。周某发生交通事故的地点是某小区附近，属于其开展业务的地域范围内，发生事故的时间也在平常工作时间段内，系在工作时间和工作场所内受到事故伤害。在交通事故中，周某无责任，其是否系违法乘坐电动自行车发生交通事故，不影响工伤认定。市人社局根据周某提交的证据材料，经过调查后，认定周某所受事故伤害符合《工伤保险条例》第14条第1项“在工作时间和工作场所内，因工作原因受到事故伤害的”情形，予以认定工伤，认定事实清楚，证据确凿，适用法律正确。市政府在受理酒品商行的复议申请后，依法向市人社局下发行政复议答复通知书，要求其限期提交书面答辩意见和证据材料，并向周某发出参加行政复议通知书，后经书面审查，在法定期限内作出行政复议决定书，维持市人社局作出的认定工伤决定书，并进行送达，复议程序合法，适用法律正确。酒品商行的诉讼请求缺乏事实和法律依据，不予支持。判决：驳回酒品商行的诉讼请求。

酒品商行不服一审判决，向二审法院提起上诉。

二审法院认为，本案争议的焦点为周某受到的事故伤害是否符合《工伤保险条例》第14条第1项“在工作时间和工作场所内，因工作原因受到事故伤害的”应当认定为工伤的情形。关于工作原因的问题。周某为酒品商行的酒品销售员，宇某商行、蔬菜店是酒品商行经销的二斗粮酒的客户，周某基于完成酒品销售任务的利益服务于两客户。因宇某商行该酒卖不动，周某为其调货，在将调下的该酒向要购买该酒的蔬菜店自行配送的过程中受到交通事故伤害。但是，周某用于宇某商行调换的酒是否为酒品商行经销的酒，市人社局未作进一步的核实。周某调换酒及自行配送的行为是否基于酒品商行的利益，直接关系到周某所受事故伤害是否基于工作原因的认定，市人社局、市政府及周某提交的证据明显不足。关于工作时间的问题。市人社局对周某、酒品商行经营者李某所作的调查笔录证实，酒品销售员的工作时间、工作方式较为灵活。酒品商行提供证人陈某、侯某的证言、没有被考勤人签字的自制考勤表、制单人签名为销售人员姓氏且仅为存根联的销货清单等证据证实，经营者对酒品销售员的日常管理、酒品配送管理较为松散。在酒品销售行业，以如何更好地销售酒品为核心，酒品销售员工作时间的认定与是否基于用人单位的利益更好地完成工作任务等工作原因直接关联，同时影响职工是否在工作时间内往返多个工作场所之间合理区域的认定。综上，市人社局作出的认定工伤决定，认定周某是因工作原因在工作时间内受到交通事故伤害的事实，主要证据不足，应予撤销。市政府作出对该认定工伤决定予以维持的复议决定，不能成立。一审判决对此亦未予全面审查，事实不清，应予纠正。判决：撤销一审判决，撤销市人社局作出的认定工伤决定，撤销市政府作出的行政复议决定，责令市人社局重新作出行政行为。

职工从事与本单位工作性质相关的活动是否基于本单位的利益，应结合工作原因进行认定。本案中，周某为宇某商行调货，将调下的酒向要购买该酒的蔬菜店自行配送，该调货配送行为是否属于周某的工作，是否为酒品商行的合法利益，周某用于调换的酒是否为酒品商行经销的酒，市人社局未做进一步的核实，因此，其认定周某在调换酒品过程中受到交通事故伤害构成工伤的证据不足，作出的认定工伤决定书是错误的，市政府在对该问题未查清的情况下，作出维持市人社局的认定工伤决定的行政复议决定，也是错误的。二审法院经过审理，判决撤销市人社局作出的认定工伤决定，撤销市政府作出的行政复议决定，责令市人社局重新对周某的伤害作出工伤认定是正确的。

（八）因工外出期间（包括职工往返在内）的全部外出时间

案例35[①]

圣某与某农电公司存在劳动关系。2017年4月16日上午，圣某骑二轮摩托车从家中出发到甲村“庙会”摊点处进行接线、巡线服务。当日13时许，圣某驾驶摩托车由

① 案号：(2019) 苏行申546号。

东向西在行驶到该村团结桥西侧时，与由西向东推人力三轮车的行人刮擦后摔倒死亡。某市公安局交通警察大队认定圣某负事故全部责任。事故发生地点不在庙会接线、巡线范围，而是位于圣某返回的合理路线。

农电公司于2017年5月17日向某市人社局申请工伤认定，市人社局受理后，依职权进行了调查取证，于7月21日作出不予认定工伤决定书，认为圣某受到的事故伤害，不符合《工伤保险条例》第14条、第15条认定工伤或者视同工伤的情形，决定不予认定或者视同工伤。

圣某之子圣乙不服市人社局作出的不予认定工伤决定，向法院提起行政诉讼。

一审法院认为，市人社局在收到农电公司的工伤认定申请后，经审查予以受理，向圣乙发出了限期举证通知，在依法调查核实相关证据的基础上作出工伤认定决定，并依法予以送达，行政程序合法。《工伤保险条例》第14条第6项规定，职工在上下班途中，受到非本人主要责任的交通事故或者城市轨道交通、客运轮渡、火车事故伤害的，应当认定为工伤。本案中，事故发生地点不在庙会接线、巡线范围，而是位于圣某返回的合理路线。市人社局据此作出不予认定工伤决定书适用法律正确。本案涉及对工作场所及因工外出的理解，圣乙认为圣某的工作场所是供电所，这一认识既与实际情况不符，也与法律规定不符，电工特别是农村电工，其主要场所并不是供电所办公室内，而是负责管辖的相关村或企业内。工作场所既包括用人单位能够对从事日常生产经营活动进行有效管理的区域，也包括职工为完成某项特定工作所涉及的单位以外的相关区域，圣某作为负责甲村的电工，为庙会提供服务，甲村开展庙会的区域就是当天圣某的工作场所，圣某在完成工作后回家途中就是下班途中。市人社局据此作出不予认定工伤决定书并无不当之处。判决：驳回圣乙的诉讼请求。

圣乙不服，向二审法院提起上诉。

二审法院认为，本案的争议焦点是事故发生当日圣某是否属于因工外出。《工伤保险条例》第14条规定："职工有下列情形之一的，应当认定为工伤：……（五）因工外出期间，由于工作原因受到伤害或者发生事故下落不明的；（六）在上下班途中，受到非本人主要责任的交通事故或者城市轨道交通、客运轮渡、火车事故伤害的……"本案中，各方当事人对圣某发生交通事故的地点处于甲村返回乙村的合理路线均没有异议。圣乙主张圣某至甲村"庙会"摊点处进行接线、巡线服务属于因工外出，因工外出期间，由于工作原因受到伤害应认定为工伤。市人社局主张圣某的行为属于加班，在上下班途中，受到非本人主要责任的交通事故才能认定为工伤。二审法院认为，圣某作为农电公司的电工，主要负责甲村和乙村的安全用电、电费收取、电力抢修等工作，故甲村应属于其日常工作地点之一。且根据圣某的工作职责，只要甲村和乙村在用电方面有需要，圣某都要去处理解决。事故当日，圣某应甲村负责人要求至甲村"庙会"摊点处进行接线、巡线服务。圣某在非法定工作日基于工作职责要求至日常工作地点工作，其行为性质属于加班，不属于因工外出。圣某在完成加班工作后返回途中发生交通事故，交警部门认定其负事故的全部责任，其伤亡不符合《工伤保险条例》第 14 条规定的应认定为工伤的情形。市人社局据此作出不予认定工伤决定并无不当。一审判决认定事实清楚，适用法律正确，程序合法。判决：驳回上诉，维持原判。

圣乙不服二审判决，向江苏省高级人民法院申请再审。

再审法院认为，《工伤保险条例》第 14 条规定了工伤认定的几种情形，结合《最高人民法院关于审理工伤保险行政案件若干问题的规定》第 5 条、《江苏省人力资源和社会保障厅关于实施〈工伤保险条例〉若干问题的处理意见》（苏人社规〔2016〕3 号）第 4 条、第 5 条和第 7 条的规定，“因工外出期间”应是发生在工作场所和工作岗位之外，是职工受用人单位指派或者因工作需要，在工作场所和工作岗位以外从事与工作职责有关活动的期间。本案在卷证据表明，圣某生前是农电公司职工，负责甲村、乙村两村的供电安全、服务和电费收缴等工作，甲村是其日常工作场所之一，其去甲村进行电力线路巡查、供电服务和电费收缴等是其日常工作的一部分。2017 年 4 月 16 日为休息日，本不需要上班，但因甲村有庙会活动，圣某基于工作职责要求和甲村负责人的请求前往甲村进行电力线路巡查、供电服务并附带收取电费，应认定属于加班，不属于因工外出；事故发生地不在庙会正常巡线、服务和正常收取电费的范围，而处于从甲村庙会返回的合理路线上，符合加班后回家的情形。圣某在完成加班工作后返回途中发生交通事故，交警部门认定其负事故的全部责任，其伤亡不符合《工伤保险条例》第 14 条规定的应认定为工伤的情形。市人社局据此作出不予认定工伤决定并无不当。裁定：驳回圣乙的再审申请。

本案中，对于圣某进行电力线路巡查行为性质的认定，是判断圣某的伤亡能否认定为工伤的关键。根据市人社局的调查，以及一审、二审及再审法院审理查明的事实，甲村是圣某的工作场所，圣某去甲村进行电力线路巡查属于加班，不属于因工外出，因此，应适用《工伤保险条例》第 14 条第 6 项的规定来判断圣某受到的伤害是否构成工伤。根据交警部门的认定，圣某对交通事故负全部责任，依据该条规定，圣某受到的伤害不能认定为工伤。市人社局作出不予认定工伤的决定是正确的，一、二审法院和再审法院对此也予以确认。

四、工作场所包括哪些

一般而言，工作场所是指职工日常工作所在的场所以及用人单位临时指派所从事工作的场所。日常工作所在的场所，既包括与职工日常工作相关的区域，也包括其自然延伸的合理区域，如用人单位提供的工间休息场所、卫生间等；还包括特定工作所涉及的场所，即职工为完成某项特定工作所涉及的单位内或者单位以外的相关区域以及其中自然延伸的合理区域，如职工材料用完，主动到相邻车间领取通常由其他职工送交的生产材料时，在相邻车间发生事故；职工到单位外收购生产资料，所经路径和目的地应当认定为工作场所。在有多个工作场所的情形下，还包括职工来往于多个工作场所之间的必经区域，这是对工作场所的合理延伸，因其与工作有直接关联，应当认定为工作场所。《人力资源社会保障部关于执行〈工伤保险条例〉若干问题的意见（二）》（人社部发〔2016〕29 号）第 5 条规定，职工因工作原因驻外，有固定的住所、有明确的作息时间，工伤认定时按照在驻在地当地正常工作的情形处理。《最高人民法院关于审理工伤保险行政案件若干问题的规定》（法释〔2014〕9 号）第 4 条规定："社会保险行政部门认定下列情形为工伤的，人民法院应予支持：……（三）在工作时间内，职工来往于多个与其工作职责相关的工作场所之间的合理区域因工受到伤害的……"

对工作场所的认定，一般应根据职工的工作职责、工作性质、工作需要、工作纪律等方面综合考虑。根据《职业安全和卫生及工作环境公约》第 3 条的内容，"工作场所"一词涵盖工人因工作而需在场或者前往、并在雇主直接或者间接控制之下的一切地点。我国法律法规对工作场所的认定没有明确规定。一些地方法院为了统一法律适用，制定了当地适用的"工作场所"标准。比如，《北京市高级人民法院关于印发〈关于审理工伤认定行政案件若干问题的意见〉（试行）的通知》（京高法发〔2007〕112 号）第 9 条规定，职工为完成其本职工作或特定工作所涉及的必要相关区域可认定为"工作场所"。对"工作场所"的理解，还应根据职工的工作职责、工作性质、工作需要等方面综合考虑认定。《江苏省高级人民法院关于审理劳动保障监察、工伤认定行政案件若干问题的意见（试行）》（2005 年 11 月 17 日由审判委员会第 51 次会议讨论通过）第 19 条第 1 款规定，认定职工工伤情形中的"工作场所"，是指用人单位能够对从事日常生产经营活动进行有效管理的区域和职工为完成某项特定工作所涉及的单位内或单位以外的相关区域。《四川省高级人民法院关于审理工伤认定行政案件若干问题的意见》（川高法〔2006〕436 号）第 18 条规定，认定职工工伤的"工作场所"，是指用人单位能够对其日常生产经营活动进行有效管理的区域和职工为完成其特定工作所涉及的相关区域以及自然延伸的合理区域。职工有多个工作场所的，职工来往于多个工作场所之间的必经区域，应当认定为工作场所。《天津市高级人民法院关于印发〈关于审理工伤认定行政案件若干问题座谈会纪要〉的通知》（津高法〔2005〕164 号）第 11 条规定："对于劳动保障行政部门依据《工伤保险条例》第十四条第（一）（二）（三）项作出的工伤认定，人民法院应当根据以下原则审查：1. 对于事故伤害发生的工作场所的认定，一般应根据职工的工作职责、工作性质、工作需要、工作纪律等方面综合考虑，凡与职工工作职责相关的区域以及自然延伸的合理区域均应视为工作场所……"

综合上述各地法院的规定可以看出，工伤认定中对工作场所的理解不能过于狭窄，要根据职工的工作职责、工作性质、工作需要、工作纪律等方面综合考虑。

（一）与职工工作相关的、用人单位能够对其日常生产经营活动进行有效管理的区域及自然延伸的合理区域

案例 36①

易某与其丈夫付某均是某特种车公司职工。2001 年 7 月 1 日，付某与特种车公司签订无固定期限劳动合同。2015 年 9 月 21 日上午，付某正常上班，12 时左右到公司食堂就餐。付某因就餐过程中弄脏衣服，饭后便和易某一起到厂区内的职工宿舍内，准备换上干净衣服后去上班，易某取出干净衣服放在沙发上便离开职工宿舍先去上班。当天 17 时左右，易某拨打付某电话无人接听，17 时 30 分下班时再次拨打付某电话仍无人接听，易某遂到职工宿舍寻找。易某在职工宿舍发现付某靠在沙发上昏迷不醒，立即叫同事陈某、杨某帮忙将付某抬到地上平放，陈某随后拨打 120 急救电话。当天 19 时 25 分，付某被送往某医院救治。2015 年 9 月 23 日，付某经抢救无效死亡。死亡诊断为：一、创伤性特重型颅脑损伤：1. 脑疝；2. 右侧额颞顶枕部急性硬膜下血肿；3. 外伤性蛛网膜下腔出血；4. 头皮裂伤；5. 颅内积气；6. 右侧额叶脑梗死。二、肺挫伤。

2016 年 1 月 14 日，易某就付某死亡一事向某市人社局提出工伤认定申请。市人社局根据易某及特种车公司提交的材料，经调查核实后，于 2016 年 4 月 25 日作出工伤认定决定书，认为付某于 2015 年 9 月 21 日中午回宿舍换工作服受伤，于 9 月 21 日 19 时 25 分送某医院救治，于 9 月 23 日 17 时 18 分在该医院死亡，符合《工伤保险条例》第 14 条第 2 项“工作时间前后在工作场所内，从事与工作有关的预备性或者收尾性工作受到事故伤害的”之规定，属于工伤认定范围，予以认定付某为工伤（亡）。特种车公司对市人社局作出的工伤认定不服，于 2016 年 6 月 1 日向某市政府申请行政复议。同年 8 月 6 日，市政府作出行政复议决定书，认为职工从事与工作有关的预备性或者收尾性工作受到事故伤害的要认定为工伤，需确定受伤是在工作场所内。而付某受伤地点是职工宿舍，并非工作场所，故市人社局作出的认定工伤决定适用依据错误，应予撤销，决定撤销市人社局作出的认定工伤决定书，责令市人社局在 60 日内重新作出工伤认定。

易某对市政府作出的行政复议决定不服，向法院提起行政诉讼。

一审法院认为，根据《工伤保险条例》第 17 条第 1 款及《贵州省工伤保险条例》（2011 年 11 月 23 日贵州省第十一届人民代表大会常务委员会第二十五次会议通过）

① 案号：（2019）黔行申 316 号。

第 9 条之规定，工伤认定由用人单位所在地的市、州人民政府社会保险行政部门办理。同时，《中华人民共和国行政复议法》第 12 条第 1 款规定：“对县级以上地方各级人民政府工作部门的具体行政行为不服，由申请人选择，可以向该部门的本级人民政府申请行政复议，也可以向上一级主管部门申请行政复议。”本案中，用人单位所在地为某县，市人社局根据当事人的申请，依法作出了工伤认定。后作为用人单位的特种车公司不服，遂选择向市政府申请行政复议，市政府作为市人社局的同级人民政府，有职权对本案的工伤认定决定进行行政复议。关于复议决定认定的事实是否清楚、适用法律是否正确的问题。经查，付某在特种车公司的工作岗位为数控火焰切割，从其工作岗位性质来看，工作场所就是正常上班时工作的数控火焰切割车间内；而付某受伤地点为职工宿舍内且受伤原因不明，职工宿舍是专门用于职工下班或离开工作岗位休息的场所，显然不属于其工作岗位所要求的工作场所。同时，易某也没有提交证据证实付某到职工宿舍系特种车公司的工作安排，特种车公司也不认可安排付某到职工宿舍工作，因此付某受伤地点不应认定为工作场所。市政府认为付某受伤地点不属工作场所，市人社局认定付某为工伤属适用依据错误，作出撤销市人社局作出的认定工伤决定书并责令其重作的复议决定，事实清楚、适用法律正确，程序合法。判决：驳回易某的诉讼请求。

易某不服一审判决，向二审法院提出上诉。

二审法院认为，本案的审理焦点是市政府作出的行政复议决定对付某受伤地点不属于工作场所的认定是否合法正确。充分考虑《工伤保险条例》的立法价值取向，工作场所应指用人单位能够从事日常生产经营活动、进行有效管理的区域，结合本案中特种车公司的日常经营管理实际，市政府作出的行政复议决定仅仅依据付某受伤地点是职工宿舍就认定付某受伤地点非工作场所，从而决定撤销市人社局作出的认定工伤决定，主要证据不足，复议决定应予撤销。一审判决认定市政府作出的复议决定合法，驳回易某的诉讼请求，不符合法律规定，应予纠正。判决：撤销一审判决，撤销市政府作出的行政复议决定，责令市政府重新作出行政复议决定。

市政府于 2018 年 9 月 8 日重新作出行政复议决定书，决定维持市人社局作出的认定工伤决定书。

特种车公司不服该行政复议决定书，向一审法院提起行政诉讼。

一审法院认为，市人社局作为该市劳动保障行政主管部门，负责本行政区域内的工伤保险管理工作，具有对其管辖范围内的用人单位和个人提出的工伤认定进行审核并作出工伤行政确认的主体资格和法定职权。经庭审调查，各方当事人对付某系特种车公司职工及在特种车公司宿舍内死亡无异议。付某与易某均是特种车公司职工，付某因在食堂就餐弄脏衣服回宿舍换衣服，易某回宿舍发现付某昏迷后送医院抢救无效死亡。综合特种车公司的企业性质、工作时间等情况，认为市政府、市人社局将宿舍认定为工作场所的延伸区域于法有据。市人社局在受理易某的申请后进行了调查、搜集了相关证据，作出认定工伤决定书后送达各方当事人，程序合法。市政府在受理行政复议申请后，履行了相关程序义务，程序合法。判决：驳回特种车公司的诉讼请求。

特种车公司不服一审判决，向二审法院提起诉讼。

二审法院认为，本案的争议焦点是市政府将特种车公司职工宿舍认定为工作场所是否正确合法。本案中，市人社局综合特种车公司的企业性质、规定付某的工作时间、就餐时间以及当天中午付某就餐时衣服弄脏需回宿舍换衣服上班等情况，将宿舍认定为工作场所的延伸区域，符合《工伤保险条例》的立法价值取向，据此认定付某所受伤害为工伤（亡），符合《工伤保险条例》第 14 条第 2 项规定。市政府复议维持，事实清楚、程序合法、适用法律正确。一审判决驳回特种车公司的诉讼请求并无不当。判决：驳回上诉，维持原判。

特种车公司不服二审判决，向贵州省高级人民法院申请再审。

再审法院认为，2015 年 9 月 21 日 11：50 左右易某与付某在职工食堂就餐过程中因衣服被弄脏，二人饭后到厂区职工宿舍换衣服，易某先离开宿舍去上班，付某在宿舍内突发疾病摔伤，后经抢救无效死亡。付某在上班前到职工宿舍更换被弄脏的衣服，是为了下午工作，地点是职工宿舍，宿舍与上班场所具有紧密联系，一、二审法院认定宿舍为工作场所的延伸并无不当。结合本案经庭审质证的证据，可以确认付某符合《工伤保险条例》第 14 条第 2 项规定的“工作时间前后在工作场所内，从事与工作有关的预备性或者收尾性工作受到事故伤害的”情形，市人社局对付某的死亡予以认定工伤符合法律规定。市政府在复议程序中，履行了相关程序义务，程序合法，复议结果正确。特种车公司申请再审的理由不能成立。裁定：驳回特种车公司的再审申请。

工作场所，一般是指用人单位能够从事日常生产经营活动、进行有效管理的区域，包括合理延伸的场所。本案中，付某因在职工食堂就餐时弄脏衣服，回厂区职工宿舍换衣服，准备在换好衣服后去上班，就付某的这一行为而言，职工宿舍作为其工作场所的延伸并无不当。市政府在第一次行政复议时，认为付某在特种车公司的工作岗位为数控火焰切割，其工作场所就是正常上班时工作的数控火焰切割车间内，机械地认为职工宿舍是专门用于职工下班或离开工作岗位休息的场所，不属于付某工作岗位所要求的工作场所（延伸），从而作出撤销市人社局的认定工伤决定的行政复议决定，显然是错误的。后经二审法院改判后，市政府重新作出行政复议决定，维持了市人社局作出的认定工伤决定，这是正确的。一、二审法院和再审法院经审理，判决驳回特种车公司的诉讼请求，认定事实清楚，适用法律正确。

（二）职工为完成其特定工作所涉及的单位内或者单位外的相关区域以及自然延伸的合理区域

案例 37①

某建设公司将其承包的某小区三期建设工程粉刷业务分包给自然人邵某，邵某将内墙粉刷业务转包给自然人张某，张某招用王某从事瓦工工作。建设公司未在其注册地为王某参保。该建设工程位于建设公司工地与生活区之间，生活区提供食堂给工人刷卡就餐。2017 年 12 月 25 日 12 时 02 分许，王某在生活区食堂就餐后驾驶电动自行车（后载工友张某某）返回工地，途经龙城大道与泰山路路口西侧发生交通事故，造成王某受伤。经交警部门认定，王某负事故主要责任。王某经某医院诊断为右额颞顶骨折枕骨骨折、右颞脑挫裂伤、右胫腓骨骨折等。

2018 年 7 月 20 日，王某向某区人社局提出工伤认定申请，区人社局当日出具补正材料通知，要求王某提交其与建设公司之间的劳动关系证明或建设公司承担用工主体证明、未在单位注册地参加工伤保险证明。王某未能获取参保证明，于 2018 年 8 月 9 日向区人社局提交了承诺书，承诺其未在单位注册地参加工伤保险。区人社局于 8 月 15 日予以受理，并向建设公司送达举证通知书。经调查，建设公司员工宋某和王某某出具证人证言，称：王某是其工友，工地规定生活区板房内严禁烧菜煮饭，要求每个工人都要去食堂吃饭，违者罚款 200 元/次，中午没有休息时间，吃完饭就要回工地工作；事发当日 12 时 02 分左右，王某骑电动自行车载乘张某某到工地生活区的食堂吃饭，在吃完饭回工地的路上发生交通事故。建设公司于 2018 年 8 月 23 日向区人社局作出书面说明，称王某承担事故主要责任，公司不同意认定工伤。9 月 18 日，区人社局工作人员对王某进行了调查，王某称其于 2015 年 9 月被瓦工老板张某招到某小区三期建设工地做瓦工，没有签订劳动合同，没有缴纳社会保险；上长白班，上班时间是 6：00—18：30，11：00—12：00 为午饭时间，没有正规考勤，工资由张某每月发放部分生活费，其他年底结清；事发当日 11：20 左右骑电动车到工地食堂吃饭，饭后骑电动车载工友直接回工地工作途中发生车祸受伤；公司规定一日三餐都要在工地食堂吃，食堂在工地生活区，离工地一公里多，从工地到食堂走泰山路，穿越龙城大道；建设公司将瓦工业务进行分包，不清楚具体分包情况，其主要从事内墙粉刷工作，由张某带班。2018 年 9 月 21 日，区人社局工作人员对张某进行了调查，张某称其于 2013 年 11 月到案涉工地做瓦工，后来与邵某口头约定承包邵某承包的土建项目的内墙粉刷业务，邵某直接从建设公司项目部承包土建工程；其承包内墙粉刷业务后，叫老乡王某

---

① 案号：（2020）苏行申 260 号。

来做工，王某从二期 16 号房施工时做起，一直做到三期，后出交通事故受伤为止。王某上长白班，上班时间是 6：00—18：30，11：00—12：00 为午饭时间，没有正规考勤，计量工资，每月支付生活费，其他年底结清；事发当日，王某中午在工地食堂午饭后骑电动车回工地途中发生车祸受伤，公司在离工地一公里多的生活区设有食堂；事发时是冬天，工期紧，工人为了多挣钱一般都不回宿舍休息，饭后直接回工地工作。

基于上述事实，区人社局认为王某受到的事故伤害符合《工伤保险条例》第 14 条第 1 项之规定，属于工伤认定范围，于 2018 年 10 月 8 日作出认定工伤决定，认定王某从建设工地去生活区吃午饭后返回工地途中发生交通事故受伤构成工伤。

建设公司不服区人社局作出的认定工伤决定，向法院提起行政诉讼。

一审法院认为，《人力资源社会保障部关于执行〈工伤保险条例〉若干问题的意见（二）》（人社部发〔2016〕29 号）第 7 条规定："用人单位注册地与生产经营地不在同一统筹地区的，原则上应在注册地为职工参加工伤保险……未参加工伤保险的职工，应当在生产经营地进行工伤认定、劳动能力鉴定，并按照生产经营地的规定依法由用人单位支付工伤保险待遇。"据此，建设公司未为王某参保，区人社局作为建设公司生产经营地辖区的社会保险行政职能部门，具有本案工伤认定的职权及管辖权。区人社局经受理、举证、调查、作出认定工伤决定，以及相应的送达程序均符合法律法规的相关规定，工伤认定程序合法。关于王某是否构成工伤的问题。根据《最高人民法院关于审理工伤保险行政案件若干问题的规定》（法释〔2014〕9 号）第 3 条第 1 款第 4 项之规定，建设公司将承包工程粉刷业务分包给自然人邵某，邵某又将内墙粉刷业务转包给自然人张某，王某作为张某招用的瓦工，因工受伤应由建设公司承担工伤保险责任。《江苏省人力资源和社会保障厅关于实施〈工伤保险条例〉若干问题的处理意见》（苏人社规〔2016〕3 号）第 6 条、《工伤保险条例》第 14 条规定的"因工作原因受到事故伤害"，既包括职工在工作时间和工作场所内，因从事生产经营活动直接遭受的事故伤害，也包括在工作过程中职工临时解决合理必需的生理需要时由于不安全因素遭受的意外伤害。王某在工地与生活区间往返的目的在于吃午餐，属于解决合理必需的生理需要，因工地与生活区相隔较远，王某驾驶电动自行车发生交通事故，属于《工伤保险条例》第 14 条第 1 项规定的"因工作原因受到事故伤害"。建设公司辩称应适用《工伤保险条例》第 14 条第 6 项"上下班途中"，但未提交证据证明王某在生活区除了就餐外还有其他休息或与工作无关的活动，对其辩称意见不予支持。综上，王某在建设公司生活区食堂就餐后返回工地途中发生交通事故受伤，符合《工伤保险条例》第 14 条第 1 项规定的工伤情形，建设公司应承担工伤保险责任。判决：驳回建设公司的诉讼请求。

建设公司不服一审判决，向二审法院提起上诉。

二审法院认为，《最高人民法院关于审理工伤保险行政案件若干问题的规定》第 3

条第 1 款之规定，“社会保险行政部门认定下列单位为承担工伤保险责任单位的，人民法院应予支持：……（四）用工单位违反法律、法规规定将承包业务转包给不具备用工主体资格的组织或者自然人，该组织或者自然人聘用的职工从事承包业务时因工伤亡的，用工单位为承担工伤保险责任的单位……”建设公司将承包工程粉刷业务分包给邵某，邵某又将内粉业务转包给张某，王某作为张某招用的瓦工，因工受伤应由建设公司承担工伤保险责任。根据区人社局在工伤认定过程中收集的进出工地门禁卡、道路交通事故认定书、证人证言、病历资料等证据材料，结合其对王某、张某所作的调查笔录，区人社局认定事实清楚，证据充分。《工伤保险条例》第 14 条第 1 项规定，职工在工作时间和工作场所内，因工作原因受到事故伤害的，应当认定为工伤。《江苏省人力资源和社会保障厅关于实施〈工伤保险条例〉若干问题的处理意见》（苏人社规〔2016〕3 号）第 5 条规定，《工伤保险条例》第 14 条规定的“工作场所”，既包括用人单位能够对从事日常生产经营活动进行有效管理的区域，也包括职工为完成某项特定工作所涉及的单位以外的相关区域，还包括职工因工作来往于多个与其工作职责相关的工作场所之间的合理区域。本案中，建设公司员工宋某和王某某出具的证人证言，与王某和张某在调查中的陈述相互印证，可以证明建设公司规定一日三餐都要在工地食堂吃，工地食堂距离工地一公里多，以及工人吃完午饭后返回工地继续工作的事实。职工来往于工地食堂与工地之间的区域，亦属于“工作区域”的合理延伸。王某在合理延伸的工作区域之内受伤，符合《工伤保险条例》第 14 条第 1 项规定的认定工伤的法定情形。区人社局作出认定工伤决定，符合《工伤保险条例》以及《工伤认定办法》等法律、法规之规定，并无不当。一审判决正确，应予维持。判决：驳回上诉，维持原判。

建设公司不服二审判决，向江苏省高级人民法院申请再审。

再审法院认为，根据区人社局在工伤认定过程中收集的进出工地门禁卡、道路交通事故认定书、证人证言、病历资料等证据材料，结合其对王某、张某所作的调查笔录，区人社局认定 2017 年 12 月 25 日 12 时 02 分许王某从工地去生活区吃过午饭后骑电动车返回工地工作的途中发生交通事故受伤等事实，证据充分。《工伤保险条例》第 14 条第 1 项规定，职工在工作时间和工作场所内，因工作原因受到事故伤害的，应当认定为工伤。《江苏省人力资源和社会保障厅关于实施〈工伤保险条例〉若干问题的处理意见》（苏人社规〔2016〕3 号）第 5 条规定，《工伤保险条例》第 14 条规定的“工作场所”，既包括用人单位能够对从事日常生产经营活动进行有效管理的区域，也包括职工为完成某项特定工作所涉及的单位以外的相关区域，还包括职工因工作来往于多个与其工作职责相关的工作场所之间的合理区域。本案中，建设公司规定工人一日三餐在工地食堂用餐，工地食堂距离工地区域一公里多，工人吃完午饭后返回工地区域继续工作。工人来往于工地食堂与工地区域的区间属于“工作区域”的合理延伸。王某在合理延伸的工作区域之内受伤，符合《工伤保险条例》第14条第1项规定的认定工伤的法定情形。区人社局作出认定工伤决定符合《工伤保险条例》以及《工伤认定办法》等法律法规的规定。原审判决驳回建设公司的诉讼请求并无不当。裁定：驳回建设公司的再审申请。

本案中，如何认定工地食堂与建设工地之间这一区域的性质是问题的关键。根据建设公司的要求，工人要在工地食堂用餐，餐后要返回工地继续工作，而工地食堂与工地之间有一公里多的距离，综合建设公司的规定和工人的工作性质来看，这一段区间应当视为工人工作场所的合理延伸，符合认定工伤对工作场所的要求。对工作场所的理解，不能机械地理解为工作岗位所在地，工作场所既包括用人单位能够对从事日常生产经营活动进行有效管理的区域，也包括职工为完成某项特定工作所涉及的单位以外的相关区域，还包括职工因工作来往于多个与其工作职责相关的工作场所之间的合理区域。因此，本案中王某在合理区域内受伤，应当认定为工伤。区人社局作出认定工伤决定是正确的。

（三）因工外出所涉及的区域以及由此自然延伸的合理区域

案例38①

某光电公司与黄某在2011年12月30日签订《劳动合同书》，约定光电公司安排黄某在食堂工作，合同期限为2011年12月30日至2013年12月29日。2013年9月8日，黄某驾驶光电公司所有的无牌轻便二轮摩托车前往某超市购买地瓜粉。超市开具了税务发票，载明“客户名称：光电公司，品名：地瓜粉，金额：141.30元”等信息。当天12时10分，黄某驾车由115县道方向往某工业区二期方向行驶，与案外人李某驾驶的重型自卸货车相撞。黄某受伤经送医院抢救无效于当日死亡。经交警部门认定，黄某在本次事故中不负事故责任。

2014年4月22日，黄某之子黄乙向某市人社局提出工伤认定申请，并提交相关证明材料。同年7月22日，市人社局作出不予认定工伤决定书，决定对黄某受到的伤害不予认定工伤。

黄乙不服市人社局作出的不予认定工伤决定，于2014年9月24日向某市政府提出行政复议申请，请求撤销市人社局作出的上述决定，并确认黄某于2013年9月8日所受交通事故伤害并死亡属于工伤。2014年11月20日，市政府作出行政复议决定书，撤销市人社局作出的不予认定工伤决定书，同时责令市人社局依法重新作出具体行政行为。

---

① 案号：(2016) 最高法行申3165号。

光电公司不服市政府作出的行政复议决定，向法院提起行政诉讼。

一审法院认为，根据《中华人民共和国行政复议法》第12条的规定，市政府是法定的行政复议机关，其作出行政复议决定书具有合法的权力来源。光电公司是行政复议决定书的行政相对人，有权提起本案诉讼。黄某与光电公司之间存在劳动关系，各方当事人对此均无异议。本案的争议焦点为黄某受到交通事故伤害时是否为因工外出。黄乙提交的税务发票内容可以直接证明事故发生当日，黄某前往超市为光电公司购买了金额为141.30元的地瓜粉，结合黄某在光电公司食堂工作的工作性质，其存在为公司食堂采购零星食材的可能。光电公司向市人社局主张税务发票的内容、金额不实，但除3张无法确定来源的照片外，无其他任何证据予以证明，不予采纳。此外，黄某所购地瓜粉数量较大，光电公司主张黄某的采购行为系个人行为应当提供充分证据予以证明，但光电公司提供的证据材料无法直接证明该事实，不予采纳。《工伤保险条例》第19条第2款规定："职工或者其近亲属认为是工伤，用人单位不认为是工伤的，由用人单位承担举证责任。"本案中，光电公司认为黄某受到交通事故伤害不属于工伤，应当承担举证责任，但其在工伤认定程序中所提供的证据材料尚不足以支持其主张。市政府据此认定市人社局作出的不予认定工伤决定认定事实不清，证据不足，并根据《中华人民共和国行政复议法》第28条第1款第3项的规定，在法定期限内作出复议决定，依法送达各方当事人，认定事实清楚，适用法律正确，行政程序合法。光电公司的诉讼理由不足以否定行政复议决定书的效力，不予支持。判决：驳回光电公司的诉讼请求。

光电公司不服一审判决，向二审法院提起上诉。

二审法院认为，黄某作为光电公司食堂的职工，事发当时驾驶公司车辆为公司外出购买地瓜粉后，返回途中遭遇交通事故受伤身亡。黄乙的主张是合理的、有根据的。光电公司提供的照片显示粗地瓜粉为3.29元/斤，包装的地瓜粉每袋为25公斤，但光电公司未提供照片来源、拍摄人、拍摄地点、拍摄时间，在无其他证据相佐证的情况下，无法据此确认事发当天超市所出售粗地瓜粉的单价，也无法据此确认黄某当日所购买地瓜粉的数量为25公斤。故光电公司主张金额不符，依据不足。虽然黄某一家有用地瓜粉做食物的习惯，但是，家庭使用而一次性购买金额达141.30元的地瓜粉不符合常理；根据2014年6月10日某县人社局对食堂总管吴某制作的笔录，光电公司食堂用品除了定点配送，还有临时采购的情形，且食堂采购产生的费用最终都由吴某统一上报财务报销。因此，即使黄某虚开发票也无法报销。故光电公司主张事发当日黄某系为自家采购地瓜粉而以公司名义开发票的主张证据不足。黄某与光电公司所签订劳动合同中约定的岗位为食堂，光电公司的证据又不足以排除黄某日常采购食堂用品的职责。结合吴某和光电公司食堂厨师王某的陈述，事发当天虽然为星期日，但公司有人上班，食堂有开火。故黄某作为食堂工作人员，根据多位证人陈述负责食堂日常食物进出，故黄某在当天根据需要自行或者被派出采购地瓜粉亦属合理。至于交警部门对黄乙的询问笔录中载明的相关陈述，并未明确有黄某系为家庭外出购买食物的意思表示。光电公司所举证据不足以证明其主张，应承担举证不能的责任。黄乙向市政府申请复议，市政府经审查，认为市人社局作出不予认定工伤的决定认定事实不清，证据不足，根据《中华人民共和国行政复议法》第28条第1款第3项的规定，决定撤销市人社局作出的不予认定工伤决定书，责令市人社局依法重新作出具体行政行为，并无不妥。一审法院判决并无不当。判决：驳回上诉，维持原判。

光电公司不服二审判决，向最高人民法院申请再审。

再审法院认为，根据《工伤保险条例》第19条第2款的规定，职工或者其近亲属认为是工伤，用人单位不认为是工伤的，由用人单位承担举证责任。本案中，光电公司否认黄某是为公司购买地瓜粉，其应当对此承担举证责任。但光电公司并未提出充分证据证明黄某是为自己或公司之外的第三人购买地瓜粉，也未能对黄某开具客户名称为光电公司的发票及驾驶公司车辆外出购买地瓜粉的行为作出合理解释。光电公司主张，黄某外出购买地瓜粉的行为不在其职责范围内。根据黄某和光电公司所签订的劳动合同，黄某的岗位属于食堂工作人员，黄某外出购买的也是食用地瓜粉，且数量较大。黄某的购买行为与其工作岗位之间具有一致性。光电公司又主张，事发当日不是黄某的工作时间。根据光电公司食堂有关员工的陈述，事发当天虽然是星期日，但公司仍有人上班，食堂需要开火做饭，黄某作为食堂工作人员，具备根据需要外出购买地瓜粉的合理性。光电公司的上述主张均不能成立。根据《工伤保险条例》第14条第5项的规定，因工外出期间，由于工作原因受到伤害或者发生事故下落不明的，应当认定为工伤。市政府认为黄某购买地瓜粉的活动属于因工作原因在工作场所以外从事与工作职责有关的活动、在此期间发生交通事故伤害应属工伤，并无不当。市政府作出的行政复议决定于法有据，行政程序合法，原审法院判决驳回光电公司的诉讼请求，并无不当。裁定：驳回光电公司的再审申请。

本案中，黄某外出购买地瓜粉，根据市人社局的调查和提供的证据材料，能够认定黄某的购买行为与其工作岗位之间具有一致性，黄某是因工外出，光电公司认为黄某不是为公司购买地瓜粉，但未提供证据予以证明，应当承担举证不能的法律后果。因此，市人社局根据本案证据材料，对黄某受到伤害的情形认定为工伤是正确的。本案经最高人民法院再审，认为市政府作出的维持市人社局的认定工伤决定的行政复议决定是正确的，驳回了光电公司的再审申请。

（四）职工往来于多个与其工作相关的工作场所之间的必经区域

案例39①

罗某系某电器商行的员工，其工作职责是负责业务洽谈和上门安装服务。2013年12月10日，电器商行合伙人罗某某指派驾驶员蔡某和罗某去某镇送货。途中，经驾驶员蔡某同意由罗某驾驶车辆，行至720县道某处时罗某驾驶车辆掉下路边边沟发生交通事故，导致罗某受伤经抢救无效死亡。12月24日，某县公安局交警大队出具道路交通事故认定书，认定罗某依法承担此次事故的全部责任。

2014年1月6日，罗某的妻子黄某向某县人社局申请工伤认定。同年2月27日，县人社局作出不予认定工伤决定书，认为罗某受到的伤害不是由于工作原因所致，根据《工伤保险条例》第14条第5项、第6项应当认定为工伤的规定，认定罗某受到的伤害不属于因工作原因。黄某对该不予认定工伤决定不服，向某县政府申请行政复议。县政府于2014年5月20日作出行政复议决定书，认为职工在工作时间和工作场所，因工作原因受到事故伤害的，应认定为工伤。从本案事实和罗某的工作性质来看，从电器商行指派开始到电器安装完毕均属于工作时间，其中合理途经场所（包括运输途经道路）均属于工作场所，罗某与驾驶员蔡某一起送货不是个人行为，其驾驶行为也经驾驶员蔡某同意，其驾驶行为结果等同于驾驶员蔡某的驾驶行为，均是为了工作，其驾驶行为应认定为与工作有关，属于因工作原因，符合《工伤保险条例》第14条第1项之规定，而不适用因工外出期间和上下班途中受到伤害的规定，县人社局作出的不予认定工伤决定书认定事实清楚，但适用法律错误。县政府根据《中华人民共和国行政复议法》第28条第1款第3项第2目之规定，作出复议决定，撤销县人社局作出的不予认定工伤决定书，责令县人社局重新作出具体行政行为。

电器商行对县政府作出的行政复议决定不服，向法院提起行政诉讼。

一审法院认为，《工伤保险条例》第14条第1项规定，在工作时间和工作场所内，因工作原因受到事故伤害的应当认定为工伤。本案中，罗某系电器商行的员工，受电器商行合伙人罗某某的指派与驾驶员蔡某一起到某镇送货，在行驶途中，罗某经驾驶员蔡某同意驾驶货车发生交通事故受伤经抢救无效死亡。罗某自受到电器商行指派去某镇送货、安装电器均属于工作时间；行驶路途、电器安装场所等均属于工作场所；罗某驾驶车辆经过驾驶员同意，且其驾驶行为的目的是送货，系为完成工作任务，是为了单位利益，应属于因工作原因。因此，罗某是在工作时间和工作场所，因工作原因受到事故伤害，应认定为工伤。县政府作出的行政复议决定书认定事实清楚，适用

① 案号：（2014）黔高行终字第40号。

法律正确，程序合法，应予维持；县人社局作出的不予认定工伤决定书适用《工伤保险条例》第 14 条第 5 项和第 6 项之规定，认定罗某为因工外出期间和上下班途中受到交通事故伤害死亡，属于适用法律错误，不予支持。判决：维持县政府作出的行政复议决定。

电器商行不服一审判决，向二审法院提起上诉。

二审法院认为，《最高人民法院关于审理工伤保险行政案件若干问题的规定》第 4 条规定："社会保险行政部门认定下列情形为工伤的，人民法院应予支持：……（三）在工作时间内，职工来往于多个与其工作职责相关的工作场所之间的合理区域因工受到伤害的……"根据该条规定，工作场所指职工从事职业活动的场所，在有多个工作场所的情况下，还应包括职工来往于各个工作场所的合理途经场所。本案中，罗某系电器商行的员工，其工作职责是负责业务洽谈和上门安装服务，从本案事实和罗某的工作性质来看，其接受电器商行指派前往某镇送货直至安装调试完毕，属于工作时间；其前往各安装点的合理途经场所属于工作地点；其与驾驶员一同送货系履行工作职责的行为，在驾驶员同意的情形下驾驶车辆是为了完成送货，应当认定为与工作有关。电器商行提出罗某驾车的目的是练车，但并无相关证据予以证明，依法不予支持。综上，罗某系在工作时间、工作地点，因工作原因受到事故伤害，应当适用《工伤保险条例》第 14 条第 1 项之规定，认定为工伤。县人社局作出的不予认定工伤决定书适用《工伤保险条例》第 14 条第 5 项和第 6 项之规定，认定罗某为因工外出期间和上下班途中受到交通事故伤害死亡，属于适用法律错误，县政府作出行政复议决定书，撤销县人社局作出的不予认定工伤决定书并责令其重新作出具体行政行为并无不当。一审判决基本事实清楚，证据充分，适用法律正确，审理程序合法。判决：驳回上诉，维持原判。

在有些情况下，职工的工作场所往往不限于一处，职工为了工作需要，在工作时间内来往于多个与其工作职责相关的场所之间的合理区域，该合理区域也应认定为工作场所。本案中，罗某受电器商行的安排，外出送货并负责安装，在途中遭受事故伤害死亡，该情形符合《工伤保险条例》第 14 条第 1 项的规定，县政府撤销县人社局作出的不予认定工伤决定书并责令其重新作出具体行政行为是正确的。一、二审法院经审理，也予以支持，驳回了电器商行的诉讼请求。

第三章　常见情形工伤的认定

一、上下班途中受伤都是工伤吗

职工在上下班途中发生交通事故受到伤害，是最常见的工伤情形。那么，职工在上下班途中发生交通事故受到伤害，都能构成工伤吗?

(一) 上下班途中受伤的工伤认定要件

《工伤保险条例》第14条第6项规定，在上下班途中，受到非本人主要责任的交通事故或者城市轨道交通、客运轮渡、火车事故伤害的，应当认定为工伤。

从该条规定来看，职工在上下班途中发生交通事故受伤能够认定为工伤需满足如下几个要件。

一是在上下班途中。根据《人力资源社会保障部关于执行〈工伤保险条例〉若干问题的意见（二)》(人社部发〔2016〕29号）第6条的规定，“上下班途中”是指职工以上下班为目的、在合理时间内往返于工作单位和居住地之间的合理路线。对“上下班途中”的认定，应当参照是否以上下班为目的、上下班时间、上下班路途的方向、距离的远近、路线的合理性等空间因素、时间因素、目的因素、合理因素等方面综合考虑。

《最高人民法院关于审理工伤保险行政案件若干问题的规定》(法释〔2014〕9号）第6条规定:“对社会保险行政部门认定下列情形为‘上下班途中’的，人民法院应予支持:(一）在合理时间内往返于工作地与住所地、经常居住地、单位宿舍的合理路线的上下班途中;(二）在合理时间内往返于工作地与配偶、父母、子女居住地的合理路线的上下班途中;(三）从事属于日常工作生活所需要的活动，且在合理时间和合理路线的上下班途中;(四）在合理时间内其他合理路线的上下班途中。”

另外，根据《劳动和社会保障部关于实施〈工伤保险条例〉若干问题的意见》(劳社部函〔2004〕256号）第2条的规定，“上下班途中”既包括职工正常工作的上下班途中，也包括职工加班加点的上下班途中。

部分地方法院对“上下班途中”的认定也出台了一些具体的规定。比如，《北京市高级人民法院关于印发〈关于审理工伤认定行政案件若干问题的意见〉(试行）的通知》(京高法发〔2007〕112号）第11条第1款规定，“在上下班途中”的“途中”应理解为职工在上下班，包括加班加点的上下班的合理路途中，可以参照路途的方向、距离的远近及时间因素等综合判断。《四川省高级人民法院关于审理工伤认定行政案件若干问题的意见》（川高法〔2006〕436号）第21条规定，认定职工工伤的“上下班途中”是指职工以上下班为目的，在合理时间内往返于工作单位和居住地的合理路线的途中。职工在合理时间段内的迟到、早退途中，应当认定为上下班途中。职工在上下班途中从事了其他活动，该活动是职工日常工作生活中必需的、合理的要求，且在合理时间内未改变以“上下班”为目的的合理路线，应当认定为“上下班途中”。

二是受到交通事故伤害。“交通事故”是指车辆在道路上因过错或者意外造成的人身伤亡或者财产损失的事件。职工受到“交通事故或者城市轨道交通、客运轮渡、火车事故伤害”，从交通工具来说，既包括职工在上下班途中驾驶机动车发生事故造成的伤害，也包括职工在上下班途中驾驶非机动车、步行等受到交通事故或者城市轨道交通、客运轮渡、火车的伤害。从道路范围来说，既包括发生在城市道路的交通事故伤害，也包括发生在其他道路或者区域内的交通事故伤害。

三是职工对事故伤害承担的是“非本人主要责任”。对于“非本人主要责任”的认定，《人力资源社会保障部关于执行〈工伤保险条例〉若干问题的意见》（人社部发〔2013〕34号）第2条规定，“非本人主要责任”的认定，应当以有关机关出具的法律文书或者人民法院的生效裁决为依据。《最高人民法院关于审理工伤保险行政案件若干问题的规定》（法释〔2014〕9号）第1条第1款及第2款规定，人民法院审理工伤认定行政案件，在认定是否存在《工伤保险条例》第14条第6项“本人主要责任”等情形时，应当以有权机构出具的事故责任认定书、结论性意见和人民法院生效裁判等法律文书为依据，但有相反证据足以推翻事故责任认定书和结论性意见的除外。前述法律文书不存在或者内容不明确，社会保险行政部门就前款事实作出认定的，人民法院应当结合其提供的相关证据依法进行审查。

（二）影响“上下班途中”认定的因素

1. 空间因素

“上下班途中”的空间，指的是职工居住地与工作地之间的合理路线。

职工居住地，通常是指职工固定的、经常居住的场所，但实践中情况千差万别，需要根据案件具体情形分析对待。《最高人民法院关于审理工伤保险行政案件若干问题的规定》（法释〔2014〕9号）第6条规定：“对社会保险行政部门认定下列情形为‘上下班途中’的，人民法院应予支持：（一）在合理时间内往返于工作地与住所地、经常居住地、单位宿舍的合理路线的上下班途中；（二）在合理时间内往返于工作地与配偶、父母、子女居住地的合理路线的上下班途中；（三）从事属于日常工作生活所需要的活动，且在合理时间和合理路线的上下班途中；（四）在合理时间内其他合理路线的上下班途中。”

合理路线，一般是指两地之间最直接、最通达的路线，但是在职工没有走最直接、最通达的路线上下班而受到伤害时，还应当充分考虑职工绕道的理由，理由正当的绕道也应视为合理路线。对职工绕道的正当理由原则上应当由职工承担举证责任，用人单位有异议的，由用人单位对理由不正当承担举证责任。

案例40[①]

2014年1月1日，张某与某清洁公司签订劳动合同，清洁公司聘任张某在某商务中心担任保洁，工作时间为7时30分至16时30分，地点为常德路。张某与其妻潘某居住于光复西路。2015年1月5日7时32分许，张某在长宁路某路口受到非本人主要责任的交通事故伤害，经医院治疗无效于当日23时04分死亡。

2015年2月2日，清洁公司向某区人社局提出工伤认定申请，要求对张某于2015年1月5日发生交通事故死亡一事按照法律法规处理。清洁公司按区人社局的要求补正相关材料后，区人社局于3月2日予以受理，并向清洁公司和潘某发出了受理决定书。2015年4月30日，区人社局作出认定工伤决定书，认定张某受到的交通事故伤害为工伤。清洁公司不服，向某区政府申请行政复议，并提交了路线图和证人证言等证据。区人社局审查了清洁公司提交的证据后，认为这些证据足以对张某工伤认定事实和法律适用产生影响，遂于2015年8月4日撤销了认定工伤决定。清洁公司向区政府书面申请撤回行政复议申请。2015年8月11日，区政府决定终止行政复议。之后，区人社局经调查核实，认为张某事发时并不在合理的上班路途中，张某的死亡不符合《工伤保险条例》和《上海市工伤保险实施办法》（上海市人民政府令第93号）第14条、第15条认定工伤或者视同工伤的情形，于2015年9月11日作出不予认定工伤决定书，决定不予认定或者视同工伤。

潘某不服区人社局作出的不予认定工伤决定，向法院提起行政诉讼。

一审法院认为，根据《工伤保险条例》第5条第2款和《上海市工伤保险实施办法》（上海市人民政府令第93号）第5条第2款的规定，区人社局具有作出被诉工伤认定行为的主体资格。《最高人民法院关于审理工伤保险行政案件若干问题的规定》（法释〔2014〕9号）第6条对“上下班途中”作出了明确的规定，其中第1项规定“在合理时间内往返于工作地与住所地、经常居住地、单位宿舍的合理路线的上下班途中”。根据清洁公司在工伤认定期间及申请行政复议时提交的材料，区人社局的调查取证，及张某居住地、工作地和交通事故发生地的地理位置，可以认定交通事故发生地并非在张某从居住地至工作地的合理路线上，而是在方向相反的位置且相距甚远。潘某在工伤认定调查期间向调查人员陈述张某的上班时间为7时30分，并表示听说过张某的工作地在常德路，但潘某对2015年1月5日7时32分张某为何会在长宁路某路

---

① 案号：（2016）沪行申682号。

口发生交通事故无法说清缘由。区人社局据此依据《工伤保险条例》第 14 条、第 15 条和《上海市工伤保险实施办法》第 14 条、第 15 条的规定，对张某发生交通事故死亡不予认定为工伤并无不当。区人社局在受理清洁公司的申请并作出认定工伤决定后，因认为清洁公司在行政复议中提供了足以影响原认定结论的证据，据此撤销原认定工伤决定，并经调查核实后作出不予认定工伤决定的行为，属于行政机关主动纠错，并非潘某主张的重新受理，该纠错行为并无不当。区人社局作出不予认定工伤决定的程序符合《工伤保险条例》第 20 条的规定，行政程序合法。判决：驳回潘某的诉讼请求。

潘某不服一审判决，向二审法院提起上诉。

二审法院认为，区人社局受理潘某的工伤认定申请并作出认定工伤决定后，在行政复议过程中认为清洁公司提供了足以影响认定结论的证据，撤销了原认定工伤决定，重新作出不予认定工伤决定，属于行政机关自行纠错行为，并非再次受理工伤认定申请，行政程序合法。潘某认为区人社局重新受理工伤认定申请，违反法定程序的主张，缺乏法律依据，不予支持。根据区人社局提供的张某上班路线图、工伤认定调查记录等证据，能够证明张某发生交通事故的地点明显不在其居住地与工作地之间的合理路线上，且相距甚远，不符合《最高人民法院关于审理工伤保险行政案件若干问题的规定》第 6 条关于“上下班途中”应为在合理时间内往返于工作地与居住地合理路线的规定。张某不是在上下班途中发生交通事故，其伤亡情形不符合《工伤保险条例》第 14 条第 6 项之规定，区人社局作出的不予认定工伤决定认定事实清楚、证据充分，适用法律正确。潘某的上诉请求和理由不能成立，一审判决驳回潘某的诉讼请求正确，应予维持。判决：驳回上诉，维持原判。

潘某不服二审判决，向上海市高级人民法院申请再审。

再审法院认为，根据区人社局提供的张某上班路线图、工伤认定调查记录等证据，能够证明张某发生交通事故的地点明显不在其居住地与工作地之间的合理路线上，且相距甚远，不符合《最高人民法院关于审理工伤保险行政案件若干问题的规定》第 6 条关于“上下班途中”应为在合理时间内往返于工作地与居住地的合理路线的规定。故张某不属于上下班途中发生交通事故，其伤亡情形不符合《工伤保险条例》第 14 条第 6 项之规定，区人社局所作不予认定工伤决定认定事实清楚、证据充分，适用法律正确。原审判决驳回潘某的诉讼请求正确，潘某申请再审所提异议，缺乏依据，不予支持。裁定：驳回潘某的再审申请。

一般来讲，上下班路途应当是合理的路线，本案中，张某发生交通事故的地点，根据区人社局的调查及提供的证据，明显不在其居住地与工作地之间的合理路线上，且相距甚远，因此，不能认定张某是在上下班途中发生交通事故，其伤亡情形不符合《工伤保险条例》第 14 条第 6 项的规定，区人社局对此作出不予认定工伤决定是正确的。虽然张某的妻子潘某对此决定不服，多次提起诉讼，但是一、二审法院和再审法院经审理，查明了本案事实，最终支持区人社局作出的不予认定工伤决定，驳回了潘某的诉讼请求。

2. 时间因素

"上下班途中"的时间，指的是职工从居住地到工作地或者从工作地到居住地的合理时间。

合理时间，除了考虑两地的距离外，还应当充分考虑道路的畅通情况、代步工具的种类和性能、气候变化情况等因素，以足以保证职工能够顺利到达工作地或者居住地。

实践中，职工因种种原因未按照用人单位规定的时间上下班，对擅自迟到或者早退的途中是否属于上下班途中有不同的认识。笔者认为，上述情况要结合职工在其中的过错情形而定，要求不宜过严。如果职工无过错，只是由于客观原因引起的，应当认定为上下班途中；如果职工有过错但不属于极不合理的情形，亦应当认定为上下班途中。职工尽管客观上存在着迟到或者早退的行为，但这并不能改变属于上下班途中的性质，如果迟到或者早退并未超出合理的限度，认定构成工伤更能保护职工的合法权益。也就是说，迟到或者早退属于违反用人单位管理规章制度的行为，企业有权按照规章制度及劳动纪律的规定对职工作出相应的处理。而工伤是另一种法律关系，只要职工在上下班途中发生交通事故，符合法定条件的就应认定为工伤，不能将违反用人单位规章制度、劳动纪律等作为否定工伤的理由。虽然我们不鼓励职工违反劳动纪律，也不会让违纪者得到非法利益，但我们也应综合考量劳动者和用人单位的利益平衡问题，而不应机械地套用法律规定。在法律法规、司法解释以及人社部门的规章中都没有对合理的上下班时间作出明确规定的情况下，对劳动者迟到或者早退应进行客观理性分析，从而综合认定是否属于"合理时间"，更符合工伤保险立法的本意。因此，"上下班途中"的认定，从居住地到工作地或者从工作地到居住地的过程这一时间因素，原则上不受提早或者推迟上下班的影响。有些地方法院对此也作了明确的规定，如《四川省高级人民法院关于审理工伤认定行政案件若干问题的意见》（川高法〔2006〕436号）第21条第2款规定，职工在合理时间段内的迟到、早退途中，应当认定为上下班途中。

案例41[①]

于某于2005年6月到某沙发厂工作，主要从事进货、卖货、记账等工作。沙发厂未与于某签订劳动合同，没有为于某缴纳社会保险。于某在沙发厂工作期间，每天工

---

① 案号：（2018）鲁行申254号。

作时间为7：30—17：30，并由沙发厂法定代表人赵某之妻李某对于某进行考勤。沙发厂每月底以现金形式向于某发放工资。2014年10月3日17时30分，于某在沙发厂下班后到该厂门前整理自家晾晒的花生。当日18时40分左右，于某步行回家过路口时发生交通事故，致于某受伤，经医院抢救无效后死亡。某市公安局交通警察大队出具的道路交通事故认定书认定于某承担事故的次要责任。

于某去世后，其子赵某向某市劳动争议仲裁委提出仲裁申请，要求确认于某与沙发厂在2005年6月至2014年10月3日存在劳动关系。市劳动争议仲裁委于2015年6月20日作出仲裁裁决，确认于某与沙发厂自2005年6月至2014年10月3日存在劳动关系。该裁决书向双方当事人送达后，沙发厂对该裁决不服，向法院提起诉讼。法院经审理，判决于某与沙发厂于2005年6月至2014年10月3日存在劳动关系。沙发厂不服一审判决，上诉至二审法院。二审法院认为，一审法院认定于某与沙发厂于2005年6月至2014年10月3日存在劳动关系符合本案事实与法律规定，并无不当。判决：驳回上诉，维持原判。

2016年3月30日，某市人社局受理了赵某的工伤认定申请，并于4月1日向沙发厂送达了工伤认定限期举证责任书。5月23日，市人社局作出工伤认定中止通知书，中止了工伤认定。之后，市人社局对赵某进行了调查。9月26日，市人社局作出不予认定工伤决定书，对于某之伤亡不予认定工伤。

赵某不服市人社局作出的不予认定工伤决定，向法院提起行政诉讼。

一审法院经审理认为，《工伤保险条例》第20条第1款规定："社会保险行政部门应当自受理工伤认定申请之日起60日内作出工伤认定的决定，并书面通知申请工伤认定的职工或者其近亲属和该职工所在单位。"但本案中，市人社局于2016年3月30日受理了赵某的工伤认定申请，于2016年9月作出不予认定工伤决定，明显超出了上述条款所规定的60日的工伤认定期限，违反了法定程序，但该程序违法在实体上对赵某的权利并未产生实际影响。判决：市人社局作出不予认定工伤决定书的程序违法，并驳回赵某的其他诉讼请求。

赵某不服一审判决，向二审法院提起上诉。

二审法院经审理认为，一审判决认定事实清楚，适用法律正确。判决：驳回上诉，维持原判。

赵某不服二审判决，向山东省高级人民法院申请再审。

再审法院认为，根据《最高人民法院关于审理工伤保险行政案件若干问题的规定》第6条"对社会保险行政部门认定下列情形为'上下班途中'的，人民法院应予支持：（一）在合理时间内往返于工作地与住所地、经常居住地、单位宿舍的合理路线的上下班途中；（二）在合理时间内往返于工作地与配偶、父母、子女居住地的合理路线的上下班途中；（三）从事属于日常工作生活所需要的活动，且在合理时间和合理路线的上下班途中；（四）在合理时间内其他合理路线的上下班途中”的规定，对“上下班途中”的判断之所以确立“合理时间”“合理路线”标准，是因为“上下班目的”这一主观因素应成为判断事故工伤性质的核心，即判断工伤的核心标准为是否与工作原因有内在关联。于某在回家路线上明显做出了两个行为，一个是到厂区门前整理自家晾晒的花生，另一个是又沿着回家路线回家的行为。第一个行为是下班行为，于某到厂区门前整理自家晾晒的花生，属于家庭性生产事务，与工作原因不具有内在关联，不属于日常生活所需要的活动，下班行为已经结束。第二个行为是回家行为。虽然于某是在常规下班路段发生交通事故，但其受伤前整理自家晾晒的花生的行为已将工作原因与回家途中割裂开来，因此只能认定于某系在回家的途中发生了交通事故受伤，而不是“上下班途中”发生了交通事故受伤。并且，于某步行从工厂到其住所地通常只需四五分钟，而事发当日于某 17 时 30 分下班，约 18 时 40 分发生交通事故，其间耗时一个多小时，不在“上下班途中”认定的“合理时间”内。因此，于某所受伤害不符合《工伤保险条例》第 14 条“职工有下列情形之一的，应当认定为工伤：……（六）在上下班途中，受到非本人主要责任的交通事故或者城市轨道交通、客运轮渡、火车事故伤害的……”之规定，不应当认定为工伤。市人社局作出的不予认定工伤决定认定事实清楚，适用法律正确。《工伤保险条例》第 20 条第 1 款规定：“社会保险行政部门应当自受理工伤认定申请之日起 60 日内作出工伤认定的决定，并书面通知申请工伤认定的职工或者其近亲属和该职工所在单位。”但本案中，市人社局于 2016 年 4 月受理了赵某的工伤认定申请，于 2016 年 9 月作出不予认定工伤决定，明显超出了上述条款所规定的 60 日的工伤认定期限，违反了法定程序，但该程序违法在实体上对赵某的权利并未产生实际影响。原审法院判决确认市人社局作出的不予认定工伤决定书程序违法并驳回赵某的其他诉讼请求，认定事实清楚，适用法律正确。赵某的再审主张，无事实和法律依据，不予支持。裁定：驳回赵某的再审申请。

本案中，对于某受到的事故伤害能否认定为工伤的关键，在于“上下班途中”的认定。根据市人社局查明的事实，于某步行从单位到其居住地通常只需四五分钟，事发当天于某 17：30 下班，在 18：40 左右发生交通事故，显然其发生交通事故时并不在上下班途中的合理时间内，并且，于某下班后是去整理自家晾晒的花生，之后再回家，这一个人行为已经不属于下班的范畴。因此，于某所受交通事故伤害不符合《工伤保险条例》规定的认定工伤的情形。市人社局作出的不予认定工伤决定是正确的，一审、二审、再审三级法院经审理，对此也予以确认。

3. 目的因素

从立法本意来看，“上下班途中”一定是以“上下班”为目的，偏离上下班目的，原则上不能认定为“上下班途中”。根据《最高人民法院关于审理工伤保险行政案件若干问题的规定》（法释〔2014〕9 号）第 6 条的规定，职工在上下班途中从事其他活动，但活动属于职工日常工作生活所需要的，且在合理时间和合理路线，未改变以“上下班为目的”，亦应当认定为“上下班途中”。

案例 42[①]

姜乙的父亲姜某原系某饲料公司职工。2018 年 8 月 20 日晚，姜某骑自行车下班回家途中，由西向东骑至某路北外环时，被后方行驶而来的重型半挂牵引车/重型普通半挂车撞伤，被送往医院抢救。8 月 22 日 6 时许，姜某经抢救无效死亡。

2018 年 12 月 24 日，某市人社局依法受理姜乙的工伤认定申请，并依法向饲料公司送达了工伤认定举证通知书等，告知饲料公司应承担的举证责任。2019 年 4 月 23 日，市人社局作出认定工伤决定书，认为姜某在下班途中发生交通事故，受到伤害，无责任，符合《工伤保险条例》第 14 条第 6 项规定的工伤认定情形，认定为工伤。饲料公司不服，向某市政府申请行政复议。市政府于 2019 年 8 月 2 日作出行政复议决定书，维持了市人社局作出的认定工伤决定。

饲料公司不服市政府作出的行政复议决定，向法院提起行政诉讼。

一审法院认为，饲料公司及姜乙对市人社局、市政府的行政管理职权和行政程序均无异议，予以确认合法。市人社局认定姜某在下班途中，受到非本人主要责任的交通事故伤害的事实，作出认定工伤的决定，事实清楚，证据充分，适用法律正确，程序合法。市政府作出维持的行政复议决定，亦正确。依照《中华人民共和国行政诉讼法》第 69 条、第 79 条之规定，判决：驳回饲料公司的诉讼请求。

饲料公司不服一审判决，向二审法院提起上诉。其上诉理由为：市人社局作出的工伤认定、市政府作出的复议决定适用法律错误，上下班时间是工作单位内部制定的劳动纪律规定，饲料公司经过合法的程序颁布后对所有员工具备约束力，姜某应当予以遵守。市人社局、市政府对饲料公司制定的劳动时间、请销假制度的合法性没有异议即视为认可，一审时证人张某出庭证实姜某未办理请假手续，系在擅自离开工作岗位私自回家途中受到交通事故伤害，故其受伤情形不属于《工伤保险条例》第 14 条第 6 项规定的情形，市人社局认定其构成工伤与法相悖。市人社局在向董某等 3 位工人制作笔录时违反法定程序，据此认定工伤的理由和依据证据不足。经饲料公司核实，董某等证人在接受询问时根本没有说过“和经理请了假”等内容，尤其是张某一审出庭证实事发当天根本没有人请过假，因此饲料公司在一审期间提请法院对董某等人的证据予以复核，一审法院并未采纳就作出了判决，属事实不清。

二审期间审理查明的事实，与一审法院审理查明的事实一致，二审法院予以确认。

二审法院认为，本案争议的焦点是市人社局作出的工伤认定及市政府作出的复议

---

① 案号：(2020) 辽行申 579 号。

决定是否具有事实根据和法律依据。饲料公司职工李某与董某均证实2018年8月20日19时30分停工下班。姜某骑自行车回家途中，在20时10分许发生交通事故，被撞伤后不治身亡。市人社局查明姜某在下班途中发生交通事故受到伤害，本人无责任，符合《工伤保险条例》第14条第6项的工伤认定情形，认定姜某为工伤。市人社局对姜某的工伤认定行为，事实清楚，证据充分，符合法律规定。饲料公司关于姜某违反劳动纪律，擅自提前离开工作岗位发生交通事故，不应认定为工伤的主张，没有法律依据，理由不成立，不予支持。一审判决认定事实清楚，证据充分，适用法律正确。判决：驳回上诉，维持原判。

饲料公司不服二审判决，向辽宁省高级人民法院申请再审。

再审法院经审查认为，本案的争议焦点为市人社局对姜某作出的工伤认定是否正确。《工伤保险条例》第14条第6项规定，职工在上下班途中，受到非本人主要责任的交通事故或者城市轨道交通、客运轮渡、火车事故伤害的应当认定为工伤。《最高人民法院关于审理工伤保险行政案件若干问题的规定》第6条规定，对社会保险行政部门认定下列情形为“上下班途中”的，人民法院应予支持：（一）在合理时间内往返于工作地与住所地、经常居住地、单位宿舍的合理路线的上下班途中；（二）在合理时间内往返于工作地与配偶、父母、子女居住地的合理路线的上下班途中；（三）从事属于日常工作生活所需要的活动，且在合理时间和合理路线的上下班途中；（四）在合理时间内其他合理路线的上下班途中。“上下班途中”通常是指职工以上下班为目的，在合理时间内往返于工作地和居住地的合理路线的途中，应结合工作性质、特点、一般社会经验及社会情理，综合判断事故是否因“上下班目的”而发生。本案中，姜某在作业停产后于19时30分左右离开单位，其以下班为目的，在去往经常照顾的前妻家途中受到非本人主要责任的交通事故伤害，符合“上下班途中”的法定情形。即使姜某未经请假提前离开工作岗位，违反的是公司的劳动纪律，原则上亦不影响对于“上下班途中”的认定。饲料公司申请再审的理由不符合《中华人民共和国行政诉讼法》第91条规定的再审条件。裁定：驳回饲料公司的再审申请。

本案中，根据市人社局的调查核实，可以认定姜某在事发当天19时30分停工后离开单位系下班回家，其发生交通事故发生在下班途中，且对该交通事故无责任，该情形符合《工伤保险条例》第14条第6项规定的工伤认定情形，应当认定为工伤。饲料公司认为姜某未办理请假手续，系擅自离开工作岗位私自回家，并没有证据证明。并且，即使姜某有此种行为，其违反的是单位的劳动纪律，原则上并不影响对其工伤的认定。由此，市人社局对姜某受到交通事故伤害的情形作出认定工伤的决定，认定事实清楚，适用法律正确，该决定是正确的。饲料公司的诉讼请求没有事实根据和法律依据，一、二审法院和再审法院均予以驳回。

（三）合理性的判断

《人力资源和社会保障部办公厅关于工伤保险有关规定处理意见的函》（人社厅函〔2011〕339 号）规定，《工伤保险条例》第 14 条第 6 项规定的“上下班途中”是指合理的上下班时间和合理的上下班路途。

什么是“合理的上下班时间和合理的上下班路途”？如何判断上下班时间、上下班路途的合理性？笔者认为，应当结合上下班的时间、行程路途和目的地三个方面进行综合分析判断。如果上下班的时间、行程路径以及目的地不合理，如从单位到居住地所花费的时间超长，或者选择了南辕北辙的路线等，则可能否定其上下班行为。如果上下班时间以及目的地趋于合理，则可以认定其上下班行为。因此，对“上下班途中”工伤情形的认定，不能失去合理性的基础，既不能作过于扩张的解释，也不宜作过于狭窄的解释，应当有一个适宜度，结合案件具体事实情形去把握。

1. 上下班途中的路线是否合理

一般来说，职工的居住地和工作地之间的路径应不限于最短路线，而在于合理路线。实践中，对于“合理路线”的认定，争议较大的一个问题是职工在上下班途中绕道是否还属于合理路线。笔者认为，应当视绕道的原因而定。对于绕道的原因，实践中有因客观原因（突发事件、交通堵塞、天气恶劣等）而绕道、因私事而绕道等多种情形。因客观原因绕道的，原则上应认定为上下班途中。而因私绕道的，也不能一刀切，如果职工在上下班途中绕道从事属于日常工作生活所需要的活动，且在合理时间和合理路线的途中，如接送孩子上下学绕道、去菜市场买菜绕道等，则应当视为上下班途中的合理路线；其他的绕道，如下班后朋友聚会等，原则上不应认定为上下班途中。

《最高人民法院关于审理工伤保险行政案件若干问题的规定》第 6 条规定，对社会保险行政部门认定下列情形为“上下班途中”的，人民法院应予支持：（一）在合理时间内往返于工作地与住所地、经常居住地、单位宿舍的合理路线的上下班途中；（二）在合理时间内往返于工作地与配偶、父母、子女居住地的合理路线的上下班途中；（三）从事属于日常工作生活所需要的活动，且在合理时间和合理路线的上下班途中；（四）在合理时间内其他合理路线的上下班途中。

案例 43[①]

罗某系某塑胶公司员工。2017 年 3 月 19 日 19 时 20 分许，鲁某驾驶小型轿车沿小榄镇泰广路由盛裕路往泰昌路方向行驶时，与迎向行驶、罗某驾驶的无号牌电动自行

① 案号：（2018）粤行申 1976 号。

车发生碰撞，事故造成罗某受伤，经医院抢救无效于2017年3月20日9时18分死亡。经交警部门认定，罗某不承担此次事故的责任。

2017年5月9日，罗某的妻子胡某向某市人社局申请工伤认定，认为罗某是在下班后去药房买药回家途中发生交通事故，并提交了工伤认定申请表、身份证及户口本复印件、居民死亡医学证明书及遗体火化证明、甲医院车祸初步诊断报告、道路交通事故认定书、罗某下班回家遭遇交通事故路线图、居住证、出租屋备案登记回执及租住人员登记册、塑胶公司的企业机读档案登记资料、罗某工作证及工资表等资料。6月9日，市人社局立案受理，并向胡某送达工伤认定申请受理通知书。6月21日，市人社局向塑胶公司发送工伤认定举证通知书和协助调查通知书，要求塑胶公司就罗某是否为工伤提交书面意见和证据材料，并协助调查。塑胶公司收到通知后，向市人社局提交了授权委托书、罗某考勤记录和员工入职登记表以及事故报告说明。同时，市人社局调取了公安局交通警察支队某大队对罗某某、鲁某的询问笔录以及道路交通事故现场图、现场照片等材料，并分别对胡某、罗某某、冯某、童某、吴某、胡某某、马某等进行调查，制作了调查笔录，还对塑胶公司、居住地、药房线路进行现场勘查并制作线路勘查图，到乙医院调取了罗某2017年2月17日的诊疗材料。罗某于2017年2月17日至19日在乙医院住院2天，出院诊断为：1. 冠心病：不稳定型心绞痛，心功能Ⅱ级；2. 高血压病2级，极高危组；3. 高脂血症。药房位于小榄镇××号地铺，塑胶公司位于东升镇东升开发区，罗某一家居住地位于东升镇××路××社区××楼××房。塑胶公司到罗某居住地约5.3公里，由居住地到药房约3.4公里，塑胶公司到罗某的居住地沿途有21间药店。证人付某、罗某某确认与罗某是老乡关系，2017年年初由罗某某介绍罗某到付某经营的药房买药。付某还证实，罗某总共在药房买过3次药品，罗某通常是打电话给他拿药的，2017年3月19日当天罗某没有去药房，也没有打电话给他。2017年8月2日，市人社局作出《不予认定工伤决定书》，决定罗某于2017年3月19日19时20分许在小榄镇泰广路某路段受到交通事故伤害后死亡不予认定或者视同工伤。

胡某不服市人社局作出的不予认定工伤决定，向法院提起行政诉讼。

一审法院认为，根据《工伤保险条例》第5条第2款的规定，市人社局具有管理本行政区域内的工伤保险工作的法定职权与职责。《工伤保险条例》第14条规定："职工有下列情形之一的，应当认定为工伤：……（六）在上下班途中，受到非本人主要责任的交通事故或者城市轨道交通、客运轮渡、火车事故伤害的……"《最高人民法院关于审理工伤保险行政案件若干问题的规定》第6条规定："对社会保险行政部门认定下列情形为'上下班途中'的，人民法院应予支持：……（三）从事属于日常工作生活所需要的活动，且在合理时间和合理路线的上下班途中……"本案中，现有证据无法证明罗某下班后是在去药房买药后回家的过程中受到交通事故伤害，证明罗某下班后去药房买药后回家这一事实的证据，只有罗某的儿子罗乙和妻子胡某的证词。胡某与罗乙是罗某的亲属，罗乙对于罗某下班后去向的表述前后不一致，其在调查笔录中提及的“药房”是在小榄镇××路，其先前在询问笔录中提及“泰丰”，“药房”与有“泰丰”名称的商场、中心、道路并不在同一路线上，而胡某的证言是传来证据。因此，在没有其他证据佐证的情况下，单凭罗乙的证言不足以证实罗某下班后是去药房买药后回家的事实。药房位于小榄镇，塑胶公司、罗某的居住地位于东升镇，由塑胶公司到药房并非往返于工作单位和居住地的合理路线途中，罗某到药房要绕过居住地，药房并不是在罗某回家合理的路线上。根据现场调查，从罗某的工作地点到居住地约为5.3公里，沿途有多间药店，药房并非唯一的可以购买到罗某所需药品的药店。可见，本案现有证据无法证实罗某事发当天下班后是从事属于日常工作生活所需要的活动，且在合理路线的上下班途中。市人社局据此认定罗某受到交通事故伤害后死亡不符合《工伤保险条例》第14条规定的应当认定为工伤的情形，也不符合《工伤保险条例》第15条规定的视同工伤的情形，其作出不予认定或者视同工伤的决定，并无不当。胡某提出的撤销市人社局作出的不予认定工伤决定并责令重新作出工伤认定的诉讼请求，无事实和法律依据，判决：驳回胡某的诉讼请求。

胡某不服一审判决，向二审法院提起上诉。胡某认为，1. 根据《工伤保险条例》的规定，职工或其直系亲属认为是工伤的，而用人单位认为不是工伤的，由用人单位承担举证责任①。本案一审中，用人单位没有提供任何证据证明罗某不是工伤，市人社局也无证据证明罗某从事与上下班无关的日常所需的活动，均应当承担举证不力的后果，应认定罗某为工伤。2. 罗某是去买药的路上受到伤害，而一审法院以其不是在去买药回家的过程中受到伤害为由不支持认定工伤，属于认定事实不清。3. “上下班途中”应当理解为职工在合理时间内，为上下班而往返于住处和工作单位之间的合理路径之中。职工选择什么样的路线，该路线是否为最近的路线，均不影响对“上下班途中”的认定。一审法院以事故发生在不固定上下班路径为由，认可行政机关及用人单位限定职工选择路径，不符合法律规定。

二审法院认为，本案中双方争议的焦点是：罗某是否属于在“上下班途中”受到交通事故伤害。对《工伤保险条例》第14条第6项中的“上下班途中”应当作出全面、正确的理解。“上下班途中”，原则上是指职工为了上下班而往返于住处和工作单位之间的合理路径之中，对“上下班途中”的认定至少应考虑以下三个要素：一是目的要素，即以上下班为目的；二是时间要素，即上下班时间是否合理；三是空间要素，即往返于工作地点和居住地的路线是否合理。本案中，罗某受伤害的地点属于往返于

① 现行《工伤保险条例》第19条第2款规定，职工或者其近亲属认为是工伤，用人单位不认为是工伤的，由用人单位承担举证责任。

住处和工作单位间的绕道路程中，因此，胡某应证明该绕道行为的合理性，从而认定绕道路程在空间上仍属于合理路线的“上下班途中”。胡某虽主张罗某是绕道去药房买药，但现有证据不足以证明这一事实，因而不能确认罗某绕道路线的合理性，不能认定罗某受到事故伤害是在“上下班途中”，亦即罗某不符合《工伤保险条例》第14条第6项规定的认定工伤的条件。胡某所称一审法院未查清事实的主张不能成立。至于胡某所称的举证责任问题，因现有证据不支持罗某系在“上下班途中”受到伤害，对胡某提出由用人单位和市人社局承担举证不力后果的主张不予支持。一审判决认定事实清楚，适用法律正确，予以维持。判决：驳回上诉，维持原判。

胡某不服，向广东省高级人民法院申请再审。

再审法院认为，再审审查的焦点为罗某是否属于在“上下班途中”遭受交通事故伤害。《最高人民法院关于审理工伤保险行政案件若干问题的规定》第6条规定：“对社会保险行政部门认定下列情形为‘上下班途中’的，人民法院应予支持：……（三）从事属于日常工作生活所需要的活动，且在合理时间和合理路线的上下班途中……”本案中，胡某主张罗某是绕道去药房买药，具有合理性和必需性。首先，根据原审查明的事实，没有直接证据证明罗某下班后是去药房买药。其子罗乙在2017年3月22日，即事故三天后交警大队的询问笔录中称其父亲“去泰丰办点事”，而7月罗乙在市人社局的调查笔录中称其父亲曾说要去药房买完药才回家吃饭，前后不一致，而且与“泰丰”这一名称有关的地点与药房都不在同一路线上。因此，其证言与其他证据结合，不足以证明罗某下班后是去药房买药。其次，罗某的工作单位及居住地在东升镇，药房在小榄镇，罗某从工作单位去药房需绕过居住地，且沿途还有多家药店售卖其所需药物，可见药房并不在其下班的合理路线上，据现有证据不能确认其绕道具有合理性。因此，本案没有充分证据证明罗某发生交通事故时在从事属于日常工作生活所需要的活动，且在合理路线的上下班途中。一、二审法院的判决并无不当。胡某的再审申请不符合《中华人民共和国行政诉讼法》第91条规定的情形。裁定：驳回胡某的再审申请。

本案中，罗某下班后在路上发生交通事故受到伤害，判断其是否属于“上下班途中”是认定工伤的关键。根据胡某的主张，罗某下班后是绕道去药房买药，而其子罗乙的说法是罗某去“泰丰办点事”，并不一致，且药房位于小榄镇，塑胶公司、罗某的居住地位于东升镇，罗某到药房要绕过居住地，药房并不在罗某回家的合理路线上。另外，从工作地点到居所地沿途有多间药店，药房并非唯一的可以购买到罗某所需药品的药店。因此，综合上述情形，不能认定罗某事发当天下班后是从事属于日常工作生活所需要的活动，且在合理路线的上下班途中，其受到交通事故伤害不符合《工伤保险条例》规定的认定工伤的情形，市人社局对此作出不予认定工伤决定是正确的。

2. 上下班途中的时间是否合理

上下班途中的时间不仅涉及职工正常工作、加班加点的时间，而且还涉及迟到、早到、迟退、早退等问题。笔者认为，在法律法规、司法解释以及人社部门的规章中都没有对合理的上下班时间作出明确规定的情况下，工伤认定时应当根据具体原因，进行客观理性分析，综合确定上下班途中的时间是否合理，只要有正当理由的，一般均属于合理范围，不应过分苛求，以切实保护职工的合法权益。

案例44①

邓某系某物业公司员工，从事保安工作。2015年12月28日7时20分许，邓某骑电动自行车行驶至某路口时发生交通事故，致其当场死亡。经交警部门认定，邓某不承担事故责任。

2016年4月29日，邓某之父邓甲向某区人社局提出工伤认定申请，要求对其儿子邓某于2015年12月28日发生的事故进行工伤认定。区人社局于2016年5月11日依法予以受理，经核实，于7月8日作出认定工伤决定书，认定邓某受到的事故伤害符合《工伤保险条例》第14条第6项、《上海市工伤保险实施办法》（上海市人民政府令第93号）第14条第6项之规定，属于工伤认定范围，予以认定为工伤。

物业公司不服区人社局作出的认定工伤决定，向法院提起行政诉讼。

一审法院认为，根据《工伤保险条例》第5条第2款之规定，区人社局作为本区工伤保险工作的主管部门，具有对其行政区域内从业人员进行工伤认定的主体资格。区人社局在收到邓甲的工伤认定申请后，经调查，作出认定工伤决定，并送达物业公司及邓甲，执法程序合法。本案争议的焦点是邓某于2015年12月28日7时20分发生的交通事故是否属于上班途中。物业公司主张根据排班表显示，事发当日邓某休息，且邓某的上班时间为6时，而事故发生时间为7时20分，并非合理的上班时间，故邓某发生事故时，并非在上班途中。区人社局认为，事故发生时，邓某的工作职责为验房并非保安，且其班次由夜班换为白班，从对贾某的调查笔录中反映，验房工作由邓某自行安排，自行安排的含义应当包括验房顺序和时间两方面的安排，因此物业公司提供的排班表不能证明邓某在事发当日休息的事实；且在事故发生时，验房工作尚未完成，结合区人社局的调查笔录，足以证实邓某在事发当日处于上班途中的事实。一审法院认为，根据《工伤保险条例》第14条第6项的规定，职工在上下班途中，受到非本人主要责任的交通事故或者城市轨道交通、客运轮渡、火车事故伤害的，应当认定为工伤。《最高人民法院关于审理工伤保险行政案件若干问题的规定》第6条第1项规定，“上下班途中”系在合理时间内往返于工作地与住所地、经常居住地、单位宿

---

① 案号：(2018）沪行申361号。

舍的合理路线的上下班途中。根据道路交通事故责任认定书及现场图，事发地点距离物业公司不远，邓某的行驶方向与物业公司地址一致，属于合理路线。对于事发当日是否属于邓某的工作日，物业公司在区人社局调查时予以否认，并提供了排班表和考勤表。在区人社局对贾某等人的调查中，均反映根据排班表，邓某在事发当日应当休息，且负责邓某验房工作安排的贾某的笔录中反映其没有要求邓某加班的情形，仅在区人社局对邓某的侄子许某的调查笔录中反映事发当日邓某系因物业公司安排“交房”而推迟了上班时间。区人社局对贾某、陈某、张某、王某、刘某制作的调查笔录均反映上白班的保安的工作时间为6时至18时，且上班时需提前15分钟到岗报到。在贾某和陈某的笔录中，反映从事验房工作的保安应当到岗报到后在上班时间验房。前述内容与区人社局在对许某的调查笔录中其反映“平时伯伯都是早上5点多就出门上班”的内容相印证，能够证实邓某的上班时间为6时。在对许某和贾某的调查笔录中均反映，邓某从居住地至物业公司处需要约半个小时，而事故发生于7时20分左右，距离上班时间相差近一个半小时，故区人社局提供的证据无法证明邓某在事发当时是处于上班的合理时间。综上，邓某发生交通事故被认定工伤缺乏“上班”要素，且也有违上班时间“合理”之要素。因此，区人社局作出的认定工伤决定书，主要证据不足，认定事实不清，应予撤销。判决撤销区人社局作出的认定工伤决定书。

邓甲不服一审判决，向二审法院提起上诉。

二审法院认为，本案中，物业公司在工伤认定程序中向区人社局提供了排班表、考勤表，用以证明2015年12月28日是邓某的休息日。区人社局向一审法院提供的对贾某、张某、王某、刘某、陈某、许某等人制作的调查笔录均无法直接证明事发当日系邓某的工作日，故区人社局将邓某2015年12月28日7时20分许发生交通事故所受伤害认定为工伤，主要证据不足，依法应予撤销。一审判决并无不当，应予维持。判决：驳回上诉，维持原判。

邓甲不服二审判决，向上海市高级人民法院申请再审。

再审法院认为，根据道路交通事故责任认定书及现场图，事发地点距离物业公司不远，邓某的行驶方向与该公司地址一致，属于合理路线。但对于事发当日是否属于邓某的工作日，物业公司在区人社局调查时予以否认，并提供了排班表和考勤表。在区人社局对贾某等人的调查中，均反映根据排班表，邓某在事发当日应当休息，且负责邓某验房工作安排的贾某的笔录中反映其没有要求邓某加班的情形，仅在区人社局对邓某的侄子许某的调查笔录中反映事发当日邓某系因物业公司安排“交房”而推迟了上班时间。区人社局对贾某、陈某、张某、王某、刘某制作的调查笔录均反映上白班的保安的工作时间为6时至18时，且上班时需提前15分钟到岗报到。在贾某和陈某的笔录中，反映从事验房工作的保安应当到岗报到后在上班时间验房。前述内容与区人社局在对许某的调查笔录中其反映“平时伯伯都是早上5点多就出门上班”的内容相印证，能够证实邓某的上班时间为 6 时。在对许某和贾某的调查笔录中均反映，邓某从居住地至物业公司处需要约半个小时，而事故发生于 7 时 20 分左右，距离上班时间相差近一个半小时，故区人社局提供的证据无法证明邓某在事发当时是处于上班的合理时间。因邓某发生交通事故被认定工伤缺乏“上班”要素，且也有违上班时间“合理”之要素，区人社局作出工伤认定，主要证据不足，原审法院判决撤销被诉工伤认定并无不当。邓甲的再审申请不符合《中华人民共和国行政诉讼法》第 91 条第 3 项规定的情形。裁定：驳回邓甲的再审申请。

本案中，邓某发生交通事故时处于上下班合理路线中，但是根据区人社局的调查核实以及物业公司提交的证据，证明根据排班表，邓某在事发当日应当休息，没有要求其加班的情形，物业公司上白班的保安的工作时间为 6 时至 18 时，且上班时需提前 15 分钟到岗报到，报到后在上班时间验房。邓某从居住地至物业公司需要约半个小时，而事故发生于 7 时 20 分左右，距离上班时间相差近一个半小时，无法认定邓某在事发当时是处于上班的合理时间。因此，区人社局对邓某受到的伤害作出工伤认定，主要证据不足，法院予以撤销。

案例 45[①]

自 2017 年 5 月 1 日，付某到某新材料公司上班，在车间从事包装工作，上班期间工作 1 小时后休息 30 分钟，然后再继续工作。2018 年 5 月 18 日，付某骑电瓶车上班，将电瓶车停放在新材料公司搭建的车棚内并给电瓶车充电。12 时许，因打雷下雨，付某到车棚内拔电瓶车的充电器。此时，新材料公司职工时某也开着拉货的电动三轮车到车棚拔充电器，付某就搭乘时某驾驶的电动三轮车返回车间上班，途中不慎从车上摔下，造成右枕部头皮裂伤、右枕部头皮血肿、右侧胫骨平台骨折、右膝部软组织挫伤。

2017 年 6 月 11 日，新材料公司及付某向某县人社局提出工伤认定申请，申请对付某受到的伤害予以认定工伤。同年 7 月 17 日，县人社局作出不予认定工伤决定，认为付某拔插电源线的行为不属于其工作范畴，搭乘车辆回车间的行为也与其工作原因无关，付某受到的伤害不符合《工伤保险条例》第 14 条、第 15 条规定的认定工伤的情形，不予认定为工伤。

付某不服县人社局作出的不予认定工伤决定，向法院提起行政诉讼。

一审法院认为，《工伤保险条例》第 5 条第 2 款规定：“县级以上地方各级人民政府社会保险行政部门负责本行政区域内的工伤保险工作。”因此，县人社局负有工伤认定的法定职责。《工伤保险条例》第 14 条第 1 项规定：“职工有下列情形之一的，

---

① 案号：(2020) 赣行申 100 号。

应当认定为工伤：（一）在工作时间和工作场所内，因工作原因受到事故伤害的。”付某系新材料公司职工，骑电瓶车上班，因天气原因到车棚拔电瓶车充电器，然后搭乘新材料公司拉货电动车到车间上班，途中从车上摔下受伤，应当认定付某受伤符合上述工伤认定的规定，县人社局对付某受伤作出不予认定工伤的决定，明显不当，应予撤销。判决：撤销县人社局作出的不予认定工伤决定，责令县人社局对付某受伤认定重新作出行政行为。

新材料公司不服一审判决，向二审法院提起上诉，认为一审法院认定事实不清，适用法律错误。付某是新材料公司包装车间的员工，岗位是包装工，上班时间为上12小时休息24小时，工作期间上线1小时轮休30分钟。2018年5月18日12时左右，本应继续在线上工作的付某，擅自离开工作岗位，到离车间约600米的摩托车库（棚）拔电动车充电器，在返回时站乘在禁止乘坐的拉棉三轮电动车上（车厢无挡板、无栏杆），车子行驶到堆放尿素的库房时从车上摔下，造成伤害。首先，付某受伤不是因工作原因，也未发生在她所在的工作场所。付某擅自离开工作岗位去拔充电器是个人行为，拔充电器的时间是在岗操作时间，不是轮到她休息和吃饭的时间，流水线生产24小时不能间断，吃饭时间轮流安排。而付某未经允许，脱岗做私事。其次，上下班不须用自己的电瓶车上下班，电瓶车不是付某上下班的唯一工具。付某是住宿在公司宿舍的员工，凡住宿在公司宿舍的员工平时上下班都由公司专用通勤车负责接送。退一步来说，就算电瓶车是付某上下班的必备工具，电瓶车的充电器坏了并不影响电瓶车骑行使用，就为自己的一个充电器宁肯放弃手上的工作是不负责任的行为。最后，公司的停车棚主要是为不在公司住宿的职工安排放电瓶车的地方，安装了空气开关，遇接触不良能自动切断电源，也不需要自己去处理。付某拔充电器不是工作时间前后（工作时间为7点至19点）在工作场所内做任何准备性工作和收尾性工作，发生事故不是在工作场所，受伤的主要原因是本人违反国家法规和用人单位的规章制度所致。付某违反了《中华人民共和国道路交通安全法》第2条、第50条和公司有关规章制度，尤其是车辆安全管理规定，站乘在禁止乘坐的拉棉车（存在安全隐患，公司明文规定各种生产用车辆禁止载人），从主观上故意置国家法律和单位制度于不顾，将自身置于可以预见，也可以避免的危险境地。《中华人民共和国劳动法》第3条第2款规定“劳动者应……执行劳动安全生产规程，遵守劳动纪律和职业道德”，根据《中华人民共和国安全生产法》第54条①的规定，从业人员在作业过程中，应当严格遵守本

---

① 该法已根据2021年6月10日第十三届全国人民代表大会常务委员会第二十九次会议《关于修改〈中华人民共和国安全生产法〉的决定》修正，该修正自2021年9月1日起施行。该第54条修改为第57条，内容修改为：从业人员在作业过程中，应当严格落实岗位安全责任，遵守本单位的安全生产规章制度和操作规程，服从管理，正确佩戴和使用劳动防护用品。

单位的安全生产规章制度和操作规程，服从管理，正确佩戴和使用劳动防护用品。付某有违反上述法规和严重违反企业明文规定、严格禁止的行为，造成自身伤害理应承担后果。本案中，付某若被认定为工伤，获得用人单位工伤赔偿待遇，势必助长员工违法、违规的行为，为企业管理增加相当大的难度和经济负担，对企业是不公平的。综上所述，付某受伤不符合《工伤保险条例》第14条第1项、第2项、第3项、第6项规定的工伤认定情形，且有严重的违规行为，于法、于理都不符合认定工伤条件。请求二审法院依法审理，撤销一审判决，支持县人社局作出的不予认定工伤决定。

二审法院认为，根据《工伤保险条例》第14条的规定，职工在工作时间和工作场所内，因工作原因受到事故伤害的，应当认定为工伤。虽然新材料公司主张付某属擅自离岗，且其拔电源线和搭乘拉棉车的行为均与工作原因无关，因此该受伤情形不符合上述规定。但根据《工伤保险条例》第1条规定，“为了保障因工作遭受事故伤害或者患职业病的职工获得医疗救济和经济补偿，促进工伤预防和职业康复，分散用人单位的工伤风险，制定本条例”，其体现了对受伤职工给予救治和经济补偿的人文关怀。即使付某未经批准擅自离岗，但其过错并不属于极其不合理的，其搭乘拉棉车亦是为了回车间继续工作，其受伤与工作具有一定的因果关系。至于新材料公司主张的付某违反劳动纪律和规章制度，属于应受到劳动纪律和规章制度处理的范畴，但原则上不影响工伤认定。综上，付某符合《工伤保险条例》第14条规定的在工作时间、工作场所内，因工作原因受到事故伤害的情形。一审法院认定事实清楚，适用法律正确，处理适当，应予维持。判决：驳回上诉，维持原判。

新材料公司不服二审判决，向江西省高级人民法院申请再审。

再审法院认为，本案的争议焦点是付某受伤是否符合工伤认定标准。通常来讲，工作时间一般为正常上班时间。工作场所，参照《职业安全和卫生及工作环境公约》第3条的内容，是指工人因工作而需在场或前往、并在雇主直接或间接控制之下的一切地点。原国家安全生产监督管理总局发布的《工作场所职业卫生监督管理规定》①第58条规定，本规定“工作场所”是指劳动者进行职业活动的所有地点，包括建设单位施工场所。通常来讲，工作场所包括职工从事职业活动的日常工作所在场所以及接受单位领导临时指派所从事工作的场所等。工作原因是指职工伤害是因工作所造成的，可以扩展到与工作有关的情形。本案中，付某在新材料公司主要从事包装工作，工作时间为每天7点至19点。2018年5月18日，付某骑电瓶车上班，于12时许因天气原因到新材料公司车棚内拔电瓶车充电器，然后搭乘同事的拉货电动车返回车间上班，途中从车上摔下受伤。付某受伤时间正处在正常工作时间，受伤地点位于从车棚

---

① 该规定已于2021年2月1日废止，新规定为《工作场所职业卫生管理规定》（国家卫生健康委员会令第5号），该条相应内容为第57条。

到工作车间的路上，属于厂区范围内的合理区域，也就是日常工作所在场所。付某在车棚内拔完电瓶车充电器后，其搭乘拉货电动车亦是为了能尽快返回车间的工作岗位继续工作，其受伤与履行工作职责具有一定的关联性。此外，虽然付某当天离开工作岗位前未向所在班组的班长和车间主任请假，违反了车间的劳动纪律和企业的规章制度，属于应受到劳动纪律和规章制度处理的范畴，不属于不得认定为工伤的情形。因此，付某符合《工伤保险条例》第 14 条第 1 项规定的应当认定为工伤的情形，原一、二审判决认定事实清楚，适用法律正确，处理适当，应予维持。裁定：驳回新材料公司的再审申请。

本案中，新材料公司虽然不认可付某所受伤害属于工伤，但并未提交相应证据予以证明，结合付某受伤时处于从车棚到工作车间的路上，属于工作场所的合理延伸，在其工作时间范围内，其搭乘拉货电动车亦是为了能尽快返回车间的工作岗位继续工作，其受伤与履行工作职责具有一定的关联性。从《工伤保险条例》"保障因工作遭受事故伤害或者患职业病的职工获得医疗救济和经济补偿"的立法本意出发，应当认定为工伤。县人社局认为付某所受伤害与工作原因无关不妥，其作出不予认定工伤决定是错误的。一、二审法院判决撤销该决定，责令其重新作出行政行为具有事实根据和法律依据，是正确的。再审法院对此予以认定，并驳回了新材料公司的再审申请。

3. 上下班途中的目的是否合理

在工伤认定中，对上下班途中的判断，一个重要因素是要考虑职工是否以上下班为目的，这是判断上下班途中的核心。职工因故偏离正常的上下班路线（如临时朋友聚会、顺便到学校接送孩子、购物等）是否可以认定为上下班途中，主要看其是否有正当理由，亦即职工在上下班途中从事其他活动，是否属于职工日常工作生活所需要，这可以根据一般社会生活经验及社会情理等综合考虑。

案例 46[①]

陈某系某化工公司司炉工。2019 年 1 月 1 日下午 6 时 55 分许，陈某骑电动自行车从化工公司提前下班回家途中，行驶到某村口与一辆机动车发生事故，造成陈某受伤。交警部门出具的道路交通事故认定书确认陈某承担事故的次要责任。

2019 年 7 月 4 日，陈某向某区人社局提交工伤认定申请材料，要求对其进行工伤认定。区人社局经审核于当日受理，并依法进行调查。在调查过程中，区人社局依法向化工公司送达了工伤认定举证通知书，化工公司收到后向区人社局提交了关于陈某因交通事故受伤不认定工伤的相关证据。区人社局对陈某提出的申请材料及化工公司提供的证据进行审查后，于 2019 年 8 月 27 日，依据《工伤保险条例》第 14 条第 6 项

① 案号：（2021）津行申 80 号。

之规定作出认定工伤决定书，认定陈某因交通事故受到的事故伤害符合《工伤保险条例》第14条第6项之规定，属于工伤认定范围，予以认定为工伤。

化工公司不服区人社局作出的工伤认定决定，向法院提起行政诉讼。

一审法院认为，依据《工伤保险条例》第5条、《天津市工伤保险若干规定》第3条的规定，区人社局具有对陈某作出工伤认定的行政主体资格和职权。区人社局认定陈某从化工公司提前下班，回家途中发生非本人主要责任的交通事故，所造成的伤情认定工伤符合《工伤保险条例》第14条第6项之规定。区人社局在工伤认定过程中，履行了受理、调查、认定、送达等法定程序，作出的认定工伤决定书，事实清楚，适用法律正确，程序合法。化工公司认为陈某未履行化工公司的考勤管理制度，提前离岗，不应认定为下班的合理时间的理由不能成立。判决：驳回化工公司的诉讼请求。

化工公司不服一审判决，向二审法院提起上诉。化工公司认为，区人社局未按照《工伤认定办法》的规定要求陈某提交劳动关系证明就作出受理决定，构成程序违法。陈某作为化工公司重要安全岗位的工作人员，违反公司管理制度，未履行正常请假手续，提前40分钟擅离岗位，并不属于在合理时间上下班，区人社局认定其受伤为工伤缺乏依据。陈某作为重要安全岗位的工作人员擅离岗位，是对化工公司利益的损害。一审判决支持陈某认定工伤的决定，让化工公司承担陈某有害行为带来的风险，而陈某因自身过错和损害公司利益的行为反而获益，显然对化工公司严重不公平。

二审期间，化工公司向法院提交关于给予司炉工陈某擅自脱岗的处罚决定，用以证明陈某严重违反工作纪律。陈某、区人社局认为化工公司提供的该证据不属于新证据，并对证据的真实性、合法性及关联性均提出异议，认为不能达到化工公司的证明目的。二审法院经审查认为，该证据材料不属于新证据，不予采纳。

二审法院认为，本案的争议焦点为：一、陈某受到的事故伤害是否属于工伤；二、区人社局作出认定工伤决定是否程序违法，是否应予撤销。

关于第一个争议焦点，根据《工伤保险条例》第14条第6项的规定，职工有下列情形之一的，应当认定为工伤：……（六）在上下班途中，受到非本人主要责任的交通事故或者城市轨道交通、客运轮渡、火车事故伤害的。区人社局所举证据能够证实，陈某系在下班途中受到交通事故伤害，且陈某承担事故次要责任。据此，区人社局依据上述规定作出被诉认定工伤决定书，认定事实清楚，证据确实充分，适用法律正确。关于化工公司提出的陈某提前40分钟离开工作岗位、不应认定工伤的主张，二审法院认为，结合《最高人民法院关于审理工伤保险行政案件若干问题的规定》第6条对"上下班途中"情形的列举式规定可知，"上下班"是用于限定"途中"的目的和原因，所强调的重点是"途中"。只要职工是为了开始或结束工作而往返于单位和住处即可，时间因素原则上不应受到提前或推迟的影响，适当的早于或迟于规定的上下班时间，都属于合理时间的范畴。化工公司并不否认交通事故发生在陈某下班回家的路途中，所持异议的是陈某因早退而不应认定工伤。陈某是否构成早退，涉及职工是否违反公司的考勤纪律以及由此产生的公司职工管理等问题，但是不因此改变“下班途中”的基本属性，亦不影响陈某的事故伤害属于工伤的认定。况且，根据《工伤保险条例》第19条第2款“职工或者其近亲属认为是工伤，用人单位不认为是工伤的，由用人单位承担举证责任”的规定，化工公司认为陈某不属于工伤，应当承担举证责任，但化工公司所举证据亦不能证实其主张。因此，化工公司的该项主张不能成立，法院不予支持。

关于第二个争议焦点。按照《工伤保险条例》第18条第1款和《工伤认定办法》第6条的规定，提出工伤认定申请，应当提交与用人单位存在劳动关系的证明材料及医疗机构出具的受伤诊断证明书。按照《工伤保险条例》第18条第3款和《工伤认定办法》第8条的规定，工伤认定申请人提供材料不完整的，社会保险行政部门应当一次性书面告知工伤认定申请人需要补正的全部材料。申请人按照书面告知要求补正材料后，社会保险行政部门应当受理。本案中，陈某于2019年7月4日向区人社局提出工伤认定申请，并提交了家属自述受伤经过、道路交通事故认定书、交通事故路线图，以及医院病历资料等证据材料，区人社局于当日决定受理。陈某的申请材料中欠缺有关劳动关系情况的证明材料，区人社局在未要求陈某予以补正的情况下作出受理决定不妥。但涉案工伤认定申请表已填写陈某系化工公司的司炉工等信息，化工公司则在区人社局的调查程序中亦明确认可陈某系该公司员工，其所提交的证据均用以证明陈某不应认定工伤，而未曾就劳动关系或受理程序提出异议，故化工公司主张的程序问题并未影响化工公司和陈某的合法权益，亦不违反《工伤认定办法》第3条“工伤认定应当客观公正、简捷方便”的要求，不足以导致被诉认定工伤决定被撤销或确认违法。化工公司的该项主张不能成立，亦不予支持。一审判决驳回化工公司的诉讼请求正确，应予维持。判决：驳回上诉，维持原判。

化工公司不服二审判决，向天津市高级人民法院申请再审。化工公司再审称：1. 区人社局并未依法要求陈某提交劳动合同文本复印件或其他建立劳动关系的有效证明，就作出受理决定，程序违法。2. 陈某提前40分钟离岗，属于擅自脱岗，不属于在合理上下班时间，不应认定为工伤，而且其应当为擅自脱岗已造成化工公司在采取积极措施后仍停产2小时和可能产生的严重后果负责。请求对本案再审，撤销两审判决，依法改判或发回重审。

再审法院认为，《工伤保险条例》第14条第6项规定：“职工有下列情形之一的，应当认定为工伤：……（六）在上下班途中，受到非本人主要责任的交通事故或者城市轨道交通、客运轮渡、火车事故伤害的……”本案在案证据能够证实，陈某系在下班途中受到交通事故伤害，且承担次要责任。据此，区人社局作出被诉认定工伤决定正确。化工公司申请再审提出的事实和理由与其上诉时提出的事实和理由一致，对此，二审法院已经作出详细阐述，认定事实清楚，适用法律正确。化工公司虽然主张陈某提前40分钟离岗，但其并不否认交通事故发生在陈某下班回家途中，对陈某“下班回家”的目的没有异议，且陈某下班在合理时间范围内，不影响“下班途中”所受事故伤害属于工伤的认定。至于陈某是否构成早退及是否应当从公司管理的角度追究其相应责任，则另当别论。故化工公司的再审申请不符合《中华人民共和国行政诉讼法》第91条规定的情形，裁定：驳回化工公司的再审申请。

本案中，区人社局在对陈某进行工伤认定时，对陈某的申请材料中欠缺有关劳动关系情况的证明材料未要求陈某予以补正，即作出受理决定，不符合《工伤认定办法》第6条规定的关于提交“劳动、聘用合同文本复印件或者与用人单位存在劳动关系（包括事实劳动关系）、人事关系的其他证明材料”的要求，确有不妥。但是化工公司在区人社局调查认定工伤程序中并未否认与陈某的劳动关系，认可陈某是化工公司重要安全岗位的工作人员，因此，该程序瑕疵对化工公司和陈某的合法权益未造成不利影响，不足以导致区人社局作出的认定工伤决定被撤销或确认违法。陈某虽然提前40分钟离岗，但其离岗的目的是“下班”，在下班回家途中发生交通事故受到伤害，且不承担主要责任，符合《工伤保险条例》第14条第6项规定的认定工伤的情形。因此，区人社局对陈某受到的伤害作出认定工伤决定，认定事实清楚，适用法律正确，该决定是正确的。一、二审法院和再审法院对此予以认定并驳回化工公司的诉讼请求是正确的。

（四）单方交通事故能否认定为工伤

《工伤保险条例》第14条第6项规定，职工在上下班途中，受到非本人主要责任的交通事故或者城市轨道交通、客运轮渡、火车事故伤害的，应当认定为工伤。根据《人力资源社会保障部关于执行〈工伤保险条例〉若干问题的意见》（人社部发〔2013〕34号）第2条规定，《工伤保险条例》第14条第6项规定的“非本人主要责任”的认定，应当以有关机关出具的法律文书或者人民法院的生效裁决为依据。根据《最高人民法院关于审理工伤保险行政案件若干问题的规定》（法释〔2014〕9号）第1条的规定，在认定是否存在《工伤保险条例》第14条第6项的“本人主要责任”情形时，应当以有权机构出具的事故责任认定书、结论性意见和人民法院生效裁判等法律文书为依据，但有相反证据足以推翻事故责任认定书和结论性意见的除外；前述法律文书不存在或者内容不明确，社会保险行政部门就前款事实作出认定的，人民法院应当结合其提供的相关证据依法进行审查。

关于交通事故责任的认定，《中华人民共和国道路交通安全法实施条例》第91条规定，公安机关交通管理部门应当根据交通事故当事人的行为对发生交通事故所起的作用以及过错的严重程度，确定当事人的责任。对于单方交通事故，不存在事故相对方，在不存在有权机构出具的事故责任认定书、结论性意见和人民法院生效裁判等法律文书的情况下，应当根据交警部门出具的道路交通事故证明、道路交通事故车辆技术检验报告、事故现场照片、证人证言等证据材料，综合判断职工受伤是否符合《工伤保险条例》第14条第6项中所规定的“非本人主要责任”的情形，从而正确作出是否为工伤的认定。

案例47①

崔某系某工程公司职工。2017年10月30日18时30分许，崔某骑电动车下班回家，行驶至某路段时，因操作不当摔入道路北侧沟内。2017年11月12日，某市公安交通警察大队事故科出具证明，内容为：“2017年10月30日18时30分许，崔某，男……经崔某家属书面文字材料报案至我单位及询问见证人牛某，证明崔某在某路段因操作不当驾驶二轮电动车摔入道路北侧沟内，造成崔某受伤。特此证明。”

2018年6月1日，崔某之女崔乙就崔某2017年10月30日18时30分许受到的事故伤害向某市人社局提起工伤认定申请。市人社局于2018年6月15日受理后，作出工伤认定举证通知书，告知工程公司如认为崔某受到的伤害不属于工伤，应当在15日内提交证据等。2018年7月20日，市人社局作出不予认定工伤决定书，认为该事故属于单方事故，没有交通事故认定书和相关法律裁判文书对事故责任划分认定，主次责任无法划分，崔某受到的伤害不符合《工伤保险条例》第14条、第15条认定工伤或者视同工伤的情形，决定不予认定或者视同工伤。

崔乙不服市人社局作出的不予认定工伤决定，向法院提起行政诉讼。

一审法院认为，市人社局作为本地区的社会保障行政部门，具有对本地区职工受到的事故伤害是否属于工伤的认定职权。《工伤保险条例》第14条规定：“职工有下列情形之一的，应当认定为工伤：……（六）在上下班途中，受到非本人主要责任的交通事故或者城市轨道交通、客运轮渡、火车事故伤害的……”《最高人民法院关于审理工伤保险行政案件若干问题的规定》第1条第1款规定，“人民法院审理工伤认定行政案件，在认定是否存在《工伤保险条例》第十四条第（六）项‘本人主要责任’、第十六条第（二）项‘醉酒或者吸毒’和第十六条第（三）项‘自残或者自杀’等情形时，应当以有权机构出具的事故责任认定书、结论性意见和人民法院生效裁判等法律文书为依据，但有相反证据足以推翻事故责任认定书和结论性意见的除外”。本案中，崔某虽然是在下班途中发生交通事故，但是崔乙提交的证据不能证实事故系非本人主要责任的交通事故。因此，崔某受到的事故伤害不符合《工伤保险条例》第14条规定的认定工伤的条件。市人社局作出的不予认定工伤决定书，认定事实清楚、适

① 案号：（2019）冀行申764号。

用法律正确、程序合法。崔乙的诉讼请求，没有事实及法律依据，理应予以驳回。判决：驳回崔乙的诉讼请求。

崔乙不服一审判决，向二审法院提起上诉。

二审法院认为，崔某在下班途中发生交通事故，市人社局经过调查，作出不予认定工伤决定书，认定事实清楚，程序合法，适用法律正确。崔乙认为崔某所受事故伤害应认定工伤，根据其提交证据来看，不能证明事故系非崔某主要责任的交通事故，崔乙的上诉请求不予支持。一审判决认定事实清楚，适用法律正确。判决：驳回上诉，维持原判。

崔乙不服二审判决，向河北省高级人民法院申请再审。

再审法院认为，本案中，虽然崔某是在下班途中发生交通事故，但该事故系单方事故，在公安交通管理部门出具证明证实崔某因操作不当驾车摔入路边沟内发生交通事故并受伤，且崔乙提供的证据亦不能证实该事故系非崔某主要责任的交通事故的情况下，市人社局认定崔某所受事故伤害不符合《工伤保险条例》第 14 条、第 15 条规定的认定工伤或者视同工伤的情形，并据此作出不予认定工伤决定，并无不当。一、二审法院判决驳回崔乙的诉讼请求，亦无不妥。崔乙所称原审判决错误分配举证责任及适用法律错误，理据不足，其申请再审的理由不能成立。裁定：驳回崔乙的再审申请。

本案中，崔某在下班途中发生交通事故受到伤害，不存在事故相对方或系由外因所致，属于单方交通事故。根据交警部门出具的证明，该事故系崔某操作不当驾车摔入路边沟中，导致其受伤，且崔乙没有证据证明崔某在本次事故中承担非主要责任，故崔某受伤的情形不符合《工伤保险条例》第 14 条第 6 项的规定，市人社局对其所受伤害不予认定工伤并无不妥。一、二审法院判决驳回崔乙的诉讼请求，认定事实清楚，适用法律正确，判决是正确的，再审法院亦驳回了崔乙的再审申请。

二、突发疾病死亡都能构成工伤吗

《工伤保险条例》第 15 条第 1 款第 1 项规定，职工在工作时间和工作岗位，突发疾病死亡或者在 48 小时之内经抢救无效死亡的，视同工伤。

（一）突发疾病死亡的工伤认定要件

从《工伤保险条例》第 15 条第 1 款第 1 项的规定来看，职工突发疾病死亡或者在 48 小时之内经抢救无效死亡的能够认定工伤，须满足如下几个要件。

1. 在工作时间和工作岗位

《工伤保险条例》第 15 条第 1 款第 1 项规定的工作时间和工作岗位，不局限于日常的工作时间和工作岗位，还包括其他工作时间和工作岗位，如在出差途中的工作时间和工作岗位，与工作有关的准备、收尾工作时间和工作岗位。因工外出期间所涉及的时间和区域如果均为工作时间和工作岗位，不管其发生在何时何地，职工突发疾病死亡或者在48小时之内经抢救无效死亡的，如无充分证据证明是非工作原因的，原则上应当认定视同工伤。

案例48①

井某系某采油厂职工，工作岗位是外协岗，工作的地域范围限于某作业区。2015年8月9日，井某在乘车从家中返回作业区途中突发疾病死亡。采油厂认为井某不符合认定工伤的情形，所以没有提出工伤认定申请。

井某之妻薛某向某省人社厅申请工伤认定。省人社厅作出不予认定工伤决定书。薛某不服，向某省政府申请复议。省政府于2017年6月15日作出行政复议决定书，维持省人社厅作出的不予认定工伤决定书，对薛某的复议申请不予支持。

薛某不服省政府作出的行政复议决定，向法院提起行政诉讼。

一审法院经审理，判决驳回薛某的诉讼请求。

薛某不服一审判决，向二审法院提起上诉。

二审法院经审理，判决驳回薛某的上诉，维持原判。

薛某不服二审判决，向最高人民法院申请再审。薛某认为，二审判决认定事实证据不足，适用法律错误。理由如下：（一）井某是在工作时间内、在工作岗位上突发疾病，在48小时之内经抢救无效死亡，符合《工伤保险条例》第15条第1款第1项规定，属于视同工伤的情形。1. 井某2015年8月9日的工作任务是乘车返回作业区，其乘车行为属于在工作岗位上，但二审法院认定"不属于在工作岗位"属事实认定错误。2. 井某的工作区域和生活区域相距约400公里，因此采油厂将职工往返日计入考勤作为上班时间，合情合理，并形成惯例。这说明井某的工作岗位有两种，一是在作业区的工作岗位，二是在往返途中的工作岗位。乘车行为就是井某8月9日在执行工作任务。二审法院既然认定井某突发疾病死亡是在工作时间内，那么当然有工作任务，有工作任务就有工作岗位。（二）工作时间和工作岗位二者不能分割认定，应当根据单位规定的上班时间和上班地点结合起来认定。1.《工伤保险条例》的立法目的在于保障"因工作遭受事故伤害或者患职业病的职工获得医疗救治和经济补偿"。井某当日是为了采油厂的利益返回作业区，是本职工作，其权利更应当受到保护，认定为工伤完全符合倾斜保护职工权利的立法目的。2.《工伤保险条例》第14条第1项、第2项、第3项认定工伤的法定条件是"工作时间和工作场所"，而第15条认定视同工伤的法定条件是"工作时间和工作岗位"。相对于"工作场所"而言，"工作岗位"强调

① 案号：(2018) 最高法行申10944号。

更多的不是工作的处所和位置，而是履行岗位职责、工作任务。井某乘车返回工作区就是为了完成当天工作任务，应当属于《工伤保险条例》第 15 条规定的“工作时间和工作岗位”。3. 在井某发病和死亡是否发生在工作时间、工作岗位上缺乏相关证据证明、难以确定或证据不足的情况下，根据工伤认定倾向性保护职工合法权益的原则，应当作出有利于职工的肯定性事实推定，而非否定性的事实认定。（三）井某在工作区域的工作岗位是外协员，日常工作职责是负责协调采油厂与当地群众之间的关系。薛某已向采油厂提交李某的证人证言，证明井某于 8 月 9 日上午在医院同李某进行电话联系，沟通外协遗留问题。该事实说明井某履行了日常工作职责和任务，井某在医院的此行为也应属于工作岗位的合理延伸，二审法院对薛某上诉时提出的上述事实未作认定。

再审法院认为，本案的主要争议焦点是井某的死亡是否应当认定为工伤。井某因在上班途中突发疾病死亡，而非受到“非本人主要责任的交通事故或者城市轨道交通、客运轮渡、火车事故伤害”，故井某的死亡不符合《工伤保险条例》第 14 条的规定。该条例第 15 条规定：“职工有下列情形之一的，视同工伤：（一）在工作时间和工作岗位，突发疾病死亡或者在 48 小时之内经抢救无效死亡的……”该条文规定的“视同工伤”的三种情形，是对第 14 条“应当认定工伤情形”的补充规定，视同工伤不要求必须是工作原因导致的伤害，而是基于社会公共利益或者公平正义的原则，对职工的一种倾斜性保护，给予职工以工伤保险待遇。对视同工伤应当严格按照法律规定执行，对工作时间和工作岗位不宜再作扩大解释。对因突发疾病死亡视同工伤的认定，必须同时具备工作时间、工作岗位和在 48 小时之内经抢救无效死亡三个条件，缺一不可。本案中，双方争议较大的是，关于乘车途中是否等同于在工作岗位的问题。“工作岗位”通常理解为职工日常履行工作职责所在的岗位或受本单位领导指派其从事工作的岗位。由于“视同工伤情形”的认定是对“应当认定工伤情形”的扩充，因此对“工作岗位”只能从立法本意出发，按照普通人的一般理解进行判断，而不宜再作延伸、扩充解释。井某生前的工作职责是协调处理采油厂与当地群众之间的关系，保证采油厂正常的生产秩序，其工作岗位应在采油厂作业区内或者在作业区所在县的相关工作区域内。在岗的前提是到岗，井某在 2015 年 8 月 9 日既未到达采油厂岗位，也未到达其负责外联工作的区域之内的岗位。而薛某将上班乘车途中等同于工作岗位的理由属于对《工伤保险条例》第 15 条第 1 款第 1 项“工作岗位”的扩大解释，没有事实依据，不予采纳。因井某不属于在工作岗位上突发疾病死亡，不符合《工伤保险条例》第 15 条第 1 款第 1 项规定的情形。因此，省人社厅作出的不予认定工伤决定书和省政府作出的行政复议决定书并无不当。二审法院作出维持一审判决，驳回薛某诉讼请求的判决，亦无不当。薛某的再审申请不符合《中华人民共和国行政诉讼法》第 91 条规定的情形。裁定：驳回薛某的再审申请。

职工突发疾病死亡或者在48小时之内经抢救无效死亡，能够被认定为工伤的前提必须是在工作时间和工作岗位。本案中，省人社厅经调查核实，井某是在上班途中突发疾病死亡，其情形不符合《工伤保险条例》第14条、第15条规定的认定工伤或者视同工伤的各类情形，因此不能认定为工伤。省人社厅作出不予认定工伤决定是正确的，省政府对此作出行政复议决定予以维持并无不当。因此，一、二审法院和再审法院经审理，也都驳回了薛某的诉讼请求。

2. 突发疾病死亡或者在48小时之内经抢救无效死亡

根据《劳动和社会保障部关于实施〈工伤保险条例〉若干问题的意见》（劳社部函〔2004〕256号）第3条的规定，"突发疾病"包括各类疾病；"48小时"的起算时间，以医疗机构的初次诊断时间作为突发疾病的起算时间。

实践中，对"48小时"的起算时间有不同认识。有人认为，职工在工作时间和工作岗位发生疾病并在48小时内死亡的，即使未经医院抢救，亦可视为工伤。笔者对此持赞同观点。职工在工作时间和工作岗位上突发疾病未经医院抢救是有其合理理由的：一是要求职工一有病就去医院不符合实际；二是职工往往缺乏医学知识和对病情的严重与否不能作出正确判断，未及时选择治疗而选择请假休息也是情有可原的；三是由于个人身体素质不同，疾病的表现严重程度也不同，要求职工发病后一律去医院救治也不符合实际情况。因此，职工在工作时间和工作岗位突发疾病，无法坚持工作，经请假外出就医、回家休息或者坚持上班，在下班后死亡，死亡时间距离离开单位或者突发疾病时不足48小时的，应当视同工伤。

《工伤保险条例》第15条第1款第1项规定的"突发疾病死亡"，分为两种情况：突发疾病当场死亡和突发疾病在48小时之内经抢救无效死亡。那么，死亡的标准是什么？是以脑死亡为标准，还是以停止呼吸为标准？我国法律法规没有进一步规定。《中华人民共和国民法典》第15条规定："自然人的出生时间和死亡时间，以出生证明、死亡证明记载的时间为准；没有出生证明、死亡证明的，以户籍登记或者其他有效身份登记记载的时间为准。有其他证据足以推翻以上记载时间的，以该证据证明的时间为准。"通说认为，应当以脑死亡作为人死亡的标准，对在48小时内脑死亡，但在48小时后才停止呼吸的应当予以认定工伤。否则，就会出现一个奇怪的现象：如果在48小时之内脑死亡，仅靠呼吸机维持生命者，是放弃治疗还是继续抢救？放弃治疗，能够认定为工伤；继续抢救，一旦超过48小时后抢救无效死亡，就无法认定为工伤。由于我国目前尚未有死亡判断标准的明确立法，故无论医学上采用何种死亡判断标准，均应由医疗卫生机构出具相关的死亡证明，社会保险行政部门以及司法机关并不具有判断自然人死亡的职能。死亡不仅要有标准，而且死亡时间也需要证明。死亡时间应当以医疗机构出具的死亡证明记载的时间为准。作为医疗机构，亲历了对患者的救治过程，其对患者宣布死亡，一般是在死者亲属在场的情况下，通过医疗设备的显示做出宣告，相对更为客观。

案例 49①

周某原系某协警员管理大队员工，被派至某市公安局某派出所从事协警员工作。2017 年 4 月 24 日 14 时许，周某与两名同事外出摸排线索时，感觉胸痛，后一直持续且有所加剧，便与同事返回单位。15 时 20 分许，周某离开单位，并婉拒同事陪同，表示回家取医保卡由家人陪同就医。周某于 16 时返回家中，前胸疼痛一直持续，口服了速效救心丸无缓解，女儿周乙于 16 时 30 分许拨打 120 急救电话。事发当日与周某外出的两名民警出具证人证言，对上述情况予以确认。急救中心院前急救病历显示，2017 年 4 月 24 日 16 时 37 分派诊，16 时 45 分到达，患者主诉心前区疼痛 1.5 小时伴左腿麻木无力，现病史为患者 15 时 30 分左右出现心前区持续性疼痛，无胸闷、憋气、伴左腿麻木无力，自服速效救心丸 12 丸，心前区疼痛无缓解；既往病史为心脏病、高血压。后周某经抢救无效于当日死亡，死亡原因为急性下壁心肌梗死。

2017 年 5 月 9 日，协警员管理大队向某市人社局提出关于周某的工伤认定申请，市人社局于当日向协警员管理大队出具工伤认定申请受理通知书、工伤认定接收证据材料清单、工伤认定申请补正材料告知书。2017 年 6 月 14 日，市人社局作出不予认定工伤决定书。周某之妻王某不服，于 2017 年 6 月 27 日向某市政府提起行政复议。6 月 29 日，市政府作出行政复议受理通知书、提出行政复议答复通知书、第三人参加行政复议通知书，并送达各方。7 月 3 日，市人社局提交了行政复议答复书及相关证据。2017 年 8 月 24 日，市政府作出行政复议延期决定通知书，决定延期至 2017 年 9 月 25 日前作出复议决定。2017 年 9 月 22 日，市政府作出行政复议决定书，维持市人社局作出的不予认定工伤决定书。

王某不服市政府作出的行政复议决定，向法院提起行政诉讼。

一审法院认为，《工伤保险条例》第 15 条第 1 款规定：“职工有下列情形之一的，视同工伤：（一）在工作时间和工作岗位，突发疾病死亡或者在 48 小时之内经抢救无效死亡的……”本案的争议焦点为周某在工作时间和工作岗位感到不适，回家后在家中病重送医经抢救无效死亡，是否符合视同工伤条件。视同工伤不同于《工伤保险条例》第 14 条规定的应当认定为工伤的情形，应严格按照法律规定进行认定，不宜扩大解释，因为《工伤保险条例》的立法目的是保障因工作遭受事故伤害或患职业病的职工获得医疗救治和经济补偿，在工作中突发疾病（在 48 小时之内经抢救无效）死亡，因其可能与工作因素有关，而被法律规定为视同工伤，但其不像一般工伤与工作之间存在直接的、确定的因果关系，故不能再扩大解释。周某虽在工作中感到不适，但其

① 案号：(2019) 鲁行再 63 号。

是离开工作岗位回家后病重被送往医院抢救无效死亡，无法确定周某在工作中感到不适与其死亡存在因果关系，其死亡与工作的联系也就更加无法确认，故不将其认定为视同工伤，符合《工伤保险条例》目前的立法目的。周某的死亡情形不符合《工伤保险条例》第15条第1款第1项的规定，市人社局作出的不予认定工伤决定书认定事实清楚，适用法律正确，程序合法，应当予以维持。市政府行政复议程序合法，予以确认。王某的诉讼请求无法律依据，不予支持。判决：驳回王某的诉讼请求。

王某不服一审判决，向二审法院提起上诉。王某认为，首先，视同工伤的认定理应严格，但非机械，更不能简单字面理解，应全面、正确、符合逻辑地理解法条及立法主旨。其次，有关因果关系认定。一审认为“死者在工作岗位中的不适与死亡结果间的因果关系无法确定”，然一审中已查明死者在工作岗位上感到不适，再根据病历及救治时间轴等证据均能够客观、全面、系统地证明死者从发病到救治到死亡的客观发展规律，即15时30分左右周某感到心前区持续性疼痛，死亡时间为当日19时左右，原因为心肌梗死。再次，一审认为“本案死者其死亡与工作的联系也就更加无法确认”。王某认为，一审的该观点系对《工伤保险条例》第15条第1款的理解错误。因突发疾病的原因存在复杂性，故该条仅明确工作时间和岗位突发疾病，并未要求因工作关系直接导致发病及死亡。一审在该条文适用上存在扩大解释，且不符合立法主旨。最后，山东省高级人民法院关于突发疾病死亡工伤认定的司法观点认为：1. 必须在工作时间和工作岗位。《工伤保险条例》之所以将该种情形视为工伤，是因为职工受到的伤害发生在工作时间和工作岗位，不认定为工伤有悖公平。因此，“突发疾病死亡或者在48小时内经抢救无效死亡”的前提条件是该疾病在工作时间和工作岗位上发生，若是下班之后发生并在48小时之内死亡的，即使疾病产生的原因可能是工作原因，原则上亦不能认定为工伤。反之，如果是在工作时间和工作岗位上发生的疾病，即使该疾病产生的原因不是工作原因，而可能是职工个人身体的原因，亦可以认定为工伤。2. 如何理解“突发疾病”。这里“突发疾病”包括各类疾病，要正确而全面地理解。3. 如何理解“48小时”。职工在工作时间和工作岗位突发疾病，无法坚持工作，经请假外出就医、回家休息时或者坚持上班在下班后死亡，死亡时间距离开单位（一说突发疾病时）不足48小时的，可视同工伤。没有就医的，只要两人以上共同劳动的职工能证明该劳动者在工作时间“突发疾病”，并因此在48小时内死亡的，就应当适用《工伤保险条例》第15条第1款的规定认定为工伤，不苛求职工突发疾病后必须到医院救治。故，该意见从法理上对涉案条款进行了全面、客观、准确的理解，也印证了上诉人的观点。一审据以断案的主要观点即因果论在该意见中被进行了否定，故一审判决结果错误。

二审法院认为，《工伤保险条例》第15条第1款第1项的规定，主要是针对在工作时间、工作岗位上突发疾病，不能坚持工作，需要紧急到医院进行抢救的情况而设定的。如果是在回家之后再到医院治疗，就不属于这一条规定的适用范围。本案中，周某虽在工作时间和工作岗位上感到胸痛并加剧，但其是离开工作岗位自行回家拿医保卡，后因病情进一步加重，由家人拨打120急救电话被送往医院抢救无效死亡。因此，周某的死亡不符合《工伤保险条例》第15条第1款第1项的规定的情形，市人社局作出的不予认定工伤决定书并无不当，市政府作出的行政复议决定正确，依法予以维持。一审法院判决驳回王某的诉讼请求正确，王某的上诉理由不能成立，依法不予支持。判决：驳回上诉，维持原判。

王某不服二审判决，向山东省高级人民法院申请再审。

再审法院认为，工伤认定关系着劳动者及其家人的切身利益和社会公共利益，社会公众关注度高。在现实生活中，由于个案具体情形不同，确有一定的复杂性。无论是社会保险行政机构还是人民法院在具体案情的认定处理，尤其是在维护职工合法权益和保障工伤保险资金安全之间的平衡上，均会面临一定的两难抉择。就本案而言，当事人争议的主要焦点是周某突发疾病死亡应否视同为工伤。根据《工伤保险条例》第15条第1款第1项规定，视同工伤包括两种情形：一是在工作时间、工作岗位上突发疾病死亡；二是在工作时间、工作岗位上突发疾病，在48小时内经抢救无效死亡。由此，视同工伤的关键在于必须是在“工作时间和工作岗位”上突发疾病死亡。本案中，根据一审法院查明的事实，周某与两名同事外出摸排线索时感觉胸痛，后一直持续且有所加剧。当日15时20分许，周某请假离开单位，表示回家取医保卡后由家人陪同就医。在回家半小时左右病情进一步加重，家人拨打120急救电话，周某被送往医院经抢救无效后死亡。从死者单位同事的证人证言及死者的病历等证据，均能够证明周某在工作时间、工作岗位上发病；回家取医保卡，后被送医、抢救、死亡的持续发展进程，也能够证实在其发病至病情加重、最终死亡之间，在时间上具有紧凑性和连贯性，能够认定其是在工作时间和工作岗位上突发疾病，并于48小时内经抢救无效死亡，符合《工伤保险条例》第15条第1款第1项之规定，应当视同为工伤。市人社局主张死者离开工作岗位回家后再到医院就医，无法确定死者在工作岗位上发病与死亡之间的因果关系，也无法确定死亡与工作之间的联系，由此作出不予认定工伤决定。但是周某的两名同事均证明，周某在外出从事公务时感觉胸痛并持续加剧，其回家是为了取医保卡到医院就医。周某在回家的目的上具有合理性、正当性，从回家到就医的时间上也具有合理性。如果仅仅因死者回家取医保卡，无视死者从发病到死亡之间紧密的先后顺序和逻辑联系，简单地把死者是否回家作为不予认定工伤的条件，既有悖于人之常理，也不符合劳动法关于保护劳动者合法权利的基本原则。因此，市人社局的主张缺乏事实根据和法律依据，不符合工伤认定倾向性保护职工合法权益的宗旨，不予支持。市政府作出的行政复议决定亦缺乏事实根据和法律依据，应予纠正。原审法院判决虽认定事实清楚，但适用法律不当。判决：撤销二审判决、撤销一审判决、撤销市政府作出的行政复议决定、撤销市人社局作出的不予认定工伤决定，责令市人社局重新作出工伤认定行政行为。

本案中，市人社局受理关于周某的工伤认定申请后，经调查核实，已经确认周某是在上班时发病，即在工作时间、工作岗位上发病，而且周某请假表示回家取医保卡就医，这一过程具有连续性，虽然周某是在家中被送往医院抢救，但并不能否定其是在工作时间、工作岗位发病的事实。周某从发病到经抢救无效死亡，未超过48小时，符合《工伤保险条例》第15条第1款第1项规定的视同工伤的情形，应当认定为工伤。市人社局作出的不予认定工伤决定、市政府作出的维持不予认定工伤决定的行政复议决定，以及一、二审法院作出的驳回周某之妻王某的诉讼请求的判决，割裂了周某在工作时间和工作岗位发病，回家取医保卡就医及在家中病情加重、被送往医院经抢救无效死亡之间的连续性和病情发展的不可分性，机械地认为周某是在家中病情加重，与工作没有关联性而不予认定工伤，既不符合《工伤保险条例》的立法宗旨，也不符合劳动法律法规关于保护劳动者合法权益的基本原则，是错误的。因而，再审法院对此予以纠正，撤销了上述判决和决定，责令市人社局就周某死亡重新作出工伤认定行政行为。

案例50①

冉某与某劳务公司于2017年12月11日至2017年12月31日存在劳动关系。冉某在劳务公司承接的某建设项目组担任木工。2017年12月21日上午，冉某在工作时出现明显不适症状。12月24日，冉某被送往某医院就诊后住院，确诊为“颅内占位性病变，右额少突胶质细胞瘤”，于12月28日进行手术，后于12月31日死亡。

2018年8月7日，冉某之妻李某向某区人社局提出工伤认定申请，区人社局于8月20日受理，并进行了调查核实，于2018年10月18日作出不予认定工伤决定书，认定冉某于2017年12月21日受到的事故伤害，不符合《工伤保险条例》《上海市工伤保险实施办法》第14条、第15条认定工伤或者视同工伤的情形，决定不予以认定或者视同为工伤。李某收到不予认定工伤决定书后不服，于2018年11月9日向某市人社局申请行政复议。2018年12月7日，区人社局作出文书更正通知书，对不予认定工伤决定书中表述存在的错误予以更正，主要更正内容为：对原文书中两处“受到的事故伤害”更正为“突发疾病后死亡”，将原文书中“2017年12月21日工作时突发疾病导致死亡”更正为“2017年12月21日工作时突发疾病”。市人社局于2019年1月7日作出行政复议延长审理期限通知书。1月14日，市人社局作出行政复议决定书，维持区人社局作出的不予认定工伤决定书。

---

① 案号：(2019) 沪行申1064号。

李某不服市人社局作出的行政复议决定，向法院提起行政诉讼。

一审法院认为，根据《工伤保险条例》第 5 条第 2 款之规定，县级以上地方各级人民政府劳动保障行政部门负责本行政区域的工伤保险工作[①]，故区人社局具有作出被诉决定的法定职权。根据《中华人民共和国行政复议法》第 12 条第 1 款之规定，市人社局具有就区人社局作为被申请人的复议申请事项作出行政复议决定的法定职权。《工伤保险条例》《上海市工伤保险实施办法》第 14 条、第 15 条对单位职工应当认定为工伤或视同工伤的情形作出列举性规定。其中第 15 条第 1 款第 1 项规定，“在工作时间和工作岗位，突发疾病死亡或者在 48 小时之内经抢救无效死亡的”，视同工伤。本案中，根据区人社局在行政程序中调查收集的证据，可以证明冉某于 12 月 24 日就诊住院后，于 12 月 28 日进行手术，术后于 12 月 31 日死亡，该情形不符合上述相关规定。区人社局作出不予认定为工伤或视同工伤的认定结论，基本事实清楚，适用法律正确。区人社局在受理李某的工伤认定申请后，经调查在法定期限内作出不予认定工伤决定书并送达当事人，在发现差误后作出文书更正通知书予以送达，程序并无不当。市人社局在收到李某的复议申请后，履行了受理、审查、延期等程序，于法定期限内作出复议决定并依法送达李某，复议程序合法，适用法律正确。李某的诉讼请求缺乏事实根据和法律依据，依法不予支持。判决：驳回李某的诉讼请求。

李某不服一审判决，向二审法院提起上诉。

二审法院认为，根据《工伤保险条例》《上海市工伤保险实施办法》第 15 条第 1 款第 1 项的规定，在工作时间和工作岗位，突发疾病死亡或者在 48 小时之内经抢救无效死亡的，视同工伤。视同工伤的具体情形主要包括：（一）职工在工作时间和工作岗位突发疾病当场死亡；（二）职工在工作时间和工作岗位突发疾病，且情况紧急，直接送医院或医疗机构当场抢救并在 48 小时死亡。其中“48 小时”的起算时间，应以医疗机构的初次诊断时间作为突发疾病的起算时间。本案中，在案证据可以证明冉某于 2017 年 12 月 21 日工作时出现明显不适症状，2017 年 12 月 24 日就诊住院，12 月 28 日进行手术，术后于 12 月 31 日死亡。该情形明显不属于可以视同工伤的情形。李某主张应以危重病例讨论记录时间，即 2017 年 12 月 31 日 18 时 44 分作为“48 小时”的起算时间缺乏法律依据，无法予以采信。区人社局在本案中依法开展调查，于法定期限内作出并送达不予认定工伤决定书，认定事实清楚，适用法律正确，程序合法。市人社局受理李某的行政复议申请后，经审查于法定期限内作出复议决定，维持不予认定工伤决定书，并无不当。李某的上诉请求缺乏事实根据与法律依据，不予支持，一审判决驳回其诉讼请求正确，予以维持。判决：驳回上诉，维持原判。

---

① 现行《工伤保险条例》第 5 条第 2 款规定，县级以上地方各级人民政府社会保险行政部门负责本行政区域内的工伤保险工作。

李某不服，向上海市高级人民法院申请再审。

再审法院认为，根据《工伤保险条例》《上海市工伤保险实施办法》第15条第1款第1项的规定，在工作时间和工作岗位，突发疾病死亡或者在48小时之内经抢救无效死亡的，视同工伤。视同工伤的具体情形主要包括：（一）职工在工作时间和工作岗位突发疾病当场死亡；（二）职工在工作时间和工作岗位突发疾病，且情况紧急，直接送医院或医疗机构当场抢救并在48小时内死亡。其中“48小时”的起算时间，应以医疗机构的初次诊断时间作为突发疾病的起算时间。冉某于2017年12月21日工作时出现明显不适症状，12月24日就诊住院，经确诊为“颅内占位性病变，右额少突胶质细胞瘤”，12月28日进行手术，术后于12月31日死亡，该情形明显不属于可以视同工伤的情形。李某主张应以危重病例讨论记录时间，即2017年12月31日18时44分作为“48小时”的起算时间缺乏法律依据，原审判决并无不当。李某的再审申请理由不符合《中华人民共和国行政诉讼法》第91条第2项规定的情形。依照《最高人民法院关于适用〈中华人民共和国行政诉讼法〉的解释》第116条第2款之规定，裁定：驳回李某的再审申请。

本案中，各方当事人对冉某在工作时间和工作岗位发病，于2017年12月24日就诊住院，于2017年12月31日死亡这一事实均无异议，其争议焦点在于适用《工伤保险条例》规定的“48小时”的起算时间点问题。根据《劳动和社会保障部关于实施〈工伤保险条例〉若干问题的意见》（劳社部函〔2004〕256号）第3条的规定，“48小时”的起算时间，以医疗机构的初次诊断时间作为突发疾病的起算时间。因此，本案应当从2017年12月24日冉某去医院就诊作为其突发疾病的起算时间，至其12月31日死亡已经超过48小时。李某主张应以危重病例讨论记录时间作为“48小时”的起算时间没有任何法律依据。因此，冉某的情形不符合《工伤保险条例》第15条第1款第1项规定的视同工伤的情形，不能认定为工伤。区人社局对此作出不予认定工伤决定是正确的，市人社局作出维持该决定的行政复议决定并无不当。故一、二审法院和再审法院经审理，均驳回了李某的诉讼请求。

案例51①

王某原系某激光公司职工，与激光公司签订了无固定期限劳动合同。2014年10月30日17时15分左右，王某在上班时突发疾病，被送至甲医院救治。病历记载：“时间10月30日19：15，告病危，主动脉CTA示主动脉夹层动脉瘤（DeBaKey Ⅰ型）、血栓形成，建议转上级医院继续治疗；告知患者家属，患者随时可能因夹层破裂死亡”。后王某被转至乙医院抢救。根据出院记录记载：“10月31日，乙医院为王某

① 案号：（2018）苏行申539号。

施行 Bentall + 全弓置换 + 降主动脉支架置入术，术中见右冠状动脉完全梗死，带气管插管转入 ICU，予机械通气，输血止血，扩容抗休克，稳定环境……11 月 1 日 17：00 患者基本为脑死亡状态，且出现多脏器功能不全，家属仍要求继续抢救治疗，给予扩容抗休克、稳定环境，保证组织灌浆，维持内环境稳定，营养心肌等生命支持治疗。患者于11 月2 日20：15 突然出现血压下降至40 / 20mmHg，伴有心率下降……于20：50发作室上性心动过速……于 21：10 再次出现血压下降……于 22：55 再次发作血压伴有心率下降……家属要求主动出院，转当地医院继续治疗”。王某于出院当日在家中去世，于2014 年11 月5 日被火化安葬。某街道社区卫生服务中心于2015 年6 月10 日出具的居民死亡医学证明（推断）书显示：王某于2014 年11 月2 日在家中去世。

2014 年 12 月 25 日，激光公司向某市人社局提出工伤认定申请，因其提交的居民死亡医学证明（推断）书被出具该证明书的某街道社区卫生服务中心声明作废，市人社局于2015 年2 月5 日作出工伤认定终止通知书。2015 年3 月9 日，王某之子王乙向法院提起行政诉讼，要求撤销工伤认定终止通知书。2015 年 6 月 2 日法院作出行政判决，驳回了王乙的诉讼请求。2015 年 11 月 13 日，市人社局恢复了工伤认定程序。2015 年 12 月 2 日，市人社局作出不予认定工伤决定书，认定 2014 年 10 月 30 日 17 时 15 左右，王某在激光公司上班时发病被送甲医院救治，后转乙医院抢救，于 2014 年 11 月 2 日出院当日在家中死亡，王某因病死亡的情形不符合《工伤保险条例》第 14 条、第 15 条规定的工伤或视同工伤情形，不予认定为工伤。

王乙对市人社局作出的不予认定工伤决定不服，向法院提起行政诉讼。

一审法院认为，根据《工伤保险条例》第 5 条第 2 款的规定，县级以上地方各级人民政府社会保险行政部门负责本行政区域内的工伤保险工作。因此，本案中，市人社局具有在本行政区域内作出工伤认定的法定职责；《工伤保险条例》第 15 条规定，职工在工作时间和工作岗位，突发疾病死亡或者在 48 小时之内经抢救无效死亡的，视同工伤。社会保险行政部门在工伤认定过程中，突发疾病死亡或者经抢救无效死亡，应当以相应的证据材料作为判断依据，本案居民死亡医学证明（推断）书虽具有相关的行政属性，其首先证实了王某死亡的事实，对其死亡时间各方当事人争议较大，由于我国目前尚未有死亡判断标准的明确立法，故无论医学上采用何种死亡判断标准，均应由医疗卫生机构出具相关的死亡证明，而社会保险行政部门以及司法机关并不具有判断自然人死亡的职能。出院诊断证明书中记载了王某处于脑死亡状态的时间，具有客观真实性，且目前医学界的主流观点认为，脑死亡是包括脑干在内的全脑功能不可逆转的丧失，即患者一旦被诊断为脑死亡则其生命体征恢复具有不可逆性，通过医疗器械所维持的生命体征仅为满足亲情心理的表象特征，不具有延续生命的价值和意义，该观点不可否认具有现代医学发展的科学性。要求被诊断为脑死亡的患者亲属在是否继续无效救治和放弃救治以获得工伤赔偿的问题上作出取舍，明显有违社会伦理道德，亦不符合任何法律规定的价值取向。本案中，对王某死亡时间的认定，居民死亡医学证明（推断）书所记载的时间具有滞后性，故可以采信更为精确的救治医院诊断证明所记载的时间。据此，市人社局作出的不予认定工伤决定书，适用法律不当，应予撤销。判决：撤销市人社局作出的不予认定工伤决定书，并责令市人社局重新作出工伤认定决定。

市人社局不服，向二审法院提起上诉。市人社局认为，王某于2014年11月1日17：00被医院诊断“基本为脑死亡状态”而不是脑死亡，11月2日办理出院，说明王某出院时尚处于存活状态；一审判决一方面认为社会保险行政部门以及司法机关不具有判断自然人死亡的职能，另一方面又对王某的死亡事实及死亡判断标准作出主观认定，前后矛盾；根据原国家卫生和计划生育委员会、公安部、民政部《关于进一步规范人口死亡医学证明和信息登记管理工作的通知》（国卫规划发〔2013〕57号）要求，人口死亡医学证明是医疗卫生机构出具的、说明居民死亡及其原因的医学证明，一审判决以王某的居民死亡医学证明（推断）书具有滞后性而否定其法律效力，缺乏法律依据。

二审法院认为，本案争议的焦点在于王某是否在48小时之内死亡。首先，居民死亡医学证明（推断）书可以作为判断自然人死亡的依据。目前，我国尚没有脑死亡的立法，因此，无论在临床医学上还是在司法实践中，仍然坚持以呼吸、心跳停止为判定死亡的标准。原国家卫生和计划生育委员会、公安部、民政部《关于进一步规范人口死亡医学证明和信息登记管理工作的通知》中明确，人口死亡医学证明是医疗卫生机构出具的、说明居民死亡及其原因的医学证明。《中华人民共和国民法总则》第15条①规定，自然人的出生时间和死亡时间，以出生证明、死亡证明记载的时间为准；没有出生证明、死亡证明的，以户籍登记或者其他有效身份登记记载的时间为准。有其他证据足以推翻以上记载时间的，以该证据证明的时间为准。因此，社区医疗卫生机构出具的居民死亡医学证明（推断）书可以作为判断自然人死亡时间的依据。本案中，医院出院记录反映王某的出院时间是2014年11月2日22：55左右，该时间与街道卫生服务中心出具的居民死亡医学证明（推断）书中载明的王某于11月2日死亡的时间基本吻合。尽管死亡证的出具时间比较滞后，但在没有其他证据足以推翻以上记载时间的情况下，应以死亡证记载的时间为准。因此，市人社局依据居民死亡医学证明（推断）书中载明的王某死亡时间来判断是否符合“视同工伤”的情形并无不当。其次，医院诊断王某“基本为脑死亡状态”的时间，不能作为王某的死亡时间。出院诊断证明书记载了王某于11月1日17：00后基本为脑死亡状态，王乙在一审、二审

① 《中华人民共和国民法总则》已于2021年1月1日失效，相同内容的规定为《中华人民共和国民法典》第15条。

中亦是以此为据主张王某的死亡时间应为 2014 年 11 月 1 日 17：00。在诉讼过程中，王乙还提交了多份医学材料复印件试图证明脑死亡是死亡判定标准，更提交了多份其他省市法院判决，以期说明本案中应基于保障职工利益、对职工有利的立场认可脑死亡时间为死亡时间。确实，本案关于王某抢救的事实经过虽然清晰，但死亡时间的认定直接关涉死亡的判定标准。何为死亡，死亡标准如何，特别是在我国相关法律法规中未对死亡标准作出明确规定的情形下，无论是法院还是工伤认定主管机关，都应尊重专业医疗机构的判断。本案中，乙医院出具的出院记录及诊断证明书中虽然记载了王某“11 月 1 日 17：00 后基本为脑死亡状态”，但这一状态是否等同于已经脑死亡，实难以判断。更为重要的是，在随后的诊疗过程中，医院不但未出具死亡医学证明书，而且在 11 月 2 日 22：55 后，还为王某办理了出院手续。由此可见，乙医院作为专业医疗机构，并未把“基本为脑死亡状态”的时间作为死亡时间来作出王某死亡的最终判断。最后，对“视同工伤”情形应当严格把握。《工伤保险条例》第 14 条规定了认定工伤的情形，第 15 条规定了“视同工伤”的情形。之所以在立法中使用不同的词语，立法者的目的更多的是用来约束执法和司法者的。因为“视同工伤”这类情形本不应属于《工伤保险条例》调整范畴，但考虑其与工作存在一定的联系，从而作为工伤对待。这就意味着立法者在对待“视同工伤”情形作出立法时，其立法的天平已经有所倾斜，那么执法者或司法者在适用“视同工伤”的法律条款时，就应当严格根据法条的规定，不宜再作扩大解释。而《工伤保险条例》第 15 条第 1 款第 1 项规定“48 小时”是具体明确的，属强制性的法律规定。法律有强制性规定的情形应当严格执行，这也是司法克制的要求。关于“突发疾病”和“48 小时”的起算时间问题，《劳动和社会保障部关于实施〈工伤保险条例〉若干问题的意见》（劳社部函〔2004〕256 号）中明确，“突发疾病”包括各类疾病。“48 小时”的起算时间，以医疗机构的初次诊断时间作为突发疾病的起算时间。本案中，王某在 2014 年 10 月 30 日 19：15 在甲医院初次诊断，至 2014 年 11 月 2 日 22：55 之后死亡，即便以 22：55 作为截止时间，也已达 75 小时左右，超过了法律法规规定的 48 小时。《工伤保险条例》第 15 条第 1 款第 1 项“视同工伤”的规定已经固定化，作为执法机关的劳动和社会保障行政部门与作为司法机关的人民法院无权自行更改法定的条件。王某死亡的情形令人同情，但在现行法律法规范围内该情形不符合认定工伤或者视同工伤的要件。因此，市人社局作出不予认定工伤的决定并无不当。一审判决适用法律错误，予以纠正。市人社局的上诉请求具有事实与法律依据，予以支持。判决：撤销一审判决，驳回王乙的诉讼请求。

王乙不服二审判决，向江苏省高级人民法院申请再审。

再审法院认为，市人社局认定王某的死亡时间已经超出上述《工伤保险条例》规定的视同工伤的情形，作出不予认定工伤决定，未违反法律规定。虽然给王某接诊的乙医院2014年11月2日出院记录记载2014年11月1日17时王某“基本为脑死亡状态”，但出院记录并非医疗机构出具的死亡医学证明书，“基本为脑死亡状态”亦非确认“脑死亡”，且在11月2日22时55分后该医院还为王某办理了出院手续，故王乙关于脑死亡亦是医学判定死亡的标准，应当以王某脑死亡时间认定其死亡时间等主张，缺乏事实根据和法律依据，不能成立。二审法院撤销一审判决、驳回王乙要求撤销市人社局不予认定工伤决定书并要求其重新作出具体行政行为的诉讼请求，认定事实清楚，适用法律正确。王乙的再审申请不符合《中华人民共和国行政诉讼法》第91条规定的情形，裁定：驳回王乙的再审申请。

对于自然人死亡的判断标准，我国目前尚未有明确立法。故无论医学上采用何种死亡判断标准，均应由医疗卫生机构出具相关的死亡证明，社会保险行政部门以及司法机关并不具有判断自然人死亡的职能。《中华人民共和国民法典》第15条规定，自然人的出生时间和死亡时间，以出生证明、死亡证明记载的时间为准；没有出生证明、死亡证明的，以户籍登记或者其他有效身份登记记载的时间为准。原国家卫生和计划生育委员会、公安部、民政部《关于进一步规范人口死亡医学证明和信息登记管理工作的通知》（国卫规划发〔2013〕57号）中明确，人口死亡医学证明是医疗卫生机构出具的、说明居民死亡及其原因的医学证明。因此，本案中，社区医疗卫生机构出具的居民死亡医学证明（推断）书可以作为判断王某死亡时间的依据。据此，王某发病从确诊到死亡已经超过48小时，不符合《工伤保险条例》规定的认定工伤或者视同工伤的情形。市人社局作出的不予认定工伤决定是正确的。二审法院和再审法院对此予以确认并驳回王乙的诉讼请求是正确的。

（二）主动放弃治疗能否认定工伤

一般认为，在医疗机构确定患病职工没有继续存活可能性的前提下，家属放弃治疗后患病职工死亡的，应当根据《工伤保险条例》第15条第1款第1项的规定认定为视同工伤。

案例52[①]

王某系某中学教师。2012年9月16日下午，王某到学校参加例会，会后回宿舍（兼办公室）备课，其间王某突发疾病晕倒在地，21时30分左右被同事发现，送往医院抢救。王某于2012年9月17日0时10分住院，入院诊断为：1. 高血压脑出血；2. 高血压病3级，极高危组。王某的死亡记录、死亡病例讨论及死亡报告中均记载诊疗经过为“入院后完善相关检查，给予吸氧、心电监护、特记生命体征、留置导尿、降

① 案号：（2017）最高法行申7363号。

颅压……综合处理，于2012年9月17日在局部麻醉下行右侧锥颅软通道置管血肿引流术，术后给予降血压……2012年9月18日2：32行头颅CT提示为：右基底节区脑出血增多并破入脑室，脑室受压变形……于2012年9月18日在局部麻醉下行气管切开术，术后给予抗炎、雾化吸入、降血压……患者于18：00出现呼吸、心跳停止，即刻行胸外心脏，盐酸肾上腺素1mg静脉推注……患者心跳及呼吸仍未恢复，于18：05再次给予盐酸肾上腺素1mg静脉推注，至18：35呼吸心跳无恢复，双侧瞳孔散大固定，对光反应消失，颈部动脉搏动消失，行心电图检查呈直线。临床宣布患者死亡，整个抢救过程由来某副主任医师、刘某住院医师、李某护师参与”。王某病历中的抢救记录、临时医嘱单、危重患者护理记录单以及死亡报告和死亡记录的死亡时间栏记载的王某死亡时间均为2012年9月20日18时35分。医院于2012年9月24日制作的居民死亡医学证明书所载王某死亡时间为2012年9月20日。

王某之妻魏某向某市人社局提出工伤认定申请，要求认定王某死亡为工伤，该局未予受理。魏某以市人社局不履行法定职责为由向法院提起诉讼，法院判决驳回魏某的诉讼请求。魏某不服，提起上诉。二审期间，魏某以市人社局已受理工伤认定申请为由申请撤回上诉，二审法院裁定准许。

2014年11月27日，市人社局作出不予认定工伤决定书，决定对王某的死亡不予认定工伤或者视同工伤。魏某不服该决定，向法院提起行政诉讼。法院于2015年4月10日作出判决，撤销市人社局作出的不予认定工伤决定，责令市人社局重新作出决定。市人社局不服，向二审法院提起上诉。2015年8月14日，二审法院作出判决，认为市人社局未提交证据证明已针对医院居民死亡医学证明书与死亡记录中表述的王某死亡时间不一致的问题进行核查，也没有对该局在一审法院2014年8月8日庭审笔录中认可王某于2012年9月18日18时35分死亡的问题提出相反证据予以证实。对王某主治医生在二审中陈述的9月18日死亡时间为笔误的问题，未在行政处理程序中进行鉴定核查。对于是否使用了呼吸机对王某进行抢救将其生命延续的问题亦未进行调查核实，遂以被诉工伤认定决定认定事实不清、证据不足为由，判决驳回上诉，维持原判。

2015年10月22日，市人社局向医院调取了王某的住院病历、出院结算清单。10月26日，市人社局工作人员询问了王某住院期间的主治医生来某、刘某，对王某住院治疗、死亡经过、是否使用呼吸机以及死亡报告、死亡记录、死亡病例讨论中记载的死亡时间问题进行了调查。2015年11月9日，市人社局作出第二份不予认定工伤决定书，认定王某的死亡时间为2012年9月20日18时35分，决定对其死亡不视同工伤。

魏某不服市人社局作出的第二份不予认定工伤决定，向法院提起行政诉讼。

一审法院认为，《工伤保险条例》第15条第1款第1项规定，职工有下列情形之一的，视同工伤：在工作时间和工作岗位，突发疾病死亡或者在48小时之内经抢救无效死亡的。根据庭审查明的事实，王某系在工作时间和工作岗位突发疾病，当事人对此均无异议。本案争议的焦点是王某在医院经抢救无效实际死亡的具体时间是否超过48小时。针对庭审中当事人就此对对方所举证据发表的质证意见的分析、考量和判断，以及对同一事实提供的一系列证据进行比较，根据优势证据原则，认定魏某关于王某于2012年9月18日18时35分临床死亡的主张是成立的，此事实也被医院关于王某住院病历死亡记录和死亡病例讨论中的“诊疗经过”所证实，而且在魏某诉市人社局不作为一案的庭审笔录中，对死亡时间各方均无异议。从医院对王某入院确诊时间2012年9月17日0时10分起算，至该死亡时间并未超过48小时。即使王某经抢救无效死亡的时间超过了48小时，依然应视同工伤。由于我国现有法律、行政法规对职工在工作时间和工作岗位突发疾病，经连续不断地抢救无效超过48小时而死亡的，是否应视同工伤，并没有明确的禁止性规定。依法享有工伤或者视同工伤是法律赋予职工的一项权利，此作为一种私权，依据法不禁止皆可为的原则，公权力不应轻易剥夺。如此，更能体现法律对生命的尊重和人文关怀。另外，市人社局于2014年11月27日作出的第一份不予认定工伤决定书和2015年11月9日作出的第二份不予认定工伤决定书，认定的事实和理由基本一致，均为“2012年9月16日21时40分左右，王某在单位宿舍备课期间突发疾病晕倒在地，送往医院抢救后于2012年9月20日18时35分死亡。王某的死亡，不符合《工伤保险条例》第15条视同工伤的情形，决定不予认定工伤”。根据《中华人民共和国行政诉讼法》第71条“人民法院判决被告重新作出行政行为的，被告不得以同一的事实和理由作出与原行政行为基本相同的行政行为”的规定，市人社局违反了上述法律规定，以同一事实和理由作出与原行政行为相同的行政行为，应当依法予以撤销。据此，法院依照《中华人民共和国行政诉讼法》第70条第1项、第71条之规定，判决：撤销市人社局作出的第二份不予认定工伤决定书，责令其对魏某就王某工伤认定申请重新作出行政行为。

市人社局不服一审判决，向二审法院提起上诉。

二审法院认为，本案的争议焦点是王某死亡时间应当如何认定的问题。市人社局在其作出的第一份不予认定工伤决定书被法院判决撤销后，按照该判决指出的其行政行为认定事实方面存在的问题，调取了王某的住院病历、询问了王某住院期间的主治医生，查明王某住院病历中死亡时间不一致是因复制粘贴导致的错误，且王某住院期间未使用呼吸机，从而认定王某的死亡时间为2012年9月20日18时35分。该死亡时间距王某突发疾病入院确诊的2012年9月17日0时10分已经超过48小时，市人社局决定对王某的死亡不视同工伤符合上述行政法规的规定。关于魏某提出的王某于2012年9月18日18时35死亡，当时家属不愿意接受这一事实，要求医院采取多种手段抢救，使用呼吸机延续至9月20日下午才同意放弃治疗的意见。经查，魏某向市人社局申请认定工伤时提交了邵某、张某、魏乙、张某等九人分别书写的材料，他们均称王某于2012年9月18日死亡，使用了呼吸机。上述九人均为前往医院看望王某的亲属、同事和朋友，与当事人存在利害关系，其书写的材料内容基本一致，绝大多数内容、用词、表述方式完全相同，且只有魏某的妹妹魏乙和妹夫张某在一审时出庭作证。而证人来某、刘某作为王某的主治医生，亲身经历了王某的住院治疗、抢救和死亡经过，对争议事实的了解更加全面，他们与当事人没有利害关系，出庭作证证明王某于2012年9月20日死亡、未使用呼吸机，其证言的证明效力优于魏乙、张某等人的证言。从王某病历中死亡报告、死亡记录和死亡病例讨论中的诊疗经过内容和字面意思来看，王某的死亡时间似乎应为2012年9月18日，证人刘某出庭作证时解释是因为其在制作上述材料时在“患者于18：00出现呼吸、心跳停止”之前漏写了“2012年9月20日”，因上述三份材料该部分记载的文字内容、标点符号完全相同，故刘某的解释具有合理性，结合死亡报告、死亡记录中死亡时间栏记载为2012年9月20日18时35分，且病历其他部分均记载王某死亡时间为2012年9月20日，不存在其他类似矛盾，故对刘某的该证言内容应予以采信。关于魏某提出的其诉市人社局不作为一案中，市人社局已承认王某死亡时间为2012年9月18日的意见。经查阅该案庭审笔录，市人社局诉讼代理人在该案庭审中对于魏某主张的事实和提出的证据均无异议，未对事实问题发表任何实质性意见，结合上述对王某死亡时间有关证据的分析，不能以该案庭审笔录的记载内容认定王某的死亡时间为2012年9月18日。魏某对住院病历的部分内容真实性不予认可，但其未向法院提交相关证据证明其主张，不予采纳。魏某主张王某在住院期间使用了呼吸机，但并未提交足以证明其该项主张的证据，且王某住院病历及出院结算清单中并无使用呼吸机的记载，故对魏某的该主张不予采纳。结合上述对证据的分析和认定，市人社局认定王某的死亡时间为2012年9月20日18时35分的事实清楚，证据充分，魏某认为王某于2012年9月18日18时35分死亡的意见不成立。综上，市人社局作出的第二份不予认定工伤决定书，认定事实清楚，适用法律正确。一审判决认定事实及适用法律错误，应予纠正。判决：撤销一审判决，驳回魏某的诉讼请求。

魏某不服二审判决，向最高人民法院申请再审。

再审法院经审查认为，根据《工伤保险条例》第15条第1款第1项的规定，职工在工作时间和工作岗位，突发疾病死亡或者在48小时之内经抢救无效死亡的，视同工伤。关于“48小时”的起算时间问题。《劳动和社会保障部关于实施〈工伤保险条例〉若干问题的意见》（劳社部函〔2004〕256号）中明确：“48小时的起算时间，以医疗机构的初次诊断时间作为突发疾病的起算时间。”本案中，根据王某的住院病历记载，其于2012年9月16日晚突发疾病被送至医院抢救，9月17日0时10分收治入院被初步诊断为“1. 高血压脑出血；2. 高血压病3级，极高危组”，故48小时的起算时间为2012年9月17日0时10分，各方当事人对此均无异议。本案的争议焦点是王某的死亡时间认定问题。通常情况下，如无相反证据证明，一般应以医疗机构出具的病历等材料为准。本案中，王某的死亡证明、死亡报告、死亡记录上载明的死亡时间均为2012年9月20日。王某的病程记录从2012年9月17日0时30分一直记录到2012年9月20日18时40分，临时医嘱单、危重患者护理记录单一直记录到2012年9月20日18时35分。来某、刘某作为王某的主治医生，亲自参与王某整个救治过程，通过医疗器械来监测病人的心电、血压、呼吸、体温等数据，因此，其关于王某于2012年9月20日死亡的证言更为科学和客观。针对病历材料中的部分时间瑕疵问题，来某、刘某已作出合理解释，二审判决已进行详尽阐述，再审法院予以认可。综合全案证据，王某的死亡时间应为2012年9月20日18时35分，距入院初步诊断时间2012年9月17日0时10分，已超过48小时，不符合视同工伤的规定。市人社局作出的第二份不予认定工伤决定书事实清楚、适用法律法规正确，一审判决撤销第二份不予认定工伤决定书不当，二审判决撤销一审判决，驳回魏某的诉讼请求正确。魏某的再审申请不符合《中华人民共和国行政诉讼法》第91条规定的情形。裁定：驳回魏某的再审申请。

对于自然人死亡时间的认定，一般应当以医疗机构出具的死亡证明为准。本案中，当事人争议的一个事实是王某在治疗中是否使用了呼吸机以维持或延长其生命。从市人社局调查核实的情况和提供的相应证据来看，王某的主治医生均证明没有使用呼吸机，王某的住院病历及出院结算清单中也没有使用呼吸机的记载，不能认定王某使用了呼吸机，且医院对王某病程的记录持续、完整，其死亡证明、死亡报告和死亡记录上均记载死亡时间为2012年9月20日18时40分，因此，能够认定这一时间为王某的死亡时间，距王某入院初步诊断时间2012年9月17日0时10分已经超过了48小时。市人社局对此作出第二份不予认定工伤决定书是正确的。一审判决认定事实不清，判决撤销市人社局作出的第二份不予认定工伤决定书是错误的，二审法院经审理，在查清事实的基础上，判决撤销一审判决，驳回魏某的诉讼请求，适用法律正确，该判决是正确的。最高人民法院再审亦维持了二审判决，驳回魏某的再审。

三、工作中遭受暴力都属于工伤吗

《工伤保险条例》第14条第3项规定，职工在工作时间和工作场所内，因履行工作职责受到暴力等意外伤害的应当认定为工伤。从该规定来看，职工在工作时间和工作场所内，因履行工作职责受到暴力等意外伤害，能够认定工伤须满足下面两个要件：

一是在工作时间和工作场所内。工作时间是指法律规定的或者用人单位要求的职工工作的时间。工作场所是指职工日常工作所在的场所以及用人单位临时指派所从事工作的场所。日常工作所在的场所，既包括与职工日常工作相关的区域，也包括其自然延伸的合理区域，如用人单位提供的工间休息场所、卫生间等。

二是履行工作职责。履行工作职责是在工作中遭受暴力认定工伤的必要条件，即职工受到的事故或意外伤害必须与其履行工作职责存在关联性（具有因果关系），否则，将不予认定工伤。《劳动和社会保障部办公厅关于对〈工伤保险条例〉有关条款释义的函》（劳社厅函〔2006〕497号）指出，《工伤保险条例》第14条第3项，其中“因履行工作职责受到暴力等意外伤害”中的因履行工作职责受到暴力伤害是指受到的暴力伤害与履行工作职责有因果关系。

案例53①

周某是某机械公司职工，从事生产操作。2017年5月24日13时，周某在机械公司车间工作时，与刘甲、刘乙发生口角继而相互打架，打架过程中周某被刘甲、刘乙刺伤左臀部。事故发生后，周某被送往医院治疗，经诊断为左臀部、双大腿刀刺伤，骶丛神经损伤。

2017年6月14日，周某向某市人社局申请工伤认定。8月23日，市人社局作出认定工伤决定，认为周某与几名二车间的老员工不满机械公司同工不同酬的做法并采取手段向机械公司提出异议，为争取提高待遇而引发矛盾，因此其与他人发生冲突的原因是工作原因（工资待遇问题）而非私人原因，周某是在工作时间和工作场所内，因履行工作职责受到暴力等意外伤害，证据充分，符合《工伤保险条例》第14条第3项的规定，认定周某于2017年5月24日13时在机械公司受到的事故伤害为工伤。

机械公司不服市人社局作出的认定工伤决定，向法院提起行政诉讼。

一审法院经审理，判决驳回机械公司的诉讼请求。

机械公司不服一审判决，向二审法院提起上诉。

二审法院经审理认定，周某为机械公司的职工，其工作内容为生产操作，受伤时是在罢工状态。周某受伤虽然是在其正常工作的时间和场所范围内，但其受伤时并不在工作状态，更不是在其工作岗位进行生产操作，周某与其他职工发生的争执、打斗与其作为生产操作的普工职责无关，其所受伤害不符合因履行工作职责受到暴力等意外伤害的情形，市人社局认定周某于2017年5月24日13时在机械公司受到的事故伤害为工伤不当，依法应予撤销。一审法院判决驳回机械公司关于撤销认定工伤决定等的诉讼请求是错误的。判决：撤销一审判决，撤销市人社局作出的认定工伤决定并责令其重新作出行政行为。

周某不服二审判决，向广东省高级人民法院申请再审。周某认为，周某等代表机械公司二车间的工人，请求增加公司单方面解除劳动关系经济补偿金是合理诉求，机械公司经理安排刘甲、刘乙以暴力手段阻止工人的请求，其在工作时间、工作地点为

① 案号：（2018）粤行申1857号。

履行工作职责被打伤，应当认定为工伤，请求撤销二审判决，改判维持市人社局作出的认定工伤决定。

再审法院认为，本案中，周某受伤时是在罢工状态，周某受伤虽然是在其正常工作的时间和工作场所范围内，但其受伤时并不是在工作状态，更不是在其工作岗位进行生产操作，周某与其他职工发生的争执、打斗与其作为生产操作的普工职责无关，其所受伤害不符合因履行工作职责受到暴力等意外伤害的情形，市人社局认定周某为工伤不当，依法应予撤销。一审法院判决驳回机械公司关于撤销认定工伤决定等的诉讼请求错误。二审法院判决撤销一审判决，撤销市人社局作出的认定工伤决定并责令市人社局重新作出行政行为，并无不当。周某申请再审的理据不足，不予采纳。裁定：驳回周某的再审申请。

职工在工作时间和工作场所内受到暴力伤害能否被认定为工伤，关键要看该暴力伤害是否与履行工作职责有关。本案中，通过市人社局的调查核实，周某受伤时并不是在工作状态，其与刘甲、刘乙发生口角继而相互打架，也不是因履行工作职责而发生，因此，周某所受伤害不能认定为工伤。市人社局对此作出认定工伤决定，系认定事实不清，该决定是错误的。一审法院判决维持该决定亦是错误的。二审法院经审理，在查清事实后对一审判决进行改判，撤销一审判决，撤销市人社局作出的认定工伤决定并责令其重新作出行政行为是正确的。故再审法院对二审判决予以认定并驳回了周某的再审申请。

案例54[①]

胡某系某农村居民，于2016年3月入职某家具公司，与家具公司签订劳动合同，任厨工一职。2016年4月20日16时左右，胡某正在家具公司饭堂烧火蒸饭时，同事何某无故持刀将另一同事陈某砍伤，继而又将胡某砍伤致死。

2016年5月13日，家具公司向某县人社局提交工伤认定申请及相应的工伤认定申请材料，要求对胡某于2016年4月20日16时左右受到的人身伤害（死亡）进行工伤认定。县人社局受理家具公司的工伤认定申请后，向胡某的同事陈某调查，并做了询问笔录，陈某陈述胡某是在正常工作岗位上班时被同事何某无故砍伤致死。同时，县人社局向家具公司调取了事故发生当天的胡某考勤报表等证据。2016年6月16日，县人社局作出认定工伤决定书，认定“胡某于2016年4月20日16时左右受到的人身伤害（死亡）属工伤，按规定享受工伤待遇。”

家具公司不服该认定工伤决定，于2016年11月18日向法院提起行政诉讼。法院经审理，于2017年3月17日作出判决，以法律适用错误为由撤销了县人社局作出的

---

① 案号：(2019) 粤行申873号。

该认定工伤决定（没有判决责令重新作出行政行为）。

2017年4月27日，县人社局对胡某此次受到的人身伤害（死亡）重新进行认定，作出第二份认定工伤决定书，认定："胡某此次受到的人身伤害（死亡）属工伤，按规定享受工伤待遇。"家具公司于2017年5月11日签收该认定工伤决定书。

2017年5月11日，县人社局收到家具公司以快递方式递交的要求撤回对胡某此次受到的伤害进行工伤认定的申请，并予以拒绝。家具公司不服县人社局作出的第二份认定工伤决定书，于2017年7月5日向某市人社局提出行政复议申请。市人社局经审理，于2017年8月10日作出行政复议决定书，维持县人社局作出的第二份认定工伤决定书。

家具公司不服市人社局作出的行政复议决定，向法院提起行政诉讼。家具公司认为：1. 伤亡事故发生时胡某64岁，已经到了退休年龄，与家具公司之间不再属于劳动合同关系，而是劳务关系；2. 胡某在饭堂烧火蒸饭时，被同事何某无故持刀砍伤致死。胡某不是因为工作原因受伤导致死亡。胡某的死亡应当适用《中华人民共和国侵权责任法》[①] 和《最高人民法院关于审理人身损害赔偿案件适用法律若干问题的解释》的规定，按照劳务关系处理。县人社局作出认定工伤决定书，认定"胡某的死亡是工伤"适用法律错误，应当予以撤销。

一审法院认为，《最高人民法院行政审判庭关于超过法定退休年龄的进城务工农民因工伤亡的，应否适用〈工伤保险条例〉请示的答复》（〔2010〕行他字第10号）指出："用人单位聘用的超过法定退休年龄务工农民，在工作时间内、因工作原因伤亡的，应当适用《工伤保险条例》的有关规定进行工伤认定。"2012年11月25日，最高人民法院行政审判庭也给江苏省高级人民法院作出相同的答复。本案中，职工胡某入职家具公司工作时已超过法定退休年龄。但是，胡某是进城务工人员，没有享受基本养老保险待遇，更不可能领取退休金。参照最高人民法院上述批复，胡某此次遭受到伤害死亡，当然适用《工伤保险条例》的相关规定进行工伤认定。从法律规定看，无论是《中华人民共和国劳动法》，还是《中华人民共和国劳动合同法》，或者是《中华人民共和国劳动合同法实施条例》，均无规定用人单位不得招用达到或者超过退休年龄者入职，也无规定用人单位不得与达到或者超过法定退休年龄者签订劳动合同。家具公司在招用胡某并与之签订劳动合同时，胡某提交了其居民身份证，家具公司应当清楚胡某超过了法定退休年龄。现在，因胡某在工作时间和工作场所内、在工作当中遭受人身伤害致死，家具公司便提出其与胡某建立的是劳务关系而非劳动合同关系，于法无据。县人社局作出第二份认定工伤决定书，认定"胡某此次受到的人身伤害（死亡）属工伤，按规定享受工伤待遇"，证据确凿，适用法律、法规正确，符合法定

---

① 已于2021年1月1日起废止，相关规定见《中华人民共和国民法典》。

程序。市人社局在法定复议期限内作出行政复议决定书并送达给家具公司及县人社局，证据确凿，适用法律正确，符合法定程序。《工伤保险条例》的立法宗旨之一是保障职工因工作遭受事故伤害时能够及时获得医疗救治和经济补偿。家具公司作为胡某的用人单位，其撤回工伤认定申请将会损害胡某的合法权益，致使胡某之妻钟某不能依法较好地得到经济补偿，违反《工伤保险条例》的立法宗旨。县人社局拒绝家具公司撤回工伤认定申请，符合上述法规的立法宗旨，应予肯定。综上，县人社局作出的第二份认定工伤决定书，市人社局作出的行政复议决定书，系合法的行政行为；家具公司的诉讼请求没有理由，没有法律依据，不予支持。判决：驳回家具公司的诉讼请求。

家具公司不服一审判决，向二审法院提起上诉。

二审法院经审理查明，一审查明的基本事实属实，予以确认。另查明，家具公司在二审阶段当庭陈述，事发后，家具公司报警，公安机关出警，现场调查后控制了何某，后经鉴定何某为间接性精神病发作。公安机关于 2016 年 5 月 13 日出具证明，证明胡某于 2016 年 4 月 20 日 16 时左右在家具公司饭堂内烧火蒸饭时无故被同事何某持刀砍死。

二审法院认为，县人社局作为劳动行政部门，在工伤认定程序中，具有认定受到伤害的职工与企业之间是否存在劳动关系的职权。胡某系进城务工人员，虽已超过法定退休年龄，但被用人单位聘用并签订用工协议，应当认定双方形成劳动关系，依法属于《工伤保险条例》调整的范围。本案中，致害人何某与受害人胡某均系家具公司的员工，工作岗位均为厨房工作人员。2016 年 4 月 20 日 16 时左右，胡某在家具公司厨房烧火蒸饭时被同事何某无故持刀砍伤致死。家具公司没有提供证据证明胡某受害是因为其自身原因所致。结合公安机关的证明，可以认定胡某是在工作时间和工作场所内，因履行工作职责受到来自何某的暴力伤害。县人社局据此认定胡某此次受到的人身伤害（死亡）属于工伤，理由正当。市人社局经立案受理、书面审查等程序，作出维持原行政行为的复议决定，亦无不当。关于家具公司主张其已经向县人社局提交撤回工伤认定申请，申请撤回家具公司于 2016 年 5 月 13 日提交的工伤认定申请的问题。二审法院认为，一般情况下，工伤认定程序是由职工个人、近亲属或者用人单位的申请而启动，工伤认定部门不主动介入工伤认定程序。根据意思自治原则，如果在工伤认定部门接受申请之后、作出决定之前，职工与用人单位已经就工伤待遇事宜协商解决完毕，此时申请人向工伤认定部门撤回工伤认定申请，不影响国家、集体和他人利益，应当予以准许。而本案中，县人社局已经受理了家具公司的工伤认定申请，家具公司在尚未与劳动者近亲属就工伤待遇事宜协商解决的情况下，向县人社局申请撤回工伤认定申请，有损第三人的合法权益，县人社局拒绝家具公司撤回工伤认定申请，处理正确。判决：驳回上诉，维持原判。

家具公司不服二审判决，向广东省高级人民法院申请再审。

再审法院认为，根据家具公司申请再审提交的材料反映，本案中，胡某系农村居民，生前被家具公司聘用并签订用工协议，工作岗位为厨房工作人员，属于超过法定退休年龄的进城务工人员。2016年4月20日16时左右，胡某在家具公司厨房烧火蒸饭时，被同事何某无故持刀砍伤致死。在工伤认定程序中，用人单位未能提供证据证明胡某受害是因为其自身原因所致，且结合公安机关的相关证明，可以认定胡某系在工作时间和工作场所内，因履行工作职责受到来自何某的暴力伤害，符合《工伤保险条例》所规定的应当认定为工伤的情形。县人社局据此认定胡某此次受到的人身伤害（死亡）属于工伤，并无不当。市人社局作出行政复议决定书，对县人社局作出的第二份认定工伤决定书予以维持，程序合法，亦无不妥。一审判决驳回家具公司的诉讼请求，二审判决驳回上诉，维持一审判决，均无不当。家具公司申请再审缺乏事实根据和法律依据，不予采纳。裁定：驳回家具公司的再审申请。

工伤认定实务中存在一些特殊情形，职工在工作时间和工作场所内，因履行工作职责可能受到其他意外伤害，如地震、火灾、建筑物脱落或者其他意外情形等受到的伤害。在工伤认定工作中，应当对各方面情况进行综合分析，没有证据否定职工所受到的伤害与履行工作职责有必然联系的，在排除其他非履行工作职责的因素后，应认定为工伤。本案中，胡某系家具公司的厨工，在家具公司厨房烧火蒸饭时，被同事何某无故持刀砍伤致死。从这一事实来看，可以认定胡某是在工作时间和工作场所内，因履行工作职责受到来自何某的暴力伤害，符合《工伤保险条例》第14条第3项的规定，应当认定为工伤。县人社局据此作出认定工伤决定是正确的，市人社局作出维持该决定的行政复议决定并无不当。故一、二审法院和再审法院经审理，均驳回了家具公司的诉讼请求。

四、因工外出期间伤亡如何认定工伤

《工伤保险条例》第14条第5项规定，因工外出期间，由于工作原因受到伤害或者发生事故下落不明的，应当认定为工伤。从该规定来看，职工因工外出期间伤亡，能够认定工伤须满足以下两个要件。

一是在因工外出期间。外出期间工伤的认定，因为脱离了职工日常的工作时间和工作场所，所以对于外出期间的界定必须限于因工外出，非因工外出应当排除在外。《最高人民法院关于审理工伤保险行政案件若干问题的规定》（法释〔2014〕9号）第5条第1款规定，社会保险行政部门认定下列情形为“因工外出期间”的，人民法院应予支持：（一）职工受用人单位指派或者因工作需要在工作场所以外从事与工作职责有关的活动期间；（二）职工受用人单位指派外出学习或者开会期间；（三）职工因工作需要的其他外出活动期间。

二是由于工作原因。工作原因是认定工伤的必要因素，如果职工因工外出期间，从事与工作无关或者与受用人单位指派外出学习、开会无关的个人活动受到伤害的，不应认定为工伤。

案例55①

张某系某物业公司职工，负责沙滩浴场晚上的安保工作，工作时间为17时至次日5时30分。2015年9月13日19时许，张某上班期间电话告知其同事龙某（无权批假）替其值班，他回家取棉袄。当晚19时40分许，张某在某道路处与他人发生交通事故受伤，经救治无效于当日死亡。

2015年12月8日，张某之妻刘某向某市人社局申请工伤认定。市人社局经调查后，于2016年1月20日作出认定工伤决定书，根据《工伤保险条例》第14条第5项的规定，认定张某所受伤害系因工死亡。

物业公司不服市人社局作出的认定工伤决定，向法院提起行政诉讼。

一审法院认为，《工伤保险条例》第5条第2款规定，县级以上地方各级人民政府社会保险行政部门负责本行政区域内的工伤保险工作，故市人社局具有工伤认定的法定职责。《工伤保险条例》第14条第5项规定，因工外出期间，由于工作原因受到伤害或者发生事故下落不明的，应当认定为工伤。《最高人民法院关于审理工伤保险行政案件若干问题的规定》第5条第2款规定，职工因工外出期间从事与工作或者受用人单位指派外出学习、开会无关的个人活动受到伤害，社会保险行政部门不认定为工伤的，人民法院应予支持。具体到本案，张某上班期间回家取衣服，该行为并非受用人单位指派，亦未取得用人单位同意，张某作为成年人，其应当知道完成工作需要的着装条件，《中华人民共和国劳动合同法》等劳动法律、法规也未赋予其上班期间感觉冷即可自行回家取衣服的权利，故张某回家取衣服虽与完成工作有一定的关联性，但并非属于完成工作所必需，不属于“因工外出”，市人社局适用《工伤保险条例》第14条第5项的规定认定张某系因工死亡适用法律错误。物业公司起诉要求撤销市人社局作出的认定工伤决定书理由正确，应予支持。判决：撤销市人社局作出的认定工伤决定书。

刘某不服一审判决，向二审法院提起上诉。

二审法院经审理认为，一审判决正确，依法应予维持。刘某的上诉理由不当，不予支持。判决：驳回上诉，维持原判。

刘某不服二审判决，向山东省高级人民法院申请再审。

再审法院认为，《工伤保险条例》第1条规定：“为了保障因工作遭受事故伤害或者患职业病的职工获得医疗救治和经济补偿，促进工伤预防和职业康复，分散用人单

① 案号：（2018）鲁行申52号。

位的工伤风险，制定本条例。”第14条规定：“职工有下列情形之一的，应当认定为工伤：……（五）因工外出期间，由于工作原因受到伤害或者发生事故下落不明的；（六）在上下班途中，受到非本人主要责任的交通事故或者城市轨道交通、客运轮渡、火车事故伤害的……”《最高人民法院关于审理工伤保险行政案件若干问题的规定》第5条规定：“社会保险行政部门认定下列情形为‘因工外出期间’的，人民法院应予支持：（一）职工受用人单位指派或者因工作需要在工作场所以外从事与工作职责有关的活动期间；（二）职工受用人单位指派外出学习或者开会期间；（三）职工因工作需要的其他外出活动期间。职工因工外出期间从事与工作或者受用人单位指派外出学习、开会无关的个人活动受到伤害，社会保险行政部门不认定为工伤的，人民法院应予支持。”上述规定分别对工伤保护的立法原则和工伤认定中“因工外出期间”和“上下班途中”的具体情形作了阐述和详细列举，从“保障劳动者在生产劳动过程中遭受事故伤害或者患职业病后能获得医疗救治、经济补偿和职业康复的权利”这一工伤保护的法律原则可知，职工只有在从事与工作职责有关的活动期间或者因工作需要其他外出活动期间才能认定为“因工外出期间”。本案中，张某上班期间未经请假回家取衣物，不属于上述法律规定的“因工外出”，也非工作需要。市人社局认定张某因工死亡，属适用法律错误，依法应予撤销。刘某申请再审的理由缺乏法律依据，不能成立。一、二审法院认定事实清楚，适用法律正确。裁定：驳回刘某的再审申请。

本案中，张某在上班期间回家取衣服，在路上发生交通事故死亡，该情形既不属于因工外出，也不是由于工作原因受到伤害，不符合《工伤保险条例》规定的认定工伤或者视同工伤的情形，因此，市人社局对此作出认定工伤决定是错误的。一、二审法院经审理，判决撤销市人社局作出的认定工伤决定，认定事实清楚，适用法律正确，判决是正确的。故再审法院亦予以确认，驳回了刘某的再审申请。

案例56①

2015年3月24日，梁某和同村村民何某某一起到某船务公司所有的货船上从事抽砂和守船工作。某市中级人民法院作出的已生效的民事判决认定，2015年3月24日至2015年5月29日，梁某与船务公司存在劳动关系，是该公司员工。船务公司的涉案船只在2015年5月2日至2015年7月2日被某县水务局扣押。2015年5月29日约19时20分，梁某不慎落水，何某某听到求救声，到船尾看见梁某在水面上，何某某下水施救，但未能救起梁某，后经多方寻找也未找到梁某。梁某的母亲何某向某县人民法院申请宣告梁某死亡，法院依照《中华人民共和国民事诉讼法》的规定，发出寻找公告，公告期届满后，仍未能找到梁某。法院认为：梁某落水后经工友施救和多方寻找，

① 案号：（2018）粤行申1392号。

仍未能找到，属因意外事故下落不明，至今已有几个月，仍下落不明，已无生还可能。经法院依法发出寻找公告，现仍下落不明。申请人何某是梁某的母亲，其申请符合法律规定。法院依照《中华人民共和国民事诉讼法》的规定，判决：宣告梁某死亡。

何某向某区人社局申请工伤认定。区人社局作出认定工伤决定书，认为梁某因工外出期间发生事故下落不明，符合《工伤保险条例》第14条第5项的规定，认定为工伤。

船务公司不服区人社局作出的认定工伤决定，向法院提起行政诉讼。

一审法院经审理认为，区人社局作出的认定工伤决定书，程序合法，认定事实清楚，适用法律正确。判决：驳回船务公司的诉讼请求。

船务公司不服一审判决，向二审法院提起上诉。

二审法院经审理认定，梁某因工外出期间发生事故下落不明，符合《工伤保险条例》第14条第5项的规定，应认定为工伤。一审法院认定事实清楚，适用法律正确，判决正确。船务公司的上诉没有事实根据和法律依据。判决：驳回上诉，维持原判。

船务公司不服二审判决，向广东省高级人民法院申请再审。

再审法院认为，本案为工伤认定行政纠纷，争议的焦点是区人社局作出的认定工伤决定书是否合法。《工伤保险条例》第14条规定："职工有下列情形之一的，应当认定为工伤：……（五）因工外出期间，由于工作原因受到伤害或者发生事故下落不明的……"根据船务公司申请再审提交的材料反映，梁某系何某之子。某市中级人民法院作出的已生效的民事判决认定，2015年3月24日至2015年5月29日梁某与船务公司存在劳动关系，是该公司员工。船务公司的涉案船只在2015年5月2日至2015年7月2日被某县水务局扣押，梁某于上述期间从该船舶失踪，已经被生效的某县人民法院民事判决确认因意外落水下落不明。原审法院认定梁某因工外出期间发生事故下落不明，符合《工伤保险条例》的上述规定，应认定为工伤，并据此判决驳回船务公司要求撤销认定工伤决定书的诉讼请求，并无不当。船务公司的再审申请不符合《中华人民共和国行政诉讼法》第91条规定的情形，裁定：驳回船务公司的再审申请。

本案中，梁某到船务公司所有的货船上从事抽砂和守船工作，在该货船被某县水务局扣押期间，梁某在船上守船，其间因意外落水失踪，下落不明，被法院宣告死亡。梁某的情形符合《工伤保险条例》第14条第5项的规定，应当认定为工伤，区人社局作出的认定工伤决定认定事实清楚，适用法律正确，该决定是正确的。船务公司主张梁某系自行游泳导致下落不明，并非履行工作职责，也非工作原因，不符合《工伤保险条例》相关规定，不应认定为工伤；某县人民法院判决宣告梁某死亡，事实不清、证据不足，不能作为本案裁判的依据；申请人船务公司与梁某不存在劳动关系等，理据不足，依法不予支持。故此，一、二审法院和再审法院经审理，均驳回了船务公司的诉讼请求。

第四章　特殊情形工伤的认定

一、超过法定退休年龄还能认定为工伤吗

超过法定退休年龄的劳动者因工造成事故伤害，能否认定为工伤，实践中是一个比较复杂的问题，法学界一直有不同看法。我们知道，一般而言，认定工伤的前提条件是因工遭受伤害的劳动者与用人单位之间存在劳动关系（包括事实劳动关系）。但是，超过法定退休年龄的劳动者与用人单位之间能否建立劳动关系，在司法实践中仍有争论，尚需根据实际情况，具体问题具体分析。

关于劳动者的退休年龄。1978 年 5 月 24 日第五届全国人民代表大会常务委员会第二次会议原则批准、1978 年 6 月 2 日国务院颁布的《关于工人退休、退职的暂行办法》（国发〔1978〕104 号）第 1 条规定，“全民所有制企业、事业单位和党政机关、群众团体的工人，符合下列条件之一的，应该退休：（一）男年满六十周岁，女年满五十周岁，连续工龄满十年的。（二）从事井下、高空、高温、特别繁重体力劳动或者其他有害身体健康的工作，男年满五十五周岁、女年满四十五周岁，连续工龄满十年的。本项规定也适用于工作条件与工人相同的基层干部。（三）男年满五十周岁，女年满四十五周岁，连续工龄满十年，由医院证明，并经劳动鉴定委员会确认，完全丧失劳动能力的。（四）因工致残，由医院证明，并经劳动鉴定委员会确认，完全丧失劳动能力的”。同时，原则批准、颁布的《国务院关于安置老弱病残干部的暂行办法》第 4 条规定，“党政机关、群众团体、企业、事业单位的干部，符合下列条件之一的，都可以退休。（一）男年满六十周岁，女年满五十五周岁，参加革命工作年限满十年的；（二）男年满五十周岁，女年满四十五周岁，参加革命工作年限满十年，经过医院证明完全丧失工作能力的；（三）因公致残，经过医院证明完全丧失工作能力的。”《劳动和社会保障部关于制止和纠正违反国家规定办理企业职工提前退休有关问题的通知》（劳社部发〔1999〕8 号）规定，国家法定的企业职工退休年龄是：男年满 60 周岁，女工人年满 50 周岁，女干部年满 55 周岁。从事井下、高空、高温、特别繁重体力劳动或其他有害身体健康工作的，退休年龄为男年满 55 周岁、女年满 45 周岁；因病或非因工致残，由医院证明并经劳动鉴定委员会确认完全丧失劳动能力的，退休年龄为男年满 55 周岁、女年满 45 周岁。

劳动者超过法定退休年龄后还继续在用人单位工作，与用人单位之间能否建立劳动关系，还需要具体分析。《中华人民共和国劳动合同法》第 44 条规定，“有下列情形之一的，劳动合同终止：……（二）劳动者开始依法享受基本养老保险待遇的……”

《中华人民共和国劳动合同法实施条例》第21条规定："劳动者达到法定退休年龄的，劳动合同终止。"《最高人民法院关于审理劳动争议案件适用法律问题的解释（一）》（法释〔2020〕26号）第32条第1款规定："用人单位与其招用的已经依法享受养老保险待遇或者领取退休金的人员发生用工争议而提起诉讼的，人民法院应当按劳务关系处理。"对于该规定的理解和适用，最高人民法院指出：第一，关于与依法享受养老保险待遇或者领取退休金人员建立的用工关系的性质认定。依法享受养老保险待遇或者领取退休金人员再就业情况非常普遍，对于这类人员的用工关系如何定性，目前司法实践争议不大。依照《中华人民共和国劳动合同法》第44条第2项规定，劳动者开始依法享受养老保险待遇，是劳动者与用人单位劳动合同终止的法定原因。劳动者只要享受基本养老保险待遇，劳动合同即终止，不宜再建立劳动关系。所以用人单位与这类人员建立的用工关系，不应当认定为劳动关系，否则违背《中华人民共和国劳动合同法》规定，也违背基本养老保险待遇制度的初衷。第二，关于与达到法定退休年龄但不能享受养老保险待遇人员建立的用工关系的性质认定。一般情况下，享受养老保险待遇的人员已经达到法定退休年龄，但是达到法定退休年龄不一定能够享受养老保险待遇。对于用人单位与已达到法定退休年龄但是不能享受养老保险待遇人员的用工关系定性，实践中存在争议。一种意见认为，用人单位应当继续履行劳动合同，为劳动者缴纳社会保险，当符合可以享受基本养老保险的条件时，用人单位可以终止劳动合同。另一种意见认为，劳动者已经达到法定退休年龄而不能依法享受基本养老保险待遇的情况非常复杂，可能用人单位为劳动者缴纳了社会保险费，但是由于该劳动者累计缴费年限不满15年，因此不能享受按月支付的基本养老保险待遇；还有的地方没有把进城务工人员等纳入基本养老保险覆盖范围，这些劳动者可能根本没有参加基本养老保险。如果在这些情况下，一律禁止用人单位终止劳动合同，对其不公。《中华人民共和国劳动合同法实施条例》第21条规定，劳动者达到法定退休年龄的，劳动合同终止。我们认为，可以将该条规定视为《中华人民共和国劳动合同法》第44条第6项规定的"法律、行政法规规定的其他情形"。但是这并不意味着劳动关系必然自动终止。人民法院应当对该条规定的适用情形作实质审查，对于达到法定退休年龄，但是非因用人单位原因不能享受基本养老保险待遇的，如前述另一种意见中出现的情况，可以终止劳动关系；对于达到法定退休年龄，但是因为用人单位原因不能享受基本养老保险待遇的，不能随意终止劳动关系。

案例57①

林某出生于1951年12月18日，属农业户口，其于2012年4月3日入职某纸业公

① 案号：(2016) 粤行申1391号。

司任保安员，并于2014年10月1日签订用工协议，约定服务期限为2014年10月1日至2015年9月30日。林某没有享受城镇职工养老保险待遇。2015年2月26日，林某从事本职工作期间在保安室晕倒，后送卫生院检查并住院治疗。2月27日11时56分，林某住院期间在上厕所时突然出现呼吸心跳骤停，经抢救无效于当日13时15分死亡。

林某之妻何某于2015年4月27日就林某的死亡向某区人社局提出工伤认定申请，区人社局于同日予以受理。5月13日，区人社局作出工伤认定中止审理通知书，并建议何某就林某与纸业公司是否存在劳动关系的问题向某区劳动人事争议仲裁委员会申请仲裁。2015年10月12日，何某向区人社局提交恢复审理申请书，区人社局于10月15日作出工伤认定恢复审理通知书，恢复案件审理，并于10月16日向纸业公司作出工伤认定举证通知书，告知其在期限内提供证据材料，否则将承担相应的法律后果。区人社局对何某以及纸业公司提供的材料进行调查核实后，于2015年11月27日作出不予认定工伤决定书，认为林某超过法定退休年龄与纸业公司签订劳务用工协议，双方形成的用工关系按劳务关系处理。因此，林某的死亡不符合《工伤保险条例》第14条、第15条可认定为工伤或视同工伤的情形，决定对其死亡不予认定也不视同为工伤。

何某不服区人社局作出的不予认定工伤决定，向法院提起行政诉讼。

一审法院认为，本案属劳动和社会保障行政确认纠纷。根据《工伤保险条例》第5条第2款的规定："县级以上地方各级人民政府社会保险行政部门负责本行政区域的工伤保险工作。"区人社局具有对本辖区内工伤事故作出认定的法定职权。区人社局在接到何某提出的工伤认定申请后，在法定期限内作出决定，并送达何某与纸业公司，程序合法。本案的争议焦点为区人社局以林某已达法定退休年龄为由作出不予认定工伤决定书是否合法。《工伤保险条例》第2条第2款规定："中华人民共和国境内的企业、事业单位、社会团体、民办非企业单位、基金会、律师事务所、会计师事务所等组织的职工和个体工商户的雇工，均有依照本条例的规定享受工伤保险待遇的权利。"可见，《工伤保险条例》并未将超过法定退休年龄再工作劳动者排除在《工伤保险条例》调整的范围之外。另外，《中华人民共和国劳动法》对达到法定退休年龄的人员从事劳动亦未作禁止性规定。同时，《最高人民法院关于审理劳动争议案件适用法律若干问题的解释（三）》[①] 第7条规定："用人单位与其招用的已经依法享受养老保险待遇或领取退休金的人员发生用工争议，向人民法院提起诉讼的，人民法院应当按劳务关系处理"，以及参照《最高人民法院行政审判庭关于超过法定退休年龄的进城务工农民因工伤亡的，应否适用〈工伤保险条例〉请示的答复》（〔2010〕行他字第10

① 该司法解释已于2021年1月1日废止。现为《最高人民法院关于审理劳动争议案件适用法律问题的解释（一）》（法释〔2020〕26号），相同内容的规定为第32条，下同。

号），用人单位招用已达法定退休年龄但未享受养老保险待遇或退休金的人员，双方形成的用工关系可按劳动关系处理。具体到本案，林某出生于1951年12月18日，其死亡时已年满63周岁，虽已达到法定退休年龄，但未享受养老保险待遇或领取退休金，应当适用《工伤保险条例》的有关规定进行工伤认定。因此，区人社局仅以林某已达法定退休年龄而认定其与纸业公司存在劳务关系为由作出不予认定工伤决定书，适用法律法规不当。一审法院依照《中华人民共和国行政诉讼法》第70条第2项之规定，判决：撤销区人社局作出的不予认定工伤决定书，责令区人社局对何某提出的工伤认定申请事项重新作出处理。

纸业公司不服，向二审法院提起上诉。纸业公司认为，（一）根据《中华人民共和国社会保险法》第10条、第16条、第20条、第21条的规定，新型农村养老保险属于我国法律所规定的养老保险待遇之一，一审法院认定林某享受的新型农村养老保险不属于养老保险，适用法律错误。（二）一审法院认定林某与纸业公司存在劳动关系，适用法律错误。1. 根据《中华人民共和国劳动合同法实施条例》第21条的规定，被用人单位聘用或者被返聘回原单位的离退休人员，与用人单位或者原工作单位之间不存在劳动关系。2. 《中华人民共和国行政诉讼法》第63条第1款规定："人民法院审理行政案件，以法律和行政法规、地方性法规为依据。地方性法规适用于本行政区域内发生的行政案件。"《最高人民法院行政审判庭关于超过法定退休年龄的进城务工农民因工伤亡的，应否适用〈工伤保险条例〉请示的答复》（〔2010〕行他字第10号）仅是对个案的指导性意见，不具有普遍的约束力。我国的司法解释不具有法律的效力。该答复只是司法解释，不是法律，不是行政机关作出具体行政行为必须遵守的法律规范，更不能成为撤销具体行政行为的法律依据。《广东省工伤保险条例》是地方性法规，在广东省颁布的地方性法规对此有明确规定的情况下，应该适用《广东省工伤保险条例》，而不是适用最高人民法院行政审判庭〔2010〕行他字第10号答复。该答复并未将本案情况的用工关系认定为劳动关系。而且，只有因工作原因所引起的伤亡，才能适用该答复。具体到本案，林某在保安室自己跌倒，到医院治理后次日在上厕所期间才死亡，不属于"在工作时间内、因工作原因死亡"，并不属于该答复所规定的情形。一审法院是对该答复所限定的情形做扩大解释，适用法律错误。3. 广东省高级人民法院在（2014）粤高法审监民提字第55号省检察院抗诉的审判监督案件等判例中也作出认定："达到退休年龄的个人与其他用人单位建立用工关系的，不宜按劳动关系处理，应当按照雇佣劳务关系处理。"（三）林某本人不愿意继续缴费再申请养老保险待遇，申请按月领取基础及个人账户养老金，导致无法享受工伤待遇，应由本人承担不利的法律后果。根据《中华人民共和国社会保险法》第95条以及2011年7月1日起施行、人力资源和社会保障部发布的《实施〈中华人民共和国社会保险法〉若干规定》（人力资源和社会保障部令第13号）第3条的规定，法律法规已赋予公民通过补缴社保费的方式享受社保待遇。而且，由于林某属于进城务工的农村居民，且在从业时已60岁，死亡时已63岁，超过了法定退休年龄，其属于可购买新型农村社会养老保险的情形。根据区人社局提供的农村养老保险待遇核定表和明细表等证据可知，林某本人不同意继续缴费再申请养老保险待遇，并自己申请按月领取基础及个人账户养老金，导致无法享受工伤待遇，应由本人承担不利的法律后果。（四）林某入职纸业公司工作时已满法定退休年龄，且已开始享受养老保险待遇，纸业公司根本无法为其缴纳社会保险来降低企业风险。如果认定纸业公司与林某存在的是劳动关系而不是劳务关系，并且由此在后续的程序中作出认定属于工伤，显然对纸业公司是极为不公平的。

区人社局认为，（一）区人社局作出的不予认定工伤决定适用法律法规并无不当。根据《工伤保险条例》第2条的规定，工伤认定的范围，应当以存在劳动关系为前提。根据《中华人民共和国劳动合同法》第44条、《中华人民共和国劳动合同法实施条例》第21条的规定，及《广东省高级人民法院、广东省劳动人事争议仲裁委员会关于审理劳动人事争议案件若干问题的座谈会纪要》（粤高法〔2012〕284）中“关于适用《中华人民共和国劳动合同法》的若干意见”第11条规定，用人单位招用已达到法定退休年龄但尚未享受基本养老保险待遇或领取退休金的劳动者，双方形成的用工关系按劳务关系处理，因此对于达到法定退休年龄的职工不适用《工伤保险条例》进行工伤认定。《最高人民法院关于超过法定退休年龄的进城务工农民在工作时间内因公伤亡的，能否认定工伤的答复》（〔2012〕行他字第13号）和《最高人民法院行政审判庭关于超过法定退休年龄的进城务工农民因工伤亡的，应否适用〈工伤保险条例〉请示的答复》（〔2010〕行他字第10号）不是法律法规，不是行政机关作出行政行为应当适用的法律依据，更不能作为撤销具体行政行为的依据。而且《广东省工伤保险条例》第63条已经明确规定，对于已达到法定退休年龄或者已经依法享受基本养老保险待遇的劳动者，不适用本条例。（二）林某与纸业公司不存在劳动关系。纸业公司于2012年4月3日雇请林某时，林某已经达到法定退休年龄，双方签订劳务协议。双方至今已通过书面形式确定属于劳务关系，并非劳动关系。对于达到法定退休年龄的职工与用人单位是否存在劳动关系的问题，广东省无论在立法上还是司法实践中，都已无争议，若对于同一法律事实，通过民事诉讼认定为没有劳动关系，就不能通过行政诉讼让劳动行政部门认定为有劳动关系。（三）工伤认定不是唯一的司法救济途径。达到法定退休年龄的职工与用人单位是否存在劳动关系，是否需要社会保险行政部门进行工伤认定，本质上只是司法救济途径的划分问题。根据《广东省工伤保险条例》第63条第2款的规定，对于达到法定退休年龄或者已经依法享受基本养老保险待遇的劳动者，其因工作原因受到人身伤害的，可以要求用人单位参照本条例规定的工伤保险待遇支付有关费用，双方对损害赔偿存在争议的，可以依法通过民事诉讼方式解决。即当事人取得区人社局的不予认定工伤决定书后，可提出民事诉讼，直接向用人单位主张权利，根本没必要提起行政诉讼，区人社局依法不予认定工伤，并不影响其合法权益的实现。（四）一审判决根据《中华人民共和国行政诉讼法》第70条的规定撤销区人社局所作决定并无依据。

何某认为，（一）一审判决认定林某未享受养老保险待遇或领取退休金，认定事实正确。林某领取的新型农村社会养老保险不属于《最高人民法院关于审理劳动争议案件适用法律若干问题的解释（三）》第7条规定的养老保险。2016年3月28日颁布的《人力资源社会保障部关于执行〈工伤保险条例〉若干问题的意见（二）》（人社部发〔2016〕29号）第2条，明确指出养老保险是指城镇职工基本养老保险，而不是新型农村社会养老保险。而且，社会保险的养老保险待遇与新型农村社会养老保险差距甚大。如果林某领取新型农村社会养老保险就视为已领取了《最高人民法院关于审理劳动争议案件适用法律若干问题的解释（三）》第7条规定的养老保险待遇，那么，企业是否也可以为未达退休年龄的农业户口职工缴纳新型农村社会养老保险，无须购买社会保险？显然，这与实际操作不吻合。（二）林某与纸业公司之间存在劳动关系。1. 根据《最高人民法院关于审理劳动争议案件适用法律若干问题的解释（三）》第7条的规定，林某没有享受养老待遇或者领取退休金，应认定林某与纸业公司之间存在劳动关系，而非劳务关系。2.《中华人民共和国劳动法》只有禁止使用童工的规定，对达到法定退休年龄仍然从事劳动的人员，法律未作禁止性规定。3. 林某除年龄超过法定退休年龄外，其与纸业公司之间的关系与其他职工并无任何差异。若仅仅以其超过法定退休年龄就认定不是劳动关系缺乏法律依据，也不符合平等保护的原则。4. 我国目前职工退休年龄有延长的呼声，人社部也在研究延长职工退休年龄，应当认定林某与纸业公司之间存在事实劳动关系。（三）一审判决认定应当适用《工伤保险条例》的有关规定进行工伤认定，适用法律准确。1. 最高人民法院及最高人民法院行政庭有对本案这类情况应当认定工伤的明确答复。《最高人民法院关于超过法定退休年龄的进城务工农民在工作时间内因公伤亡的，能否认定工伤的答复》中所涉案情与本案一致。2. 根据《最高人民法院关于司法解释工作的规定》第5条的规定，纸业公司主张司法解释不具有普遍效力，没有法律依据。3.《工伤保险条例》没有把超过退休年龄的劳动者排除在职工范围之外。《广东省工伤保险条例》第63条规定与《工伤保险条例》不一致的，应以上位法《工伤保险条例》为准。4.《广东省工伤保险条例》第63条规定劳动者达到法定退休年龄，不适用该条例，即《广东省工伤保险条例》只是没有对超过法定退休年龄的劳动者如何进行工伤认定的情形作出规定，但不能据此推断达到法定退休年龄就不能进行工伤认定的结论。（四）纸业公司主张林某申请养老保险待遇，导致无法享受工伤待遇，这一主张没有事实根据和法律依据。1. 林某没有享受养老保险待遇或领取退休金。2. 纸业公司作为用人单位，其为聘用的劳动者参加社会保险是一项法定基本义务。但是，纸业公司没有为林某购买社会保险。3.《工伤保险条例》第62条第2款规定：“依照本条例规定应当参加工伤保险而未参加工伤保险的用人单位职工发生工伤的，由该用人单位按照本条例规定的工伤保险待遇项目和标准支付费用。”

二审法院认为，《国务院关于工人退休、退职的暂行办法》第1条“全民所有制企业、事业单位和党政机关、群众团体的工人，符合下列条件之一的，应该退休；（一）男年满六十周岁，女年满五十周岁，连续工龄满十年的……”的规定，仅是对退休年龄的规定，对退休后重新参加工作并未作任何规定。而我国法律法规对劳动者年龄只有下限16周岁的规定，并没有禁止用人单位聘用达到法定退休年龄的人员工作，也没有禁止超过法定退休年龄的人享有劳动权。《工伤保险条例》也未将超过法定退休年龄的人员排除在《工伤保险条例》调整的范围之外。同时参照《最高人民法院行政审判庭关于超过法定退休年龄的进城务工农民因工伤亡的，应否适用〈工伤保险条例〉的请示的答复》中关于“用人单位聘用的超过法定退休年龄的务工农民，在工作时间内、因工作原因伤亡的，应当适用《工伤保险条例》的有关规定进行工伤认定”的意见，也未以超过法定退休年龄作为不予认定工伤的条件。因此，本案中，区人社局仅以林某超过法定退休年龄为由作出涉案不予认定工伤决定，适用法律欠妥，一审判决撤销区人社局作出的涉案决定并判令重新作出行政行为的处理，并无不当，依法予以维持。判决：驳回上诉，维持原判。

纸业公司不服，向广东省高级人民法院申请再审。

再审法院认为，《最高人民法院行政审判庭关于超过法定退休年龄的进城务工农民因工伤亡的，应否适用〈工伤保险条例〉请示的答复》（〔2010〕行他字第10号）规定：“……用人单位聘用的超过法定退休年龄的务工农民，在工作时间内、因工作原因伤亡的，应当适用《工伤保险条例》的有关规定进行工伤认定。”《最高人民法院关于审理劳动争议案件适用法律若干问题的解释（三）》第7条规定：“用人单位与其招用的已经依法享受养老保险待遇或领取退休金的人员发生用工争议，向人民法院提起诉讼的，人民法院应当按劳务关系处理。”《中华人民共和国劳动法》并没有禁止用人单位聘用超过法定退休年龄的劳动者，用人单位聘用超过法定退休年龄的劳动者，签订用工协议，应当认定双方形成劳动关系，属于《工伤保险条例》调整的范围，劳动者享有依该条例享受工伤保险待遇的权利。因此，区人社局仅以林某超过法定退休年龄为由，作出不予认定工伤决定书，决定对林某的死亡不予认定为工伤，也不视同工伤，不符合上述司法解释的规定。一审法院撤销上述不予认定工伤决定书，判令区人社局重新作出处理，二审法院对此予以维持，并无不当。纸业公司提出其他有关不构成工伤的理由应当在重新处理程序中向区人社局提出。综上，纸业公司的再审申请不符合《中华人民共和国行政诉讼法》第91条规定的情形。依照《最高人民法院关于执行〈中华人民共和国行政诉讼法〉若干问题的解释》[1] 第74条的规定，裁定：驳回纸业公司的再审申请。

一般来讲，认定工伤须以职工与用人单位存在劳动关系为前提，但是，社会实践中用工情形多种多样，不能一概而论。本案中，区人社局认为林某已经超过法定退休年龄，与纸业公司之间系劳务关系，不适用《工伤保险条例》进行工伤认定。而《最高人民法院关于超过法定退休年龄的进城务工农民在工作时间内因公伤亡的，能否认定工伤的答复》和《最高人民法院行政审判庭关于超过法定退休年龄的进城务工农民因工伤亡的，应否适用〈工伤保险条例〉请示的答复》均明确规定，用人单位聘用的超过法定退休年龄的务工农民，在工作时间内、因工作原因伤亡的，应当适用《工伤保险条例》的有关规定进行工伤认定。因此，区人社局对林某突发疾病经抢救无效死亡的情形作出不予认定工伤决定，系适用法律错误，应予撤销。一、二审法院判决撤销区人社局作出的不予认定工伤决定，责令其重新作出行政行为是正确的。再审法院经审理，对此也予以确认，驳回了纸业公司的再审申请。

二、挂靠单位聘用人员发生工伤怎么认定

《最高人民法院关于审理工伤保险行政案件若干问题的规定》（法释〔2014〕9号）第3条第1款第5项规定，个人挂靠其他单位对外经营，其聘用的人员因工伤亡的，被挂靠单位为承担工伤保险责任的单位。

案例58[2]

案外人李某将其车牌号为渝C×××××的重型罐式货车挂靠于某运输公司从事运输业务，并聘用张某为驾驶员。2015年11月14日早上5时左右，张某在关该车顶入料盖时摔伤。同日，经医院诊断为：1. 腰1椎体压缩性骨折；2. 右腕柯式骨折；3. 右耻骨下支骨折；4. 全身多处软组织伤；5. 其他操作及基础疾病待排。

2016年4月8日，张某向某区人社局申请工伤认定。5月17日，区人社局作出认定工伤决定书，认定张某此次受伤属于工伤，工伤部位为腰1椎体、右腕、右耻骨、全身多处软组织。运输公司不服，于2016年7月21日向某区政府提起行政复议申请，称车牌号为渝C×××××的重型罐式货车不是该公司的自有车辆，而是他人挂靠经营；张某不是该公司聘请的驾驶员，与公司没有劳动关系；事故发生时，也不是受该公司安排工作。因此，申请撤销区人社局作出的认定工伤决定书。区政府受理后，依

---

① 该司法解释已于2018年2月8日废止。现为《最高人民法院关于适用〈中华人民共和国行政诉讼法〉的解释》（法释〔2018〕1号），见第116条。

② 案号：（2018）最高法行申117号。

法要求区人社局作出答复意见。区人社局于2016年8月1日作出行政复议答复书称，在行政程序中，经书面通知，运输公司并未举示任何证据证明张某所受事故伤害不是工伤，《最高人民法院关于审理工伤保险行政案件若干问题的规定》第3条第1款第5项规定，个人挂靠其他单位对外经营，其聘用的人员因工伤亡的，被挂靠单位为承担工伤保险责任的单位，故认定工伤的行为事实清楚，证据确凿，适用依据正确，程序合法，内容适当，应予维持。区政府于2016年9月5日作出行政复议决定书，认为区人社局提供的证据不足以证明张某与运输公司之间具有劳动关系，故其作出的认定工伤决定书主要事实不清、证据不足，决定撤销区人社局作出的认定工伤决定书，并责令区人社局于60日内重新作出行政行为。

张某不服该行政复议决定，向法院提起行政诉讼。

一审法院经审理认为，根据《中华人民共和国行政复议法》第12条第1款“对县级以上地方各级人民政府工作部门的具体行政行为不服的，由申请人选择，可以向该部门的本级人民政府申请行政复议，也可以向上一级主管部门申请行政复议”的规定，本案中，区政府作为区人社局的本级人民政府，具有对该局行政行为进行行政复议的法定职责。本案中，案件处理的焦点在于张某的受伤是否属于工伤。各方对于涉案车辆由案外人李某购买、挂靠在运输公司、聘请张某来驾驶这一事实均无异议。根据《最高人民法院关于审理工伤保险行政案件若干问题的规定》第3条第1款第5项“个人挂靠其他单位对外经营，其聘用的人员因工伤亡的，被挂靠单位为承担工伤保险责任的单位”的规定，张某作为渝C×××××实际车主聘用的驾驶员，在从事业务时受伤，符合工伤认定的条件；且在挂靠经营中，为保护劳动者的合法权益，法律法规规定只要挂靠关系成立，实际车主聘用的人员因工伤亡的，被挂靠单位就应当承担工伤保险责任。所以，本案中张某的受伤应当属于工伤，区人社局作出的认定工伤决定书应予以维持，区政府作出的行政复议决定书应当予以撤销。一审法院依据《中华人民共和国行政诉讼法》第70条第2项的规定，判决撤销区政府作出的行政复议决定书，责令区政府重新作出行政复议决定。

区政府不服，向二审法院提起上诉。区政府认为，区人社局不能证明张某与运输公司之间存在劳动关系，区人社局作出的认定工伤决定书适用的是《工伤保险条例》第14条第1项规定，并非适用《最高人民法院关于审理工伤保险行政案件若干问题的规定》第3条第1款第5项之规定作出的工伤认定，区人社局作出的认定工伤决定书认定事实不清，适用法律错误，应当予以撤销。一审法院认定事实不清，判决撤销区政府作出的行政复议决定书不当。

二审法院认为，根据《最高人民法院关于审理工伤保险行政案件若干问题的规定》第3条第1款第5项的规定，个人挂靠其他单位对外经营，其聘用的人员因工伤亡的，被挂靠单位为承担工伤保险责任的单位。本案中，伤者张某系车主李某聘用的挂靠在运输公司的货车驾驶员，在给该车关车顶入料盖时导致摔伤，被挂靠单位即运输公司是应当承担工伤保险责任的单位，区人社局作出的认定工伤决定符合《工伤保险条例》的规定以及《最高人民法院关于审理工伤保险行政案件若干问题的规定》。区政府经复议撤销区人社局作出的认定工伤决定书不当，一审法院判决撤销区政府作出的行政复议决定书，责令其重新作出行政复议决定并无不当。判决：驳回上诉，维持原判。

区政府不服，向最高人民法院申请再审。

再审法院认为，本案争议的焦点是张某的受伤是否属于工伤。根据《最高人民法院关于审理工伤保险行政案件若干问题的规定》第3条第1款第5项的规定，个人挂靠其他单位对外经营，其聘用的人员因工伤亡的，被挂靠单位为承担工伤保险责任的单位。该司法解释从保护劳动者的合法权益出发，从挂靠经营关系推定出拟制的劳动关系，在认定工伤时无须再另行确认劳动关系。本案中，根据工伤认定申请表、渝C×××××货车行驶证、证人证言等证据，足以认定货车实际车主李某将渝C×××××货车挂靠在运输公司从事货物运输业务，张某系李某聘用的驾驶员，张某在给该货车关车顶入料盖时摔伤，因此，运输公司应当承担工伤保险责任。区人社局认定张某受到的事故伤害为工伤，符合《工伤保险条例》第14条第1项和《最高人民法院关于审理工伤保险行政案件若干问题的规定》第3条第1款第5项之规定。区政府撤销区人社局作出的认定工伤决定书的行为不当。原审法院判决维持区人社局作出的认定工伤决定书，撤销区政府作出的行政复议决定书正确。区政府申请再审的理由不能成立，不予支持。裁定：驳回区政府的再审申请。

本案中，区政府仅以张某与运输公司之间不存在劳动关系，张某受伤的情形不能认定工伤为由，作出撤销区人社局作出的认定工伤决定的行政复议决定，缺乏法律依据，是错误的。根据本案查清的事实，张某系李某雇佣的司机，涉案货车系李某购买并挂靠在运输公司名下经营。张某在给该货车关车顶入料盖时摔伤，符合《工伤保险条例》第14条第1项规定的“在工作时间和工作场所内，因工作原因受到事故伤害的”情形，构成工伤。根据《最高人民法院关于审理工伤保险行政案件若干问题的规定》第3条第1款第5项的规定，个人挂靠其他单位对外经营，其聘用的人员因工伤亡的，被挂靠单位为承担工伤保险责任的单位。因此，张某受到的伤害应当认定为工伤，运输公司为承担工伤保险责任的主体。区人社局作出的认定工伤决定是正确的。一、二审法院和再审法院经审理，对此均予以确认。

案例59①

2019年3月2日9时22分许，尤某在下班途中驾驶电动自行车在某道路与金某驾驶的小型客车发生碰撞，致尤某受伤，后在甲医院、乙医院治疗，诊断为：左胫骨平台粉碎性骨折、左膝关节前交叉韧带撕裂、左膝部挫伤等。某区公安局交通警察大队作出的道路交通事故认定书（简易程序），认定尤某无责任。

2019年12月23日尤某提起工伤认定申请，同日，某区人社局作出工伤认定申请受理决定书，予以受理，并向华某大酒店发出限期举证通知书，华某大酒店在举证期限内提交了答辩状及证据材料。此后区人社局依职权对尤某进行了调查核实，并向丁某、于某、温某、纪某、曹某、常某等人调查，制作了调查笔录。其中，丁某陈述："我和前厅经理的工资是维某酒店发，其他人都是华某大酒店发"；于某陈述："华某大酒店的产权是我的，我是租给温某投资经营的，按道理他……自己去注册登记，但如果他自己注册登记，要牵涉到很多方面，所以他就同我协商，仍共用我的营业执照，但我不参与经营管理，只收房租"；温某陈述："我是用的华某大酒店加盟的维某酒店……我跟房东华某大酒店租房子时，这个发票专用章就一直留在前台的，因为前台办理入住手续开票都需要这个章"；常某陈述："当天早上我应当9点到班，我提前到店后，看见尤某还没下班，人在店里，我还问过她怎么还没有下班，她说有点事找我一下……那一天早上她问的是绿云系统方面的相关问题"。根据调查情况，区人社局于2020年4月17日作出认定工伤决定书，认定尤某的受伤符合《工伤保险条例》第14条第6项、《泰州市工伤保险管理办法》（泰政规〔2016〕1号）第28条第5项规定，予以认定为工伤，由华某大酒店承担工伤保险责任。

华某大酒店不服区人社局作出的认定工伤决定，向法院提起行政诉讼。

一审法院认为，本案的主要争议焦点是：本案事故是否发生在上下班途中及华某大酒店是否应当承担工伤保险责任。根据《工伤保险条例》第5条第2款的规定，区人社局负责本行政区域内的工伤保险工作，其具有依法进行工伤行政确认的法定职责。关于事故是否属于发生在上下班途中。《工伤认定办法》第17条规定，职工或者其近亲属认为是工伤，用人单位不认为是工伤的，由该用人单位承担举证责任。用人单位拒不举证的，社会保险行政部门可以根据受伤害职工提供的证据或者调查取得的证据，依法作出工伤认定决定。本案中，华某大酒店认为尤某打卡后没有径直回家，不能认定为是下班的"合理时间、合理路线"。根据尤某及常某的笔录可以证实，尤某打卡后在单位进行了下班准备并就相关工作问题进行了交流后离店，在回家途中发生事故，应当属于"合理时间、合理路线"的上下班途中。《工伤保险条例》第14条规定，

① 案号：（2020）苏12行终218号。

“职工有下列情形之一的，应当认定为工伤：……（六）在上下班途中，受到非本人主要责任的交通事故或者城市轨道交通、客运轮渡、火车事故伤害的……”本案中，尤某在上下班途中，受到交通事故伤害，且非本人主要责任。在用人单位未提供有效证据否定上述证据的情况下，区人社局根据调查认定的事实作出案涉工伤认定，符合前述法律规定。关于华某大酒店是否应当承担工伤保险责任。《最高人民法院关于审理工伤保险行政案件若干问题的规定》第3条第1款第5项规定，个人挂靠其他单位对外经营，其聘用的人员因工伤亡的，被挂靠单位为承担工伤保险责任的单位。本案中，事发时温某等人经营的维某酒店尚未进行工商登记，由华某大酒店出借营业执照、特种行业许可证对外经营，上述均有丁某、温某的调查笔录及现场照片等可予证实。综上，本案事实符合上述规定，华某大酒店将营业执照等出借于温某等人，属于个人挂靠单位对外经营，故华某大酒店为本案承担工伤保险责任的单位。区人社局在受理尤某的工伤认定申请后，在履行了审查相关材料、调查相关证据，送达相关手续等程序后，依法作出认定工伤决定书，程序合法。判决：驳回华某大酒店的诉讼请求。

华某大酒店不服一审判决，向二审法院提出上诉。华某大酒店认为，1. 常某的证言不是事实。常某的考勤记录明确记载常某是事发当日21时后才考勤的，常某当天根本未上班，尤某不可能在早上9点左右与常某交流工作。一审法院认定的事实与华某大酒店提交的常某的考勤表这份证据相矛盾，没有事实依据。2. 案外人陈某、温某租赁华某大酒店加盟维某酒店，与华某大酒店系租赁关系，根本不存在挂靠关系。一审法院对华某大酒店提交的租赁合同不作确认，却径行认定华某大酒店为“个人挂靠经营”，显然认定事实错误。3. 一审法院适用法律错误。现有证据证明事发当天尤某系8：04下班回家，9：22发生的事故，很显然不属于在下班的“合理时间、合理路线”范围内，没有证据证明尤某是在下班时的必经途中发生交通事故。4. 区人社局主动为尤某调查收集认定工伤的相关证据，缺乏法律依据。

二审法院查明事实与一审判决认定事实一致，予以确认。二审中，华某大酒店对其应当作为工伤责任承担主体不持异议。

二审法院认为，本案的争议焦点为尤某发生交通事故时，是否属于合理的下班时间段。本案中，尤某的下班时间虽为8：00，但尤某陈述其之所以直至9：00左右才离开单位，是因为与其主管常某交流工作所致，且该陈述得到了常某的证实。至于华某大酒店认为，常某当日未上班，其陈述不是事实的上诉意见，常某作为华某大酒店的部门负责人、尤某的主管领导，且常某至今仍在维某酒店的全国连锁店工作，其不应当也没有理由帮助尤某作虚假陈述。《工伤保险条例》第19条第2款规定，职工或者其近亲属认为是工伤，用人单位不认为是工伤的，由用人单位承担举证责任。本案中，用人单位虽提交了常某于当日的考勤表，但该考勤表并不足以证明常某当日没有到酒店，常某作为当时酒店的前台经理，即使在非工作日，也有可能至酒店解决相关的工作问题，且尤某提交的工作群微信聊天记录上的图片也能证明常某当天9：00左右确实在酒店。更何况，本案最有证明力的证据，即酒店大堂的监控录像是完全能够证明尤某是几时离开酒店、常某当日有无到酒店，且该录像应当由华某大酒店保存，但华某大酒店却未能向法院提交。《最高人民法院关于适用〈中华人民共和国行政诉讼法〉的解释》第46条第3款规定，持有证据的当事人以妨碍对方当事人使用为目的，毁灭有关证据或者实施其他致使证据不能使用行为的，人民法院可以推定对方当事人基于该证据主张的事实成立，并可依照《中华人民共和国行政诉讼法》第59条规定处理。因此，华某大酒店关于常某当日未上班，常某的证言不属实的意见，法院不予采纳。关于华某大酒店认为区人社局主动为尤某认定工伤收集证据没有法律依据的意见。《工伤保险条例》第19条第1款规定，社会保险行政部门受理工伤认定申请后，根据审核需要可以对事故伤害进行调查核实，用人单位、职工、工会组织、医疗机构以及有关部门应当予以协助。《工伤认定办法》第9条规定，社会保险行政部门受理工伤认定申请后，可以根据需要对申请人提供的证据进行调查核实。第11条规定，社会保险行政部门工作人员在工伤认定中，可以进行以下调查核实工作：（一）根据工作需要，进入有关单位和事故现场；（二）依法查阅与工伤认定有关的资料，询问有关人员并作出调查笔录；（三）记录、录音、录像和复制与工伤认定有关的资料。调查核实工作的证据收集参照行政诉讼证据收集的有关规定执行。第12条规定，社会保险行政部门工作人员进行调查核实时，有关单位和个人应当予以协助。用人单位、工会组织、医疗机构以及有关部门应当负责安排相关人员配合工作，据实提供情况和证明材料。第17条规定，职工或者其近亲属认为是工伤，用人单位不认为是工伤的，由该用人单位承担举证责任。用人单位拒不举证的，社会保险行政部门可以根据受伤害职工提供的证据或者调查取得的证据，依法作出工伤认定决定。根据就上述规定，区人社局在工伤认定过程中，为了查清事实，有权利也有义务主动调查、收集与认定工伤有关的事实，华某大酒店的该上诉意见于法不符，不予支持。综上，尤某于事故当日9：00左右离开单位下班，于9：22左右发生事故，且事故地点处于工作地与住所地之间，依法应当认定为工伤。区人社局作出的认定工伤决定及一审判决均认定事实清楚，适用法律正确，依法予以支持。华某大酒店的上诉理由不能成立。判决：驳回上诉，维持原判。

本案中，根据区人社局调查核实的情况，可以认定温某等人经营的维某酒店尚未进行工商登记，由华某大酒店出借营业执照、特种行业许可证对外经营。尤某在下班途中发生非本人主要责任的交通事故受伤，符合《工伤保险条例》第14条第6项规定的应当认定工伤的情形。华某大酒店将营业执照等出借于温某等人，属于个人挂靠单位对外经营。根据《最高人民法院关于审理工伤保险行政案件若干问题的规定》第3条第1款第5项规定，个人挂靠其他单位对外经营，其聘用的人员因工伤亡的，被挂靠单位为承担工伤保险责任的单位。因此，区人社局对尤某作出认定工伤决定，认定事实清楚，适用法律正确，该决定是正确的。一、二审法院经审理，予以确认并驳回了华某大酒店的诉讼请求。

三、违法分包或转包中的工伤如何认定

《劳动和社会保障部关于确立劳动关系有关事项的通知》（劳社部发〔2005〕12号）第4条规定，建筑施工、矿山企业等用人单位将工程（业务）或经营权发包给不具备用工主体资格的组织或自然人，对该组织或自然人招用的劳动者，由具备用工主体资格的发包方承担用工主体责任。

《人力资源社会保障部关于执行〈工伤保险条例〉若干问题的意见》（人社部发〔2013〕34号）第7条规定，具备用工主体资格的承包单位违反法律、法规规定，将承包业务转包、分包给不具备用工主体资格的组织或者自然人，该组织或者自然人招用的劳动者从事承包业务时因工伤亡的，由该具备用工主体资格的承包单位承担用人单位依法应承担的工伤保险责任。

《最高人民法院关于审理工伤保险行政案件若干问题的规定》（法释〔2014〕9号）第3条第1款第4项规定，用工单位违反法律、法规规定将承包业务转包给不具备用工主体资格的组织或者自然人，该组织或者自然人聘用的职工从事承包业务时因工伤亡的，用工单位为承担工伤保险责任的单位。

案例60[①]

某劳务公司成立于2008年6月5日，经工商行政管理局注册登记，属企业法人（自然人独资），经营范围为建筑劳务分包服务（按资质证核定范围期限经营）。2013年9月1日，某建设集团第五分公司将其承建的某建设工程劳务部分分包给劳务公司，劳务公司又将铺设琉璃瓦劳务分包给自然人董某。2014年9月22日，董某的合伙人孙某招聘孙某某、蔺某、苏某和蔺某某四人共同铺设琉璃瓦。2014年10月8日11时左右，蔺某在施工现场19号楼楼顶铺设琉璃瓦时，被吊沙灰的塔吊铁盘砸伤左足，后被送往医院救治，诊断为：左足压砸伤（毁损伤）。

2015年9月9日，蔺某向某市人社局提出工伤认定申请，并提交了工伤认定申请表、住院病历、身份证复印件、孙某某等工友的证明等相关材料。市人社局于2016年4月12日受理后，于4月14日向劳务公司邮寄送达了工伤认定调查举证通知书。市人社局经审查核实，于2016年6月20日作出认定工伤决定书，载明：依据《工伤保险条例》第14条第1项之规定，认定蔺某为工伤，并于2016年7月5日、6日分别送达给蔺某、劳务公司。

---

① 案号：(2018) 最高法行再151号。

劳务公司不服市人社局作出的认定工伤决定，向法院提起行政诉讼。

一审法院认为，《工伤保险条例》第5条第2款规定："县级以上地方各级人民政府劳动保障行政部门负责本行政区域内的工伤保险工作。"① 市人社局作为劳动保障行政管理部门，具有对其辖区工伤职工提出工伤认定申请进行处理的法定职责。《中华人民共和国建筑法》第29条第3款规定："禁止总承包单位将工程分包给不具备相应资质条件的单位。禁止分包单位将其承包的工程再分包。"2005年5月25日发布并实施的《劳动和社会保障部关于确立劳动关系有关事项的通知》（劳社部发〔2005〕12号）第4条规定："建筑施工、矿山企业等用人单位将工程（业务）或经营权发包给不具备用工主体资格的组织或自然人，对该组织或自然人招用的劳动者，由具备用工主体资格的发包方承担用工主体责任。"2013年4月25日发布并实施的《人力资源社会保障部关于执行〈工伤保险条例〉若干问题的意见》（人社部发〔2013〕34号）第7条规定："具备用工主体资格的承包单位违反法律、法规规定，将承包业务转包、分包给不具备用工主体资格的组织或者自然人，该组织或者自然人招用的劳动者从事承包业务时因工伤亡的，由该具备用工主体资格的承包单位承担用人单位依法应承担的工伤保险责任。"《最高人民法院关于审理工伤保险行政案件若干问题的规定》（法释〔2014〕9号）第3条第1款规定："社会保险行政部门认定下列单位为承担工伤保险责任单位的，人民法院应予支持：……（四）用工单位违反法律、法规规定将承包业务转包给不具备用工主体资格的组织或者自然人，该组织或者自然人聘用的职工从事承包业务时因工伤亡的，用工单位为承担工伤保险责任的单位……"本案中，劳务公司作为具备用工主体资格的承包单位，违法将承包业务分包给不具备用工主体资格的自然人董某，董某招聘的蔺某在铺设琉璃瓦时因工受伤，故劳务公司依法应当承担蔺某所受事故伤害的工伤保险责任。市人社局作出的认定工伤决定认定事实清楚，证据确凿，适用法律、法规正确，符合法定程序。劳务公司的诉讼理由于法无据，判决：驳回劳务公司的诉讼请求。

劳务公司不服一审判决，向二审法院提起上诉。

二审法院认为，关于劳务公司提出市人社局对蔺某的工伤认定无管辖权的问题。《工伤保险条例》第19条第2款规定："职工或者其近亲属认为是工伤，用人单位不认为是工伤的，由用人单位承担举证责任。"市人社局在2015年9月9日接收蔺某的工伤认定申请后，于2016年4月14日向劳务公司送达了工伤认定调查举证通知书，在举证期限内，劳务公司并未提出证据证明其在注册地参加保险，根据《劳动和社会保障部关于农民工参加工伤保险有关问题的通知》（劳社部发〔2004〕18号）第3条

---

① 现行《工伤保险条例》第5条第2款规定，县级以上地方各级人民政府社会保险行政部门负责本行政区域内的工伤保险工作。

“用人单位注册地与生产经营地不在同一统筹地区的，原则上在注册地参加工伤保险。未在注册地参加工伤保险的，在生产经营地参加工伤保险。农民工受到事故伤害或患职业病后，在参保地进行工伤认定、劳动能力鉴定，并按参保地的规定依法享受工伤保险待遇。用人单位在注册地和生产经营地均未参加工伤保险的，农民工受到事故伤害或者患职业病后，在生产经营地进行工伤认定、劳动能力鉴定，并按生产经营地的规定依法由用人单位支付工伤保险待遇”之规定，市人社局对蔺某的工伤认定有管辖权。《工伤保险条例》第18条第1款规定：“提出工伤认定申请应当提交下列材料：（一）工伤认定申请表；（二）与用人单位存在劳动关系（包括事实劳动关系）的证明材料；（三）医疗诊断证明或职业病诊断证明书（或者职业病诊断鉴定书）。”《人力资源社会保障部关于执行〈工伤保险条例〉若干问题的意见》（人社部发〔2013〕34号）第5条规定：“社会保险行政部门受理工伤认定申请后，发现劳动关系存在争议且无法确认的，应当告知当事人可以向劳动人事仲裁委员会申请仲裁。在此期间，作出工伤认定决定的时限中止，并书面通知申请工伤认定的当事人。劳动关系依法确认后，当事人应将有关法律文书送交受理工伤认定申请的社会保险行政部门，该部门自收到生效法律文书之日起恢复工伤认定程序。”根据以上规定，是否存在劳动关系是认定工伤的必要条件，没有劳动关系的劳动者，即使在工作中受到伤害，也不构成工伤事故的保险责任。该案中，市人社局虽然对蔺某的工伤认定申请有管辖权，但行政行为和法院裁判都应当尊重生效判决的既判力，劳务公司与蔺某之间不存在劳动关系已经生效民事判决确认，而市人社局无视这一事实作出认定工伤决定属认定事实不清，一审判决认定人社部门作出的认定工伤决定正确亦属不当，上述行为未尊重生效判决的既判力，有悖于基本法律精神。因此，市人社局作出的认定工伤决定和一审法院作出的驳回劳务公司诉讼请求的判决属于认定事实不清，证据不足。判决：撤销一审判决，撤销市人社局作出的认定工伤决定。

蔺某不服，向最高人民法院申请再审。

市人社局认为，1. 市人社局作出的认定工伤决定认定事实清楚，劳务公司承担用工主体责任有明确的法律依据。该案中，虽然法院判决劳务公司和蔺某不存在劳动关系，但根据《劳动和社会保障部关于确立劳动关系有关事项的通知》（劳社部发〔2005〕12号）第4条、《人力资源社会保障部关于执行〈工伤保险条例〉若干问题的意见》（人社部发〔2013〕34号）第7条、《最高人民法院关于审理工伤保险行政案件若干问题的规定》（法释〔2014〕9号）第3条第1款第4项的规定，用工单位违反法律、法规规定将承包业务转包给不具备用工主体资格的组织或者自然人，该组织或者自然人聘用的职工从事承包业务时因工伤亡的，由具备用工主体资格的用人单位承担工伤保险责任。这表明，认定用人单位承担工伤保险责任并不必须以劳动者与用人单位之间存在实际劳动关系为前提，其根本目的在于保障劳动者不因非法用工而丧失相应的工伤保险待遇，避免用工单位通过非法转包行为逃避其应当承担的工伤保险责任。二审法院认为不存在劳动关系即不构成工伤的观点是错误的。2. 劳务公司理应承担工伤保险责任。首先，劳务公司的违法承包行为存在过错。《中华人民共和国建筑法》第29条第3款规定："禁止总承包单位将工程分包给不具备相应资质条件的单位。禁止分包单位将其承包的工程再分包。"劳务公司作为分包单位，明知自然人董某不具备用工主体资格，却违反法律规定将其承包的工程再分包，存在重大过错，应当承担相应的责任。其次，劳务公司承担工伤保险责任有利于劳动者权益的保护。享受工伤保险待遇是劳动者在遭遇工伤时的主要救济途径，其待遇的实现与否直接关系劳动者的生存状况。如果由不具备用工主体资格的自然人承担工伤保险责任，那么因为自然人往往缺乏相应的赔偿能力，就会使劳动者的权益无法得到保障。而劳动者在整个违法分包的过程中是完全没有过错的，不应该因自然人无力赔偿而承担不利后果。而劳务公司作为合法的用工主体单位，具备一定的经济赔偿能力，在存在过错的情况下承担工伤保险责任有利于劳动者合法权益的实现。

再审法院认为，国家建立工伤保险制度，其目的在于保障因工作遭受事故伤害或者患职业病的职工获得医疗救治和经济补偿。用人单位有为本单位全部职工缴纳工伤保险费的义务，职工有享受工伤保险待遇的权利。即在通常情况下，社会保险行政部门认定职工工伤，应以职工与用人单位之间存在劳动关系为前提，除了法律、法规及司法解释另有规定的情形。《最高人民法院关于审理工伤保险行政案件若干问题的规定》第3条第1款规定："社会保险行政部门认定下列单位为承担工伤保险责任单位的，人民法院应予支持：……（四）用工单位违反法律、法规规定将承包业务转包给不具备用工主体资格的组织或者自然人，该组织或者自然人聘用的职工从事承包业务时因工伤亡的，用工单位为承担工伤保险责任的单位……"该条规定从有利于保护职工合法权益的角度出发，对《工伤保险条例》将劳动关系作为工伤认定前提的一般规定作出了补充，即当存在违法转包、分包的情形时，用工单位承担职工的工伤保险责任不以是否存在劳动关系为前提。根据上述规定，用工单位违反法律、法规规定将承包业务转包、分包给不具备用工主体资格的组织或者自然人，职工发生工伤事故时，应由违法转包、分包的用工单位承担工伤保险责任。本案中，劳务公司对蔺某由董某聘用并在铺设琉璃瓦时因工受伤一事不持异议，但认为其不属于违法分包。住房和城乡建设部《建筑工程施工转包违法分包等违法行为认定查处管理办法（试行）》（建市〔2014〕118号）[①] 第9条明确规定："存在下列情形之一的，属于违法分包：……（六）劳务分包单位将其承包的劳务再分包的……"该条规定不违反《中华人民共和

① 该文件已于2019年1月1日废止。现为住房和城乡建设部《关于印发建筑工程施工发包与承包违法行为认定查处管理办法》（建市规〔2019〕1号），见第12条，下同。

国建筑法》的相关规定，可以作为判断劳务公司是否属于违法分包的参考依据。建设集团第五分公司将其承建工程项目的劳务部分分包给劳务公司。劳务公司属于具有建筑劳务资质的企业，其应使用自有劳务工人完成所承接的劳务项目，但其将铺设琉璃瓦劳务分包给自然人董某，该行为属于违法分包。劳务公司作为具备用工主体资格的承包单位，违法将其所承包的业务分包给自然人董某，董某聘用的工人蔺某在铺设琉璃瓦时因工受伤，劳务公司依法应当承担蔺某所受事故伤害的工伤保险责任。市人社局作出的认定工伤决定所认定的事实清楚，适用法律正确，符合法定程序。一审法院判决驳回劳务公司的诉讼请求，并无不当。二审法院以生效民事判决已确认劳务公司与蔺某之间不存在劳动关系为由，判决撤销一审判决和认定工伤决定，不符合《最高人民法院关于审理工伤保险行政案件若干问题的规定》第 3 条等相关规定，属于适用法律错误，依法予以纠正。蔺某的再审请求成立，予以支持。判决：撤销二审判决、维持一审判决。

本案中，市人社局和一审法院均认为蔺某受到伤害的情形构成工伤，但二审法院认为，是否存在劳动关系是认定工伤的必要条件，没有劳动关系的劳动者，即使在工作中受到伤害，也不构成工伤事故的保险责任。蔺某与劳务公司之间不存在劳动关系，故蔺某的情形不能认定为工伤，判决撤销一审判决和市人社局作出的认定工伤决定。二审法院的该判决是错误的。本案中，劳务公司作为具备用工主体资格的承包单位，违法将承包业务分包给不具备用工主体资格的自然人董某，董某招聘的蔺某在铺设琉璃瓦时受伤，根据《工伤保险条例》第 14 条第 1 项规定，在工作时间和工作场所内，因工作原因受到事故伤害的应当认定为工伤。根据《最高人民法院关于审理工伤保险行政案件若干问题的规定》（法释〔2014〕9 号）第 3 条第 1 款第 4 项的规定，用工单位违反法律、法规规定将承包业务转包给不具备用工主体资格的组织或者自然人，该组织或者自然人聘用的职工从事承包业务时因工伤亡的，由具备用工主体资格的用人单位承担工伤保险责任。故劳务公司依法应当承担蔺某所受事故伤害的工伤保险责任。市人社局作出的认定工伤决定认定事实清楚，适用法律正确，一审法院判决驳回劳务公司的诉讼请求是正确的。最高人民法院对本案经过再审，判决维持一审判决，撤销了错误的二审判决。

案例 61①

某劳务公司从某建设公司承接了钢结构工程项目，将该工程项目中的焊接钢条工作交给案外人袁某。2016 年 7 月 10 日，袁某招聘谭某进入劳务公司承包的钢结构工程第二车间工地，从事焊工工作。谭某没有和任何主体签订劳动合同。2016 年 7 月 30 日 3

① 案号：（2019）粤行申 954 号。

时许，谭某在工地工作时被钢件压伤右足，被送入医院就诊。2016 年 10 月 26 日医院出具的疾病诊断证明书显示，谭某的治疗经过为：患者于2016 年7 月30 日4 时—2016 年10 月26 日在我院住院治疗，受伤情况为：右足毁损伤。

2017 年1 月11 日，谭某前往某市人社局申请工伤认定。当日，市人社局向谭某出具一份工伤认定申请补正材料通知书，要求谭某尽快补齐“1. 当事人身份证、劳动合同书、工卡（厂牌）或劳动仲裁裁决书、法院判决书；2. 事发当月的考勤记录或其他可说明在工作时间的有效证明”两项材料。3 月9 日，市人社局向谭某再次出具工伤认定申请补正材料通知书，要求补正的材料与前一次通知书要求的一致。2017 年6 月20 日，谭某向某市劳动争议仲裁委员会提出申请，要求确认其与劳务公司存在劳动关系，未得到支持。2017 年11 月20 日，市人社局作出工伤认定申请不予受理决定书，认为谭某的申请不符合《工伤保险条例》第18 条第2 款、《广东省工伤保险条例》第14 条第2 款的规定，决定不予受理。同日，谭某向市人社局提交了关于请求继续认定工伤的申请书，表明劳动关系的成立不是认定工伤的充分条件，并再次提交了工伤认定申请材料。同时，谭某于次日就工伤认定申请不予受理决定书向某市政府申请行政复议。2017 年12 月4 日，市人社局通知谭某撤回行政复议申请，拟决定受理谭某的工伤认定申请。同日，市政府因在审理期间谭某向其申请撤回行政复议申请，作出终止行政复议审查决定书，终止该案的审查。市人社局通过一系列调查，于2018 年1 月23 日作出认定工伤决定书，认定谭某的受伤情形为工伤，工伤保险责任单位为劳务公司。

劳务公司不服市人社局作出的认定工伤决定，向法院提起行政诉讼。

一审法院认为，本案的争议焦点是：一、谭某于2016 年7 月30 日3 时许在工地上受伤的事实认定是否清楚；二、市人社局作出的认定工伤决定书程序是否合法；三、谭某受到的伤害是否可以认定为工伤。关于谭某于2016 年7 月30 日3 时许在工地上受伤的事实认定是否清楚的问题。根据市人社局提交的3 份现场证人（林某、唐某、刘某）证明，且有2016 年7 月30 日4 时21 分医院出具的门诊病历首页和疾病诊断证明书等病历资料、劳务公司在庭审中自认其法定代表人宋某为谭某垫付医药费的事实和劳动仲裁机构的庭审笔录及相关证据材料互相印证，可以证明谭某于2016 年7 月30 日3 时许在工地上受伤的事实。关于市人社局作出的认定工伤决定书程序是否合法的问题。劳务公司主张市人社局在作出了工伤认定申请不予受理决定书后，又受理了谭某的工伤认定申请，并作出认定工伤决定书的行为，严重违反法定程序。一审法院认为，根据《广东省工伤保险条例》第14 条第3 款的规定，法律并未限制工伤认定申请人补正材料的期限，只要申请人补正材料后达到了可以受理的条件，社会保险行政部门都应当予以受理。本案中，市人社局作出工伤认定申请不予受理决定书后，在谭某申请行政复议审理期间，市人社局根据谭某重新提交的关于请求继续认定工伤的申请书等工伤认定申请材料，认为谭某重新提交的材料达到了受理标准，决定受理谭某的工伤认定申请，谭某也因此撤回行政复议申请。该过程并未违反相关法律规定。关于谭某受到的伤害是否可以认定为工伤的问题。本案中，市人社局提交的证据能够证明，谭某在劳务公司承建的钢结构工程第二车间工地上工作时，被钢件压伤右足，属于在工作时间、工作场所内，因工作原因受到伤害；同时，劳务公司将承包的钢结构工程项目中焊接钢条工作交给不具备用工主体资格的自然人袁某，袁某招聘了谭某工作。依照《广东省工伤保险条例》第 9 条、《最高人民法院关于审理工伤保险行政案件若干问题的规定》第 3 条第 1 款的规定，谭某的受伤构成工伤，应由具备用工主体资格的劳务公司承担工伤保险主体责任。劳务公司主张其将焊接钢条工作交予案外人袁某是基于承揽关系而非转包，不适用《最高人民法院关于审理工伤保险行政案件若干问题的规定》第 3 条第 1 款第 4 项的规定。一审法院认为，该法条的立法目的在于告诫用人单位不能违反法律、法规规定将承包的业务转给不具备用工主体资格的组织和自然人，否则就应该承担由此带来的工伤保险责任。它所强调的是禁止转出去这个行为而非转出去的方式，所以无论是采用转包，还是承揽的方式将承包的工程项目转给没有资格的用工主体行为都应受到该法条的规制。因此，市人社局作出的认定工伤决定，事实清楚，结果处理正确。劳务公司以谭某与其不存在劳动关系为由，主张不应承担工伤保险责任的意见，不予支持。判决：驳回劳务公司的诉讼请求。

劳务公司不服一审判决，向二审法院提起上诉。劳务公司认为：一、谭某是为袁某承揽的工程项目提供劳务并以日结方式收取劳务报酬，谭某不属于工伤并不会导致其赔偿权利受损，其可以基于劳务关系事实，根据侵权责任法律向雇请他的袁某请求承担责任。二、谭某的工伤认定申请及市人社局作出的工伤认定不符合《工伤保险条例》关于时限的规定。涉案认定的事故伤害发生时间为 2016 年 7 月 30 日，因而在第一次工伤认定申请不予受理决定生效后，重新申请是不符合法定时限的，同时市人社局作出工伤认定申请不予受理决定书及对谭某第二次申请作出认定工伤决定书也不符合《广东省工伤保险条例》第 12 条第 2 款、第 16 条第 1 款及《工伤认定办法》第 8 条第 1 款的规定。市人社局作出工伤认定申请不予受理决定书后，没有经过行政复议、行政诉讼撤销既存的生效行政行为，也没有行政机关依法撤销并重新作出行政行为，又径行对同一事实作出相反的认定工伤决定书，严重违反行政法的诚实信用原则，使得劳务公司对行政行为稳定性的信赖利益得不到保护。三、一审法院以《最高人民法院关于审理工伤保险行政案件若干问题的规定》第 3 条第 1 款第 4 项规定的“立法目的”为由，认为该法条禁止违反法律法规的、将承包的工程项目转给没有资格的用工主体的行为，无论是采用转包或承揽的方式，都应受到该法条的规制。一审法院扩大解释该司法解释规定的范围，超越了《工伤保险条例》《广东省工伤保险条例》《人力资源社会保障部关于执行〈工伤保险条例〉若干问题的意见》等法规、规章的规定及含义，明显背离了原法律法规、规章的规定。上述法规、规章有认定工伤须以存在劳动关系为前提的例外性规定内容，是突破劳动关系存在与否而直接认定工伤的规定，作为例外性规定应被严格限制适用。在这些法规、规章中，均严格使用了“承包”“转包”“分包”“发包”等工程法律用语，同时严格限定在“违反法律、法规规定，将承包业务转包、发包”及“不具备用工主体资格”的情形下，这才是法规、规章的立法目的所在。违反法律法规进行分包、转包，应属《中华人民共和国建筑法》中所指的违反该法的非法分包、转包行为，而不是将劳务公司合法交他人承揽的行为也等同转包、分包，且没有任何法律法规对劳务公司交他人承揽有禁止或限制的规定，不应认为将工作交出去就可以视为分包、转包转出。法律法规没有禁止像劳务公司这样将涉案工作交给自然人袁某承揽、“禁止转出去”的规定，也没有法律、法规规定这种交由承揽人承揽的行为等同于“承包”“转包”关系，同时，不存在也没有法律、法规规定自然人承揽这样的工作及招劳务人员提供劳务必须具备法定用工资格，承揽工作、招人提供劳务是非常正常且一般的经济现象，不存在违背法律的情形。四、根据生效的仲裁裁决书，谭某与劳务公司之间不存在劳动关系，谭某并非劳务公司的职工，不存在责任由劳务公司承担的法律依据，也不存在可以适用《广东省工伤保险条例》第42条第2款等法律法规及依据《最高人民法院关于审理工伤保险行政案件若干问题的规定》第3条第1款第4项作出维持市人社局认定工伤决定书的法定前提。

二审法院认为，本案的核心问题在于能否认定劳务公司为工伤保险主体。2014年8月4日，住房和城乡建设部发布的《建筑工程施工转包违法分包等违法行为认定查处管理办法（试行）》（建市〔2014〕118号，以下简称《管理办法》）是合法有效的规范性文件，应当适用于本案。劳务公司作为施工单位，将其分包的钢结构工程项目中焊接钢条工作分包给不具备用工主体资格的个人袁某。依照前述规定，劳务公司的分包行为应认定为违法分包。至于袁某以何种方式招用谭某，不影响前述违法分包的认定。早在2005年5月25日，《劳动和社会保障部关于确立劳动关系有关事项的通知》（劳社部发〔2005〕12号）中就明确指出：“建筑施工、矿山企业等用人单位将工程（业务）或经营权发包给不具备用工主体资格的组织或自然人，对该组织或自然人招用的劳动者，由具备用工主体资格的发包方承担用工主体责任。”2014年4月21日通过的《最高人民法院关于审理工伤保险行政案件若干问题的规定》（法释〔2014〕9号）第3条第1款第4项规定：“用工单位违反法律、法规规定将承包业务转包给不具备用工主体资格的组织或者自然人，该组织或者自然人聘用的职工从事承包业务时因工伤亡的，用工单位为承担工伤保险责任的单位。”该司法解释的颁布在《管理办法》之前，其中只列举了“转包”违法行为，而未列举违法发包和违法分包行为。二审法院认为，该条司法解释所指“承担工伤保险责任的单位”理应包括实施违法发包和违法分包行为的主体。故此，劳务公司所称不应认定其为本案工伤保险主体的上诉理由，于法无据。一审判决认定事实清楚，适用法律法规正确。判决：驳回上诉，维持原判。

劳务公司不服二审判决，向广东省高级人民法院申请再审。

再审法院认为，本案为工伤认定行政纠纷，争议焦点为市人社局作出的认定工伤决定书是否合法。《广东省工伤保险条例》第9条规定："职工有下列情形之一的，应当认定为工伤：（一）在工作时间和工作场所内，因工作原因受到事故伤害的……"《最高人民法院关于审理工伤保险行政案件若干问题的规定》第3条第1款规定："社会保险行政部门认定下列单位为承担工伤保险责任单位的，人民法院应予支持：……（四）用工单位违反法律、法规规定将承包业务转包给不具备用工主体资格的组织或者自然人，该组织或者自然人聘用的职工从事承包业务时因工伤亡的，用工单位为承担工伤保险责任的单位……"根据劳务公司申请再审提交的材料反映，劳务公司承接本案钢结构工程项目后，将项目中的焊接钢条工作交给案外人袁某负责，袁某招聘谭某进入劳务公司承包的钢结构工程第二车间工地，从事焊工工作。2016年7月30日，谭某在工地工作时被钢件压伤右足。市人社局调查后综合在案证据，认定谭某在劳务公司承建的钢结构工程第二车间工地上工作时，被钢件压伤右足，属于在工作时间、工作场所内，因工作原因受到伤害构成工伤。自然人袁某不具备用工主体资格，依据上述规定，谭某所受工伤应由具备用工主体资格的劳务公司承担工伤保险主体责任。市人社局作出认定工伤决定书，证据充分，事实清楚，符合上述法规规定。一、二审法院经审理，判决驳回劳务公司关于撤销市人社局作出的认定工伤决定书的诉讼请求，并无不当。劳务公司申请再审，理据不足，不予采纳。裁定：驳回劳务公司的再审申请。

本案中，各方当事人对谭某在工作中受到伤害没有异议，对违法分包、转包的认识不同。劳务公司认为，其与谭某之间不存在劳动关系，劳务公司将涉案工作交给自然人袁某承揽，不属于违法分包或转包。但是，根据《建筑工程施工转包违法分包等违法行为认定查处管理办法（试行）》的规定，劳务公司作为施工单位，将其分包的钢结构工程项目中焊接钢条工作分包给不具备用工主体资格的自然人袁某，该行为应认定为违法分包。《劳动和社会保障部关于确立劳动关系有关事项的通知》规定，建筑施工、矿山企业等用人单位将工程（业务）或经营权发包给不具备用工主体资格的组织或自然人，对该组织或自然人招用的劳动者，由具备用工主体资格的发包方承担用工主体责任。《最高人民法院关于审理工伤保险行政案件若干问题的规定》第3条第1款第4项规定，用工单位违反法律、法规规定将承包业务转包给不具备用工主体资格的组织或者自然人，该组织或者自然人聘用的职工从事承包业务时因工伤亡的，用工单位为承担工伤保险责任的单位。因此，劳务公司依法应当承担工伤保险主体责任，市人社局作出的认定工伤决定认定事实清楚，适用法律正确，是正确的。一、二审法院和再审法院经审理，也驳回了劳务公司的诉讼请求。

四、原因不明的工伤如何认定

《工伤保险条例》第19条第2款规定，“职工或者其近亲属认为是工伤，用人单位不认为是工伤的，由用人单位承担举证责任”。举证责任，是指当事人对其提出的主张中须确认的事实依法负有的提出证据的义务，举证不能将承担败诉后果。在工伤认定过程中，因劳动者相对于用人单位处于弱势地位，举证相对困难，故在双方对是否构成工伤问题上持有相反主张时，应由用人单位举证证明劳动者不构成工伤，如举证不能，则应认定为工伤。

案例62①

鞠某系某木业公司职工，工作岗位是锅炉工，锅炉工均是一人当班。2012年11月16日，鞠某上7：30—18：00的白班，13时许，同事蒋某看到鞠某在锅炉房内，16时30分左右，蒋某再次去锅炉房未见到鞠某。当日18时许，另一名锅炉工陆某接班时没看到鞠某。2012年11月17日8时许，蒋某发现鞠某在木业公司厂内的消防蓄水池内死亡，遂报警。市公安司法鉴定中心作出法医学尸体检验鉴定书，鉴定意见为鞠某可排除系因机械性外伤而死亡，推断系生前溺水导致机械性窒息而死亡。省公安厅物证鉴定中心组织省高级人民法院、省人民检察院、某大学司法鉴定中心法医学专家组成专家组，于2017年12月5日出具了“鞠某死亡符合溺水死亡；鞠某的死亡排除他杀；根据现有材料，不能确定鞠某死亡系意外溺水死亡或者自杀溺水死亡，请办案单位结合侦查”的会诊意见。

2013年8月27日，鞠某的妻子张某向某市人社局提出确认鞠某为工伤死亡的申请。市人社局于2013年11月12日作出不予认定工伤决定书，认为根据《工伤保险条例》第16条第3项之规定，鞠某受到的事故伤害，属于不予认定工伤或者视同工伤的情形，决定不予认定为工伤。张某不服，起诉至法院。2018年8月21日，法院判决撤销市人社局作出的不予认定工伤决定书，责令市人社局依照法定期限对张某提出的涉案工伤认定申请重新作出行政行为。2018年11月9日，市人社局作出认定工伤决定，认定鞠某受到的事故伤害符合《工伤保险条例》第14条第1项之规定，属于工伤认定范围，予以认定为工伤。木业公司对该决定不服，于2019年1月14日向某省人社厅申请行政复议。2019年3月12日，省人社厅作出行政复议决定，维持市人社局作出的认定工伤决定。

木业公司不服省人社厅作出的行政复议决定，向法院提起行政诉讼。

一审法院认为，本案中，鞠某于2012年11月17日被发现在单位死亡。当事人各方对鞠某在单位死亡没有争议，鞠某死亡是否在其工作场所以及其是否属于工作原因

---

① 案号：(2020) 吉行申215号。

受到事故伤害，是本案争议的焦点。首先，关于工作场所，通常是指用人单位能够对从事日常生产经营活动进行有效管理的区域或者职工为完成某项特定的生产经营活动所涉及的相关区域，包括职工日常的工作岗位和受单位指派从事的工作岗位，以及单位为解决职工在工作过程中的合理生理、生活需要而提供的场所等。鞠某溺亡的消防蓄水池，与其工作范围锅炉房系同一房屋内的不同区域，属于工作外延范围的合理区域。关于是否属于工作原因受到事故伤害，本案各方当事人争议的焦点在于鞠某的死亡是否系自杀导致。木业公司提出了对鞠某死亡性质（死亡方式）进行鉴定的申请，后撤回该申请，现无证据证明鞠某的死亡系自杀，故市人社局作出认定工伤决定并无不当。省人社厅经审查，在法定期限内作出复议决定并送达各方当事人，程序合法，适用法律正确。判决：驳回木业公司的诉讼请求。

木业公司不服一审判决，向二审法院提起上诉。木业公司认为，1. 一审判决认定"鞠某溺亡的水池属于其工作外延范围的合理区域"是错误的。该水池是专门供给消防设施用水的消防蓄水池，不属于鞠某所从事的锅炉工岗位的工作地点，鞠某不是在工作地点死亡。鞠某工作的锅炉供水具有独立的水处理系统、蓄水箱、供水系统，锅炉必须使用软化处理后的水。鞠某溺亡的蓄水池的用途和性质是消防蓄水池，作用是蓄水储备为消火栓系统和水喷淋自动灭火系统提供应急水源，也并不是锅炉用水的水源。消防供水系统和锅炉供水系统两套系统独立存在并各自发挥作用，锅炉房与消防蓄水池是独立的两个区域，该蓄水池不是鞠某的工作地点。2. 一审判决对鞠某是否系工作原因溺亡未查明，片面地将鞠某是否系自杀作为争议的焦点确有错误，应予纠正。鞠某在蓄水池中溺亡并非因工作原因所致，其是否系"自杀"而溺亡并非本案应当查明的事实和争议的焦点。鞠某并非是在工作中、因工作原因死亡。鞠某溺亡水池的用途和性质是消防蓄水池，锅炉工的工作内容中不需要爬上与其工作无关的消防蓄水池。消防蓄水池观测水位有悬浮在水面和墙壁的水漂，可以直观地观察消防蓄水池的水位情况。消防蓄水池也不存在缺水的情况，否则鞠某不会在蓄水池中溺亡。鞠某爬上消防蓄水池的行为并非由于工作的原因，也与其锅炉工的工作内容无关，更没有证据证明鞠某系"跌入"蓄水池。鉴于此，鞠某是否系"自杀"并不是本案必须要查明的事实。即便鞠某是否系"自杀"不能证实，但鞠某并非由于工作原因而溺亡却事实清楚、证据充分，由此显见，鞠某溺亡的事故不符合《工伤保险条例》第 14 条第 1 项规定的认定工伤的法定条件，不属于工伤事故。

二审法院认为，从本案事实可以推定鞠某的死亡时间为其工作时间。木业公司负责水处理工作的徐某在 2013 年 1 月 23 日公安机关对其进行询问时陈述："……平时锅炉的加水是锅炉工，他们也将蓄水池的水加到锅炉里，或者用另一个小水箱里的水给锅炉加水。"木业公司原员工马某在 2017 年 9 月 6 日检察院对其进行询问时陈述："由锅炉工进行加水……就是从照片中的大水泥池中的水加到锅炉中的……水泥池旁总放一个梯子，这个梯子是我钉的，钉这个梯子就是给锅炉房用的。”综合上述陈述，结合蓄水池与锅炉之间由管道及水泵相连的事实，可以认定鞠某系在工作地点因工作原因死亡。因此，鞠某死亡符合上述规定的情形，应当认定为工伤。《工伤保险条例》第19条第2款规定：“职工或者其近亲属认为是工伤，用人单位不认为是工伤的，由用人单位承担举证责任。”木业公司提供的某司法鉴定中心出具的法医病理文证审查意见书系木业公司委托的律师事务所自行单方委托进行的鉴定，鉴定机构对鉴定材料没有进行合理的排除与采纳，其作出鞠某系自杀的结论明显依据不足，且与专家会诊意见明显不符，二审法院不予采信。木业公司并未提供足以证明鞠某在非工作时间和工作场所内，非因工作原因受到事故伤害的证据，其主张不予支持。市人社局作出的认定工伤决定正确，省人社厅作出的行政复议决定亦无不当之处。一审判决认定事实清楚，适用法律、法规正确。木业公司的上诉理由不成立。判决：驳回上诉，维持原判。

木业公司不服二审判决，向吉林省高级人民法院申请再审。

再审法院经审查认为，《工伤保险条例》第14条第1项规定：“职工有下列情形之一的，应当认定为工伤：（一）在工作时间和工作场所内，因工作原因受到事故伤害的。”《工伤保险条例》第19条第2款规定：“职工或者其近亲属认为是工伤，用人单位不认为是工伤的，由用人单位承担举证责任。”本案中，首先，死者鞠某在工作时间溺亡于木业公司的消防池内，根据已被生效判决确认的专家会诊意见，其死亡系“溺水死亡、排除他杀、不能确定系意外溺水或者自杀溺水”。木业公司并未提出有效证据证明鞠某系因自杀而溺水。其次，鞠某生前工作的锅炉房与事发消防池从物理上是连通的，消防蓄水池具备给锅炉上水功能，但鞠某的工作范围是否包括检查消防池水位，市人社局与木业公司向一、二审法院提交的证据皆为证人证言，且证明内容相反。依照上述证据无法认定有关工作范围的事实。木业公司既未能证明鞠某系自杀，也未能证明鞠某生前工作职能与消防池完全没有联系，根据举证规则，木业公司应承担举证不能的后果，即市人社局认定鞠某为工伤并无不妥。一、二审法院的判决并无不当。裁定：驳回木业公司的再审申请。

职工遭受原因不明的事故伤害，认定工伤的难度较大，需综合考虑事发当时的工作时间、工作地点、工作原因以及工作环境等因素去判断。根据《工伤保险条例》第19条第2款规定，“职工或者其近亲属认为是工伤，用人单位不认为是工伤的，由用人单位承担举证责任”。本案中，鞠某在工作时间溺亡于工作场所的消防池内，法院的生效判决已经排除他杀，综合来看，鞠某符合《工伤保险条例》规定的认定工伤的情形。木业公司虽然不认为鞠某的情形构成工伤，但未提供证据予以证明，应承担举证不能的不利后果。因此，市人社局对鞠某溺亡作出认定工伤决定并无不妥。一、二审法院经审理，均判决驳回了木业公司的诉讼请求。再审法院经过审理，对此亦予以认定，驳回了木业公司的再审申请。

第五章　例外情形工伤的认定

《工伤保险条例》第16条规定了职工遭遇事故不得认定工伤的例外情形，职工虽然符合《工伤保险条例》第14条、第15条的规定，但是有下列情形之一的，不得认定为工伤或者视同工伤：（一）故意犯罪的；（二）醉酒或者吸毒的；（三）自残或者自杀的。《中华人民共和国社会保险法》也有类似的规定。该法第37条规定，职工因下列情形之一导致本人在工作中伤亡的，不认定为工伤：（一）故意犯罪；（二）醉酒或者吸毒；（三）自残或者自杀；（四）法律、行政法规规定的其他情形。

比较上述《工伤保险条例》与《中华人民共和国社会保险法》对认定工伤的例外情形的规定，我们可以看出，二者还是有区别的。根据《工伤保险条例》的规定，职工虽然符合工伤的情形，但是，只要有不得认定工伤的例外情形，就不能认定为工伤或者视同工伤，不考虑例外情形与职工伤亡之间的因果关系。而《中华人民共和国社会保险法》在规定例外情形时，增加了一个考量因素：因例外情形"导致本人在工作中伤亡的"，即要求在认定工伤时，应当判断职工在工作中伤亡是否是例外情形导致的，如果是，则不予认定工伤；反之，则不得以例外情形为由不予认定工伤。

但是，实践中职工发生伤亡事故的情形各不相同，因果关系千差万别，不能一概而论。在一些例外情形下，能否被认定为工伤，需要根据个案的具体情况，具体分析认定，避免例外情形"一刀切"可能带来的侵害职工合法权益的现象发生。

一、醉酒就不能认定为工伤吗

案例63[①]

程某系某装饰公司施工设计员。2014年4月18日18时30分左右，程某前往甲社区附近将设计图纸送交装饰公司的工地现场管理员刘某。送完图纸后19时许，程某、刘某、装饰公司另一名员工李某及刘某的同学、李某的朋友一共5人在甲社区附近的饭店就餐。席间，程某有饮酒。吃完饭后21时30分左右，程某酒后从甲社区的人行道内步行至机动车道并拦截来往车辆，其间一辆小型轿车被程某拦停。程某步行至该车右侧手拉其右前车门，因车门上锁未拉开，驾驶人就驾车起步加油继续行驶，致使程某在拉车过程中摔倒在地，造成其受伤的交通事故。后程某被送往医院治疗。程某事发当晚发生交通事故时，被交警部门检测鉴定其血液中乙醇含量为225.90mg/

① 案号：（2016）粤行申770号。

100ml。公安局交通警察支队某大队于2014年8月12日作出道路交通事故认定书，对事故形成原因分析为：程某在车行道内强行拦车；小轿车驾驶人驾驶机动车没有按照操作规范安全驾驶、文明驾驶，双方违法行为对发生交通事故所起的作用相当，认定程某与小轿车驾驶人负事故同等责任。

2014年11月25日，程某向某市人社局提交工伤认定申请表，并提交了其他证据材料。市人社局受理后，依法要求装饰公司就程某申请工伤事项和理由作出答复意见及提供相关证据，同时向程某、刘某进行了调查，并制作询问笔录。综合取得的证据材料，市人社局于2015年1月26日作出认定工伤决定书，认为程某于2014年4月18日受到的事故伤害符合《广东省工伤保险条例》第9条第5项“职工有下列情况之一的，应当认定为工伤：……（五）因工外出期间，由于工作原因受到伤害或者发生事故下落不明的……”的规定，属于工伤认定的范围，予以认定为工伤。

装饰公司对市人社局作出的认定工伤决定不服，向法院提起行政诉讼。

一审法院认为，根据《工伤保险条例》第5条第2款“县级以上地方各级人民政府社会保险行政部门负责本行政区域内的工伤保险工作”及第20条第1款“社会保险行政部门应当自受理工伤认定申请之日起60日内作出工伤认定的决定，并书面通知申请工伤认定的职工或者其近亲属和该职工所在单位”的规定，市人社局作为该市行政区域内的社会保险行政部门，依法享有对市行政区域内的工伤事故进行处理和认定的法定职权。2014年11月25日，程某向市人社局提交工伤认定申请表，就其于2014年4月18日所遭受的伤害申请工伤认定。市人社局受理后，依法进行调查核实，于2015年1月26日作出认定工伤决定书并依法送达装饰公司及程某，其执法主体适格、程序合法。本案的争议焦点为程某在发生交通事故时是否处于醉酒状态，其所受伤害能否认定为工伤。人力资源和社会保障部《实施〈中华人民共和国社会保险法〉若干规定》（人力资源和社会保障部令第13号）第10条规定：“社会保险法第三十七条第二项中的醉酒标准，按照《车辆驾驶人员血液、呼气酒精含量阈值与检验》（GB19522－2004）执行。公安机关交通管理部门、医疗机构等有关单位出具的检测结论、诊断证明等材料，可以作为认定醉酒的依据。”因此，工伤认定中伤亡职工在事故发生时是否处于醉酒状态，应当参照《车辆驾驶人员血液、呼气酒精含量阈值与检验》（GB19522－2004）标准执行。根据该标准，血液中的酒精含量大于（等于）80mg/100ml的状态属于醉酒状态。本案中，根据交警部门出具的道路交通事故认定书，程某发生交通事故时血液中的酒精含量为225.90mg/100ml，远远超出了80mg/100ml的醉酒标准，因此属于醉酒状态。酒精具有麻痹神经中枢的作用，导致行为人的判断能力和反应能力迟钝，难以辨认和控制自己的行为，职工因醉酒导致行为失控而发生事故伤害的，根据《工伤保险条例》第16条第2项的规定，不应当认定为工伤。而市人社局作出的认定工伤决定书，认定程某于2014年4月18日受到的事故伤害为工伤，属适用法律错误，依法应予以撤销。装饰公司的诉讼请求，予以支持。判决：撤销市人社局作出的认定工伤决定书，责令市人社局重新对程某所受伤害是否属于工伤作出认定。

程某不服一审判决，向二审法院提起上诉。程某认为，1. 一审法院认定“程某事发当晚发生交通事故时，被交警部门检测鉴定其血液中检出乙醇含量为225.90mg/100ml”是错误的，程某在事故发生后即昏迷过去，交警部门也没有对程某送达任何鉴定报告，程某至今都不知道鉴定的内容，本案的事故责任划分是不公平的，在交警部门第一次划分事故责任时，错误地将主要责任划至程某身上，程某不服，交警部门重新划分责任，程某仍不服，其事发当天虽然有饮酒，但并非是醉酒，事故发生时，程某完全处于清醒状态。2. 程某在事故中所受的伤害均是外力所致，并不是饮酒或醉酒造成了伤害，程某是否饮酒或醉酒与其所受伤害没有必然的因果关系。3. 一审法院采用的证据——道路交通事故认定书存在瑕疵，其中交警部门的表述内容没有任何检测性结论为依据，交警部门也没有将任何鉴定结论送达给程某，也没有告知程某重新申请鉴定的权利。4. 市人社局在受理程某申请工伤认定一案中，对本案的事实做了仔细的调查，受理程序上符合法律的相关规定，认定程某所受伤害属于工伤是正确的。

装饰公司认为，1. 程某因私人聚会原因外出，送图纸并非其外出的目的。一审法院认定程某去甲社区的目的是送图纸，是认定事实有误。2. 程某醉酒事实确凿无疑，一审法院认定其醉酒事实和适用法律正确。交警部门在对程某进行酒精测试后，实事求是地在道路交通事故认定书中记录当事人的醉酒状况。一审法院依据《实施〈中华人民共和国社会保险法〉若干规定》认定程某在事故发生时处于醉酒状态并判定依法撤销认定工伤决定书，其事实认定正确，法律适用正确。3. 程某醉酒与其发生交通事故伤害具有因果关系。一个正常的、具有完全民事行为能力的成年人，在正常情况下意识清晰、对自己行为有足够的预见能力和控制能力；按常理而言，即使在没有出租车的情况下也不会随便去机动车道上随意拦截来往车辆并要求车主将其送往目的地。而本案中，程某却走到车流不息的机动车道强行拦截来往车辆，并在被拦截小轿车继续行驶的情况下仍不撒手，这足以说明程某当时已意识不清、反应迟钝、行动控制力下降，已经醉酒。因醉酒意识不清、反应迟钝导致程某对自己行为的危险性没有足够的认识，加上醉酒导致自控能力下降，才导致交通事故的发生。程某个人有过错，与交通事故的发生有直接的因果联系，且程某上机动车道拦截过往车辆这一不理智的行为与其醉酒有直接的因果关系。

市人社局认为，根据李某、刘某分别出具的证明以及对程某、刘某的询问笔录可以证实事发当天程某在18—19时左右将图纸和报价单送往甲社区附近交给工地现场管理员刘某，之后和李某、刘某等人就餐，就餐后程某在拦车返回公司的过程中不幸被车辆撞伤。因此，程某送图纸就餐后为返回公司拦车的整个过程应视为一个完整的完成工作任务的行为，其在此过程中受伤属于因工外出，因工作原因受到伤害的情形。虽然程某在就餐的过程中饮酒，但根据道路交通事故认定书显示，导致程某受伤的原因是其在车行道内强行拦车与肇事司机未安全驾驶、文明驾驶造成，并非醉酒导致。

二审法院认为，本案二审争议的焦点为程某在发生的案涉交通事故中受到伤害能否认定为工伤。根据交警部门的道路交通事故认定书，程某发生交通事故时血液中的酒精含量为225.90mg/100ml，一审法院据此认定程某于2014年4月18日受到事故伤害时属于醉酒状态，并无不当。虽然程某于2014年4月18日18时30分左右前往甲社区附近将设计图纸交送装饰公司的工地现场管理员刘某，但其后经历了在附近吃饭、喝酒的过程，另据道路交通事故认定书以及一审法院向交警部门调取的询问笔录，程某是于当天21时30分在甲社区路段拦车以及用手拉小轿车右前门把手过程中摔倒在地受伤的，程某负有事故同等责任，由于程某是处于醉酒状态下进行上述行为的，根据《工伤保险条例》第16条第2项“职工符合本条例第十四条、第十五条的规定，但是有下列情形之一的，不得认定为工伤或者视同工伤：……（二）醉酒或者吸毒的……”的规定，程某发生的事故伤害不应当认定为工伤。一审判决对市人社局作出的认定工伤决定书予以撤销，符合前述法规的规定。程某的上诉理由不成立，判决：驳回上诉，维持原判。

程某不服，向广东省高级人民法院申请再审。

再审法院认为，《工伤保险条例》第16条规定：“职工符合本条例第十四条、第十五条的规定，但是有下列情形之一的，不得认定为工伤或者视同工伤：……（二）醉酒或者吸毒的……”本案中，程某因交通事故受伤向市人社局申请工伤认定。依据交警部门在事故现场对程某进行的检测，程某已经达到了醉酒状态，因程某在车行道内强行拦车被拖拽摔伤，程某的受伤与其醉酒状态有关，依据上述规定，程某的受伤不得认定为工伤或者视同工伤，市人社局作出认定工伤决定，认定程某受伤属于工伤事实理由不足，一、二审判决撤销认定工伤决定，并责令市人社局重新作出认定，事实清楚，适用法律正确，予以确认。程某申请再审的理由不能成立，不予支持。裁定：驳回程某的再审申请。

根据《工伤保险条例》的相关规定，职工受到事故伤害虽然符合工伤认定的情形，但是如果职工有醉酒情形的，不得认定为工伤或者视同工伤。《中华人民共和国社会保险法》第37条规定，职工因醉酒导致本人在工作中伤亡的，不认定为工伤。本案中，从市人社局调查核实与相关当事人提供的证据资料来看，程某受到事故伤害是因其醉酒在车行道内强行拦车被拖拽摔伤，该伤害与程某醉酒有密切关联，因此，程某受伤的情形不符合《工伤保险条例》有关认定工伤的规定，不能认定为工伤，市人社局作出的认定工伤决定显然是错误的。一、二审法院经审理，判决撤销市人社局作出的认定工伤决定，认定事实清楚，适用法律正确，判决正确。再审法院经审理，最终也驳回了程某的再审申请。

案例 64①

李某某是某石材厂个体经营者。2009 年 3 月 12 日，石材厂与李某签订无固定期限劳动合同。2015 年 11 月 13 日 22 时 30 分左右，李某从单位回家途中，行至某路段时发生交通事故死亡。2015 年 11 月 19 日，某法医鉴定中心出具法医毒物检验报告书，检测结果为：李某心血中酒精含量 292.49mg / 100ml。公安交通警察大队于 2016 年 1 月 26 日作出道路交通事故责任认定书，认定李某无责任。2016 年 6 月 29 日，法院作出刑事判决，认定起诉书认定的李某“醉酒倒卧于公路”的事实，证据不足，不予采信。2018 年 5 月 14 日，行政审批局作出准予登记通知书，准予李某某注销其经营的石材厂。

2015 年 12 月 8 日，石材厂向某市人社局提出李某的工伤认定申请。该局同日受理后，依据《工伤保险条例》第 20 条第 3 款的规定，于 2016 年 1 月 28 日中止认定，2016 年 11 月 7 日恢复认定。2016 年 11 月 10 日，市人社局以“李某受到的伤害，不符合《工伤保险条例》第 14 条、第 15 条认定工伤或者视同工伤的情形；或者根据《工伤保险条例》第 16 条第 2 项之规定，属于不得认定为工伤或者视同工伤的情形”，作出不予认定工伤决定。李某的母亲王某不服，于 2016 年 12 月 26 日向法院提起行政诉讼。2017 年 6 月 21 日，法院作出行政判决，撤销市人社局的不予认定工伤决定，并判令其在法定期限内重新作出认定。2017 年 9 月 21 日，市人社局作出第二份不予认定工伤决定书。王某仍不服，于 2017 年 10 月 19 日向法院提起行政诉讼。法院于 2017 年 11 月 20 日作出行政判决，撤销了市人社局作出的第二份不予认定工伤决定书，并判令其重新作出认定。市人社局不服，提起上诉，后又申请撤回上诉。法院作出行政裁定，准予其撤回上诉。2018 年 5 月 15 日，市人社局作出第三份不予认定工伤决定书，并送达当事人。王某仍不服，于 2018 年 6 月 21 日向某省人社厅申请行政复议。省人社厅于同日受理后，2018 年 8 月 10 日中止审理，2019 年 3 月 28 日恢复审理。省人社厅经审查，于 2019 年 4 月 2 日作出行政复议决定，认为《工伤保险条例》第 16 条规定了不属于工伤的情形，其中第 2 项为“醉酒或者吸毒”。此为排除性条款，即使受伤职工符合《工伤保险条例》第 14 条、第 15 条之规定，若存在该情形的，就不得认定为工伤或者视同工伤。李某事发之时为醉酒状态，依据《工伤保险条例》第 16 条之规定，不能认定或者视同工伤，决定维持市人社局作出的不予认定工伤决定，并送达当事人。

王某不服省人社厅作出的行政复议决定，向法院提起行政诉讼。

---

① 案号：（2019）冀 01 行终 355 号。

一审法院认为，人民法院生效的刑事判决认定了李某事发当晚醉酒行走在公路上被撞身亡的事实。从查证的事实及事故认定来看，李某发生交通事故死亡与其是否醉酒无法律上的因果关系。市人社局在没有能够证明存在特殊情形的证据情形下，排除工伤认定，虽其认定的基本事实清楚，程序合法，但适用法律法规错误，应当撤销。省人社厅在收到王某提交的行政复议申请后，在法定期限内依法进行了审查，在适用工伤排除条款时，未查明李某发生交通事故与其醉酒的因果关系，作出维持市人社局的不予认定工伤决定的复议决定，属适用法律法规错误。依照《中华人民共和国行政诉讼法》第 70 条第 1 款第 2 项的规定，判决：撤销市人社局的第三份不予认定工伤决定书和省人社厅的行政复议决定，并责令市人社局在法定期限内重新作出行政行为。

市人社局不服一审判决，向二审法院提起上诉。市人社局认为，其作出的不予认定工伤决定事实清楚，证据充分，适用法律适当，结论正确。李某所受的伤害符合《工伤保险条例》第 16 条第 2 项不得认定为工伤或视同工伤的情形。一审判决适用“醉酒与伤亡因果关系说”，没有法律依据且理解错误。《工伤保险条例》第 16 条是工伤认定的禁止性、排他性规定，只要存在本条规定的法定情形，就不得认定为工伤，并不存在所谓的“醉酒与伤害之间因果关系说”问题。《工伤保险条例》规定“醉酒不得认定工伤”，立法旨意在于表明，在法律适用过程中兼顾社会引导作用和价值取向，即法律的适用不得鼓励或引导人们的不良嗜好。如果无原则地支持醉酒可以认定工伤，则会造成人们对醉酒的不重视，使法律的正当性遭到破坏，对社会既没有正面的积极引导意义，又没有对负面的消极行为作出约束，这是不符合法的价值的。

二审法院认为，《工伤保险条例》第 16 条第 2 项规定，职工符合本条例第 14 条、第 15 条的规定，但醉酒的，不得认定为工伤或者视同工伤。从文义解释来看，该条的立法本意为排除规定，意即在符合认定为工伤或者视同工伤的前提条件下，只要存在法定的排除条件“故意犯罪、醉酒或者吸毒、自残或者自杀”的，则不得认定为工伤或者视同工伤。可见，该条规定并不存在因果关系一说。而《工伤保险条例》第 14 条第 6 项规定的“非本人主要责任”，是认定为工伤的条件。如果本人负有主要责任，则不得认定为工伤。由此可见，该项规定中才存在因果关系。本案中，死者李某在离开单位回家途中发生交通事故死亡，交警部门作出的道路交通事故责任认定书认定其无责任。根据《工伤保险条例》第 14 条第 6 项的规定，李某属于在上下班途中受到非本人主要责任的交通事故伤害的情形，应当认定为工伤。但某法医鉴定中心法医毒物检验结果，证明死者李某心血中酒精含量 292.49mg/100ml，属于醉酒。根据《工伤保险条例》第 16 条第 2 项之规定，李某存在排除工伤认定的法定情形，故不得认定为工伤或者视同工伤。市人社局作出的不予认定工伤决定，认定事实清楚，适用法律正确，程序合法，并无不当。省人社厅受理王某的行政复议申请后，依照法定程序作出的行政复议决定正确，亦无不当。一审判决对《工伤保险条例》第 14 条、第 15 条与第 16

条之间的逻辑关系理解不当，属适用法律错误，依法应予纠正。判决：撤销一审判决，驳回王某的诉讼请求。

对于职工受到事故伤害时处于醉酒状态能否认定为工伤或者视同工伤，本案中一审法院和二审法院的观点不同。一审法院认为，从查证的事实及事故认定来看，李某发生交通事故死亡与其是否醉酒无法律上的因果关系，市人社局在没有能够证明存在特殊情形的证据情形下，排除工伤认定，适用法律法规错误。二审法院认为，《工伤保险条例》关于醉酒不得认定为工伤或者视同工伤的规定，其立法本意为排除规定，意即在符合认定为工伤或者视同工伤的前提条件下，只要存在法定的排除条件“故意犯罪、醉酒或者吸毒、自残或者自杀”的，则不得认定为工伤或者视同工伤，该条规定并不存在因果关系一说。李某存在排除工伤认定的法定情形，故不得认定为工伤或者视同工伤。

笔者认为，本案中，根据交警部门出具的道路交通事故责任认定书，李某在交通事故伤害中并不承担责任，也即李某的死亡与其是否醉酒没有法律上的因果关系，市人社局单纯以李某醉酒为由作出不予认定工伤决定不当，一审判决撤销该决定是正确的。二审法院经审理，认为一审判决适用法律错误，撤销了一审判决，确认了市人社局作出的不予认定工伤决定，没有考虑《中华人民共和国社会保险法》第37条规定与《工伤保险条例》关于例外情形规定的差异，存在不妥，与《中华人民共和国社会保险法》第37条规定的法律精神并不一致。

案例65①

龚某系某工程公司职工，岗位为工地质检员。2016年12月3日22时12分许，杨某超速驾驶超载的重型半挂牵引车沿某道路由东向西行驶时，与由南向北通过路口的行人龚某发生道路交通事故，造成龚某死亡，车辆损坏。交警部门就此事故作出道路交通事故认定书，认定杨某承担事故全部责任，龚某不承担事故责任。2016年12月7日，公安局交通警察支队作出检验鉴定报告，检验意见为：杨某静脉血中未检出乙醇成分，龚某心血中检出乙醇成分，含量为204mg/100ml。

2016年12月23日，工程公司向某市人社局提交有关龚某的工伤认定申请表。因缺少材料，市人社局向工程公司作出工伤认定申请材料补正通知书。材料补正后，市人社局于2017年1月10日予以受理。2016年12月20日，工程公司在向市人社局出具的职工工伤事故调查报告中述称：“2016年12月3日20:40左右，龚某与项目部任某、芦某、朱某等同志，在忙完综合管廊K11+853－K11+833段顶板钢筋绑扎及自检后，已过项目部食堂就餐时间，便一同到位于工地以东某镇的饭店吃饭，饭后准备

① 案号：(2019) 鲁01行终247号。

返回项目部继续察看管廊施工情况。”该报告未对龚某是否饮酒的情况进行描述。2017年1月17日，在市人社局对芦某、任某制作的调查笔录中，芦某、任某均作出“期间都没有喝酒”的陈述。2017年2月6日，市人社局作出不予认定工伤决定书，认为根据《工伤保险条例》第16条第2项和《中华人民共和国社会保险法》第37条第2项的规定，“醉酒或者吸毒的”不得认定为工伤。人力资源和社会保障部《实施〈中华人民共和国社会保险法〉若干规定》第10条规定：“社会保险法第三十七条第二项中的醉酒标准，按照《车辆驾驶人员血液、呼气酒精含量阈值与检验》（GB19522－2004）执行。公安机关交通管理部门、医疗机构等有关单位依法出具的检测结论、诊断证明等材料，可以作为认定醉酒的依据。”《车辆驾驶人员血液、呼气酒精含量阈值与检验》（GB19522－2004）规定，醉酒的标准为血液中的酒精含量大于或者等于80mg/100ml，而公安局交通警察支队作出的检验鉴定报告证明龚某血液中的酒精含量为204mg/100ml，已经达到醉酒标准。据此，对龚某死亡不予认定或者视同工伤。

龚某之妻田某不服市人社局作出的不予认定工伤决定，向法院提起行政诉讼。

一审法院认为，《最高人民法院关于审理工伤保险行政案件若干问题的规定》第1条第1款规定，“人民法院审理工伤认定行政案件，在认定是否存在《工伤保险条例》第十四条第（六）项‘本人主要责任’、第十六条第（二）项‘醉酒或者吸毒’和第十六条第（三）项‘自残或者自杀’等情形时，应当以有权机构出具的事故责任认定书、结论性意见和人民法院生效裁判等法律文书为依据，但有相反证据足以推翻事故责任认定书和结论性意见的除外”。本案中，道路交通事故认定书明确记载龚某在发生交通事故时属于饮酒后的状态，并且公安局交通警察支队作出的检验鉴定报告中也明确记载检验意见为龚某血液中检验出乙醇成分，且含量为204mg/100ml。虽然工程公司在申请工伤认定过程中以及相关证人在接受调查时存在隐瞒龚某醉酒的情形，但市人社局根据道路交通事故认定书及检验鉴定报告已经能够作出正确的事实判断，市人社局尽到了法定调查核实的义务。工伤保险的建立目的是保障因工作遭受事故伤害或者患职业病的职工获得医疗救治和经济补偿。国家建立基本养老保险、工伤保险等社会保险制度也是为保障公民在年老、工伤等情况下依法从国家和社会获得物质帮助的权利。《中华人民共和国社会保险法》第37条规定：“职工因下列情形之一导致本人在工作中伤亡的，不认定为工伤：（一）故意犯罪；（二）醉酒或者吸毒；（三）自残或者自杀；（四）法律、行政法规规定的其他情形。”该条系关于不认定为工伤情形的规定，而该条第4项是授权法律、行政法规可以对工伤认定的排除作出规定。《工伤保险条例》第14条、第15条规定了认定为工伤或者视同工伤的具体条件，同时该条例第14条的部分内容和第16条也明确，出现“本人主要责任的交通事故”“醉酒或者吸毒”等特殊情形时，职工虽然符合工伤或者视同工伤的条件，但也不能认定为工伤或者视同工伤。因此，《中华人民共和国社会保险法》与《工伤保险条例》在本案的适用上并不存在矛盾。本案中，龚某系工作结束后与同事一起外出用餐时饮酒，其在返回时所受伤害并非发生在工作中。龚某在交通事故中虽不承担主要责任，即使其符合《工伤保险条例》第14条第6项规定的情形，但因其属于醉酒，仍不得认定为工伤。市人社局作出的不予认定工伤决定书程序合法，事实证据确凿，适用法律并无不当。判决：驳回田某的诉讼请求。

田某不服一审判决，向二审法院提起上诉。田某认为，一审法院适用法律错误。一审法院认为龚某系工作结束后与同事一起外出用餐时饮酒，其在返回时所受伤害并非发生在工作中，不适用《中华人民共和国社会保险法》第37条规定的醉酒导致本人在工作中伤亡，应不予认定工伤的情形，却又认为《工伤保险条例》第16条规定的情形是属于《中华人民共和国社会保险法》第37条第4项授权法律、行政法规对工伤认定的排除作出的规定。而《工伤保险条例》第16条是对该条例第14条、第15条规定的例外性规定。显然，一审法院在适用法律上是相互矛盾的。《中华人民共和国社会保险法》第37条规定的“工作中”应作扩大解释，应包含《工伤保险条例》第14条、第15条规定的情形在内，龚某死亡的时间属于《中华人民共和国社会保险法》第37条规定的工作中的情形。市人社局并未以龚某的死亡未发生在工作中不予认定工伤。因此，一审法院对于《中华人民共和国社会保险法》和《工伤保险条例》相应规定的适用存在错误。从《中华人民共和国社会保险法》和《工伤保险条例》两部法律法规的效力、立法时间及条文修改的变化来看，《工伤保险条例》第16条第2项醉酒不得认定工伤的规定为2010年12月20日修订内容，于2011年1月1日生效。而《中华人民共和国社会保险法》第37条第2项醉酒导致本人在工作中伤亡不认定工伤的规定于2011年7月1日生效。《工伤保险条例》修改前与《中华人民共和国社会保险法》规定相同，均规定只有醉酒导致伤亡才不认定工伤。显然，《中华人民共和国社会保险法》的规定是对《工伤保险条例》规定的替代，也是对原立法精神的回归。两部法律、法规条文之所以发生修改并恢复的变化也是遵循充分保证职工相应权利的目的。

二审法院认为，《工伤保险条例》第5条规定：“县级以上地方各级人民政府社会保险行政部门负责本行政区域的工伤保险工作。”市人社局具有对其辖区范围内的职工是否构成工伤进行认定的法定职权，系作出本案不予认定工伤决定书的适格主体。当事人在本案中的争议焦点问题为：醉酒是否一律成为认定工伤的阻却条件。该法律适用问题之所以产生争议，系因《工伤保险条例》与《中华人民共和国社会保险法》对此作出了不完全一致的规定。《工伤保险条例》第16条规定，职工符合本条例第14条、第15条的规定，但是有下列情形之一的，不得认定为工伤或视同工伤：（一）故意犯罪的；（二）醉酒或者吸毒的；（三）自残或者自杀的。《中华人民共和国社会保险法》第37条规定，职工因下列情形之一导致本人在工作中伤亡的，不认定为工伤：

（一）故意犯罪；（二）醉酒或者吸毒；（三）自残或者自杀；（四）法律、行政法规规定的其他情形。可以看出，《工伤保险条例》与《中华人民共和国社会保险法》关于醉酒不予认定工伤的规定是不一致的。从文义上理解，前者规定无论醉酒与职工伤亡之间是否存在因果关系，均不得认定为工伤；而后者规定中“导致本人在工作中伤亡”的表述则强调了醉酒与职工伤亡之间的因果关系，即醉酒造成行为失控进而引发职工伤亡事故的，对于职工伤亡不认定为工伤，反之，如果醉酒与职工伤亡事故之间不存在因果关系，则不得以醉酒为由不予认定工伤。此为两规定文义解释效果不一致之处，也是本案争议产生的根源，需要解决法律规范竞合的选择适用问题。《中华人民共和国立法法》第 88 条第 1 款规定：“法律的效力高于行政法规、地方性法规、规章。”依照此规定，《中华人民共和国社会保险法》在效力上高于《工伤保险条例》，两规定出现不一致时，应当以前者规定为裁判依据。因此，就醉酒是否作为认定工伤的阻却条件而言，应当以《中华人民共和国社会保险法》的规定为评判标准，即如果醉酒行为系职工伤亡事故的引发原因，则醉酒成为认定工伤的阻却条件；反之，则醉酒不应成为认定工伤的阻却条件。本案中，龚某在交通事故发生时虽处于醉酒状态，但交通事故认定书认定龚某不负事故责任，这说明事故的发生并非龚某醉酒所致，即龚某醉酒与交通事故发生、龚某死亡之间不存在因果关系。市人社局及一审法院在未区分醉酒与伤亡事故发生之间是否存在因果关系的情况下，单纯以醉酒为由不予认定龚某工伤，属法律适用不当，应予纠正。判决：撤销一审判决，撤销市人社局作出的不予认定工伤决定书，市人社局在本判决书生效之日起 30 日内重新作出关于龚某工伤认定的具体行政行为。

2018 年 4 月 12 日，市人社局作出第二份不予认定工伤决定书，认为龚某工作后与同事外出吃饭醉酒后发生交通事故死亡，既不属于在工作时间和工作场所内因工作原因受到事故伤害，也不属于上下班途中受到非本人主要责任的交通事故伤害，故决定不予认定或视同工伤。

田某不服市人社局作出的第二份不予认定工伤决定书，再次向法院提起行政诉讼。

一审法院认为，生效的二审判决已经认定龚某醉酒与交通事故、龚某死亡之间不存在因果关系，不能单纯以醉酒为由不予认定龚某工伤。根据工程公司出具的职工工伤事故调查报告及相关证人证言、调查笔录记载的内容，龚某作为工地质检员，吃住都在项目部，工作性质决定了其上下班时间无法严格按照工程公司的规定执行。龚某因工作原因错过在项目部的晚饭时间，其与同事外出吃饭应为从事属于日常工作生活所需要的活动，具备外出的合理目的。工地项目部位于某高速路口处，龚某与同事前往某镇的餐馆吃饭所经道路也属于合理路线，且龚某外出吃饭后尚需返回工地项目部。综合其工作性质、工作时间、返回工地的路线，发生事故的地点等，应属于上下班途中。判决：撤销市人社局作出的第二份不予认定工伤决定书，判令市人社局重新作出工伤认定的具体行政行为。

市人社局不服一审判决，向二审法院提起上诉。市人社局认为，其在工伤认定过程中没有简单适用《中华人民共和国社会保险法》和《工伤保险条例》的排除条款，而是认为龚某在事故发生时已经醉酒不能继续工作，且既不属于工作时间，也不属于工作原因。龚某发生事故时，不属于上下班途中。龚某在发生事故时是“醉酒”状态，其回项目部的行为，既不属于“下班”，也不属于继续回单位从事工作。龚某从饭店“醉酒”后回项目部的行为，其目的已经不是满足正常的生理需求后下班回家，龚某此时也不可能回项目部继续工作，因此，龚某发生的事故不符合《工伤保险条例》第14条第6项“上下班途中”的规定。市人社局已查明龚某系长期驻外，是按照驻在地正常工作的情形处理的，在工伤认定过程中，已经充分考虑了龚某的工作性质、工作时间以及上下班等因素。

二审法院认为，工伤保险的建立目的是保障因工作遭受事故伤害或者患职业病的职工获得医疗救治和经济补偿。国家建立基本养老保险、工伤保险等社会保险制度也是为保障公民在年老、工伤等情况下依法从国家和社会获得物质帮助的权利。本案中，市人社局不认定龚某工伤或视同工伤的理由之一系发生交通事故时龚某处于“醉酒”状态，但醉酒并非一律是认定工伤的阻却条件。道路交通事故认定书认定龚某不负事故责任，这说明事故的发生并非龚某醉酒所致，即龚某醉酒与交通事故发生、龚某死亡之间不存在因果关系。工伤认定需要综合考虑工作原因、工作场所、工作时间、上下班途中等要素。《人力资源社会保障部关于执行〈工伤保险条例〉若干问题的意见(二)》(人社部发〔2016〕29号）第6条规定，职工以上下班为目的、在合理时间内往返于工作单位和居住地之间的合理路线，视为上下班途中。本案中，龚某作为工地质检员，吃住都在项目部。龚某因工作原因错过在项目部的晚饭时间，其与同事外出吃饭应为从事属于日常工作生活所需要的活动，具备外出的合理目的，且吃饭地点往返所经道路也属于合理路线。龚某吃完晚饭后返回项目部（住所地）的行为，与其是否饮酒，是否还能正常继续工作没有关系。综合龚某的工作性质、工作时间、返回工地的路线，发生事故的地点等，应属于上下班途中。一审判决认定事实清楚，适用法律准确，予以维持。判决：驳回上诉，维持原判。

本案同样是职工受到事故伤害时处于醉酒状态，二审法院在审理中，充分分析阐述了《工伤保险条例》与《中华人民共和国社会保险法》对工伤认定有关规定的差异，认为《工伤保险条例》与《中华人民共和国社会保险法》关于醉酒不予认定工伤的规定是不一致的。从文义上理解，前者规定无论醉酒与职工伤亡之间是否存在因果关系，均不得认定为工伤；而后者规定中“导致本人在工作中伤亡”的表述则强调了醉酒与职工伤亡之间的因果关系，即醉酒造成行为失控进而引发职工伤亡事故的，对于职工伤亡不认定为工伤，反之，如果醉酒与职工伤亡事故之间不存在因果关系，则不得以醉酒为由不予认定工伤。此为两规定文义解释效果不一致之处，也是本案争议产生的根源，需要解决法律规范竞合的选择适用问题。

关于法律适用的原则，根据《中华人民共和国立法法》的相关规定，主要有以下四个原则：（1）上位法优于下位法。《中华人民共和国立法法》第87条规定，宪法具有最高的法律效力，一切法律、行政法规、地方性法规、自治条例和单行条例、规章都不得同宪法相抵触。第88条规定，法律的效力高于行政法规、地方性法规、规章。行政法规的效力高于地方性法规、规章。第89条规定，地方性法规的效力高于本级和下级地方政府规章。省、自治区的人民政府制定的规章的效力高于本行政区域内的设区的市、自治州的人民政府制定的规章。（2）新法优于旧法。《中华人民共和国立法法》第92条规定，同一机关制定的法律、行政法规、地方性法规、自治条例和单行条例、规章，新的规定与旧的规定不一致的，适用新的规定。（3）特殊法优于普通法。《中华人民共和国立法法》第92条规定，同一机关制定的法律、行政法规、地方性法规、自治条例和单行条例、规章，特别规定与一般规定不一致的，适用特别规定。（4）一般不溯及既往。《中华人民共和国立法法》第93条规定，法律、行政法规、地方性法规、自治条例和单行条例、规章不溯及既往，但为了更好地保护公民、法人和其他组织的权利和利益而作的特别规定除外。

《工伤保险条例》与《中华人民共和国社会保险法》对工伤认定的规定有所差别，《工伤保险条例》是国务院制定的行政法规，《中华人民共和国社会保险法》是全国人民代表大会常务委员会制定的法律，依照《中华人民共和国立法法》的相关规定，《中华人民共和国社会保险法》在效力上高于《工伤保险条例》，两规定出现不一致时，应当以前者规定为裁判依据。因此，就醉酒是否作为认定工伤的阻却条件而言，应当以《中华人民共和国社会保险法》的规定为评判标准，即如果醉酒行为系职工伤亡事故的引发原因（二者具有关联性），则醉酒成为认定工伤的阻却条件；反之，则醉酒不应成为认定工伤的阻却条件。本案中，在第一次行政诉讼中，二审法院判决撤销市人社局作出的不予认定工伤决定之后，市人社局重新又作出了第二份不予认定工伤决定书，但最终被一、二审法院判决撤销。因此，本案中，龚某受到事故伤害的情形符合法律、法规规定的认定工伤的条件，其醉酒情形不影响对工伤的认定。二审法院两次判决撤销市人社局作出的不予认定工伤决定是正确的。这也是我国工伤立法维护职工合法权益的切实体现。

二、吸毒不得认定为工伤

案例66[①]

荣某是某物业公司在某小区的秩序维护员（保安）。2017年10月8日，荣某担任该小区的巡逻岗，工作时间为8时至20时。当天12时，荣某在公司员工宿舍305房间（荣某的同事莫某的宿舍房间）与同事吃饭，13时30分左右离开宿舍，履行巡逻职责。16时25分左右，荣某发现小区业主违规装修并进行处理。16时30分左右，荣某离开物业中心办公室，进入公司员工宿舍305房间，荣某没有身体不适异常情况。17时左右，莫某进入305房间发现荣某昏迷在其床上，遂拨打120急救电话。17时24分，急救中心人员到达现场，荣某经抢救无效被宣告死亡，初步诊断为心跳呼吸骤停，原因为心肌梗死或者其他。派出所于2017年10月9日对莫某进行调查询问，在询问笔录中莫某称："他当着我的面说想搞一下，我知道他是要吸毒……我没有亲眼看见荣某是如何吸食毒品的，但是我看见他的手臂上插了注射器……"派出所经现场调查和法医勘查排除他杀和自杀后，荣某的弟弟于2017年10月9日签署不申请法医解剖鉴定申请书，荣某的女儿荣乙于2017年10月12日签署不申请法医解剖鉴定申请书。2017年10月13日，荣某的遗体被火化。

2017年10月9日，物业公司向某市人社局提出关于荣某死亡的工伤认定申请。市人社局于2017年11月2日向莫某进行调查取证，并制作了事故调查笔录。2018年2月13日，市人社局作出不予认定工伤决定书，认为荣某在宿舍注射毒品后死亡，决定不予认定为工伤或者视同工伤。

荣乙不服市人社局作出的不予认定工伤决定，向法院提起行政诉讼。

一审法院经审理，于2018年5月29日作出判决书，认为市人社局在没有荣某具有吸毒史或者曾因吸毒被强制隔离戒毒的证据，也没有直接证据证明荣某在用人单位员工宿舍内注射毒品昏迷后死亡的情况下，认定荣某死亡符合《工伤保险条例》第16条第2项规定并作出不予认定工伤决定，主要证据不足，适用法律、法规错误，判决撤销市人社局作出的不予认定工伤决定书，判令市人社局对物业公司关于荣某死亡的工伤认定申请重新作出工伤认定决定。该判决书生效后，市人社局补充了急救中心急救医生高某的调查笔录和肖某的证言，于2018年8月3日重新作出不予认定工伤决定书，根据《工伤保险条例》第16条第2项规定，认为荣某在宿舍注射毒品后死亡，不得认定为工伤或者视同工伤。

荣乙不服市人社局作出的第二份不予认定工伤决定书，于2018年9月19日再次

---

① 案号：（2020）湘行申443号。

向法院提起行政诉讼。

一审法院于2018年11月15日作出判决书，认为市人社局以同一的事实和理由作出与原行政行为基本相同的行政行为，判决撤销市人社局于2018年8月3日作出的第二份不予认定工伤决定书。市人社局不服，向二审法院提起上诉。二审法院于2019年5月6日作出判决书，维持原判。该判决书生效后，市人社局从公安机关获取了现场照片和尸表检验情况两份证据，于2019年7月5日作出第三份不予认定工伤决定书，认为根据从公安机关获取的现场照片、尸表检验情况，以及前次从公安机关调取的询问笔录等证据，足以证明荣某注射毒品的事实。根据《工伤保险条例》第16条第2项的规定，"醉酒或者吸毒的"不得认定为工伤或者视同工伤，荣某在宿舍注射毒品后死亡，不得认定为工伤或者视同工伤。

荣乙不服市人社局作出的第三份不予认定工伤决定书，第三次向法院提起行政诉讼。

一审法院认为，本案的争议焦点为：一、市人社局作出不予认定工伤决定是否符合《中华人民共和国行政诉讼法》第71条规定的情形；二、荣某死亡的情形是否符合《工伤保险条例》第16条第2项规定的情形。《中华人民共和国行政诉讼法》第71条规定，人民法院判决被告重新作出行政行为的，被告不得以同一的事实和理由作出与原行政行为基本相同的行政行为。这里的同一事实，是指被撤销行政行为所认定的事实；同一理由，是指被撤销行政行为的证据和所依据的规范性文件。本案中，市人社局第三次作出不予认定工伤决定书的行政行为，虽认定事实相同，但市人社局作出行政行为的证据并不同一，此次市人社局新补充了现场照片和尸表检验情况的证据，故其作出不予认定工伤决定的行政行为不属于上述法律规定的情形。《工伤保险条例》第16条第2项规定，职工符合本条例第14条、第15条的规定，但是醉酒或者吸毒的，不得认定为工伤或者视同工伤。《最高人民法院关于审理工伤保险行政案件若干问题的规定》第1条第1款、第2款规定，人民法院审理工伤认定行政案件，在认定是否存在《工伤保险条例》第14条第6项"本人主要责任"、第16条第2项"醉酒或者吸毒"和第16条第3项"自残或者自杀"等情形时，应当以有权机构出具的事故责任认定书、结论性意见和人民法院生效裁判等法律文书为依据，但有相反证据足以推翻事故责任认定书和结论性意见的除外。前述法律文书不存在或者内容不明确，社会保险行政部门就前款事实作出认定的，人民法院应当结合其提供的相关证据依法进行审查。本案中，因荣某是否吸毒并无有权机构出具结论性意见，且其遗体已于2017年10月13日前经荣乙和荣某的弟弟同意火化，无法取得鉴定结论。根据上述规定，不能仅因相关证据未经司法鉴定就否认其证据能力，市人社局就荣某存在吸毒情形作出事实认定，并向法院提供相关证据，其程序并无不当。市人社局提供的涉及荣某存在吸毒行为的证据有公安局某分局对莫某的询问笔录、市人社局委托律师对莫某的调查笔录、公安局某分局刑事科学技术室所作的尸表检验情况、公安局某分局提供的现场照片。从询问笔录和调查笔录来看，莫某陈述了荣某想要注射吸毒的意思表示，描述了其购买毒品和注射器的经过，以及其帮荣某从左手臂上拔下注射器的情况。尸表检验情况记载荣某“左前臂上端内侧伴血管走行处有一 0.1cm × 0.1cm 针孔样损伤”，现场照片中有注射器及注射器针头照片、死者左前臂内侧针孔照片。一审法院认为上述证据相互印证荣某死亡前存在吸毒行为的事实，符合逻辑判断，具有说服力。市人社局认定荣某死亡符合《工伤保险条例》第 16 条第 2 项之规定，作出不予认定工伤决定并无不当。荣乙的诉讼请求缺乏事实和法律依据，不予支持。判决：驳回荣乙的诉讼请求。

荣乙不服一审判决，向二审法院提起上诉。

二审法院认为，市人社局从公安机关获取了现场照片和尸表检验情况两份证据，于 2019 年 7 月 5 日重新作出第三份不予认定工伤决定书，相较市人社局于 2018 年 8 月 3 日作出的第二份不予认定工伤决定书，虽认定事实相同，但市人社局作出行政行为的证据并不同一，故其作出不予认定工伤决定的行政行为不属于《中华人民共和国行政诉讼法》第 71 条规定的“以同一的事实和理由作出与原行政行为基本相同的行政行为”的情形。法院对荣乙上诉主张的市人社局作出的被诉不予认定工伤决定系基于同一事实和理由不予采信。本案中，对于荣某死亡前当天是否具有吸毒行为，并无有权机构出具结论性意见证实，且其遗体已于 2017 年 10 月 13 日前经荣乙和荣某的弟弟同意火化，客观条件已无法取得相应鉴定结论。现根据市人社局提供的系列证据，足以证实荣某死亡前当天存在吸毒行为的事实。市人社局据此认定荣某死亡符合《工伤保险条例》第 16 条第 2 项之规定，作出不予认定工伤决定，认定事实清楚，适用法律正确。荣乙上诉主张荣某的死亡不属于《工伤保险条例》第 16 条的情形，系在工作时间因突发疾病死亡于公司宿舍的情形没有事实依据，不予支持。一审判决认定事实清楚，适用法律、法规正确，审判程序合法，应予维持。判决：驳回上诉，维持原判。

荣乙不服二审判决，向湖南省高级人民法院申请再审。

再审法院认为，本案市人社局作出第三份不予认定工伤决定书，虽认定事实相同，但证据并不同一，此次市人社局补充了现场照片和尸表检验情况的证据，故其作出不予认定工伤决定的行政行为不属于《中华人民共和国行政诉讼法》第 71 条规定的情形。荣乙提出市人社局作出的第三份不予认定工伤决定书系基于同一事实和理由作出的与原行政行为相同的行政行为的再审申请理由不能成立。《工伤保险条例》第 16 条第 2 项规定，职工符合本条例第 14 条、第 15 条的规定，但是醉酒或者吸毒的，不得认定为工伤或者视同工伤。《最高人民法院关于审理工伤保险行政案件若干问题的规定》第 1 条第 1 款、第 2 款规定，人民法院审理工伤认定行政案件，在认定是否存在《工伤保险条例》第 14 条第 6 项“本人主要责任”、第 16 条第 2 项“醉酒或者吸毒”

和第16条第3项“自残或者自杀”等情形时，应当以有权机构出具的事故责任认定书、结论性意见和人民法院生效裁判等法律文书为依据，但有相反证据足以推翻事故责任认定书和结论性意见的除外。前述法律文书不存在或者内容不明确，社会保险行政部门就前款事实作出认定的，人民法院应当结合其提供的相关证据依法进行审查。本案中，关于荣某死亡前当天是否具有吸毒行为，并无有权机构出具结论性意见证实，且已无法取得相应鉴定结论。原审判决根据市人社局提供的相关证据，认定荣某死亡前当天存在吸毒行为，认定事实清楚，证据充分。市人社局作出第三份不予认定工伤决定书并无不当。一、二审判决认定事实清楚，适用法律、法规准确，审判程序合法，依法应予维持。荣乙的再审申请不符合《中华人民共和国行政诉讼法》第91条规定的情形。裁定：驳回荣乙的再审申请。

本案历经三次工伤认定、六次法院审判，时间较长，双方的争议较大。物业公司就荣某的死亡提出工伤认定申请后，市人社局最终经调查核实，提供了涉及荣某存在吸毒行为的证据，包括公安局某分局对莫某的询问笔录、市人社局委托律师对莫某的调查笔录、荣某的尸表检验情况及现场照片等。这些证据相互印证，能够证明荣某死亡前存在吸毒行为的事实，荣某死亡的情形不能认定为工伤。因此，市人社局作出不予认定工伤的决定并无不当。一、二审法院和再审法院经过审理，确认了市人社局作出的不予认定工伤决定，最终判决驳回荣乙的诉讼请求是正确的。

三、自杀能否认定为工伤

案例67[①]

许某是某劳务公司员工，工作岗位为保安。2017年3月25日，许某被派遣到某物业服务公司处工作，工作地点为甲服务处，工作内容为安防。2017年11月6日18时40分左右，许某被发现躺在甲小区旁侧的绿化带内，同事拨打120急救电话，后许某经抢救无效死亡。公安局某分局经现场勘验，认定死亡原因为高坠死亡。生效的法院判决书确认劳务公司与许某自2017年3月25日起存在劳动关系。

2018年6月5日，许某之子许乙向某市人社局提出工伤认定申请，市人社局于2018年11月26日受理后，向劳务公司送达了用人单位举证通知书。劳务公司以劳动关系正在仲裁为由申请中止工伤认定，市人社局于2018年12月18日中止了工伤认定程序。2019年8月9日，许乙申请恢复工伤认定程序后，市人社局于2019年8月20日作出认定工伤决定书，并分别送达劳务公司与许乙。

劳务公司不服市人社局作出的认定工伤决定，向法院提起行政诉讼。

---

① 案号：（2020）云01行终197号。

一审人民法院认为，本案的争议焦点是许某死亡情形是否符合《工伤保险条例》规定的条件，能否被认定为工伤，市人社局作出的认定工伤决定是否有事实及法律依据、程序是否合法。首先，《最高人民法院关于审理工伤保险行政案件若干问题的规定》第1条第1款规定，人民法院审理工伤认定行政案件，在认定是否存在《工伤保险条例》第14条第6项“本人主要责任”、第16条第2项“醉酒或者吸毒”和第16条第3项“自残或者自杀”等情形时，应当以有权机构出具的事故责任认定书、结论性意见和人民法院生效裁判等法律文书为依据，但有相反证据足以推翻事故责任认定书和结论性意见的除外。本案中，没有有权机构出具的结论性意见等法律文书证明许某系自杀，本案中的证据材料也不能证明许某的死亡系自杀，故劳务公司关于许某系自杀的主张不予采纳。其次，《工伤保险条例》第14条第1项规定：“职工有下列情形之一的，应当认定为工伤：（一）在工作时间和工作场所内，因工作原因受到事故伤害的”，本案中对于许某在工作时间、工作场所发现受到伤害的事实各方当事人无争议，公安机关已排除许某的死亡系刑事案件，劳务公司也没有证据证明许某系自杀，本案的证据不能排除许某的损害系意外伤害导致。基于《工伤保险条例》保障职工因工作遭受事故伤害或患职业病时能获得医疗救治和经济补偿的目的和精神，市人社局对许某的死亡情形作出认定为工伤的决定并无不妥。最后，市人社局在受理许乙的工伤认定申请后，依法向劳务公司送达了用人单位举证通知书，保障了劳务公司陈述、申辩的权利，即便在工伤认定程序中止阶段，劳务公司仍然可以行使该权利，故劳务公司主张市人社局在恢复工伤认定程序后没有再次给予其举证期限的主张于法无据，不予采纳。但是，根据《工伤认定办法》第8条规定，社会保险行政部门收到工伤认定申请后，应当在15日内对申请人提交的材料进行审核，材料完整的，作出受理或者不予受理的决定，而市人社局超过法定期限才作出受理决定，程序违法，根据《中华人民共和国行政诉讼法》第74条第1款第2项规定，“行政行为有下列情形之一的，人民法院判决确认违法，但不撤销行政行为：……（二）行政行为程序轻微违法，但对原告权利不产生实际影响的”，判决：确认市人社局于2019年8月20日作出认定工伤决定书的具体行政行为违法。

劳务公司不服一审判决，向二审法院提起上诉。

二审法院认为，本案二审的争议焦点在于许某是否系自杀死亡。根据《最高人民法院关于审理工伤保险行政案件若干问题的规定》第1条第1款“人民法院审理工伤认定行政案件，在认定是否存在《工伤保险条例》第十四条第（六）项‘本人主要责任’、第十六条第（二）项‘醉酒或者吸毒’和第十六条第（三）项‘自残或者自杀’等情形时，应当以有权机构出具的事故责任认定书、结论性意见和人民法院生效裁判等法律文书为依据，但有相反证据足以推翻事故责任认定书和结论性意见的除外”之规定，是否属于自杀的情形应当由有权机构出具结论性意见。本案中，劳务公司并未提交有权机构出具的许某系自杀身亡的结论性意见或相关法律文书。劳务公司主张许某系自杀的证据主要是许某同事卢某第二次在公安机关所作的“补充说明”以及视频资料。其中，询问笔录系卢某的自述，并无其他证据予以印证，劳务公司提交的现有证据尚不足以证明许某的死亡确系自杀所致，故劳务公司认为许某系自杀死亡的主张，不予支持。市人社局作出的认定工伤决定书有事实及法律依据，程序合法；一审判决认定事实清楚，适用法律正确，依法应予维持。劳务公司的上诉请求缺乏相应证据及法律依据，不予支持。判决：驳回上诉，维持原判。

本案中，许某的工作地点为甲服务处，工作内容为安防，事发当天 18 时 40 分左右，许某被发现躺在甲小区旁侧的绿化带内，经抢救无效死亡，公安机关认定许某的死亡原因系高坠死亡。从市人社局调查核实的情况及提供的证据，可以认定事发时许某在工作时间内，事故地点也在其工作场所内。劳务公司认为许某系自杀死亡而不符合工伤条件。但《工伤保险条例》第 19 条第 2 款规定，职工或者其近亲属认为是工伤，用人单位不认为是工伤的，由用人单位承担举证责任。根据《最高人民法院关于审理工伤保险行政案件若干问题的规定》第 1 条第 1 款的规定，人民法院审理工伤认定行政案件，在认定是否存在“自残或者自杀”等情形时，应当以有权机构出具的法律文书为依据，但是劳务公司并未提交有权机构出具的许某系自杀身亡的结论性意见或相关法律文书，本案现有证据材料不能证明许某系自杀死亡。因此，市人社局对许某死亡事故作出认定工伤决定并无不妥。一、二审法院经审理，认为市人社局作出的认定工伤决定有事实根据和法律依据，应当予以维持，遂判决驳回了劳务公司的诉讼请求。

案例 68[①]

陈某系某中学教师，与陈乙系夫妻关系。2012 年 3 月 30 日 18 时许，陈某在值班时发现学生傅某殴打吴某老师，在劝阻过程中被学生周某殴打，造成嘴部受伤事故，2012 年 4 月底治愈出院。2012 年 5 月 17 日至 7 月 2 日期间，陈某因出现被殴打后应激障碍，先后到几家医院治疗抑郁症。2012 年 7 月 6 日早上，陈某在前往某医院就诊时在汽车站走失。2012 年 7 月 7 日 7 时 14 分许，陈某的尸体在河中被发现，经公安局法医鉴定，陈某为自杀。

2012 年 7 月 26 日，学校向某市人社局申请工伤认定。7 月 31 日，市人社局作出认定工伤决定书，认定：陈某于 2012 年 3 月 30 日 18 时许在学校值班过程中受到的伤害为工伤。2013 年 6 月 26 日，经公安局委托，某司法鉴定所作出法医精神病鉴定文证审查意见书，其鉴定意见为：陈某生前精神状态与 2012 年 3 月 30 日被殴打事件之间

① 案号：（2019）闽 04 行终 13 号。

存在直接因果关系。

2013年7月5日，陈乙因陈某死亡一事向市人社局申请工伤认定。2013年7月16日，市人社局作出不予认定工伤决定书，认定陈某的自杀行为，不符合《工伤保险条例》第14条、第15条认定为工伤或视同工伤的情形，不予认定为工伤或视同工伤。2013年7月18日，市人社局将不予认定工伤决定书送达给陈乙及学校。2013年9月17日，陈乙因不服市人社局作出的不予认定工伤决定，向某市政府提起行政复议，要求撤销市人社局作出的该决定。2013年11月4日，市政府作出行政复议决定书，决定维持市人社局作出的不予认定工伤决定书。

陈乙不服，向法院提起行政诉讼。

一审法院经审理，于2014年6月5日作出判决，维持市人社局在2013年7月16日作出的不予认定工伤决定，即对陈某自杀死亡，不认定为工伤。

陈乙不服，提起上诉。

二审法院经审理，判决驳回上诉，维持原判。

陈乙仍不服，向福建省高级人民法院申请再审。

再审法院经审理，于2015年8月19日作出行政裁定书，指令二审法院再审。

二审法院经再审，于2016年3月22日作出行政判决书，判决撤销市人社局于2013年7月16日作出的不予认定工伤决定书，并责令市人社局对陈某死亡的工伤认定申请重新作出工伤认定决定。市人社局于2016年5月18日作出第二份不予认定工伤决定书，认定陈某死亡不符合《工伤保险条例》第14条、第15条规定的认定为工伤或视同工伤的情形，不予认定为工伤或视同工伤。

陈乙不服市人社局作出的第二份不予认定工伤决定书，向一审法院提起行政诉讼。

一审法院于2016年12月30日作出行政判决书，判决撤销市人社局作出的第二份不予认定工伤决定书，并责令市人社局对陈某死亡的工伤认定申请重新作出工伤认定决定。

市人社局不服该判决，向二审法院提起上诉。二审法院经审理，于2017年8月12日作出行政判决书，判决驳回上诉，维持原判。

2017年9月29日，市人社局作出第三份不予认定工伤决定书，认定陈某死亡时系休息期间，尸体在河中被发现，经公安局确定为自杀的情形，既符合《工伤保险条例》第16条第3款“自残或者自杀的”不得认定为工伤或视同工伤的情形，又不符合第14条、第15条规定的认定为工伤的情形。经研究决定，针对陈某于2012年7月7日在某桥底下自杀的行为，不认定为工伤或视同工伤。市人社局于2017年10月9日将该不予认定工伤决定书分别送达陈乙和学校。

陈乙不服市人社局作出的第三份不予认定工伤决定书，向一审法院提起行政诉讼。

一审法院认为，虽然根据《工伤保险条例》第16条第3项的规定，自残或者自杀不得认定为工伤。但本案中，陈某于2012年3月30日18时许在学校值班过程中被学生用石块砸伤已认定为工伤。因陈某在自杀时系处于创伤后应激障碍的影响之中，在这种情况下诱发的自杀，是患者精神障碍影响下的病态自杀，这与《工伤保险条例》规定的排除工伤的“自残与自杀”中的与工作没有必然联系的故意自杀非同一性质。工伤直接导致的创伤后应激障碍诱发的自杀，是工伤伤情进一步的延续和发展，认定该情况为工伤，符合《工伤保险条例》“为了保障因工作遭受事故伤害或者患职业病的职工获得医疗救治和经济补偿，促进工伤预防和职业康复，分散用人单位的工伤风险，制定本条例”的立法精神。根据《中华人民共和国行政诉讼法》第34条规定：“被告对作出的行政行为负有举证责任，应当提供作出该行政行为的证据和所依据的规范性文件。被告不提供或者无正当理由逾期提供证据，视为没有相应证据。但是，被诉行政行为涉及第三人合法权益，第三人提供证据的除外。”可见，行政机关对其作出的具体行政行为承担举证责任。本案中，陈某因被学生打伤引发的创伤后应激障碍有诱发自杀的可能，陈乙亦已按照《工伤保险条例》的规定向市人社局提供了工伤认定申请的相关材料，但市人社局在审核工伤认定申请中没有调查陈某的自杀原因，现陈乙、市人社局在诉讼过程中举示的证据均不足以排除陈某的自杀和陈某被学生打伤后引发的创伤后应激障碍不具因果关系，因此，市人社局应承担举证不能的后果。根据《中华人民共和国行政诉讼法》第71条规定：“人民法院判决被告重新作出行政行为的，被告不得以同一的事实和理由作出与原行政行为基本相同的行政行为。”本案中，市人社局于2017年9月29日重新作出的第三份不予认定工伤决定书，其提交的证据无法证明具有新的事实和理由，系以同一的事实与理由，再次作出与原行政行为完全相同的行政行为，违反了《中华人民共和国行政诉讼法》第71条之规定，该具体行政行为应予以撤销。判决：撤销市人社局作出的第三份不予认定工伤决定书，判令市人社局于本判决生效之日起六十日内对陈乙关于陈某死亡的工伤认定申请重新作出行政行为。

市人社局不服，向二审法院提出上诉。

二审法院认为，根据《工伤保险条例》第16条第3项的规定，自残或者自杀不得认定为工伤。但本案中，陈某于2012年3月30日18时许在学校值班过程中被学生用石块砸伤已认定为工伤。因陈某在自杀时系处于创伤后应激障碍的影响之中，在这种情况下诱发的自杀，是患者精神障碍影响下的病态自杀，其在该精神状态下的自杀行为与前述被学生暴力伤害存在因果关系。这种病态的自杀与《工伤保险条例》中工伤排除的“自残与自杀”中的与工作没有必然联系的故意自杀非同一性质，不属同一概念。工伤直接导致的创伤后应激障碍诱发的自杀，是工伤伤情进一步的延续和发展，认定工伤符合《工伤保险条例》的立法精神。行政机关对人民法院的生效判决，必须遵照执行，以体现司法的权威。市人社局的上诉理由经审查不能成立。一审判决认定事实清楚，适用法律正确，审判程序合法。判决：驳回上诉，维持原判。

一般来讲，根据《工伤保险条例》第16条第3项的规定，自残或者自杀不得认定为工伤。本案中，陈某的死亡原因经公安局法医鉴定为自杀，但是，根据查明的事实，陈某自杀前，即2012年3月30日18时许在学校值班过程中被学生用石块砸伤已认定为工伤，陈某在自杀时系处于创伤后应激障碍的影响之中，在这种情况下诱发的自杀，是患者精神障碍影响下的病态自杀，是工伤伤情进一步的延续和发展，这与《工伤保险条例》规定的排除工伤的“自残与自杀”中的与工作没有必然联系的故意自杀不是同一性质。因此，从《工伤保险条例》的立法本意和维护职工合法权益的原则出发，应当认定陈某自杀的情形属于工伤。市人社局单纯从“自杀”这一角度考虑，对陈某的死亡作出不予认定工伤决定是错误的。一、二审法院经审理，对陈某自杀的原因、病情影响等客观实际进行了分析，结合国家有关工伤的立法精神，确认陈某的情形属于工伤，并判决撤销市人社局作出的不予认定工伤决定，是正确的。

四、故意犯罪情形的工伤认定

案例69①

某劳务公司与宋某在2018年3月1日签订劳动合同，合同期限为2018年3月1日至2020年2月28日。2018年3月11日晚，劳务公司安排宋某驾车前往某机械公司接员工下班。当天19时36分许，宋某驾驶车辆（载刘某、张某、韩某、朱某）行驶至某村东路段时，因操作不当与路西侧树木相撞，致张某当场死亡，宋某及刘某、韩某、朱某受伤，刘某经医院抢救无效于当日死亡。宋某的伤势经医院诊断为：低血容量休克、重度腹部外伤、开放性颅脑损伤、多处骨折、四肢外伤等。公安局交通警察大队出具的道路交通事故责任认定书认定，宋某承担事故的全部责任。

2018年4月19日，劳务公司向某区管理委员会提出工伤认定申请。经告知补正材料后，区管委会于2018年5月9日受理了该申请。因宋某涉嫌的刑事犯罪尚未判决，在工伤认定申请受理当日，区管委会以“需要司法机关或有关行政主管部门的结论为依据，而司法机关或者有关行政主管部门尚未作出结论”为由，中止了工伤认定程序，并向劳务公司及宋某送达了工伤认定中止通知书。对于宋某是在因工外出期间受伤，劳务公司在工伤认定程序中提交了因工外出证明予以认可。2019年2月4日，区管委会作出认定工伤决定书，认定宋某受到的事故伤害符合《工伤保险条例》第14条第5项之规定，属于工伤认定范围，予以认定工伤。2019年6月12日，法院作出刑事判决书，宋某因犯交通肇事罪，被判处有期徒刑三年，缓刑四年。

---

① 案号：(2020) 鲁02行终515号。

劳务公司不服区管委会作出的认定工伤决定书，向法院提起行政诉讼。

一审法院认为，根据《工伤保险条例》第14条第5项的规定，职工在因工外出期间，因工作原因受到伤害或者发生交通事故下落不明的，应当认定为工伤。在本案中，宋某系劳务公司的职工。2018年3月11日晚，宋某在按照劳务公司指派前往某机械公司接员工下班途中发生交通事故而受伤，该情形符合前述法律规定，应当认定为工伤。区管委会据此作出的工伤认定行为事实清楚。劳务公司认为宋某涉嫌故意犯罪，依据《工伤保险条例》第16条第1项之规定，不应予以认定工伤。对此，一审法院认为，根据人民法院作出的刑事判决书证明，宋某所犯罪名为交通肇事罪，交通肇事罪属过失犯罪。至于宋某是否涉嫌其他故意犯罪，劳务公司并未向法院提交证据予以证明，故其应当承担举证不能的法律后果，对该项主张法院不予支持。至于区管委会在宋某的刑事判决作出之前就作出工伤认定，该情形对劳务公司、宋某的实体权利义务及本案的工伤认定结果并未产生实质性影响，故劳务公司据此认为区管委会作出认定工伤决定的程序违法，不予支持。因此，区管委会作出的工伤认定行为事实清楚，证据充分，程序合法，适用法律正确。判决：驳回劳务公司的诉讼请求。

劳务公司不服一审判决，提起上诉。

二审法院认为，第一，已生效的刑事判决书认定宋某犯交通肇事罪，交通肇事罪属过失犯罪，并不属于《工伤保险条例》第16条第1项规定的不得认定为工伤的情形。宋某所受伤害符合《工伤保险条例》第14条第5项规定的职工因工外出期间，由于工作原因受到伤害应予认定工伤的情形。区管委会对宋某所受伤害予以认定工伤，事实清楚，于法有据。第二，根据区管委会一审提交的工伤认定申请补正材料告知书、工伤认定中止通知书、工伤认定接收证据材料清单等证据显示，2018年4月20日，因劳务公司申请工伤认定缺少证据材料，区管委会作出补正材料告知，要求劳务公司于2018年5月14日前予以补正，其中包括“3. 公安交通管理部门的道路交通事故责任认定书或者其他有效证明”。劳务公司因无法在规定期限内补正上述材料，于2018年5月9日向区管委会提交工伤认定中止申请。因需要司法机关或者有关行政主管部门的结论为依据，区管委会于2018年5月9日作出中止通知。2019年1月25日，区管委会接收劳务公司提交的包括道路交通事故责任认定书在内的补正材料，后于2019年2月14日作出了涉案认定工伤决定。以上证据能够证实，区管委会在工伤认定过程中要求劳务公司提交的以及其作出工伤认定所依据的系公安交通管理部门所作道路交通事故责任认定书，而非刑事判决书。区管委会履行了《工伤保险条例》及相关法律法规规定的调查核实等法定程序，根据既有证据材料足以作出涉案认定工伤决定，刑事判决并非区管委会作出本案认定工伤决定所必须之前提依据。且该认定工伤决定确保受伤职工利益得到及时有效的保护，符合《工伤保险条例》的立法精神。故劳务公司主张区管委会在法院对宋某的刑事判决作出之前即作出工伤认定，程序违法的理由不能成立，不予支持。一审判决认定事实清楚，适用法律正确，审判程序合法，应予维持。劳务公司的上诉理由不能成立，不予支持。判决：驳回上诉，维持原判。

《工伤保险条例》第16条第1项规定，职工符合本条例第14条、第15条的规定，但是故意犯罪的，不得认定为工伤或者视同工伤。此规定排除工伤认定的因素为“故意犯罪”。《最高人民法院关于审理工伤保险行政案件若干问题的规定》（法释〔2014〕9号）第1条规定，《工伤保险条例》第16条第1项“故意犯罪”的认定，应当以刑事侦查机关、检察机关和审判机关的生效法律文书或者结论性意见为依据。本案中，宋某虽然承担交通事故的全部责任，构成交通肇事罪，但该罪属于过失犯罪，不是故意犯罪。宋某受到的事故伤害符合《工伤保险条例》第14条第5项规定的“职工在因工外出期间，因工作原因受到伤害或者发生交通事故下落不明的”情形，应当认定为工伤，且劳务公司虽然主张宋某为故意犯罪，但未提供相应证据证明宋某不构成工伤。因此，区管委会对宋某作出认定工伤决定是正确的。一、二审法院经审理，对该决定予以确认并驳回劳务公司的诉讼请求，是正确的。

案例70①

某服装公司经营的甲服装批发市场与案外人的乙服装批发市场均位于某路。2015年4月4日14时左右，因清洁工吃饭占用通道问题，两市场的保安员在双方办公室门前走廊内发生争吵，服装公司的保安员唐某用对讲机向保安经理高某报告，高某及正在值班的梁某等多名保安员陆续赶至纠纷现场。双方人员互相指责、推攘，继而发生打斗。梁某在打斗中被人殴打倒地，后送至医院抢救无效死亡。2015年4月20日，公安局某分局作出鉴定意见通知书，鉴定意见为：梁某死亡原因系因左腹部受锐器暴力作用致左髂总动脉及下腔静脉破裂，造成失血性休克死亡。

2015年4月22日，梁某的妻子梁乙向某区人社局提出工伤认定申请。区人社局受理后，于2015年5月7日向服装公司送达举证告知书。2015年5月26日，服装公司向区人社局提供了一份情况说明，认为梁某死亡所涉事件具有触犯刑事犯罪之嫌疑，已被公安局某分局立案侦查，由于该案仍在立案侦查阶段，未有生效法律文书确定梁某是否涉及刑事犯罪，不宜于现阶段对梁某进行工伤认定。2015年5月25日，区人社局作出工伤认定中止通知书并送达梁乙。2016年10月31日，梁乙向区人社局提出恢复工伤认定申请。区人社局于2016年11月7日作出认定工伤决定书，认定梁某是服装公司的员工，2015年4月4日14时左右，梁某在单位值班时，被人殴打后抢救无效死亡，死亡原因为失血性休克死亡。梁某受伤死亡情形符合《工伤保险条例》第14条第3项的规定，认定为工伤。区人社局分别于2016年11月7日、19日将认定工伤

---

① 案号：（2018）粤71行终235号。

决定书送达梁乙、服装公司。2016年8月30日，人民法院作出一审刑事判决，未认定梁某构成故意犯罪，二审法院于2016年12月30日作出的终审刑事判决也未认定梁某构成故意犯罪。

服装公司不服区人社局作出的认定工伤决定，向法院提起行政诉讼。

一审法院认为，根据《工伤保险条例》第5条第2款的规定，县级以上地方各级人民政府社会保险行政部门负责本行政区域内的工伤保险工作。因此，区人社局具有主管本行政区域内的工伤保险工作的职权，有权依法对梁乙提出的工伤认定申请作出决定。《工伤保险条例》第14条规定："职工有下列情形之一的，应当认定为工伤：……（三）在工作时间和工作场所内，因履行工作职责受到暴力等意外伤害的……"本案中，梁某在单位值班期间，被人殴打后经抢救无效死亡，符合上述规定。区人社局依法受理梁乙提出的工伤认定申请，依据其调查情况，根据《工伤保险条例》第14条第3项的规定作出案涉认定工伤决定书并依法送达，事实清楚，证据充分，适用法律法规正确，程序合法。《工伤保险条例》第19条第2款规定："职工或者其近亲属认为是工伤，用人单位不认为是工伤的，由用人单位承担举证责任。"本案中，服装公司在区人社局工伤认定期间，只提供了情况说明，申辩当时不宜对梁某进行工伤认定的理由，区人社局听取了服装公司的申辩，作出了中止工伤认定的决定。但服装公司未提供其他材料证实梁某的死亡不应认定为工伤，故服装公司应承担举证不能的后果。庭审中，服装公司提出梁某案发时的工作岗位是市场正门大堂，不是案发现场，保安经理高某和负责案发现场的保安员唐某都没有呼叫梁某前往现场，是梁某听到对讲机里有人争吵后自己去案发现场的，属于擅自离开工作岗位，梁某受到伤害与履行工作职责无直接关系的主张，并当庭提交了甲市场岗位详情、甲市场值班表和《员工规章制度》证明上述主张。经审查，服装公司当庭提交的是2016年度的甲市场岗位详情和2017年度的甲市场值班表，无法证实案发时段梁某的岗位安排情况。而《员工规章制度》的"工作纪律"中并无禁止保安员协助其他岗位保安员履行工作职责的规定，且梁某未签名。一般来说，保安员的服务单位都会给每个保安员指定工作岗位和工作区域，在正常工作状况下，可将保安员的工作场所限定在其服务单位所指定的工作岗位和工作区域。但保安员是一类较为特殊的工种，一旦遇到非正常状况时，作为服务单位的其他岗位保安员，均负有协助事发岗位保安员一起维护服务单位整体工作秩序、经营秩序和治安秩序的工作职责。因此，在非正常状况时，不能将保安员的工作场所仍限定在服务单位所指定的工作岗位和工作区域。本案中，即使梁某的指定工作岗位和工作区域不是案发现场，但其在工作时间内，通过对讲机获悉属于服务单位管理范围内的案发现场出现非正常状况时，出于履行保安工作职责的自然反应前往案发现场后而受到暴力伤害，应认定为在工作时间和工作场所内，因履行工作职责受到暴力等意外伤害的情形。因此，服装公司的主张不能成立，不予支持。判决：驳回服装公司的诉讼请求。

服装公司不服一审判决，向二审法院提起上诉。

二审法院认为，根据《工伤保险条例》第14条第3项的规定，职工在工作时间和工作场所内，因履行工作职责受到暴力伤害的，应当认定为工伤。《最高人民法院关于审理工伤保险行政案件若干问题的规定》第4条第1项规定，职工在工作时间和工作场所内受到伤害，用人单位或者社会保险行政部门没有证据证明是非工作原因导致的，社会保险行政部门认定为工伤的，人民法院应予支持。上述规定中的"工作场所"，是指职工从事职业活动的场所，而不能局限为从事特定劳动的固定工作岗位。本案中死者梁某系服装公司的保安员，负有维护服装公司所经营的甲服装批发市场良好治安秩序的职责。案发当日，因服装公司的保安与案外人的乙服装批发市场的保安在双方办公室门前走廊发生冲突，正在大堂值班的梁某在对讲机中听到同事紧急呼叫，赶往现场支援，在协助恢复正常经营管理秩序过程中被他人伤害致死，且根据相关刑事判决查明的事实，梁某在该事件处理过程中未存在过错，与参与打斗的对方保安并不存在私人恩怨，不属私人之间的报复。梁某系在工作时间和工作场所内，因履行保安工作职责受到暴力伤害致死，应认定为工伤。区人社局作出的认定工伤决定，认定事实清楚，适用法律正确，程序合法，一审判决予以支持，并无不当。服装公司的上诉请求及理由没有法律依据，不予支持。判决：驳回上诉，维持原判。

本案中，梁某在与案外人的乙服装批发市场的保安的集体冲突中被他人伤害致死，综合整个事件过程来看，可以认定梁某是在工作时间和工作场所内，因履行工作职责受到暴力伤害致死，符合《工伤保险条例》第14条第3项规定的认定工伤的情形，且生效的法院刑事判决未认定梁某构成故意犯罪。服装公司虽然不认为梁某受到的伤害是工伤，但其未提供证据予以证明，应当承担举证不能的不利后果。因此，区人社局对梁某受到的伤害作出认定工伤决定，是正确的。一、二审法院对此也予以确认，并判决驳回了服装公司的诉讼请求。

五、没有证据证明是非工作原因导致的伤害能否认定为工伤

案例71[①]

2012年11月12日，于某与某电器公司签订劳动合同书，约定：合同期限自2012年11月12日起至2015年11月11日止，于某的工作岗位（部门、工种或职务）为生产操作岗位普工。2013年7月27日，于某入住甲医院治疗，入院记录记载：患者本人主诉：头部外伤2周，患者于约2周前骑自行车时不慎翻车摔倒，头部着地，伤后自

① 案号：（2017）粤行申237号。

觉头晕、头痛，无恶心呕吐，无昏迷、抽搐，无大小便失禁等。自行取药治疗，未到医院就诊，近两天来头痛加重，急来我院行颅脑CT检查，诊断为“右侧额颞顶部亚急性硬膜下血肿”。同年7月30日，于某转入乙医院治疗。2013年8月3日，乙医院为于某出具诊断证明书，诊断为：“亚急性颅脑损伤：1. 右侧硬膜下血肿；2. 脑挫裂伤并脑内血肿；3. 头皮血肿。”

2013年8月9日，电器公司向某市人社局提交对于某的工伤认定申请，报称于某于2013年7月12日21时30分左右下班后骑自行车回家时，在某加油站附近的路上摔倒，当时只感到头痛并有头晕，7月27日到甲医院检查，病情严重，于7月30日出院，转至乙医院住院治疗，目前仍在乙医院住院治疗，申请将于某“亚急性颅脑损伤：1. 右侧硬膜下血肿；2. 脑挫裂伤并脑内血肿；3. 头皮血肿”认定为工伤。同日，市人社局向电器公司发出工伤认定申请补正材料通知书，通知其尽快补齐所欠缺的以下证明材料：上下班路途和事故现场示意图，交警等部门的责任认定书，住处证明；申请人的关系证明。同年8月19日，在电器公司补交夫妻关系证明书、情况说明等材料后，市人社局作出并向电器公司送达工伤认定申请受理通知书。2013年8月29日，市人社局作出不予认定工伤决定书，认为于某的受伤情况不符合工伤认定范围，不符合《广东省工伤保险条例》第9条、第10条的规定及无法提供交警等部门的责任认定书，认定于某所受上述损伤为非工伤。于某不服，向某市政府申请行政复议。市政府于2013年12月19日作出行政复议决定书，认为市人社局在未调查核实于某发生事故的责任是否属于“非本人主要责任”的情况下作出不予认定工伤决定书，缺乏事实和法律依据，决定撤销该不予认定工伤决定，要求市人社局在收到行政复议决定书之日起60日内调查核实有关事实，重新作出工伤认定决定。

2014年2月19日，市人社局向于某发出工伤认定申请补正材料通知书，通知其尽快补齐所欠缺的以下证明材料：交警等部门的责任认定书。同年12月25日，于某家属向市人社局提交一份书面报告，称当时摔倒时没有报交警部门，无法提交道路交通事故责任书。市人社局到事发现场进行了拍照取证。2014年12月31日，市人社局作出第二份不予认定工伤决定书，认为经进一步核实，于某的情况不符合《广东省工伤保险条例》第9条、第10条应当认定工伤或者视同工伤的规定，认定于某所受上述损伤为非工伤，并将不予认定工伤决定书分别送达电器公司和于某。于某不服该第二份不予认定工伤决定书，于2015年2月16日向市政府申请行政复议。市政府受理该申请，并向市人社局发出提出答复通知书。市人社局提交了行政复议答复书及相关证据材料。同年4月15日，市政府作出第二份行政复议决定书，维持市人社局作出的第二份不予认定工伤决定书。2015年4月28日，市政府将第二份行政复议决定书送达于某、电器公司。

于某不服市政府作出的第二份行政复议决定书，向法院提起行政诉讼。

一审法院认为，根据《工伤保险条例》第14条第6项、《广东省工伤保险条例》第9条第6项规定，在上下班途中，受到非本人主要责任的交通事故或者城市轨道交通、客运轮渡、火车事故伤害的，应当认定为工伤。《人力资源社会保障部关于执行〈工伤保险条例〉若干问题的意见》（人社部发〔2013〕34号）第2条规定，《工伤保险条例》第14条第6项规定的“非本人主要责任”的认定，应当以有关机关出具的法律文书或者人民法院的生效裁决为依据。《中华人民共和国道路交通安全法》（2011年修正）第119条[①]对交通事故、道路、车辆等用语的含义作出了明确的界定：交通事故是指车辆在道路上因过错或者意外造成的人身伤亡或者财产损失的事件；道路是指公路、城市道路和虽在单位管辖范围但允许社会机动车通行的地方，包括广场、公共停车场等用于公众通行的场所；车辆是指机动车和非机动车。于某述称骑自行车在加油站附近路段摔倒受伤，不论其是因过错摔伤，还是因意外摔伤，均属于《中华人民共和国道路交通安全法》所调整的交通事故。《最高人民法院关于审理工伤保险行政案件若干问题的规定》第1条第1款和第2款规定，人民法院审理工伤认定行政案件，在认定是否存在《工伤保险条例》第14条第6项“本人主要责任”、第16条第2项“醉酒或者吸毒”和第16条第3项“自残或者自杀”等情形时，应当以有权机构出具的事故责任认定书、结论性意见和人民法院生效裁判等法律文书为依据，但有相反证据足以推翻事故责任认定书和结论性意见的除外。前述法律文书不存在或者内容不明确，社会保险行政部门就前款事实作出认定的，人民法院应当结合其提供的相关证据依法进行审查。本案中，电器公司在为于某申请工伤认定时，没有提供有权机构出具的交通事故责任认定书。在市人社局发出工伤认定申请补正材料通知书后，电器公司及于某均未能提供交警部门的事故责任认定书。市人社局在电器公司及于某无法提供事故责任认定书、自己也调查了事故现场的情况下，结合现有证据材料，认为于某在骑自行车时不慎摔倒，没有证据证明其他方对事故负有责任，该事故属于于某自身原因造成，不具有“非本人主要责任”的要件，从而根据《广东省工伤保险条例》第9条关于“应当认定为工伤”和第10条关于“视同工伤”的规定，认定于某所受损伤为非工伤并无不当。市政府在收到于某的行政复议申请后依法予以受理，并在《中华人民共和国行政复议法》规定的期限内，将行政复议申请书（副本）、提出答复通知书送达市人社局，经审理后在法定期限内作出第二份行政复议决定书，并依法将行政复议决定书送达各方，并告知各方不服复议决定的救济权利，该复议程序合法。于某的诉请理由不成立。判决：驳回于某的全部诉讼请求。

于某不服一审判决，向二审法院提起上诉。于某认为，（一）一审法院认定事实、

① 《中华人民共和国道路交通安全法》已于2021年4月29日修正，相同内容的条文为第119条。

适用法律错误。1. 于某没有违反交通道路规定，严格来说是一次意外事故，意外事故可以没有责任人。于某在意外事故中没有责任，一审判决认定其负事故主要责任有误。2.《工伤保险条例》的立法精神在于保护劳动者在上下班途中的人身安全，涉案事故时间、过程均在上下班途中，因此只要不是于某故意违法、违章、自杀自残，就应认定为工伤。3. 于某在事故发生后生活陷入极大困难，但市人社局、市政府、一审法院均不予以工伤政策上的保护，将依法向上级机构维权至合法权益得到保护之日止。（二）市人社局认定事实错误。于某和电器公司具有劳动关系。于某于2013年7月12日21时30分左右下班途中意外摔伤，向市人社局申请工伤认定。市人社局作出的不予认定工伤决定有误，于某符合《最高人民法院关于审理工伤保险行政案件若干问题的规定》第6条的规定，应当认定为工伤。（三）市人社局工伤认定程序违法。市人社局在作出行政行为时未充分听取于某对案件事实的充分陈述，也没有启动调查听证程序，违背了行政机关作出重大行政行为时必须调查听证的规定。2013年12月19日，市政府要求市人社局调查核实事实，重新认定工伤，但是市人社局拒不执行，程序违法。（四）市人社局适用法律错误。1. 本次事故是道路交通事故，于某在下班途中受伤，没有证据证明于某对事故的发生负有主要责任，应按《工伤保险条例》第14条第6项规定认定为工伤；2. 没有其他法律法规规定单方事故致伤的情形不适用《工伤保险条例》第14条第6项；3. 市人社局没有证据证明于某有自残行为，其剥夺了于某购买工伤保险而应享受工伤保险的权利，其作出的不予认定工伤决定违反了《最高人民法院关于审理工伤保险行政案件若干问题的规定》第6条的规定。（五）电器公司在交通事故中虽无直接过错，但其强制于某加班加点，连续不安排休息，是导致其发生意外事故的诱因。市人社局、市政府对电器公司没有监督到位也应该负有相应责任。

市人社局认为，（一）依据《广东省工伤保险条例》第9条第6项，职工在上下班途中，受到非本人主要责任的交通事故或者城市轨道交通、客运轮渡、火车事故伤害的，应当认定为工伤。据此要认定该情形受伤为工伤必须同时满足三个要件：上下班途中、交通事故、非本人主要责任，缺一不可。而关于“非本人主要责任”如何认定，依据《人力资源社会保障部关于执行〈工伤保险条例〉若干问题的意见》（人社部发〔2013〕34号）第2条规定，《工伤保险条例》第14条第6项规定的“非本人主要责任”的认定，应当以有关机关出具的法律文书或者人民法院的生效裁决为依据。按照《中华人民共和国道路交通安全法》有关规定，道路交通事故的基本事实、成因及当事人之间的责任认定是公安机关交通管理部门的职责，公安机关交通管理部门应为作出“非本人主要责任”认定的有权机关。于某于2013年7月12日21时30分左右下班后骑自行车回家途中摔倒之时以及事故之后均未报案处理，一直未能提供应由公安机关交通管理部门作出的交通事故责任认定书或其他有权机构出具的有效证明材料，无法证明于某受伤是否属于“非本人主要责任”引起的，故于某受伤情形不符合《广东省工伤保险条例》第 9 条第 6 项规定所需的“非本人主要责任”要件。（二）《最高人民法院关于审理工伤保险行政案件若干问题的规定》第 1 条规定，“非本人主要责任”的认定原则上仍以有权机构出具的事故责任认定书、结论性意见和人民法院生效裁判等法律文书为依据，只有在前述法律文书不存在或者内容不明确时，社会保险行政部门可以结合相关证据作出事实认定。于某和电器公司均未提供公安机关交通管理部门出具的事故责任认定书、结论性意见和人民法院生效裁判等法律文书，市人社局对事故现场作了进一步调查，并综合现有证据材料，不能得出于某在骑自行车回家时摔倒受伤事故中“非本人主要责任”的结果。（三）市人社局受理工伤认定申请后，依法发出了工伤认定申请补正材料通知书，一次性告知于某和电器公司需补正的全部材料，经调查核实后才作出工伤认定决定。同时，依据《广东省工伤保险条例》和《工伤认定办法》等现有法律法规，仅规定了社会保险行政部门根据审核需要，可以向有关部门进行调查核实，并未明确规定社会保险行政部门作出工伤认定决定之前必须启动调查听证程序。

二审法院认为，二审期间于某提交了一份公安局交通警察支队某大队出具的道路交通事故处理（不受理）通知书，证明于某按照市人社局的要求到公安机关交通管理部门开具证明，公安机关交通管理部门认为时隔太久，无法证明此事故事实存在，决定不予受理。市人社局、市政府及电器公司对该证据的真实性和合法性均无异议，认为该证明并未确定交通事故责任。该证据属于新的证据，而且与本案事实有关联性，予以采纳。二审法院认为，于某所受损伤不应认定为工伤。《工伤保险条例》第 19 条第 2 款规定，职工或者其近亲属认为是工伤，用人单位不认为是工伤的，由用人单位承担举证责任。该条规定系工伤举证责任的一般性规定，但是对于通勤事故的证明责任问题，与工作事故应当有所区别。工作事故处于用人单位的控制内，用人单位应当承担较重的举证责任；而本案通勤事故中，职工脱离了用人单位的控制，受伤职工应当对事故的发生、是否属于上下班途中的合理时间和合理路线承担初步的举证责任。本案中，于某主张其于 2013 年 7 月 12 日 21 时 30 分左右下班骑自行车回家途中摔倒，但对于该事故的发生并未提供任何证据予以证明，依法应承担举证不能的不利后果。尽管电器公司对于某关于下班途中受伤的主张未提出异议，但市人社局依据《工伤保险条例》的规定行使调查核实权，该调查职权既有职责性，亦有国家强制性。结合现有证据材料，市人社局认定于某所受损伤为非工伤并无不当。《广东省工伤保险条例》和《工伤认定办法》等现有法律法规并未规定社会保险行政部门作出工伤认定决定之前必须启动调查听证程序，于某关于市人社局未组织听证、存在程序违法的主张缺乏法律依据。市人社局作出第二份不予认定工伤决定书的程序及市政府作出第二份行政复议决定书的程序均符合相关法律规定，一审判决认定事实清楚，适用法律、法规正确。于某的上诉理由不能成立，不予支持。判决：驳回上诉，维持原判。

于某不服二审判决，向广东省高级人民法院申请再审。

再审法院认为，本案中，电器公司向市人社局提出工伤认定申请，主张于某于2013年7月12日21时30分左右下班骑自行车回家途中意外摔伤，申请将其所受伤害认定为工伤。但电器公司未能同时提供公安机关交通管理部门作出的交通事故责任认定书或者其他有权机构出具的有效证明材料，以证明于某所受伤害属于“非本人主要责任”引起，在市人社局发出工伤认定申请补正材料通知书后，电器公司和于某仍未能提供上述材料。在此情况下，市人社局对事发现场进行了调查，并结合现有证据材料，认为于某在骑自行车时不慎摔倒，没有证据证明其他方对事故负有责任，该事故属于某自身原因造成，不具有“非本人主要责任”的要件，从而根据《广东省工伤保险条例》第9条关于“应当认定为工伤”和第10条关于“视同工伤”的规定，作出第二份不予认定工伤决定书，认定于某所受伤害为非工伤，事实依据充分，适用法规正确。于某另以市人社局未组织听证为由主张其作出不予认定工伤决定的程序违法，但《广东省工伤保险条例》及《工伤认定办法》均未规定社会保险行政部门在作出工伤认定决定前必须组织当事人听证，市人社局作出被诉工伤认定决定程序上并无不当之处。市政府作出第二份行政复议决定书对被诉工伤认定决定予以维持亦无不妥。一、二审判决驳回于某的诉讼请求正确，于某申请再审的主张理据不足，不予采纳。裁定：驳回于某的再审申请。

本案中，根据市人社局的调查核实及提供的证据材料，于某在骑自行车时不慎摔倒，没有证据证明其他方对事故负有责任，该事故系于某自身原因造成，不符合《工伤保险条例》第14条第6项规定的“在上下班途中，受到非本人主要责任的交通事故或者城市轨道交通、客运轮渡、火车事故伤害的”情形，不应认定为工伤。市人社局对此作出不予认定工伤决定，是正确的。一、二审法院和再审法院经审理，判决驳回于某的诉讼请求，认定事实清楚，适用法律正确，判决是正确的。

案例72①

林某的丈夫邹某因担心自己年纪大，不能被某物流公司录用，遂以其弟邹乙的名义与物流公司签订书面劳动合同，约定工作期限为2013年4月1日至2016年3月31日，工作地点在某区。2014年6月20日，邹某驾驶普通二轮摩托车上班，于当天8时55分行驶至某路段时，连人带车摔倒在地，造成车辆损害，邹某受伤，后即被送往医院抢救。2014年6月23日，邹某因呼吸循环衰竭宣告死亡。2014年6月23日、7月4日，物流公司分别向邹某垫付医疗费、丧葬费各2万元。2014年7月23日，公安局交

① 案号：(2017) 粤行申52号。

通警察支队某大队作出道路交通事故证明，内容为："该事故发生后，办案民警接110指令即赶赴现场处理，当事人邹某已送医院抢救，现场周围无目击者，无其他车辆，报警人亦不清楚该事故是如何发生的。因该事故无目击证人，当事人邹某送医院抢救无效死亡，无法提供事发经过，导致取证困难，道路交通事故成因无法查清，根据《道路交通事故处理程序规定》第50条规定，公安机关交通管理部门出具道路交通事故证明，载明道路交通事故发生的时间、地点、当事人情况及调查得到的事实，送达当事人家属。"

2015年3月26日，林某向某区人社局提交邹某工亡认定申请，区人社局于2015年5月7日受理其申请。2015年7月6日，区人社局作出认定工亡决定书，认定物流公司与邹某之间存在事实劳动关系，邹某于2014年6月20日在合理时间内合理路线的上班途中发生交通事故，有林某提供的证据，对林某等人进行的调查核实以及道路交通事故证明等相互印证，认定邹某的事故死亡为工亡。

物流公司不服区人社局作出的认定工亡决定，向法院提起行政诉讼。

一审法院经审理，判决驳回物流公司的诉讼请求。

物流公司不服，向二审法院提起上诉。

二审法院经审理，判决驳回物流公司的上诉请求。

物流公司不服二审判决，向广东省高级人民法院申请再审。物流公司认为，（一）一、二审判决认定的作为本案基本事实的交通事故以及责任划分的主要证据不足，没有足够证据证明本案存在事故、交通事故或交通事故责任的划分。（二）二审判决在举证责任的分配上适用法律错误。林某应当举证证明死者与申请人建立了劳动关系，而不应由物流公司承担工伤案件中否认劳动关系存在的举证责任。案涉工亡类型决定了作为用人单位的物流公司对事实的举证能力不同于其他类型的工伤工亡情况，在举证上处于弱势地位。（三）林某未提供充分证据证明其与死者邹某为夫妻关系，申请认定工亡的主体资格证据不足。（四）物流公司已经为死者邹某以其冒名的邹乙的名义在他市缴纳了工伤保险，区人社局无权就本案的工亡进行认定。（五）一、二审判决认定邹某与物流公司构成事实劳动关系的主要证据不足。

再审法院认为，《工伤保险条例》第14条规定："职工有下列情形之一的，应当认定为工伤：……（六）在上下班途中，受到非本人主要责任的交通事故或者城市轨道交通、客运轮渡、火车事故伤害的……"《工伤认定办法》第17条规定："职工或者其近亲属认为是工伤，用人单位不认为是工伤的，由该用人单位承担举证责任。用人单位拒不举证的，社会保险行政部门可以根据受伤害职工提供的证据或者调查取得的证据，依法作出工伤认定决定。"根据物流公司申请再审提交的材料反映，林某的丈夫邹某因担心自己年纪大，不被物流公司录用，遂以其弟邹乙的名义与物流公司签订书面劳动合同，约定工作期限为2013年4月1日至2016年3月31日，工作地点在某区。2014年6月20日，邹某驾驶普通二轮摩托车上班，于当天8时55分行驶至某路段时，连人带车摔倒在地，造成车辆损害，邹某受伤。后即被送往医院抢救。2014年6月23日，邹某因呼吸循环衰竭宣告死亡。2015年7月6日，区人社局作出认定工亡决定书，认定邹某的事故死亡为工亡。物流公司不服上述认定工亡决定，提起本案诉讼，请求撤销区人社局作出的认定工亡决定书。一、二审法院经审理认定，区人社局认定物流公司与邹某之间存在事实劳动关系，邹某于2014年6月20日在合理时间内合理路线的上班途中发生交通事故，有林某提供的证据，对林某等人进行的调查核实以及道路交通事故证明等相互印证。物流公司主张其与邹某之间不具有劳动关系，但在本案诉讼期间未能提交充分证据予以证实。同时，公安局交通警察支队某大队出具的涉案道路交通事故证明显示，涉案道路交通事故成因无法查清，现有证据无法证实邹某需对涉案事故承担主要责任。故区人社局作出被诉认定工亡决定书，认定邹某的事故死亡为工亡，符合上述法规的规定。一、二审法院据此判决驳回物流公司关于撤销被诉认定工亡决定书的诉讼请求，经本院审查，并无不当。物流公司申请再审的主张理据不足，不予采纳。裁定：驳回物流公司的再审申请。

《最高人民法院关于审理工伤保险行政案件若干问题的规定》（法释〔2014〕9号）第1条规定，人民法院审理工伤认定行政案件，在认定是否存在《工伤保险条例》第14条第6项“本人主要责任”等情形时，应当以有权机构出具的事故责任认定书、结论性意见和人民法院生效裁判等法律文书为依据，但有相反证据足以推翻事故责任认定书和结论性意见的除外。前述法律文书不存在或者内容不明确，社会保险行政部门就前款事实作出认定的，人民法院应当结合其提供的相关证据依法进行审查。本案中，邹某在上班途中发生交通事故死亡，交警部门出具道路交通事故证明，证明涉案道路交通事故成因无法查清，现有证据无法证实邹某需对涉案事故承担主要责任。区人社局经调查核实，对邹某受到的事故伤害作出认定工亡决定并无不妥。物流公司认为邹某不是工亡，但未提供足够的证据予以证实，应当承担举证不能的不利后果。一、二审法院经审理，认为区人社局作出的认定工亡决定符合工伤认定的相关规定，判决驳回物流公司的诉讼请求并无不当。本案经广东省高级人民法院再审，亦驳回了物流公司的再审申请。

本案中，邹某在上班途中发生交通事故导致死亡，事故原因无法查清，也没有证据证明邹某在此次事故中承担主要责任，人社部门综合本案实际，从《工伤保险条例》“保障因工作遭受事故伤害或者患职业病的职工获得医疗救治和经济补偿”的立法目的出发，认定邹某的情形属于工伤，作出认定工亡决定，三级人民法院也对此决定予以认可，这是值得称道的。

第六章　工伤认定的程序是怎样的

一、工伤认定申请

（一）申请主体

1. 用人单位

《工伤保险条例》第 17 条第 1 款规定，职工发生事故伤害或者按照职业病防治法规定被诊断、鉴定为职业病，所在单位应当自事故伤害发生之日或者被诊断、鉴定为职业病之日起 30 日内，向统筹地区社会保险行政部门提出工伤认定申请。遇有特殊情况，经报社会保险行政部门同意，申请时限可以适当延长。

2. 工伤职工或者其近亲属、工会组织

如果用人单位未按《工伤保险条例》第 17 条第 1 款的规定提出工伤认定申请的，工伤职工或者其近亲属、工会组织在事故伤害发生之日或者被诊断、鉴定为职业病之日起 1 年内，可以直接向用人单位所在地统筹地区社会保险行政部门提出工伤认定申请。

工伤职工的近亲属，一般是指该职工的配偶、子女、父母、祖父母、外祖父母、孙子女、外孙子女、兄弟姐妹。工会组织，根据《劳动和社会保障部关于实施〈工伤保险条例〉若干问题的意见》（劳社部函〔2004〕256 号）第 4 条的规定，有权申请工伤认定的“工会组织”包括职工所在用人单位的工会组织以及符合《中华人民共和国工会法》规定的各级工会组织。

（二）申请时限

根据《工伤保险条例》第 17 条的规定，不同的工伤申请主体，其申请时限是不同的。

1. 用人单位的申请时限

职工所在用人单位申请工伤认定的时限为 30 日，即自职工事故伤害发生之日或者被诊断、鉴定为职业病之日起 30 日内提出申请。遇有特殊情况，经报社会保险行政部门同意，申请时限可以适当延长。

2. 职工或者其近亲属、工会组织的申请时限

工伤职工或者其近亲属、工会组织申请工伤认定的时限为 1 年，即自事故伤害发生之日或者被诊断、鉴定为职业病之日起 1 年内，可以直接向用人单位所在地统筹地区社会保险行政部门提出工伤认定申请。

3. 对“事故伤害发生之日”的理解

对于“事故伤害发生之日”，实践中有不同的理解。一种意见认为指的是“事故发生之日”，另一种意见认为应当是“事故伤害结果发生或者发现之日”。一般来说，工伤事故发生时，伤害结果也随之发生，但是也存在一些特殊情况，工伤事故发生时，伤害结果尚未发生，在这种情况下，无法预知工伤事故是否会产生伤害结果、产生什么样的伤害结果，也无法预知伤害结果会引发什么样的损失，因此也就无法提出工伤认定申请。所以，“事故伤害发生之日”应当是指事故伤害发生且伤害结果发生或者发现之日，而不仅仅是“事故发生之日”。故此，职工所受伤害在事故发生时未发现但能够证明是由事故所造成的，从伤害确诊之日起开始计算法定申请时限。

4. 申请时限的延长、中止、中断

特殊情况下，申请工伤认定的时限可以延长、中止、中断。对于用人单位来说，遇有特殊情况，经报社会保险行政部门同意，申请时限可以适当延长。对于职工或者其近亲属、工会组织而言，申请工伤认定时限是否可以适当延长则没有明确规定。但是，根据相关规范性文件、司法解释等规定，职工或者其近亲属、工会组织申请工伤认定的时限可以中止、中断。

《人力资源社会保障部关于执行〈工伤保险条例〉若干问题的意见（二）》（人社部发〔2016〕29号）第8条规定，有下列情形之一的，被延误的时间不计算在工伤认定申请时限内：

（1）受不可抗力影响的；

（2）职工由于被国家机关依法采取强制措施等人身自由受到限制不能申请工伤认定的；

（3）申请人正式提交了工伤认定申请，但因社会保险机构未登记或者材料遗失等原因造成申请超时限的；

（4）当事人就确认劳动关系申请劳动仲裁或提起民事诉讼的；

（5）其他符合法律法规规定的情形。

《最高人民法院关于审理工伤保险行政案件若干问题的规定》（法释〔2014〕9号）第7条规定，由于不属于职工或者其近亲属自身原因超过工伤认定申请期限的，被耽误的时间不计算在工伤认定申请期限内。有下列情形之一耽误申请时间的，应当认定为不属于职工或者其近亲属自身原因：

（1）不可抗力；

（2）人身自由受到限制；

（3）属于用人单位原因；

（4）社会保险行政部门登记制度不完善；

（5）当事人对是否存在劳动关系申请仲裁、提起民事诉讼。

上述规定中关于用人单位的原因，实践中主要有如下几种情形：一是有的职工工伤意识不强，一些用人单位有意欺骗受伤职工或者其近亲属，虽然也给予受伤职工必要的治疗和支付一定的待遇，但是一旦超过法定申请期限，就撒手不管；二是有的用人单位借故与职工协商申请工伤认定事宜，但是一旦超过法定申请期限，就不再协商；三是用人单位与职工在协商过程中同意申请工伤认定，但一直拖延申请，导致超过申请时限。

（三）申请材料

根据《工伤保险条例》第18条和《工伤认定办法》第6条的规定，提出工伤认定申请应当提交下列材料：

（1）工伤认定申请表，内容应当包括事故发生的时间、地点、原因以及职工伤害程度等基本情况；

（2）与用人单位存在劳动关系（包括事实劳动关系）的证明材料，包括劳动、聘用合同文本或者与用人单位存在劳动关系（包括事实劳动关系）、人事关系的其他证明材料；

（3）医疗机构出具的受伤后医疗诊断证明或者职业病诊断证明书（或者职业病诊断鉴定书）。

工伤认定申请人提供材料不完整的，社会保险行政部门应当一次性书面告知工伤认定申请人需要补正的全部材料。申请人按照书面告知要求补正材料后，社会保险行政部门应当受理。

另外，根据社会保险行政部门的要求，属于下列情况的还应提供相关证明材料：

（1）在工作时间前后和在工作场所内，从事与工作有关的预备性或者收尾性工作受到事故伤害的，需提交上下班工作时间表及与预备性或者收尾性工作内容的相关材料；

（2）因履行工作职责受到暴力伤害的，需提交公安机关的证明或人民法院的判决书以及其他有效证明；

（3）因工外出期间，由于工作原因，受到交通事故或者其他意外事故伤害的，需提交如派工单、出差通知书或者能证明因工外出的原始证明材料及外出期间工作原因证明材料；

（4）因工外出期间，属于发生事故下落不明的，需提交人民法院宣告死亡的裁决书；

（5）属于上下班途中受机动车事故伤害的，需提交上下班的作息时间表，单位至居住地正常路线图，公安机关交通管理部门的责任认定书或其他有效证明；遇肇事者逃逸的，需提交公安机关交通管理部门的相关证明；

（6）属于从事抢险、救灾、救人等维护国家利益、公共利益的活动中受到伤害的，需提交单位或者县级政府民政部门、公安部门出具的相关证明；

（7）属于因公、因战致残的复员转业军人旧伤复发的，需提交革命伤残军人证、旧伤复发后医院的诊断证明和劳动鉴定委员会的鉴定结论；

（8）属于借用人员的，需提交劳动关系所在单位与借用单位的协议书、借用单位对事故调查的材料，并由劳动关系所在单位中报并提交劳动合同文本或者其他建立劳动关系的有效证明；

（9）近亲属代表伤亡职工提出工伤认定申请的，需提交有效的近亲属关系证明、委托证明；

（10）工会组织代表伤亡职工提出工伤认定申请的，需提交工会组织介绍信，办理人身份证明；

（11）其他特殊情况，需提交能够证明事故情况的材料。

二、工伤认定

（一）工伤认定的受理

1. 受理机构

《工伤保险条例》第 5 条规定，国务院社会保险行政部门负责全国的工伤保险工作。县级以上地方各级人民政府社会保险行政部门负责本行政区域内的工伤保险工作。社会保险行政部门按照国务院有关规定设立的社会保险经办机构具体承办工伤保险事务。根据《工伤保险条例》第 17 条、《工伤认定办法》第 4 条的规定，工伤认定申请的受理和认定机构为“统筹地区社会保险行政部门”，如果统筹地区社会保险行政部门是省级社会保险行政部门的，根据属地原则应当向用人单位所在地设区的市级社会保险行政部门提出。

综合上述规定可以看出，工伤认定受理和认定机构为统筹地区的县级以上地方各级人民政府社会保险行政部门；如果统筹地区社会保险行政部门是省级社会保险行政部门的，则工伤认定受理和认定机构为用人单位所在地设区的市级社会保险行政部门。

2. 受理审核

社会保险行政部门收到工伤认定申请后，应当在 15 日内对申请人提交的材料进行审核，材料完整的，作出受理或者不予受理的决定；材料不完整的，应当以书面形式一次性告知申请人需要补正的全部材料。申请人按照书面告知要求补正材料，社会保险行政部门收到申请人提交的全部补正材料后，应当在 15 日内作出受理或者不予受理的决定。

社会保险行政部门决定受理的，应当出具《工伤认定申请受理决定书》；决定不予受理的，应当出具《工伤认定申请不予受理决定书》。

（二）作出决定的时限

1. 法律规定的时限

根据《工伤保险条例》第20条和《工伤认定办法》第18条、第21条的规定，社会保险行政部门应当自受理工伤认定申请之日起60日内作出工伤认定的决定，并书面通知申请工伤认定的职工或者其近亲属和该职工所在单位。

社会保险行政部门对受理的事实清楚、权利义务明确的工伤认定申请，应当在15日内作出工伤认定的决定。

2. 时限的中止

根据《工伤保险条例》第20条、《工伤认定办法》第20条的规定，社会保险行政部门受理工伤认定申请后，作出工伤认定决定需要以司法机关或者有关行政主管部门的结论为依据的，在司法机关或者有关行政主管部门尚未作出结论期间，作出工伤认定决定的时限中止，社会保险行政部门应书面通知申请人。

（三）工伤认定决定

1. 决定的作出

社会保险行政部门受理工伤认定申请后，应当在规定的时限内作出工伤认定决定，出具《认定工伤决定书》或者《不予认定工伤决定书》。《认定工伤决定书》和《不予认定工伤决定书》应当加盖社会保险行政部门工伤认定专用印章。

2. 决定书的内容

《认定工伤决定书》应当载明下列事项：

（1）用人单位全称；

（2）职工的姓名、性别、年龄、职业、身份证号码；

（3）受伤害部位、事故时间和诊断时间或职业病名称、受伤害经过和核实情况、医疗救治的基本情况和诊断结论；

（4）认定工伤或者视同工伤的依据；

（5）不服认定决定申请行政复议或者提起行政诉讼的部门和时限；

（6）作出认定工伤或者视同工伤决定的时间。

《不予认定工伤决定书》应当载明下列事项：

（1）用人单位全称；

（2）职工的姓名、性别、年龄、职业、身份证号码；

（3）不予认定工伤或者不视同工伤的依据；

（4）不服认定决定申请行政复议或者提起行政诉讼的部门和时限；
（5）作出不予认定工伤或者不视同工伤决定的时间。

（四）决定书的送达

1. 送达时限

根据《工伤认定办法》第22条的规定，社会保险行政部门应当自工伤认定决定作出之日起20日内，将《认定工伤决定书》或者《不予认定工伤决定书》送达受伤害职工（或者其近亲属）和用人单位，并抄送社会保险经办机构。

2. 送达方式

《认定工伤决定书》和《不予认定工伤决定书》的送达参照民事法律有关送达的规定执行。根据《中华人民共和国民事诉讼法》的相关规定，送达的方式有以下几种：

（1）直接送达。即将决定书直接送交当事人。当事人是公民的，直接送交本人，本人不在，交他的同住成年家属签收。当事人是法人或者其他组织的，应当由法人的法定代表人、其他组织的主要负责人或者该法人、组织负责收件的人签收。当事人有代理人或者指定代收人的，可以送交其代理人或代收人签收。

（2）留置送达。受送达人或者他的同住成年家属拒绝接收决定书的，送达人可以邀请有关基层组织或者所在单位的代表到场，说明情况，在送达回证上记明拒收事由和日期，由送达人、见证人签名或者盖章，把决定书留在受送达人的住所；也可以把决定书留在受送达人的住所，并采用拍照、录像等方式记录送达过程，即视为送达。

（3）邮寄送达。直接送达决定书有困难的，可以邮寄送达。邮寄送达的，以回执上注明的收件日期为送达日期。

（4）转交送达。受送达人是军人的，通过其所在部队团以上单位的政治机关转交；受送达人被监禁的，通过其所在监所转交；受送达人被采取强制性教育措施的，通过其所在强制性教育机构转交。代为转交的机关、单位收到决定书后，必须立即交受送达人签收，以在送达回证上的签收日期为送达日期。

（5）公告送达。受送达人下落不明，或者用其他方式无法送达的，公告送达。自发出公告之日起经过30日，即视为送达。公告送达，应当在案卷中记明原因和经过。

三、不服工伤认定决定如何救济

职工或者其近亲属、用人单位对社会保险行政部门作出的工伤认定申请不予受理决定不服或者对工伤认定决定不服的，可以采取两种方式进行救济，一是依法申请行政复议，二是提起行政诉讼。

（一）申请行政复议

职工或者其近亲属、用人单位申请行政复议，应当在收到社会保险行政部门作出的决定书之日起60日内提出，因不可抗力或者其他正当理由耽误法定申请期限的，申请期限自障碍消除之日起继续计算。

申请行政复议，以作出决定书的社会保险行政部门为被申请人，可以选择向该部门的本级人民政府申请行政复议，也可以选择向其上一级行政主管部门申请行政复议。

根据《中华人民共和国行政复议法》的有关规定，行政复议机关收到行政复议申请后，应当在5日内进行审查，对不符合行政复议法规定的行政复议申请，决定不予受理，并书面告知申请人；对符合行政复议法规定，但是不属于本机关受理的行政复议申请，应当告知申请人向有关行政复议机关提出。除上述条款规定外，行政复议申请自行政复议机关负责法制工作的机构收到之日起即为受理。行政复议原则上采取书面审查的办法，但是申请人提出要求或者行政复议机关负责法制工作的机构认为有必要时，可以向有关组织和人员调查情况，听取申请人、被申请人和第三人的意见。

行政复议机关应当自受理申请之日起60日内作出行政复议决定；但是法律规定的行政复议期限少于60日的除外。情况复杂，不能在规定期限内作出行政复议决定的，经行政复议机关的负责人批准，可以适当延长，并告知申请人和被申请人；但是延长期限最多不超过30日。行政复议决定书一经送达，即发生法律效力。行政复议决定作出前，申请人要求撤回行政复议申请的，经说明理由，可以撤回；撤回行政复议申请的，行政复议终止。

职工或者其近亲属、用人单位对行政复议决定不服的，可以在收到复议决定书之日起15日内向人民法院提起诉讼。复议机关逾期不作决定的，申请人可以在复议期满之日起15日内向人民法院提起诉讼。法律另有规定的除外。

（二）提起行政诉讼

职工或者其近亲属、用人单位对社会保险行政部门作出的工伤申请不予受理决定不服或者对工伤认定决定不服的，如果不想申请行政复议，可以直接向人民法院提起行政诉讼。直接向人民法院提起诉讼的，应当自收到决定书之日起6个月内提出。法律另有规定的除外。

四、劳动能力鉴定

《工伤保险条例》第21条规定，职工发生工伤，经治疗伤情相对稳定后存在残疾、影响劳动能力的，应当进行劳动能力鉴定。

劳动能力鉴定是指劳动功能障碍程度和生活自理障碍程度的等级鉴定。劳动功能障碍分为十个伤残等级，最重的为一级，最轻的为十级。生活自理障碍分为三个等级：生活完全不能自理、生活大部分不能自理和生活部分不能自理。

（一）申请主体

劳动能力鉴定由用人单位、工伤职工或者其近亲属向设区的市级劳动能力鉴定委员会提出申请，并提供工伤认定决定和职工工伤医疗的有关资料。

（二）申请时间

法律法规对申请劳动能力鉴定时间没有具体规定，这是因为职工伤情不同，个体恢复也有差异，实践中把握的一个基本原则就是“伤情相对稳定”。《工伤职工劳动能力鉴定管理办法》（人力资源和社会保障部令第 38 号）第 7 条规定，职工发生工伤，经治疗伤情相对稳定后存在残疾、影响劳动能力的，或者停工留薪期满（含劳动能力鉴定委员会确认的延长期限），工伤职工或者其用人单位应当及时向设区的市级劳动能力鉴定委员会提出劳动能力鉴定申请。

（三）申请材料

申请劳动能力鉴定应当填写劳动能力鉴定申请表，并提交下列材料：

（1）有效的诊断证明、按照医疗机构病历管理有关规定复印或者复制的检查、检验报告等完整病历材料；

（2）工伤职工的居民身份证或者社会保障卡等其他有效身份证明原件。

（四）劳动能力鉴定期限

根据《工伤保险条例》第 25 条第 2 款的规定，设区的市级劳动能力鉴定委员会应当自收到劳动能力鉴定申请之日起 60 日内作出劳动能力鉴定结论，必要时，作出劳动能力鉴定结论的期限可以延长 30 日。

劳动能力鉴定委员会应当自作出鉴定结论之日起 20 日内将劳动能力鉴定结论及时送达工伤职工及其用人单位，并抄送社会保险经办机构。

（五）劳动能力鉴定结论

根据《工伤职工劳动能力鉴定管理办法》的规定，劳动能力鉴定委员会应当视伤情程度等从医疗卫生专家库中随机抽取 3 名或者 5 名与工伤职工伤情相关科别的专家组成专家组进行鉴定。专家组根据工伤职工伤情，结合医疗诊断情况，依据《劳动能力鉴定 职工工伤与职业病致残等级》国家标准提出鉴定意见。参加鉴定的专家都应当签署意见并签名。专家意见不一致时，按照少数服从多数的原则确定专家组的鉴定意见。

劳动能力鉴定委员会根据专家组的鉴定意见作出劳动能力鉴定结论，出具劳动能力鉴定结论书。劳动能力鉴定结论书应当载明下列事项：

（1）工伤职工及其用人单位的基本信息；

（2）伤情介绍，包括伤残部位、器官功能障碍程度、诊断情况等；

（3）作出鉴定的依据；

（4）鉴定结论。

（六）不服劳动能力鉴定结论的救济

职工或者其近亲属、用人单位对劳动能力鉴定结论不服的，可以申请再次鉴定。《工伤保险条例》第26条规定，申请鉴定的单位或者个人对设区的市级劳动能力鉴定委员会作出的鉴定结论不服的，可以在收到该鉴定结论之日起15日内向省、自治区、直辖市劳动能力鉴定委员会提出再次鉴定申请。省、自治区、直辖市劳动能力鉴定委员会作出的劳动能力鉴定结论为最终结论。

（七）伤残情况发生变化的劳动能力鉴定

根据《工伤保险条例》第28条的规定，自劳动能力鉴定结论作出之日起1年后，工伤职工或者其近亲属、所在单位或者经办机构认为伤残情况发生变化的，可以向设区的市级劳动能力鉴定委员会申请劳动能力复查鉴定。对复查鉴定结论不服的，可以在收到该鉴定结论之日起15日内向省、自治区、直辖市劳动能力鉴定委员会申请再次鉴定。

第七章　工伤赔偿那些事儿

一、工伤待遇有哪些

根据《中华人民共和国社会保险法》第 36 条的规定，职工因工作原因受到事故伤害或者患职业病，且经工伤认定的，享受工伤保险待遇；其中，经劳动能力鉴定丧失劳动能力的，享受伤残待遇。

（一）工伤医疗待遇

工伤医疗待遇包括：

（1）医疗费。职工治疗工伤应当在签订服务协议的医疗机构就医，情况紧急时可以先到就近的医疗机构急救。治疗工伤所需费用符合工伤保险诊疗项目目录、工伤保险药品目录、工伤保险住院服务标准的，从工伤保险基金支付。工伤保险诊疗项目目录、工伤保险药品目录、工伤保险住院服务标准，由国务院社会保险行政部门会同国务院卫生行政部门、食品药品监督管理部门等部门规定。

（2）住院伙食补助费。职工住院治疗工伤的伙食补助费，报经办机构同意，从工伤保险基金支付，基金支付的具体标准由统筹地区人民政府规定。

（3）交通、食宿费。经医疗机构出具证明，报经办机构同意，工伤职工到统筹地区以外就医所需的交通、食宿费用从工伤保险基金支付，基金支付的具体标准由统筹地区人民政府规定。

（4）康复费。工伤职工到签订服务协议的医疗机构进行工伤康复的费用，符合规定的，从工伤保险基金支付。

（二）停工留薪期待遇

职工因工作遭受事故伤害或者患职业病需要暂停工作接受工伤医疗的，在停工留薪期内，原工资福利待遇不变，由所在单位按月支付。停工留薪期工资一般按照工伤职工因工作遭受事故伤害前或者职业病确诊前 12 个月的平均工资计算。

停工留薪期一般不超过 12 个月。伤情严重或者情况特殊，经设区的市级劳动能力鉴定委员会确认，可以适当延长，但延长不得超过 12 个月。

工伤职工评定伤残等级后，停发原待遇，按照《工伤保险条例》有关规定享受伤残待遇。

（三）生活护理待遇

生活不能自理的工伤职工在停工留薪期需要护理的，由所在单位负责。

工伤职工已经评定伤残等级并经劳动能力鉴定委员会确认需要生活护理的，从工伤保险基金按月支付生活护理费。生活护理费按照生活完全不能自理、生活大部分不能自理、生活部分不能自理三个不同等级支付，其标准分别为统筹地区上年度职工月平均工资的50%、40%、30%。

（四）一次性伤残补助

1. 一级至四级伤残

职工因工致残被鉴定为一级至四级伤残的，享受以下待遇：

（1）一次性伤残补助金。从工伤保险基金按伤残等级支付一次性伤残补助金，标准为：一级伤残为27个月的本人工资，二级伤残为25个月的本人工资，三级伤残为23个月的本人工资，四级伤残为21个月的本人工资。

（2）伤残津贴。从工伤保险基金按月支付伤残津贴，标准为：一级伤残为本人工资的90%，二级伤残为本人工资的85%，三级伤残为本人工资的80%，四级伤残为本人工资的75%。伤残津贴实际金额低于当地最低工资标准的，由工伤保险基金补足差额。

（3）保留劳动关系，退出工作岗位。

（4）缴纳基本医疗保险费。职工因工致残被鉴定为一级至四级伤残的，由用人单位和职工个人以伤残津贴为基数，缴纳基本医疗保险费。

（5）退休待遇。工伤职工达到退休年龄并办理退休手续后，停发伤残津贴，按照国家有关规定享受基本养老保险待遇。基本养老保险待遇低于伤残津贴的，由工伤保险基金补足差额。

（6）供养亲属抚恤金、丧葬补助金。一级至四级伤残职工在停工留薪期满后死亡的，其近亲属可以享受丧葬补助金、供养亲属抚恤金的待遇。

《人力资源社会保障部关于执行〈工伤保险条例〉若干问题的意见（二）》（人社部发〔2016〕29号）第1条规定，一级至四级工伤职工死亡，其近亲属同时符合领取工伤保险丧葬补助金、供养亲属抚恤金待遇和职工基本养老保险丧葬补助金、抚恤金待遇条件的，由其近亲属选择领取工伤保险或职工基本养老保险其中一种。

2. 五级至六级伤残

职工因工致残被鉴定为五级、六级伤残的，享受以下待遇：

（1）一次性伤残补助金。从工伤保险基金按伤残等级支付一次性伤残补助金，标准为：五级伤残为18个月的本人工资，六级伤残为16个月的本人工资。

（2）保留与用人单位的劳动关系，由用人单位安排适当工作。

（3）伤残津贴。难以安排工作的，由用人单位按月发给伤残津贴，标准为：五级伤残为本人工资的70%，六级伤残为本人工资的60%，伤残津贴实际金额低于当地最低工资标准的，由用人单位补足差额。

（4）缴纳各项社会保险费。由用人单位按照规定为工伤职工缴纳应缴纳的各项社会保险费。

（5）一次性工伤医疗补助金和一次性伤残就业补助金。经工伤职工本人提出，该职工可以与用人单位解除或者终止劳动关系，由工伤保险基金支付一次性工伤医疗补助金，由用人单位支付一次性伤残就业补助金。一次性工伤医疗补助金和一次性伤残就业补助金的具体标准由省、自治区、直辖市人民政府规定。

3. 七级至十级伤残

职工因工致残被鉴定为七级至十级伤残的，享受以下待遇：

（1）一次性伤残补助金。从工伤保险基金按伤残等级支付一次性伤残补助金，标准为：七级伤残为13个月的本人工资，八级伤残为11个月的本人工资，九级伤残为9个月的本人工资，十级伤残为7个月的本人工资。

（2）一次性工伤医疗补助金和一次性伤残就业补助金。劳动、聘用合同期满终止，或者职工本人提出解除劳动、聘用合同的，由工伤保险基金支付一次性工伤医疗补助金，由用人单位支付一次性伤残就业补助金。一次性工伤医疗补助金和一次性伤残就业补助金的具体标准由省、自治区、直辖市人民政府规定。

（五）配置辅助器具待遇

工伤职工因日常生活或者就业需要，经劳动能力鉴定委员会确认，可以安装假肢、矫形器、假眼、假牙和配置轮椅等辅助器具，所需费用按照国家规定的标准从工伤保险基金支付。

（六）因工死亡待遇

1. 具体内容

职工因工死亡，或者伤残职工在停工留薪期内因工伤导致死亡的，其近亲属可以从工伤保险基金领取一次性工亡补助金、丧葬补助金和供养亲属抚恤金。

（1）一次性工亡补助金。一次性工亡补助金标准为上一年度全国城镇居民人均可支配收入的20倍。

（2）丧葬补助金。丧葬补助金为6个月的统筹地区上年度职工月平均工资。

（3）供养亲属抚恤金。供养亲属抚恤金按照职工本人工资的一定比例发给由因工死亡职工生前提供主要生活来源、无劳动能力的亲属。标准为：配偶每月40%，其他亲属每人每月30%，孤寡老人或者孤儿每人每月在上述标准的基础上增加10%。核定的各供养亲属的抚恤金之和不应高于因工死亡职工生前的工资。

2. 供养亲属的范围

根据劳动和社会保障部《因工死亡职工供养亲属范围规定》（劳动和社会保障部令第18号）第2条的规定，因工死亡职工供养亲属，是指该职工的配偶、子女、父母、祖父母、外祖父母、孙子女、外孙子女、兄弟姐妹。其中，子女，包括婚生子女、非婚生子女、养子女和有抚养关系的继子女；其中，婚生子女、非婚生子女包括遗腹子女。父母，包括生父母、养父母和有抚养关系的继父母。兄弟姐妹，包括同父母的兄弟姐妹、同父异母或者同母异父的兄弟姐妹、养兄弟姐妹、有抚养关系的继兄弟姐妹。

3. 申请供养亲属抚恤金的资格

根据劳动和社会保障部《因工死亡职工供养亲属范围规定》（劳动和社会保障部令第18号）第3条的规定，依靠因工死亡职工生前提供主要生活来源，并有下列情形之一的，可按规定申请供养亲属抚恤金：

（1）完全丧失劳动能力的；

（2）工亡职工配偶男年满60周岁、女年满55周岁的；

（3）工亡职工父母男年满60周岁、女年满55周岁的；

（4）工亡职工子女未满18周岁的；

（5）工亡职工父母均已死亡，其祖父、外祖父年满60周岁，祖母、外祖母年满55周岁的；

（6）工亡职工子女已经死亡或完全丧失劳动能力，其孙子女、外孙子女未满18周岁的；

（7）工亡职工父母均已死亡或完全丧失劳动能力，其兄弟姐妹未满18周岁的。

因工死亡职工供养亲属享受抚恤金待遇的资格，由统筹地区社会保险经办机构核定。因工死亡职工供养亲属的劳动能力鉴定，由因工死亡职工生前单位所在地设区的市级劳动能力鉴定委员会负责。

4. 停止享受抚恤金待遇的情形

根据劳动和社会保障部《因工死亡职工供养亲属范围规定》（劳动和社会保障部令第18号）第4条的规定，领取抚恤金人员有下列情形之一的，停止享受抚恤金待遇：

（1）年满18周岁且未完全丧失劳动能力的；

（2）就业或参军的；

（3）工亡职工配偶再婚的；

（4）被他人或组织收养的；

（5）死亡的。

（七）特殊情形工伤待遇

1. 下落不明

职工因工外出期间发生事故或者在抢险救灾中下落不明的，从事故发生当月起 3 个月内照发工资，从第 4 个月起停发工资，由工伤保险基金向其供养亲属按月支付供养亲属抚恤金。生活有困难的，可以预支一次性工亡补助金的 50%。职工被人民法院宣告死亡的，按照《工伤保险条例》第 39 条职工因工死亡的规定处理。

2. 工伤复发

工伤职工工伤复发，确认需要治疗的，享受《工伤保险条例》第 30 条、第 32 条和第 33 条规定的工伤医疗、配置辅助器具和停工留薪期等工伤待遇。

3. 再次发生工伤

职工再次发生工伤，根据《工伤保险条例》规定应当享受伤残津贴的，按照新认定的伤残等级享受伤残津贴待遇。

（八）停止享受工伤待遇的情形

工伤职工有下列情形之一的，停止享受工伤保险待遇：

（1）丧失享受待遇条件的；

（2）拒不接受劳动能力鉴定的；

（3）拒绝治疗的。

二、工伤保险赔偿与民事侵权损害赔偿可以兼得吗

（一）因第三人造成工伤的赔偿

根据相关法律法规，因第三人的原因造成职工受到伤害，同时又被认定为工伤的，受伤职工或者其近亲属既可以按照《工伤保险条例》的规定享受工伤保险待遇，又可以依照《中华人民共和国民法典》有关侵权责任的规定，要求第三人承担民事损害赔偿。

《最高人民法院关于审理人身损害赔偿案件适用法律若干问题的解释》（2022 年修正）第 3 条规定，“依法应当参加工伤保险统筹的用人单位的劳动者，因工伤事故遭受人身损害，劳动者或者其近亲属向人民法院起诉请求用人单位承担民事赔偿责任的，告知其按《工伤保险条例》的规定处理。因用人单位以外的第三人侵权造成劳动者人身损害，赔偿权利人请求第三人承担民事赔偿责任的，人民法院应予支持”。《最高人民法院关于因第三人造成工伤的职工或其亲属在获得民事赔偿后是否还可以获得工伤

保险补偿问题的答复》（〔2006〕行他字第12号）规定，根据《中华人民共和国安全生产法》第48条①以及《最高人民法院关于审理人身损害赔偿案件适用法律若干问题的解释》第12条②的规定，因第三人造成工伤的职工或其近亲属，从第三人处获得民事赔偿后，可以按照《工伤保险条例》第37条③的规定，向工伤保险机构申请工伤保险待遇补偿。根据上述规定，如果职工因工伤事故受到人身伤害，且该损害系因用人单位以外的第三人侵权所致，则职工或其近亲属有权向用人单位主张工伤保险赔偿，同时还有权向第三人主张人身损害赔偿。

另外，根据《中华人民共和国社会保险法》第42条的规定，由于第三人的原因造成工伤，第三人不支付工伤医疗费用或者无法确定第三人的，由工伤保险基金先行支付。工伤保险基金先行支付后，有权向第三人追偿。《最高人民法院关于审理工伤保险行政案件若干问题的规定》（法释〔2014〕9号）第8条规定，职工因第三人的原因受到伤害，社会保险行政部门以职工或者其近亲属已经对第三人提起民事诉讼或者获得民事赔偿为由，作出不予受理工伤认定申请或者不予认定工伤决定的，人民法院不予支持。职工因第三人的原因受到伤害，社会保险行政部门已经作出工伤认定，职工或者其近亲属未对第三人提起民事诉讼或者尚未获得民事赔偿，起诉要求社会保险经办机构支付工伤保险待遇的，人民法院应予支持。职工因第三人的原因导致工伤，社会保险经办机构以职工或者其近亲属已经对第三人提起民事诉讼为由，拒绝支付工伤保险待遇的，人民法院不予支持，但第三人已经支付的医疗费用除外。

（二）用人单位的民事赔偿

《中华人民共和国职业病防治法》第58条规定，职业病病人除依法享有工伤保险外，依照有关民事法律，尚有获得赔偿的权利的，有权向用人单位提出赔偿要求。《中华人民共和国安全生产法》第56条规定，因生产安全事故受到损害的从业人员，除依法享有工伤保险外，依照有关民事法律尚有获得赔偿的权利的，有权提出赔偿要求。据此，职业病病人和因生产安全事故受到损害的从业人员，除依法享有工伤保险外，

---

① 《中华人民共和国安全生产法》已根据2021年6月10日第十三届全国人民代表大会常务委员会第二十九次会议《关于修改〈中华人民共和国安全生产法〉的决定》修正，该修正自2021年9月1日起施行。该第48条规定内容已修改为第56条。

② 该司法解释已根据2022年2月15日最高人民法院审判委员会第1864次会议通过的《最高人民法院关于修改〈最高人民法院关于审理人身损害赔偿案件适用法律若干问题的解释〉的决定》修正，该修正自2022年5月1日起施行。该第12条规定内容已修改为第3条。

③ 指2003年4月27日公布的《工伤保险条例》。现行有效的《工伤保险条例》系根据2010年12月20日《国务院关于修改〈工伤保险条例〉的决定》修订，该修订自2011年1月1日起施行。该第37条规定内容已修改为第39条。

依照有关民事法律尚有获得赔偿的权利的，有权向本单位提出赔偿要求。例如，《山东省生产经营单位安全生产主体责任规定》（2018 年 1 月 24 日，山东省人民政府令第 311 号）第 18 条规定，“生产经营单位发生生产安全事故，造成其从业人员死亡的，死亡者家属除依法获得工伤保险补偿外，事故发生单位还应当按照有关规定向其一次性支付生产安全事故死亡赔偿金。生产安全事故死亡赔偿金标准按照不低于本省上一年度城镇居民人均可支配收入的 20 倍计算”。

三、用人单位未缴纳工伤保险费怎么办

（一）用人单位支付工伤待遇

根据《工伤保险条例》第 62 条第 2 款、《社会保险法》第 41 条的规定，职工所在用人单位未依法缴纳工伤保险费，发生工伤事故的，由用人单位支付工伤保险待遇。用人单位不支付的，从工伤保险基金中先行支付，由用人单位偿还。用人单位不偿还的，社会保险经办机构可以依法追偿。

社会保险费征收机构可以责令用人单位限期缴纳或者补足。用人单位逾期仍未缴纳或者补足社会保险费、工伤保险基金先行支付的费用，社会保险费征收机构可以向银行和其他金融机构查询其存款账户；并可以申请县级以上有关行政部门作出划拨相关费用的决定，书面通知其开户银行或者其他金融机构划拨。用人单位账户余额少于应当缴纳的社会保险费、工伤保险基金先行支付的费用，社会保险费征收机构可以要求该用人单位提供担保，签订延期缴费协议。用人单位未足额缴纳社会保险费、工伤保险基金先行支付的费用且未提供担保的，社会保险费征收机构可以申请人民法院扣押、查封、拍卖其价值相当于应缴费用的财产，以拍卖所得抵缴。

（二）限期参加工伤保险

《工伤保险条例》第 62 条规定，用人单位依照《工伤保险条例》规定应当参加工伤保险而未参加的，由社会保险行政部门责令限期参加，补缴应当缴纳的工伤保险费，并自欠缴之日起，按日加收万分之五的滞纳金；逾期仍不缴纳的，处欠缴数额 1 倍以上 3 倍以下的罚款。

依照《工伤保险条例》规定应当参加工伤保险而未参加工伤保险的用人单位职工发生工伤的，由该用人单位按照《工伤保险条例》规定的工伤保险待遇项目和标准支付费用。

用人单位参加工伤保险并补缴应当缴纳的工伤保险费、滞纳金后，由工伤保险基金和用人单位依照《工伤保险条例》的规定支付新发生的费用。按照《人力资源社会保障部关于执行〈工伤保险条例〉若干问题的意见（二）》（人社部发〔2016〕29 号）

的规定，新发生的费用是指用人单位参加工伤保险前发生工伤的职工，在参加工伤保险后新发生的费用。其中由工伤保险基金支付的费用，按不同情况予以处理：（一）因工受伤的，支付参保后新发生的工伤医疗费、工伤康复费、住院伙食补助费、统筹地区以外就医交通食宿费、辅助器具配置费、生活护理费、一级至四级伤残职工伤残津贴，以及参保后解除劳动合同时的一次性工伤医疗补助金；（二）因工死亡的，支付参保后新发生的符合条件的供养亲属抚恤金。

四、用人单位逾期申请工伤认定的责任

根据《工伤保险条例》第 17 条的规定，职工发生事故伤害或者按照职业病防治法规定被诊断、鉴定为职业病，所在单位应当自事故伤害发生之日或者被诊断、鉴定为职业病之日起 30 日内，向统筹地区社会保险行政部门提出工伤认定申请。遇有特殊情况，经报社会保险行政部门同意，申请时限可以适当延长。用人单位未在前述规定的时限内提交工伤认定申请，在此期间发生符合《工伤保险条例》规定的工伤待遇等有关费用由该用人单位负担。

五、工伤职工的劳动关系能否解除

根据《工伤保险条例》和《中华人民共和国劳动合同法》的相关规定，工伤职工劳动关系的解除与否应当根据工伤职工的伤情而定，具体如下。

职工因工致残被鉴定为一级至四级伤残的，不得解除或终止劳动关系。用人单位应当保留工伤职工的劳动关系，工伤职工退出工作岗位，从工伤保险基金按月支付伤残津贴，用人单位和职工个人以伤残津贴为基数，缴纳基本医疗保险费。工伤职工达到退休年龄并办理退休手续后，停发伤残津贴，按照国家有关规定享受基本养老保险待遇。基本养老保险待遇低于伤残津贴的，由工伤保险基金补足差额。

一级至四级伤残的工伤职工退休前是否要缴纳养老保险费，法律法规没有进一步规定。实践中各地对此的规定和做法不一。因此，应当根据各省市的具体规定执行。

职工因工致残被鉴定为五级、六级伤残的，用人单位不得解除或者终止劳动关系；工伤职工本人可以提出解除或者终止劳动关系。经工伤职工本人提出，该职工与用人单位解除或者终止劳动关系的，由工伤保险基金支付一次性工伤医疗补助金，由用人单位支付一次性伤残就业补助金。一次性工伤医疗补助金和一次性伤残就业补助金的具体标准由省、自治区、直辖市人民政府规定。如《山东省人民政府关于印发山东省贯彻〈工伤保险条例〉实施办法的通知》（鲁政发〔2011〕25 号）第 25 条第 1 款规定，工伤职工被鉴定为五级、六级伤残的，经职工本人提出，可以与用人单位解除或终止劳动合同，以其解除或终止劳动合同时统筹地区上年度职工月平均工资为基数，分别支付本人 22 个月、18 个月的一次性工伤医疗补助金和 36 个月、30 个月的一次性

伤残就业补助金。《关于北京市工伤保险基金支出项目标准及相关问题的通知》（京人社工发〔2011〕384 号）第 5 条规定，工伤职工在终止或者解除劳动关系时，五级、六级伤残职工领取的一次性工伤医疗补助金具体标准分别为 18 个月、15 个月的解除或者终止劳动关系时本市上年度职工月平均工资。用人单位应当支付的一次性伤残就业补助金，按上述标准执行。

工伤职工未提出解除或终止劳动关系的，保留与用人单位的劳动关系，由用人单位安排适当工作。难以安排工作的，由用人单位按月发给伤残津贴，标准为：五级伤残为本人工资的 70%，六级伤残为本人工资的 60%，由用人单位按照规定为其缴纳应缴纳的各项社会保险费。伤残津贴实际金额低于当地最低工资标准的，由用人单位补足差额。

职工因工致残被鉴定为七级至十级伤残的，用人单位不得提出解除或终止劳动关系；劳动、聘用合同期满终止，或者职工本人提出，可以解除劳动、聘用合同。劳动、聘用合同期满终止，或者职工本人提出解除劳动、聘用合同的，由工伤保险基金支付一次性工伤医疗补助金，由用人单位支付一次性伤残就业补助金。一次性工伤医疗补助金和一次性伤残就业补助金的具体标准由省、自治区、直辖市人民政府规定。如《山东省人民政府关于印发山东省贯彻〈工伤保险条例〉实施办法的通知》（鲁政发〔2011〕25 号）第 25 条第 2 款规定，工伤职工被鉴定为七级至十级伤残的，劳动合同期满终止，或者职工本人提出解除劳动合同，以其解除或终止劳动合同时统筹地区上年度职工月平均工资为基数，支付本人一次性工伤医疗补助金和一次性伤残就业补助金。一次性工伤医疗补助金的具体标准为：七级 13 个月，八级 10 个月，九级 7 个月，十级 4 个月；一次性伤残就业补助金的具体标准为：七级 20 个月，八级 16 个月，九级 12 个月，十级 8 个月。《关于北京市工伤保险基金支出项目标准及相关问题的通知》（京人社工发〔2011〕384 号）第 5 条规定，工伤职工在终止或者解除劳动关系时，七级至十级伤残职工领取的一次性工伤医疗补助金具体标准分别为 12 个月、9 个月、6 个月、3 个月的解除或者终止劳动关系时本市上年度职工月平均工资。用人单位应当支付的一次性伤残就业补助金，按上述标准执行。

职工患职业病的，用人单位不得提出解除或终止劳动关系，须根据患职业病职工的具体情况而定。如果患职业病职工被确认丧失或者部分丧失劳动能力的，应当根据上述《工伤保险条例》规定的不同伤残等级情形执行；如果患职业病职工未被确认丧失劳动能力，则劳动合同期满或者患职业病职工提出，可以解除或终止劳动关系，用人单位应当依法支付经济补偿金。

六、工伤可以“私了”吗

职工发生工伤后，与用人单位“私了”是一种通俗的说法，即双方通过协商的方式，达成一致，签订工伤赔偿协议，一次性解决相关事宜。发生工伤“私了”现象，有用人单位逃避安全生产与支付工伤待遇的责任、积极寻求私了的原因，也有劳动者不愿经历工伤赔偿繁杂、漫长的程序，急需钱治疗、希望尽快拿到赔偿款的原因。但是，劳动者在签订“私了”协议后，有时又会以“私了”协议赔偿数额过低为由，要求认定赔偿协议无效或者要求撤销、变更赔偿协议。

我们知道，用人单位为劳动者缴纳工伤保险是国家法律法规规定的强制性义务，也是为了分散用人单位的用工风险。《工伤保险条例》第 2 条规定，中华人民共和国境内的企业、事业单位、社会团体、民办非企业单位、基金会、律师事务所、会计师事务所等组织和有雇工的个体工商应当依照本条例规定参加工伤保险，为本单位全部职工或者雇工缴纳工伤保险费。《中华人民共和国社会保险法》中也规定，职工应当参加工伤保险，由用人单位缴纳工伤保险费，职工不缴纳工伤保险费。国家根据不同行业的工伤风险程度确定行业的差别费率，并根据使用工伤保险基金、工伤发生率等情况在每个行业内确定费率档次。行业差别费率和行业内费率档次由国务院社会保险行政部门制定，报国务院批准后公布施行。社会保险经办机构根据用人单位使用工伤保险基金、工伤发生率和所属行业费率档次等情况，确定用人单位缴费费率。用人单位应当按照本单位职工工资总额，根据社会保险经办机构确定的费率缴纳工伤保险费。《中华人民共和国社会保险法》第 36 条规定，职工因工作原因受到事故伤害或者患职业病，且经工伤认定的，享受工伤保险待遇；其中，经劳动能力鉴定丧失劳动能力的，享受伤残待遇。从上述相关规定来看，如果用人单位依法依规为职工缴纳了工伤保险费，一旦职工因工作原因受到事故伤害或者患职业病被认定为工伤，则工伤职工的医疗费、住院伙食补助费、生活护理费、一级至四级伤残津贴、一次性伤残补助金、一次性工亡补助金及丧葬费、供养亲属抚恤金等待遇，均从工伤保险基金支付，用人单位的负担并不大。

然而实践中，仍然有一些用人单位存在侥幸心理，不为职工缴纳工伤保险，在职工发生工伤后，逃避责任，与工伤职工发生纠纷。《工伤保险条例》第 62 条第 2 款规定，依照《工伤保险条例》规定应当参加工伤保险而未参加工伤保险的用人单位职工发生工伤的，由该用人单位按照《工伤保险条例》规定的工伤保险待遇项目和标准支付费用。《中华人民共和国社会保险法》第 41 条也规定，职工所在用人单位未依法缴纳工伤保险费，发生工伤事故的，由用人单位支付工伤保险待遇。用人单位不支付的，从工伤保险基金中先行支付。从工伤保险基金中先行支付的工伤保险待遇应当由用人单位偿还。用人单位不偿还的，社会保险经办机构可以依法追偿。

职工与用人单位发生工伤待遇方面的争议，根据《工伤保险条例》第 54 条的规定，按照处理劳动争议的有关规定处理。《中华人民共和国劳动争议调解仲裁法》规定，发生劳动争议，劳动者可以与用人单位协商，也可以请工会或者第三方共同与用人单位协商，达成和解协议。当事人不愿协商、协商不成或者达成和解协议后不履行的，可以向调解组织申请调解；不愿调解、调解不成或者达成调解协议后不履行的，可以向劳动争议仲裁委员会申请仲裁；对仲裁裁决不服的，除本法另有规定的外，可以向人民法院提起诉讼。从上述规定可以看出，用人单位与工伤职工协商解决工伤赔偿事宜，为法律所倡导，有利于劳动关系的健康发展和纠纷的有效解决，也有利于节约审判资源。用人单位与劳动者协商解决工伤争议，应当在平等、自愿、公平、公正、诚信的基础上，根据法律法规相关规定进行协商，达成一致后签订工伤赔偿协议，不得有欺诈、胁迫、乘人之危、显失公平的情形，协议的内容不得违反国家法律、行政法规的强制性规定。

工伤赔偿协议是用人单位与劳动者协商的结果，是一种带有民事性质的特殊合同，对于其效力，不能简单依据《中华人民共和国劳动合同法》第 26 条的规定去认定，而应当根据《中华人民共和国民法典》和其他相关法律法规的规定来判断。《中华人民共和国民法典》第 143 条规定，具备下列条件的民事法律行为有效：（一）行为人具有相应的民事行为能力；（二）意思表示真实；（三）不违反法律、行政法规的强制性规定，不违背公序良俗。《最高人民法院关于审理劳动争议案件适用法律问题的解释（一）》（法释〔2020〕26 号）第 35 条第 1 款规定，劳动者与用人单位就解除或者终止劳动合同办理相关手续、支付工资报酬、加班费、经济补偿或者赔偿金等达成的协议，不违反法律、行政法规的强制性规定，且不存在欺诈、胁迫或者乘人之危情形的，应当认定有效。因此，工伤职工与用人单位签订的工伤赔偿协议如果符合上述法律法规的相关规定，则是有效的。这也是民事主体意思自治原则的体现。

实践中，劳动者发生工伤事故时，有的用人单位，特别是没有缴纳工伤保险的用人单位，为了减少其责任，会要求劳动者签订一份工伤赔偿协议，承诺赔偿给劳动者一些钱，但要求劳动者放弃索赔的权利，并订立一些双方权利义务终结，双方不得就之前的劳动关系再主张任何权利的条款。然而劳动者在签订工伤赔偿协议之后，通过各种渠道，得知其获赔的钱少于法律法规规定的其应得的数额后，又可能以受胁迫、欺诈或者重大误解、显失公平为由申请劳动仲裁，要求确认工伤赔偿协议无效或者撤销、变更工伤赔偿协议。

一般来说，和解协议是当事双方在平等、自愿的基础上签订的，协议内容只要不违反法律法规的强制性规定，即是有效的。但是，工伤赔偿协议与一般的民事赔偿协议还不同，用人单位和劳动者所处的地位并不平等，用人单位处于优势地位，劳动者处于急需用钱治伤的弱势一方，而且劳动者对于法律赋予其应获得的赔偿款有时候也不清楚，故很多情况下劳动者往往违背其真实意思表示与用人单位签订对其不利的协议。《中华人民共和国民法典》规定，基于重大误解实施的民事法律行为，行为人有权请求人民法院或者仲裁机构予以撤销；一方以欺诈、胁迫手段，使对方在违背真实意思的情况下实施的民事法律行为，受欺诈、胁迫方有权请求人民法院或者仲裁机构予以撤销；一方利用对方处于危困状态、缺乏判断能力等情形，致使民事法律行为成立时显失公平的，受损害方有权请求人民法院或者仲裁机构予以撤销。为维护劳动者的合法权益，法律法规赋予裁判机关对和解协议予以撤销或变更的权利。《最高人民法院关于审理劳动争议案件适用法律问题的解释（一）》（法释〔2020〕26 号）第 35 条规定，劳动者与用人单位就解除或者终止劳动合同办理相关手续、支付工资报酬、加班费、经济补偿或者赔偿金等达成的协议，不违反法律、行政法规的强制性规定，且不存在欺诈、胁迫或者乘人之危情形的，应当认定有效。前款协议存在重大误解或者显失公平情形，当事人请求撤销的，人民法院应予支持。第 53 条第 2 款规定，对于追索劳动报酬、养老金、医疗费以及工伤保险待遇、经济补偿金、培训费及其他相关费用等案件，给付数额不当的，人民法院可以予以变更。

但是，劳动者主张其受欺诈、胁迫签订赔偿协议往往因举证不能而很难获得支持。故裁判机关更多的是考虑工伤赔偿协议的显失公平问题。而司法实务中，如何认定当事人达成的工伤赔偿协议显失公平，存在不同意见。有人认为，赔偿协议达成的赔偿金额达不到工伤保险赔偿金额 75% 或 80% 的，人民法院可认定该赔偿协议显失公平。还有人认为，参照《最高人民法院关于适用〈中华人民共和国合同法〉若干问题的解释（二）》（法释〔2009〕5 号）第 29 条“当事人主张约定的违约金过高请求予以适当减少的，人民法院应当以实际损失为基础，兼顾合同的履行情况、当事人的过错程度以及预期利益等综合因素，根据公平原则和诚实信用原则予以衡量，并作出裁决。当事人约定的违约金超过造成损失的百分之三十的，一般可以认定为合同法第一百一十四条第二款规定的‘过分高于造成的损失’”的规定，将显失公平的认定标准确定为低于《工伤保险条例》规定的赔偿金额的 70%。该司法解释及《中华人民共和国合同法》已经于 2021 年 1 月 1 日废止。对于违约金的调整，根据《中华人民共和国民法典》第 585 条的规定，当事人可以约定一方违约时应当根据违约情况向对方支付一定数额的违约金，也可以约定因违约产生的损失赔偿额的计算方法。约定的违约金低于造成的损失的，人民法院或者仲裁机构可以根据当事人的请求予以增加；约定的违约金过分高于造成的损失的，人民法院或者仲裁机构可以根据当事人的请求予以适当减少。该条款没有再对过高或过低的具体比例进行规定。

笔者认为，对于工伤赔偿协议中约定的赔偿金额是否显失公平，应当由裁判机关根据案件具体事实情况进行裁量。在法律法规没有明确规定的情况下，可以参考《最高人民法院关于审理买卖合同纠纷案件适用法律问题的解释》（2020 年修正）第 26 条“买受人已经支付标的物总价款的百分之七十五以上，出卖人主张取回标的物的，人民法院不予支持”的规定，将是否低于《工伤保险条例》规定的赔偿金额的 75% 这一比例作为衡量工伤赔偿协议显失公平与否的标准，这样，使得劳动者和用人单位约定的赔偿额与依法应得赔偿额之间的差距界定在一个合理限度内，既有利于保护劳动者的合法权益，也有利于劳动关系的健康发展和纠纷的有效解决。

另外，工伤职工如果认为受欺诈、胁迫签订赔偿协议，或者认为赔偿协议存在重大误解或者显失公平，申请撤销或者变更赔偿协议，应当在其知道或者应当知道劳动能力鉴定委员会作出劳动能力鉴定结论后及时提出。根据《中华人民共和国民法典》的相关规定，有下列情形之一的，撤销权消灭：（一）当事人自知道或者应当知道撤销事由之日起一年内、重大误解的当事人自知道或者应当知道撤销事由之日起九十日内没有行使撤销权；（二）当事人受胁迫，自胁迫行为终止之日起一年内没有行使撤销权；（三）当事人知道撤销事由后明确表示或者以自己的行为表明放弃撤销权。当事人自民事法律行为发生之日起五年内没有行使撤销权的，撤销权消灭。

附录：有关工伤的主要法律法规等

中华人民共和国社会保险法

（2010年10月28日第十一届全国人民代表大会常务委员会第十七次会议通过　根据2018年12月29日第十三届全国人民代表大会常务委员会第七次会议《关于修改〈中华人民共和国社会保险法〉的决定》修正）

目　　录

第一章　总　　则

第一条　为了规范社会保险关系，维护公民参加社会保险和享受社会保险待遇的合法权益，使公民共享发展成果，促进社会和谐稳定，根据宪法，制定本法。

第二条　国家建立基本养老保险、基本医疗保险、工伤保险、失业保险、生育保险等社会保险制度，保障公民在年老、疾病、工伤、失业、生育等情况下依法从国家和社会获得物质帮助的权利。

第三条　社会保险制度坚持广覆盖、保基本、多层次、可持续的方针，社会保险水平应当与经济社会发展水平相适应。

第四条　中华人民共和国境内的用人单位和个人依法缴纳社会保险费，有权查询缴费记录、个人权益记录，要求社会保险经办机构提供社会保险咨询等相关服务。

个人依法享受社会保险待遇，有权监督本单位为其缴费情况。

第五条　县级以上人民政府将社会保险事业纳入国民经济和社会发展规划。

国家多渠道筹集社会保险资金。县级以上人民政府对社会保险事业给予必要的经费支持。

国家通过税收优惠政策支持社会保险事业。

第六条　国家对社会保险基金实行严格监管。

国务院和省、自治区、直辖市人民政府建立健全社会保险基金监督管理制度，保障社会保险基金安全、有效运行。

县级以上人民政府采取措施，鼓励和支持社会各方面参与社会保险基金的监督。

第七条　国务院社会保险行政部门负责全国的社会保险管理工作，国务院其他有关部门在各自的职责范围内负责有关的社会保险工作。

县级以上地方人民政府社会保险行政部门负责本行政区域的社会保险管理工作，县级以上地方人民政府其他有关部门在各自的职责范围内负责有关的社会保险工作。

第八条　社会保险经办机构提供社会保险

服务，负责社会保险登记、个人权益记录、社会保险待遇支付等工作。

第九条 工会依法维护职工的合法权益，有权参与社会保险重大事项的研究，参加社会保险监督委员会，对与职工社会保险权益有关的事项进行监督。

第二章 基本养老保险

第十条 职工应当参加基本养老保险，由用人单位和职工共同缴纳基本养老保险费。

无雇工的个体工商户、未在用人单位参加基本养老保险的非全日制从业人员以及其他灵活就业人员可以参加基本养老保险，由个人缴纳基本养老保险费。

公务员和参照公务员法管理的工作人员养老保险的办法由国务院规定。

第十一条 基本养老保险实行社会统筹与个人账户相结合。

基本养老保险基金由用人单位和个人缴费以及政府补贴等组成。

第十二条 用人单位应当按照国家规定的本单位职工工资总额的比例缴纳基本养老保险费，记入基本养老保险统筹基金。

职工应当按照国家规定的本人工资的比例缴纳基本养老保险费，记入个人账户。

无雇工的个体工商户、未在用人单位参加基本养老保险的非全日制从业人员以及其他灵活就业人员参加基本养老保险的，应当按照国家规定缴纳基本养老保险费，分别记入基本养老保险统筹基金和个人账户。

第十三条 国有企业、事业单位职工参加基本养老保险前，视同缴费年限期间应当缴纳的基本养老保险费由政府承担。

基本养老保险基金出现支付不足时，政府给予补贴。

第十四条 个人账户不得提前支取，记账利率不得低于银行定期存款利率，免征利息税。个人死亡的，个人账户余额可以继承。

第十五条 基本养老金由统筹养老金和个人账户养老金组成。

基本养老金根据个人累计缴费年限、缴费工资、当地职工平均工资、个人账户金额、城镇人口平均预期寿命等因素确定。

第十六条 参加基本养老保险的个人，达到法定退休年龄时累计缴费满十五年的，按月领取基本养老金。

参加基本养老保险的个人，达到法定退休年龄时累计缴费不足十五年的，可以缴费至满十五年，按月领取基本养老金；也可以转入新型农村社会养老保险或者城镇居民社会养老保险，按照国务院规定享受相应的养老保险待遇。

第十七条 参加基本养老保险的个人，因病或者非因工死亡的，其遗属可以领取丧葬补助金和抚恤金；在未达到法定退休年龄时因病或者非因工致残完全丧失劳动能力的，可以领取病残津贴。所需资金从基本养老保险基金中支付。

第十八条 国家建立基本养老金正常调整机制。根据职工平均工资增长、物价上涨情况，适时提高基本养老保险待遇水平。

第十九条 个人跨统筹地区就业的，其基本养老保险关系随本人转移，缴费年限累计计算。个人达到法定退休年龄时，基本养老金分段计算、统一支付。具体办法由国务院规定。

第二十条 国家建立和完善新型农村社会养老保险制度。

新型农村社会养老保险实行个人缴费、集体补助和政府补贴相结合。

第二十一条 新型农村社会养老保险待遇由基础养老金和个人账户养老金组成。

参加新型农村社会养老保险的农村居民，符合国家规定条件的，按月领取新型农村社会养老保险待遇。

第二十二条 国家建立和完善城镇居民社会养老保险制度。

省、自治区、直辖市人民政府根据实际情况，可以将城镇居民社会养老保险和新型农村社会养老保险合并实施。

第三章 基本医疗保险

第二十三条 职工应当参加职工基本医疗保险，由用人单位和职工按照国家规定共同缴纳基本医疗保险费。

无雇工的个体工商户、未在用人单位参加职工基本医疗保险的非全日制从业人员以及其他灵活就业人员可以参加职工基本医疗保险，由个人按照国家规定缴纳基本医疗保险费。

第二十四条 国家建立和完善新型农村合作医疗制度。

新型农村合作医疗的管理办法，由国务院规定。

第二十五条 国家建立和完善城镇居民基本医疗保险制度。

城镇居民基本医疗保险实行个人缴费和政府补贴相结合。

享受最低生活保障的人、丧失劳动能力的残疾人、低收入家庭六十周岁以上的老年人和未成年人等所需个人缴费部分，由政府给予补贴。

第二十六条 职工基本医疗保险、新型农村合作医疗和城镇居民基本医疗保险的待遇标准按照国家规定执行。

第二十七条 参加职工基本医疗保险的个人，达到法定退休年龄时累计缴费达到国家规定年限的，退休后不再缴纳基本医疗保险费，按照国家规定享受基本医疗保险待遇；未达到国家规定年限的，可以缴费至国家规定年限。

第二十八条 符合基本医疗保险药品目录、诊疗项目、医疗服务设施标准以及急诊、抢救的医疗费用，按照国家规定从基本医疗保险基金中支付。

第二十九条 参保人员医疗费用中应当由基本医疗保险基金支付的部分，由社会保险经办机构与医疗机构、药品经营单位直接结算。

社会保险行政部门和卫生行政部门应当建立异地就医医疗费用结算制度，方便参保人员享受基本医疗保险待遇。

第三十条 下列医疗费用不纳入基本医疗保险基金支付范围：

（一）应当从工伤保险基金中支付的；

（二）应当由第三人负担的；

（三）应当由公共卫生负担的；

（四）在境外就医的。

医疗费用依法应当由第三人负担，第三人不支付或者无法确定第三人的，由基本医疗保险基金先行支付。基本医疗保险基金先行支付后，有权向第三人追偿。

第三十一条 社会保险经办机构根据管理服务的需要，可以与医疗机构、药品经营单位签订服务协议，规范医疗服务行为。

医疗机构应当为参保人员提供合理、必要的医疗服务。

第三十二条 个人跨统筹地区就业的，其基本医疗保险关系随本人转移，缴费年限累计计算。

第四章 工伤保险

第三十三条 职工应当参加工伤保险，由用人单位缴纳工伤保险费，职工不缴纳工伤保险费。

第三十四条 国家根据不同行业的工伤风险程度确定行业的差别费率，并根据使用工伤保险基金、工伤发生率等情况在每个行业内确定费率档次。行业差别费率和行业内费率档次由国务院社会保险行政部门制定，报国务院批准后公布施行。

社会保险经办机构根据用人单位使用工伤保险基金、工伤发生率和所属行业费率档次等情况，确定用人单位缴费费率。

第三十五条 用人单位应当按照本单位职工工资总额，根据社会保险经办机构确定的费率缴纳工伤保险费。

第三十六条 职工因工作原因受到事故伤害或者患职业病，且经工伤认定的，享受工伤保险待遇；其中，经劳动能力鉴定丧失劳动能力的，享受伤残待遇。

工伤认定和劳动能力鉴定应当简捷、方便。

第三十七条 职工因下列情形之一导致本人在工作中伤亡的，不认定为工伤：

（一）故意犯罪；

（二）醉酒或者吸毒；

（三）自残或者自杀；

（四）法律、行政法规规定的其他情形。

第三十八条 因工伤发生的下列费用，按照国家规定从工伤保险基金中支付：

（一）治疗工伤的医疗费用和康复费用；

（二）住院伙食补助费；

（三）到统筹地区以外就医的交通食宿费；

（四）安装配置伤残辅助器具所需费用；

（五）生活不能自理的，经劳动能力鉴定委员会确认的生活护理费；

（六）一次性伤残补助金和一至四级伤残职工按月领取的伤残津贴；

（七）终止或者解除劳动合同时，应当享受的一次性医疗补助金；

（八）因工死亡的，其遗属领取的丧葬补助金、供养亲属抚恤金和因工死亡补助金；

（九）劳动能力鉴定费。

第三十九条 因工伤发生的下列费用，按照国家规定由用人单位支付：

（一）治疗工伤期间的工资福利；

（二）五级、六级伤残职工按月领取的伤残津贴；

（三）终止或者解除劳动合同时，应当享受的一次性伤残就业补助金。

第四十条 工伤职工符合领取基本养老金条件的，停发伤残津贴，享受基本养老保险待遇。基本养老保险待遇低于伤残津贴的，从工伤保险基金中补足差额。

第四十一条 职工所在用人单位未依法缴纳工伤保险费，发生工伤事故的，由用人单位支付工伤保险待遇。用人单位不支付的，从工伤保险基金中先行支付。

从工伤保险基金中先行支付的工伤保险待遇应当由用人单位偿还。用人单位不偿还的，社会保险经办机构可以依照本法第六十三条的规定追偿。

第四十二条 由于第三人的原因造成工伤，第三人不支付工伤医疗费用或者无法确定第三人的，由工伤保险基金先行支付。工伤保险基金先行支付后，有权向第三人追偿。

第四十三条 工伤职工有下列情形之一的，停止享受工伤保险待遇：

（一）丧失享受待遇条件的；

（二）拒不接受劳动能力鉴定的；

（三）拒绝治疗的。

第五章 失业保险

第四十四条 职工应当参加失业保险，由用人单位和职工按照国家规定共同缴纳失业保险费。

第四十五条 失业人员符合下列条件的，从失业保险基金中领取失业保险金：

（一）失业前用人单位和本人已经缴纳失业保险费满一年的；

（二）非因本人意愿中断就业的；

（三）已经进行失业登记，并有求职要求的。

第四十六条 失业人员失业前用人单位和本人累计缴费满一年不足五年的，领取失业保险金的期限最长为十二个月；累计缴费满五年不足十年的，领取失业保险金的期限最长为十八个月；累计缴费十年以上的，领取失业保险金的期限最长为二十四个月。重新就业后，再次失业的，缴费时间重新计算，领取失业保险金的期限与前次失业应当领取而尚未领取的失业保险金的期限合并计算，最长不超过二十四个月。

第四十七条 失业保险金的标准，由省、自治区、直辖市人民政府确定，不得低于城市居民最低生活保障标准。

第四十八条 失业人员在领取失业保险金期间，参加职工基本医疗保险，享受基本医疗保险待遇。

失业人员应当缴纳的基本医疗保险费从失业保险基金中支付，个人不缴纳基本医疗保险费。

第四十九条 失业人员在领取失业保险金期间死亡的，参照当地对在职职工死亡的规定，向其遗属发给一次性丧葬补助金和抚恤金。所需资金从失业保险基金中支付。

个人死亡同时符合领取基本养老保险丧葬补助金、工伤保险丧葬补助金和失业保险丧葬补助金条件的，其遗属只能选择领取其中的一项。

第五十条 用人单位应当及时为失业人员出具终止或者解除劳动关系的证明，并将失业人员的名单自终止或者解除劳动关系之日起十五日内告知社会保险经办机构。

失业人员应当持本单位为其出具的终止或者解除劳动关系的证明，及时到指定的公共就业服务机构办理失业登记。

失业人员凭失业登记证明和个人身份证明，到社会保险经办机构办理领取失业保险金的手续。失业保险金领取期限自办理失业登记之日起计算。

第五十一条 失业人员在领取失业保险金期间有下列情形之一的，停止领取失业保险金，并同时停止享受其他失业保险待遇：

（一）重新就业的；

（二）应征服兵役的；

（三）移居境外的；

（四）享受基本养老保险待遇的；

（五）无正当理由，拒不接受当地人民政府指定部门或者机构介绍的适当工作或者提供的培训的。

第五十二条 职工跨统筹地区就业的，其失业保险关系随本人转移，缴费年限累计计算。

第六章 生育保险

第五十三条 职工应当参加生育保险，由用人单位按照国家规定缴纳生育保险费，职工不缴纳生育保险费。

第五十四条 用人单位已经缴纳生育保险费的，其职工享受生育保险待遇；职工未就业配偶按照国家规定享受生育医疗费用待遇。所需资金从生育保险基金中支付。

生育保险待遇包括生育医疗费用和生育津贴。

第五十五条 生育医疗费用包括下列各项：

（一）生育的医疗费用；

（二）计划生育的医疗费用；

（三）法律、法规规定的其他项目费用。

第五十六条 职工有下列情形之一的，可以按照国家规定享受生育津贴：

（一）女职工生育享受产假；

（二）享受计划生育手术休假；

（三）法律、法规规定的其他情形。

生育津贴按照职工所在用人单位上年度职工月平均工资计发。

第七章　社会保险费征缴

第五十七条　用人单位应当自成立之日起三十日内凭营业执照、登记证书或者单位印章，向当地社会保险经办机构申请办理社会保险登记。社会保险经办机构应当自收到申请之日起十五日内予以审核，发给社会保险登记证件。

用人单位的社会保险登记事项发生变更或者用人单位依法终止的，应当自变更或者终止之日起三十日内，到社会保险经办机构办理变更或者注销社会保险登记。

市场监督管理部门、民政部门和机构编制管理机关应当及时向社会保险经办机构通报用人单位的成立、终止情况，公安机关应当及时向社会保险经办机构通报个人的出生、死亡以及户口登记、迁移、注销等情况。

第五十八条　用人单位应当自用工之日起三十日内为其职工向社会保险经办机构申请办理社会保险登记。未办理社会保险登记的，由社会保险经办机构核定其应当缴纳的社会保险费。

自愿参加社会保险的无雇工的个体工商户、未在用人单位参加社会保险的非全日制从业人员以及其他灵活就业人员，应当向社会保险经办机构申请办理社会保险登记。

国家建立全国统一的个人社会保障号码。个人社会保障号码为公民身份号码。

第五十九条　县级以上人民政府加强社会保险费的征收工作。

社会保险费实行统一征收，实施步骤和具体办法由国务院规定。

第六十条　用人单位应当自行申报、按时足额缴纳社会保险费，非因不可抗力等法定事由不得缓缴、减免。职工应当缴纳的社会保险费由用人单位代扣代缴，用人单位应当按月将缴纳社会保险费的明细情况告知本人。

无雇工的个体工商户、未在用人单位参加社会保险的非全日制从业人员以及其他灵活就业人员，可以直接向社会保险费征收机构缴纳社会保险费。

第六十一条　社会保险费征收机构应当依法按时足额征收社会保险费，并将缴费情况定期告知用人单位和个人。

第六十二条　用人单位未按规定申报应当缴纳的社会保险费数额的，按照该单位上月缴费额的百分之一百一十确定应当缴纳数额；缴费单位补办申报手续后，由社会保险费征收机构按照规定结算。

第六十三条　用人单位未按时足额缴纳社会保险费的，由社会保险费征收机构责令其限期缴纳或者补足。

用人单位逾期仍未缴纳或者补足社会保险费的，社会保险费征收机构可以向银行和其他金融机构查询其存款账户；并可以申请县级以上有关行政部门作出划拨社会保险费的决定，书面通知其开户银行或者其他金融机构划拨社会保险费。用人单位账户余额少于应当缴纳的社会保险费的，社会保险费征收机构可以要求该用人单位提供担保，签订延期缴费协议。

用人单位未足额缴纳社会保险费且未提供担保的，社会保险费征收机构可以申请人民法院扣押、查封、拍卖其价值相当于应当缴纳社会保险费的财产，以拍卖所得抵缴社会保险费。

第八章　社会保险基金

第六十四条　社会保险基金包括基本养老保险基金、基本医疗保险基金、工伤保险基金、失业保险基金和生育保险基金。除基本医疗保险基金与生育保险基金合并建账及核算外，其他各项社会保险基金按照社会保险险种分别建账，分账核算。社会保险基金执行国家统一的会计制度。

社会保险基金专款专用，任何组织和个人不得侵占或者挪用。

基本养老保险基金逐步实行全国统筹，其他社会保险基金逐步实行省级统筹，具体时间、步骤由国务院规定。

第六十五条 社会保险基金通过预算实现收支平衡。

县级以上人民政府在社会保险基金出现支付不足时，给予补贴。

第六十六条 社会保险基金按照统筹层次设立预算。除基本医疗保险基金与生育保险基金预算合并编制外，其他社会保险基金预算按照社会保险项目分别编制。

第六十七条 社会保险基金预算、决算草案的编制、审核和批准，依照法律和国务院规定执行。

第六十八条 社会保险基金存入财政专户，具体管理办法由国务院规定。

第六十九条 社会保险基金在保证安全的前提下，按照国务院规定投资运营实现保值增值。

社会保险基金不得违规投资运营，不得用于平衡其他政府预算，不得用于兴建、改建办公场所和支付人员经费、运行费用、管理费用，或者违反法律、行政法规规定挪作其他用途。

第七十条 社会保险经办机构应当定期向社会公布参加社会保险情况以及社会保险基金的收入、支出、结余和收益情况。

第七十一条 国家设立全国社会保障基金，由中央财政预算拨款以及国务院批准的其他方式筹集的资金构成，用于社会保障支出的补充、调剂。全国社会保障基金由全国社会保障基金管理运营机构负责管理运营，在保证安全的前提下实现保值增值。

全国社会保障基金应当定期向社会公布收支、管理和投资运营的情况。国务院财政部门、社会保险行政部门、审计机关对全国社会保障基金的收支、管理和投资运营情况实施监督。

第九章 社会保险经办

第七十二条 统筹地区设立社会保险经办机构。社会保险经办机构根据工作需要，经所在地的社会保险行政部门和机构编制管理机关批准，可以在本统筹地区设立分支机构和服务网点。

社会保险经办机构的人员经费和经办社会保险发生的基本运行费用、管理费用，由同级财政按照国家规定予以保障。

第七十三条 社会保险经办机构应当建立健全业务、财务、安全和风险管理制度。

社会保险经办机构应当按时足额支付社会保险待遇。

第七十四条 社会保险经办机构通过业务经办、统计、调查获取社会保险工作所需的数据，有关单位和个人应当及时、如实提供。

社会保险经办机构应当及时为用人单位建立档案，完整、准确地记录参加社会保险的人员、缴费等社会保险数据，妥善保管登记、申报的原始凭证和支付结算的会计凭证。

社会保险经办机构应当及时、完整、准确地记录参加社会保险的个人缴费和用人单位为其缴费，以及享受社会保险待遇等个人权益记录，定期将个人权益记录单免费寄送本人。

用人单位和个人可以免费向社会保险经办机构查询、核对其缴费和享受社会保险待遇记录，要求社会保险经办机构提供社会保险咨询等相关服务。

第七十五条 全国社会保险信息系统按照国家统一规划，由县级以上人民政府按照分级负责的原则共同建设。

第十章 社会保险监督

第七十六条 各级人民代表大会常务委员

会听取和审议本级人民政府对社会保险基金的收支、管理、投资运营以及监督检查情况的专项工作报告，组织对本法实施情况的执法检查等，依法行使监督职权。

第七十七条 县级以上人民政府社会保险行政部门应当加强对用人单位和个人遵守社会保险法律、法规情况的监督检查。

社会保险行政部门实施监督检查时，被检查的用人单位和个人应当如实提供与社会保险有关的资料，不得拒绝检查或者谎报、瞒报。

第七十八条 财政部门、审计机关按照各自职责，对社会保险基金的收支、管理和投资运营情况实施监督。

第七十九条 社会保险行政部门对社会保险基金的收支、管理和投资运营情况进行监督检查，发现存在问题的，应当提出整改建议，依法作出处理决定或者向有关行政部门提出处理建议。社会保险基金检查结果应当定期向社会公布。

社会保险行政部门对社会保险基金实施监督检查，有权采取下列措施：

（一）查阅、记录、复制与社会保险基金收支、管理和投资运营相关的资料，对可能被转移、隐匿或者灭失的资料予以封存；

（二）询问与调查事项有关的单位和个人，要求其对与调查事项有关的问题作出说明、提供有关证明材料；

（三）对隐匿、转移、侵占、挪用社会保险基金的行为予以制止并责令改正。

第八十条 统筹地区人民政府成立由用人单位代表、参保人员代表，以及工会代表、专家等组成的社会保险监督委员会，掌握、分析社会保险基金的收支、管理和投资运营情况，对社会保险工作提出咨询意见和建议，实施社会监督。

社会保险经办机构应当定期向社会保险监督委员会汇报社会保险基金的收支、管理和投资运营情况。社会保险监督委员会可以聘请会计师事务所对社会保险基金的收支、管理和投资运营情况进行年度审计和专项审计。审计结果应当向社会公开。

社会保险监督委员会发现社会保险基金收支、管理和投资运营中存在问题的，有权提出改正建议；对社会保险经办机构及其工作人员的违法行为，有权向有关部门提出依法处理建议。

第八十一条 社会保险行政部门和其他有关行政部门、社会保险经办机构、社会保险费征收机构及其工作人员，应当依法为用人单位和个人的信息保密，不得以任何形式泄露。

第八十二条 任何组织或者个人有权对违反社会保险法律、法规的行为进行举报、投诉。

社会保险行政部门、卫生行政部门、社会保险经办机构、社会保险费征收机构和财政部门、审计机关对属于本部门、本机构职责范围的举报、投诉，应当依法处理；对不属于本部门、本机构职责范围的，应当书面通知并移交有权处理的部门、机构处理。有权处理的部门、机构应当及时处理，不得推诿。

第八十三条 用人单位或者个人认为社会保险费征收机构的行为侵害自己合法权益的，可以依法申请行政复议或者提起行政诉讼。

用人单位或者个人对社会保险经办机构不依法办理社会保险登记、核定社会保险费、支付社会保险待遇、办理社会保险转移接续手续或者侵害其他社会保险权益的行为，可以依法申请行政复议或者提起行政诉讼。

个人与所在用人单位发生社会保险争议的，可以依法申请调解、仲裁，提起诉讼。用人单位侵害个人社会保险权益的，个人也可以要求社会保险行政部门或者社会保险费征收机构依法处理。

第十一章 法律责任

第八十四条 用人单位不办理社会保险登

记的，由社会保险行政部门责令限期改正；逾期不改正的，对用人单位处应缴社会保险费数额一倍以上三倍以下的罚款，对其直接负责的主管人员和其他直接责任人员处五百元以上三千元以下的罚款。

第八十五条 用人单位拒不出具终止或者解除劳动关系证明的，依照《中华人民共和国劳动合同法》的规定处理。

第八十六条 用人单位未按时足额缴纳社会保险费的，由社会保险费征收机构责令限期缴纳或者补足，并自欠缴之日起，按日加收万分之五的滞纳金；逾期仍不缴纳的，由有关行政部门处欠缴数额一倍以上三倍以下的罚款。

第八十七条 社会保险经办机构以及医疗机构、药品经营单位等社会保险服务机构以欺诈、伪造证明材料或者其他手段骗取社会保险基金支出的，由社会保险行政部门责令退回骗取的社会保险金，处骗取金额二倍以上五倍以下的罚款；属于社会保险服务机构的，解除服务协议；直接负责的主管人员和其他直接责任人员有执业资格的，依法吊销其执业资格。

第八十八条 以欺诈、伪造证明材料或者其他手段骗取社会保险待遇的，由社会保险行政部门责令退回骗取的社会保险金，处骗取金额二倍以上五倍以下的罚款。

第八十九条 社会保险经办机构及其工作人员有下列行为之一的，由社会保险行政部门责令改正；给社会保险基金、用人单位或者个人造成损失的，依法承担赔偿责任；对直接负责的主管人员和其他直接责任人员依法给予处分：

（一）未履行社会保险法定职责的；

（二）未将社会保险基金存入财政专户的；

（三）克扣或者拒不按时支付社会保险待遇的；

（四）丢失或者篡改缴费记录、享受社会保险待遇记录等社会保险数据、个人权益记录的；

（五）有违反社会保险法律、法规的其他行为的。

第九十条 社会保险费征收机构擅自更改社会保险费缴费基数、费率，导致少收或者多收社会保险费的，由有关行政部门责令其追缴应当缴纳的社会保险费或者退还不应当缴纳的社会保险费；对直接负责的主管人员和其他直接责任人员依法给予处分。

第九十一条 违反本法规定，隐匿、转移、侵占、挪用社会保险基金或者违规投资运营的，由社会保险行政部门、财政部门、审计机关责令追回；有违法所得的，没收违法所得；对直接负责的主管人员和其他直接责任人员依法给予处分。

第九十二条 社会保险行政部门和其他有关行政部门、社会保险经办机构、社会保险费征收机构及其工作人员泄露用人单位和个人信息的，对直接负责的主管人员和其他直接责任人员依法给予处分；给用人单位或者个人造成损失的，应当承担赔偿责任。

第九十三条 国家工作人员在社会保险管理、监督工作中滥用职权、玩忽职守、徇私舞弊的，依法给予处分。

第九十四条 违反本法规定，构成犯罪的，依法追究刑事责任。

第十二章　附　　则

第九十五条 进城务工的农村居民依照本法规定参加社会保险。

第九十六条 征收农村集体所有的土地，应当足额安排被征地农民的社会保险费，按照国务院规定将被征地农民纳入相应的社会保险制度。

第九十七条 外国人在中国境内就业的，参照本法规定参加社会保险。

第九十八条 本法自 2011 年 7 月 1 日起施行。

工伤保险条例

（2003 年 4 月 27 日中华人民共和国国务院令第 375 号公布　根据 2010 年 12 月 20 日《国务院关于修改〈工伤保险条例〉的决定》修订）

第一章　总　　则

第一条　为了保障因工作遭受事故伤害或者患职业病的职工获得医疗救治和经济补偿，促进工伤预防和职业康复，分散用人单位的工伤风险，制定本条例。

第二条　中华人民共和国境内的企业、事业单位、社会团体、民办非企业单位、基金会、律师事务所、会计师事务所等组织和有雇工的个体工商户（以下称用人单位）应当依照本条例规定参加工伤保险，为本单位全部职工或者雇工（以下称职工）缴纳工伤保险费。

中华人民共和国境内的企业、事业单位、社会团体、民办非企业单位、基金会、律师事务所、会计师事务所等组织的职工和个体工商户的雇工，均有依照本条例的规定享受工伤保险待遇的权利。

第三条　工伤保险费的征缴按照《社会保险费征缴暂行条例》关于基本养老保险费、基本医疗保险费、失业保险费的征缴规定执行。

第四条　用人单位应当将参加工伤保险的有关情况在本单位内公示。

用人单位和职工应当遵守有关安全生产和职业病防治的法律法规，执行安全卫生规程和标准，预防工伤事故发生，避免和减少职业病危害。

职工发生工伤时，用人单位应当采取措施使工伤职工得到及时救治。

第五条　国务院社会保险行政部门负责全国的工伤保险工作。

县级以上地方各级人民政府社会保险行政部门负责本行政区域内的工伤保险工作。

社会保险行政部门按照国务院有关规定设立的社会保险经办机构（以下称经办机构）具体承办工伤保险事务。

第六条　社会保险行政部门等部门制定工伤保险的政策、标准，应当征求工会组织、用人单位代表的意见。

第二章　工伤保险基金

第七条　工伤保险基金由用人单位缴纳的工伤保险费、工伤保险基金的利息和依法纳入工伤保险基金的其他资金构成。

第八条　工伤保险费根据以支定收、收支平衡的原则，确定费率。

国家根据不同行业的工伤风险程度确定行业的差别费率，并根据工伤保险费使用、工伤发生率等情况在每个行业内确定若干费率档次。行业差别费率及行业内费率档次由国务院社会保险行政部门制定，报国务院批准后公布施行。

统筹地区经办机构根据用人单位工伤保险费使用、工伤发生率等情况，适用所属行业内相应的费率档次确定单位缴费费率。

第九条　国务院社会保险行政部门应当定期了解全国各统筹地区工伤保险基金收支情况，及时提出调整行业差别费率及行业内费率档次的方案，报国务院批准后公布施行。

第十条　用人单位应当按时缴纳工伤保险费。职工个人不缴纳工伤保险费。

用人单位缴纳工伤保险费的数额为本单位

职工工资总额乘以单位缴费费率之积。

对难以按照工资总额缴纳工伤保险费的行业，其缴纳工伤保险费的具体方式，由国务院社会保险行政部门规定。

第十一条 工伤保险基金逐步实行省级统筹。

跨地区、生产流动性较大的行业，可以采取相对集中的方式异地参加统筹地区的工伤保险。具体办法由国务院社会保险行政部门会同有关行业的主管部门制定。

第十二条 工伤保险基金存入社会保障基金财政专户，用于本条例规定的工伤保险待遇，劳动能力鉴定，工伤预防的宣传、培训等费用，以及法律、法规规定的用于工伤保险的其他费用的支付。

工伤预防费用的提取比例、使用和管理的具体办法，由国务院社会保险行政部门会同国务院财政、卫生行政、安全生产监督管理等部门规定。

任何单位或者个人不得将工伤保险基金用于投资运营、兴建或者改建办公场所、发放奖金，或者挪作其他用途。

第十三条 工伤保险基金应当留有一定比例的储备金，用于统筹地区重大事故的工伤保险待遇支付；储备金不足支付的，由统筹地区的人民政府垫付。储备金占基金总额的具体比例和储备金的使用办法，由省、自治区、直辖市人民政府规定。

第三章 工伤认定

第十四条 职工有下列情形之一的，应当认定为工伤：

（一）在工作时间和工作场所内，因工作原因受到事故伤害的；

（二）工作时间前后在工作场所内，从事与工作有关的预备性或者收尾性工作受到事故伤害的；

（三）在工作时间和工作场所内，因履行工作职责受到暴力等意外伤害的；

（四）患职业病的；

（五）因工外出期间，由于工作原因受到伤害或者发生事故下落不明的；

（六）在上下班途中，受到非本人主要责任的交通事故或者城市轨道交通、客运轮渡、火车事故伤害的；

（七）法律、行政法规规定应当认定为工伤的其他情形。

第十五条 职工有下列情形之一的，视同工伤：

（一）在工作时间和工作岗位，突发疾病死亡或者在48小时之内经抢救无效死亡的；

（二）在抢险救灾等维护国家利益、公共利益活动中受到伤害的；

（三）职工原在军队服役，因战、因公负伤致残，已取得革命伤残军人证，到用人单位后旧伤复发的。

职工有前款第（一）项、第（二）项情形的，按照本条例的有关规定享受工伤保险待遇；职工有前款第（三）项情形的，按照本条例的有关规定享受除一次性伤残补助金以外的工伤保险待遇。

第十六条 职工符合本条例第十四条、第十五条的规定，但是有下列情形之一的，不得认定为工伤或者视同工伤：

（一）故意犯罪的；

（二）醉酒或者吸毒的；

（三）自残或者自杀的。

第十七条 职工发生事故伤害或者按照职业病防治法规定被诊断、鉴定为职业病，所在单位应当自事故伤害发生之日或者被诊断、鉴定为职业病之日起30日内，向统筹地区社会保险行政部门提出工伤认定申请。遇有特殊情况，经报社会保险行政部门同意，申请时限可以适当延长。

用人单位未按前款规定提出工伤认定申请的，工伤职工或者其近亲属、工会组织在事故伤害发生之日或者被诊断、鉴定为职业病之日起1年内，可以直接向用人单位所在地统筹地区社会保险行政部门提出工伤认定申请。

按照本条第一款规定应当由省级社会保险行政部门进行工伤认定的事项，根据属地原则由用人单位所在地的设区的市级社会保险行政部门办理。

用人单位未在本条第一款规定的时限内提交工伤认定申请，在此期间发生符合本条例规定的工伤待遇等有关费用由该用人单位负担。

第十八条 提出工伤认定申请应当提交下列材料：

（一）工伤认定申请表；

（二）与用人单位存在劳动关系（包括事实劳动关系）的证明材料；

（三）医疗诊断证明或者职业病诊断证明书（或者职业病诊断鉴定书）。

工伤认定申请表应当包括事故发生的时间、地点、原因以及职工伤害程度等基本情况。

工伤认定申请人提供材料不完整的，社会保险行政部门应当一次性书面告知工伤认定申请人需要补正的全部材料。申请人按照书面告知要求补正材料后，社会保险行政部门应当受理。

第十九条 社会保险行政部门受理工伤认定申请后，根据审核需要可以对事故伤害进行调查核实，用人单位、职工、工会组织、医疗机构以及有关部门应当予以协助。职业病诊断和诊断争议的鉴定，依照职业病防治法的有关规定执行。对依法取得职业病诊断证明书或者职业病诊断鉴定书的，社会保险行政部门不再进行调查核实。

职工或者其近亲属认为是工伤，用人单位不认为是工伤的，由用人单位承担举证责任。

第二十条 社会保险行政部门应当自受理工伤认定申请之日起60日内作出工伤认定的决定，并书面通知申请工伤认定的职工或者其近亲属和该职工所在单位。

社会保险行政部门对受理的事实清楚、权利义务明确的工伤认定申请，应当在15日内作出工伤认定的决定。

作出工伤认定决定需要以司法机关或者有关行政主管部门的结论为依据的，在司法机关或者有关行政主管部门尚未作出结论期间，作出工伤认定决定的时限中止。

社会保险行政部门工作人员与工伤认定申请人有利害关系的，应当回避。

第四章　劳动能力鉴定

第二十一条 职工发生工伤，经治疗伤情相对稳定后存在残疾、影响劳动能力的，应当进行劳动能力鉴定。

第二十二条 劳动能力鉴定是指劳动功能障碍程度和生活自理障碍程度的等级鉴定。

劳动功能障碍分为十个伤残等级，最重的为一级，最轻的为十级。

生活自理障碍分为三个等级：生活完全不能自理、生活大部分不能自理和生活部分不能自理。

劳动能力鉴定标准由国务院社会保险行政部门会同国务院卫生行政部门等部门制定。

第二十三条 劳动能力鉴定由用人单位、工伤职工或者其近亲属向设区的市级劳动能力鉴定委员会提出申请，并提供工伤认定决定和职工工伤医疗的有关资料。

第二十四条 省、自治区、直辖市劳动能力鉴定委员会和设区的市级劳动能力鉴定委员会分别由省、自治区、直辖市和设区的市级社会保险行政部门、卫生行政部门、工会组织、经办机构代表以及用人单位代表组成。

劳动能力鉴定委员会建立医疗卫生专家库。列入专家库的医疗卫生专业技术人员应当具备下列条件：

（一）具有医疗卫生高级专业技术职务任职资格；

（二）掌握劳动能力鉴定的相关知识；

（三）具有良好的职业品德。

第二十五条 设区的市级劳动能力鉴定委员会收到劳动能力鉴定申请后，应当从其建立的医疗卫生专家库中随机抽取3名或者5名相关专家组成专家组，由专家组提出鉴定意见。设区的市级劳动能力鉴定委员会根据专家组的鉴定意见作出工伤职工劳动能力鉴定结论；必要时，可以委托具备资格的医疗机构协助进行有关的诊断。

设区的市级劳动能力鉴定委员会应当自收到劳动能力鉴定申请之日起60日内作出劳动能力鉴定结论，必要时，作出劳动能力鉴定结论的期限可以延长30日。劳动能力鉴定结论应当及时送达申请鉴定的单位和个人。

第二十六条 申请鉴定的单位或者个人对设区的市级劳动能力鉴定委员会作出的鉴定结论不服的，可以在收到该鉴定结论之日起15日内向省、自治区、直辖市劳动能力鉴定委员会提出再次鉴定申请。省、自治区、直辖市劳动能力鉴定委员会作出的劳动能力鉴定结论为最终结论。

第二十七条 劳动能力鉴定工作应当客观、公正。劳动能力鉴定委员会组成人员或者参加鉴定的专家与当事人有利害关系的，应当回避。

第二十八条 自劳动能力鉴定结论作出之日起1年后，工伤职工或者其近亲属、所在单位或者经办机构认为伤残情况发生变化的，可以申请劳动能力复查鉴定。

第二十九条 劳动能力鉴定委员会依照本条例第二十六条和第二十八条的规定进行再次鉴定和复查鉴定的期限，依照本条例第二十五条第二款的规定执行。

第五章 工伤保险待遇

第三十条 职工因工作遭受事故伤害或者患职业病进行治疗，享受工伤医疗待遇。

职工治疗工伤应当在签订服务协议的医疗机构就医，情况紧急时可以先到就近的医疗机构急救。

治疗工伤所需费用符合工伤保险诊疗项目目录、工伤保险药品目录、工伤保险住院服务标准的，从工伤保险基金支付。工伤保险诊疗项目目录、工伤保险药品目录、工伤保险住院服务标准，由国务院社会保险行政部门会同国务院卫生行政部门、食品药品监督管理部门等部门规定。

职工住院治疗工伤的伙食补助费，以及经医疗机构出具证明，报经办机构同意，工伤职工到统筹地区以外就医所需的交通、食宿费用从工伤保险基金支付，基金支付的具体标准由统筹地区人民政府规定。

工伤职工治疗非工伤引发的疾病，不享受工伤医疗待遇，按照基本医疗保险办法处理。

工伤职工到签订服务协议的医疗机构进行工伤康复的费用，符合规定的，从工伤保险基金支付。

第三十一条 社会保险行政部门作出认定为工伤的决定后发生行政复议、行政诉讼的，行政复议和行政诉讼期间不停止支付工伤职工治疗工伤的医疗费用。

第三十二条 工伤职工因日常生活或者就业需要，经劳动能力鉴定委员会确认，可以安装假肢、矫形器、假眼、假牙和配置轮椅等辅助器具，所需费用按照国家规定的标准从工伤保险基金支付。

第三十三条 职工因工作遭受事故伤害或者患职业病需要暂停工作接受工伤医疗的，在停工留薪期内，原工资福利待遇不变，由所在单位按月支付。

停工留薪期一般不超过12个月。伤情严重或者情况特殊，经设区的市级劳动能力鉴定委员会确认，可以适当延长，但延长不得超过12个月。工伤职工评定伤残等级后，停发原待遇，按照本章的有关规定享受伤残待遇。工伤职工在停工留薪期满后仍需治疗的，继续享受工伤医疗待遇。

生活不能自理的工伤职工在停工留薪期需要护理的，由所在单位负责。

第三十四条 工伤职工已经评定伤残等级并经劳动能力鉴定委员会确认需要生活护理的，从工伤保险基金按月支付生活护理费。

生活护理费按照生活完全不能自理、生活大部分不能自理或者生活部分不能自理3个不同等级支付，其标准分别为统筹地区上年度职工月平均工资的50%、40%或者30%。

第三十五条 职工因工致残被鉴定为一级至四级伤残的，保留劳动关系，退出工作岗位，享受以下待遇：

（一）从工伤保险基金按伤残等级支付一次性伤残补助金，标准为：一级伤残为27个月的本人工资，二级伤残为25个月的本人工资，三级伤残为23个月的本人工资，四级伤残为21个月的本人工资；

（二）从工伤保险基金按月支付伤残津贴，标准为：一级伤残为本人工资的90%，二级伤残为本人工资的85%，三级伤残为本人工资的80%，四级伤残为本人工资的75%。伤残津贴实际金额低于当地最低工资标准的，由工伤保险基金补足差额；

（三）工伤职工达到退休年龄并办理退休手续后，停发伤残津贴，按照国家有关规定享受基本养老保险待遇。基本养老保险待遇低于伤残津贴的，由工伤保险基金补足差额。

职工因工致残被鉴定为一级至四级伤残的，由用人单位和职工个人以伤残津贴为基数，缴纳基本医疗保险费。

第三十六条 职工因工致残被鉴定为五级、六级伤残的，享受以下待遇：

（一）从工伤保险基金按伤残等级支付一次性伤残补助金，标准为：五级伤残为18个月的本人工资，六级伤残为16个月的本人工资；

（二）保留与用人单位的劳动关系，由用人单位安排适当工作。难以安排工作的，由用人单位按月发给伤残津贴，标准为：五级伤残为本人工资的70%，六级伤残为本人工资的60%，并由用人单位按照规定为其缴纳应缴纳的各项社会保险费。伤残津贴实际金额低于当地最低工资标准的，由用人单位补足差额。

经工伤职工本人提出，该职工可以与用人单位解除或者终止劳动关系，由工伤保险基金支付一次性工伤医疗补助金，由用人单位支付一次性伤残就业补助金。一次性工伤医疗补助金和一次性伤残就业补助金的具体标准由省、自治区、直辖市人民政府规定。

第三十七条 职工因工致残被鉴定为七级至十级伤残的，享受以下待遇：

（一）从工伤保险基金按伤残等级支付一次性伤残补助金，标准为：七级伤残为13个月的本人工资，八级伤残为11个月的本人工资，九级伤残为9个月的本人工资，十级伤残为7个月的本人工资；

（二）劳动、聘用合同期满终止，或者职工本人提出解除劳动、聘用合同的，由工伤保险基金支付一次性工伤医疗补助金，由用人单位支付一次性伤残就业补助金。一次性工伤医疗补助金和一次性伤残就业补助金的具体标准由省、自治区、直辖市人民政府规定。

第三十八条 工伤职工工伤复发，确认需要治疗的，享受本条例第三十条、第三十二条和第三十三条规定的工伤待遇。

第三十九条 职工因工死亡，其近亲属按照下列规定从工伤保险基金领取丧葬补助金、供养亲属抚恤金和一次性工亡补助金：

（一）丧葬补助金为6个月的统筹地区上年度职工月平均工资；

（二）供养亲属抚恤金按照职工本人工资的一定比例发给由因工死亡职工生前提供主要生活来源、无劳动能力的亲属。标准为：配偶每月40%，其他亲属每人每月30%，孤寡老人或者孤儿每人每月在上述标准的基础上增加10%。核定的各供养亲属的抚恤金之和不应高于因工死亡职工生前的工资。供养亲属的具体范围由国务院社会保险行政部门规定；

（三）一次性工亡补助金标准为上一年度全国城镇居民人均可支配收入的20倍。

伤残职工在停工留薪期内因工伤导致死亡的，其近亲属享受本条第一款规定的待遇。

一级至四级伤残职工在停工留薪期满后死亡的，其近亲属可以享受本条第一款第（一）项、第（二）项规定的待遇。

第四十条 伤残津贴、供养亲属抚恤金、生活护理费由统筹地区社会保险行政部门根据职工平均工资和生活费用变化等情况适时调整。调整办法由省、自治区、直辖市人民政府规定。

第四十一条 职工因工外出期间发生事故或者在抢险救灾中下落不明的，从事故发生当月起3个月内照发工资，从第4个月起停发工资，由工伤保险基金向其供养亲属按月支付供养亲属抚恤金。生活有困难的，可以预支一次性工亡补助金的50%。职工被人民法院宣告死亡的，按照本条例第三十九条职工因工死亡的规定处理。

第四十二条 工伤职工有下列情形之一的，停止享受工伤保险待遇：

（一）丧失享受待遇条件的；

（二）拒不接受劳动能力鉴定的；

（三）拒绝治疗的。

第四十三条 用人单位分立、合并、转让的，承继单位应当承担原用人单位的工伤保险责任；原用人单位已经参加工伤保险的，承继单位应当到当地经办机构办理工伤保险变更登记。

用人单位实行承包经营的，工伤保险责任由职工劳动关系所在单位承担。

职工被借调期间受到工伤事故伤害的，由原用人单位承担工伤保险责任，但原用人单位与借调单位可以约定补偿办法。

企业破产的，在破产清算时依法拨付应当由单位支付的工伤保险待遇费用。

第四十四条 职工被派遣出境工作，依据前往国家或者地区的法律应当参加当地工伤保险的，参加当地工伤保险，其国内工伤保险关系中止；不能参加当地工伤保险的，其国内工伤保险关系不中止。

第四十五条 职工再次发生工伤，根据规定应当享受伤残津贴的，按照新认定的伤残等级享受伤残津贴待遇。

第六章 监督管理

第四十六条 经办机构具体承办工伤保险事务，履行下列职责：

（一）根据省、自治区、直辖市人民政府规定，征收工伤保险费；

（二）核查用人单位的工资总额和职工人数，办理工伤保险登记，并负责保存用人单位缴费和职工享受工伤保险待遇情况的记录；

（三）进行工伤保险的调查、统计；

（四）按照规定管理工伤保险基金的支出；

（五）按照规定核定工伤保险待遇；

（六）为工伤职工或者其近亲属免费提供咨询服务。

第四十七条 经办机构与医疗机构、辅助器具配置机构在平等协商的基础上签订服务协议，并公布签订服务协议的医疗机构、辅助器具配置机构的名单。具体办法由国务院社会保险行政部门分别会同国务院卫生行政部门、民政部门等部门制定。

第四十八条 经办机构按照协议和国家有关目录、标准对工伤职工医疗费用、康复费用、辅助器具费用的使用情况进行核查，并按时足额结算费用。

第四十九条 经办机构应当定期公布工伤保险基金的收支情况，及时向社会保险行政部门提出调整费率的建议。

第五十条 社会保险行政部门、经办机构应当定期听取工伤职工、医疗机构、辅助器具配置机构以及社会各界对改进工伤保险工作的意见。

第五十一条 社会保险行政部门依法对工伤保险费的征缴和工伤保险基金的支付情况进行监督检查。

财政部门和审计机关依法对工伤保险基金的收支、管理情况进行监督。

第五十二条 任何组织和个人对有关工伤保险的违法行为，有权举报。社会保险行政部门对举报应当及时调查，按照规定处理，并为举报人保密。

第五十三条 工会组织依法维护工伤职工的合法权益，对用人单位的工伤保险工作实行监督。

第五十四条 职工与用人单位发生工伤待遇方面的争议，按照处理劳动争议的有关规定处理。

第五十五条 有下列情形之一的，有关单位或者个人可以依法申请行政复议，也可以依法向人民法院提起行政诉讼：

（一）申请工伤认定的职工或者其近亲属、该职工所在单位对工伤认定申请不予受理的决定不服的；

（二）申请工伤认定的职工或者其近亲属、该职工所在单位对工伤认定结论不服的；

（三）用人单位对经办机构确定的单位缴费费率不服的；

（四）签订服务协议的医疗机构、辅助器具配置机构认为经办机构未履行有关协议或者规定的；

（五）工伤职工或者其近亲属对经办机构核定的工伤保险待遇有异议的。

第七章 法律责任

第五十六条 单位或者个人违反本条例第十二条规定挪用工伤保险基金，构成犯罪的，依法追究刑事责任；尚不构成犯罪的，依法给予处分或者纪律处分。被挪用的基金由社会保险行政部门追回，并入工伤保险基金；没收的违法所得依法上缴国库。

第五十七条 社会保险行政部门工作人员有下列情形之一的，依法给予处分；情节严重，构成犯罪的，依法追究刑事责任：

（一）无正当理由不受理工伤认定申请，或者弄虚作假将不符合工伤条件的人员认定为工伤职工的；

（二）未妥善保管申请工伤认定的证据材料，致使有关证据灭失的；

（三）收受当事人财物的。

第五十八条 经办机构有下列行为之一的，由社会保险行政部门责令改正，对直接负责的主管人员和其他责任人员依法给予纪律处分；情节严重，构成犯罪的，依法追究刑事责任；造成当事人经济损失的，由经办机构依法承担赔偿责任：

（一）未按规定保存用人单位缴费和职工享受工伤保险待遇情况记录的；

（二）不按规定核定工伤保险待遇的；

（三）收受当事人财物的。

第五十九条 医疗机构、辅助器具配置机构不按服务协议提供服务的，经办机构可以解除服务协议。

经办机构不按时足额结算费用的，由社会保险行政部门责令改正；医疗机构、辅助器具配置机构可以解除服务协议。

第六十条 用人单位、工伤职工或者其近亲属骗取工伤保险待遇，医疗机构、辅助器具配置机构骗取工伤保险基金支出的，由社会保险行政部门责令退还，处骗取金额2倍以上5倍以下的罚款；情节严重，构成犯罪的，依法追究刑事责任。

第六十一条 从事劳动能力鉴定的组织或者个人有下列情形之一的，由社会保险行政部门责令改正，处2000元以上1万元以下的罚款；情节严重，构成犯罪的，依法追究刑事责任：

（一）提供虚假鉴定意见的；

（二）提供虚假诊断证明的；

（三）收受当事人财物的。

第六十二条 用人单位依照本条例规定应当参加工伤保险而未参加的，由社会保险行政部门责令限期参加，补缴应当缴纳的工伤保险费，并自欠缴之日起，按日加收万分之五的滞纳金；逾期仍不缴纳的，处欠缴数额1倍以上3倍以下的罚款。

依照本条例规定应当参加工伤保险而未参加工伤保险的用人单位职工发生工伤的，由该用人单位按照本条例规定的工伤保险待遇项目和标准支付费用。

用人单位参加工伤保险并补缴应当缴纳的工伤保险费、滞纳金后，由工伤保险基金和用人单位依照本条例的规定支付新发生的费用。

第六十三条 用人单位违反本条例第十九条的规定，拒不协助社会保险行政部门对事故进行调查核实的，由社会保险行政部门责令改正，处2000元以上2万元以下的罚款。

第八章 附 则

第六十四条 本条例所称工资总额，是指用人单位直接支付给本单位全部职工的劳动报酬总额。

本条例所称本人工资，是指工伤职工因工作遭受事故伤害或者患职业病前12个月平均月缴费工资。本人工资高于统筹地区职工平均工资300%的，按照统筹地区职工平均工资的300%计算；本人工资低于统筹地区职工平均工资60%的，按照统筹地区职工平均工资的60%计算。

第六十五条 公务员和参照公务员法管理的事业单位、社会团体的工作人员因工作遭受事故伤害或者患职业病的，由所在单位支付费用。具体办法由国务院社会保险行政部门会同国务院财政部门规定。

第六十六条 无营业执照或者未经依法登记、备案的单位以及被依法吊销营业执照或者撤销登记、备案的单位的职工受到事故伤害或者患职业病的，由该单位向伤残职工或者死亡职工的近亲属给予一次性赔偿，赔偿标准不得低于本条例规定的工伤保险待遇；用人单位不得使用童工，用人单位使用童工造成童工伤残、死亡的，由该单位向童工或者童工的近亲属给予一次性赔偿，赔偿标准不得低于本条例规定的工伤保险待遇。具体办法由国务院社会保险行政部门规定。

前款规定的伤残职工或者死亡职工的近亲属就赔偿数额与单位发生争议的，以及前款规定的童工或者童工的近亲属就赔偿数额与单位发生争议的，按照处理劳动争议的有关规定处理。

第六十七条 本条例自2004年1月1日起施行。本条例施行前已受到事故伤害或者患职业病的职工尚未完成工伤认定的，按照本条例的规定执行。

工伤认定办法

（2010年12月31日人力资源和社会保障部令第8号公布　自2011年1月1日起施行）

第一条　为规范工伤认定程序，依法进行工伤认定，维护当事人的合法权益，根据《工伤保险条例》的有关规定，制定本办法。

第二条　社会保险行政部门进行工伤认定按照本办法执行。

第三条　工伤认定应当客观公正、简捷方便，认定程序应当向社会公开。

第四条　职工发生事故伤害或者按照职业病防治法规定被诊断、鉴定为职业病，所在单位应当自事故伤害发生之日或者被诊断、鉴定为职业病之日起30日内，向统筹地区社会保险行政部门提出工伤认定申请。遇有特殊情况，经报社会保险行政部门同意，申请时限可以适当延长。

按照前款规定应当向省级社会保险行政部门提出工伤认定申请的，根据属地原则应当向用人单位所在地设区的市级社会保险行政部门提出。

第五条　用人单位未在规定的时限内提出工伤认定申请的，受伤害职工或者其近亲属、工会组织在事故伤害发生之日或者被诊断、鉴定为职业病之日起1年内，可以直接按照本办法第四条规定提出工伤认定申请。

第六条　提出工伤认定申请应当填写《工伤认定申请表》，并提交下列材料：

（一）劳动、聘用合同文本复印件或者与用人单位存在劳动关系（包括事实劳动关系）、人事关系的其他证明材料；

（二）医疗机构出具的受伤后诊断证明书或者职业病诊断证明书（或者职业病诊断鉴定书）。

第七条　工伤认定申请人提交的申请材料符合要求，属于社会保险行政部门管辖范围且在受理时限内的，社会保险行政部门应当受理。

第八条　社会保险行政部门收到工伤认定申请后，应当在15日内对申请人提交的材料进行审核，材料完整的，作出受理或者不予受理的决定；材料不完整的，应当以书面形式一次性告知申请人需要补正的全部材料。社会保险行政部门收到申请人提交的全部补正材料后，应当在15日内作出受理或者不予受理的决定。

社会保险行政部门决定受理的，应当出具《工伤认定申请受理决定书》；决定不予受理的，应当出具《工伤认定申请不予受理决定书》。

第九条　社会保险行政部门受理工伤认定申请后，可以根据需要对申请人提供的证据进行调查核实。

第十条　社会保险行政部门进行调查核实，应当由两名以上工作人员共同进行，并出示执行公务的证件。

第十一条　社会保险行政部门工作人员在工伤认定中，可以进行以下调查核实工作：

（一）根据工作需要，进入有关单位和事故现场；

（二）依法查阅与工伤认定有关的资料，询问有关人员并作出调查笔录；

（三）记录、录音、录像和复制与工伤认定有关的资料。调查核实工作的证据收集参照行政诉讼证据收集的有关规定执行。

第十二条　社会保险行政部门工作人员进行调查核实时，有关单位和个人应当予以协助。用人单位、工会组织、医疗机构以及有关部门应当负责安排相关人员配合工作，据实提供情况和证明材料。

第十三条 社会保险行政部门在进行工伤认定时，对申请人提供的符合国家有关规定的职业病诊断证明书或者职业病诊断鉴定书，不再进行调查核实。职业病诊断证明书或者职业病诊断鉴定书不符合国家规定的要求和格式的，社会保险行政部门可以要求出具证据部门重新提供。

第十四条 社会保险行政部门受理工伤认定申请后，可以根据工作需要，委托其他统筹地区的社会保险行政部门或者相关部门进行调查核实。

第十五条 社会保险行政部门工作人员进行调查核实时，应当履行下列义务：

（一）保守有关单位商业秘密以及个人隐私；

（二）为提供情况的有关人员保密。

第十六条 社会保险行政部门工作人员与工伤认定申请人有利害关系的，应当回避。

第十七条 职工或者其近亲属认为是工伤，用人单位不认为是工伤的，由该用人单位承担举证责任。用人单位拒不举证的，社会保险行政部门可以根据受伤害职工提供的证据或者调查取得的证据，依法作出工伤认定决定。

第十八条 社会保险行政部门应当自受理工伤认定申请之日起60日内作出工伤认定决定，出具《认定工伤决定书》或者《不予认定工伤决定书》。

第十九条 《认定工伤决定书》应当载明下列事项：

（一）用人单位全称；

（二）职工的姓名、性别、年龄、职业、身份证号码；

（三）受伤害部位、事故时间和诊断时间或职业病名称、受伤害经过和核实情况、医疗救治的基本情况和诊断结论；

（四）认定工伤或者视同工伤的依据；

（五）不服认定决定申请行政复议或者提起行政诉讼的部门和时限；

（六）作出认定工伤或者视同工伤决定的时间。

《不予认定工伤决定书》应当载明下列事项：

（一）用人单位全称；

（二）职工的姓名、性别、年龄、职业、身份证号码；

（三）不予认定工伤或者不视同工伤的依据；

（四）不服认定决定申请行政复议或者提起行政诉讼的部门和时限；

（五）作出不予认定工伤或者不视同工伤决定的时间。

《认定工伤决定书》和《不予认定工伤决定书》应当加盖社会保险行政部门工伤认定专用印章。

第二十条 社会保险行政部门受理工伤认定申请后，作出工伤认定决定需要以司法机关或者有关行政主管部门的结论为依据的，在司法机关或者有关行政主管部门尚未作出结论期间，作出工伤认定决定的时限中止，并书面通知申请人。

第二十一条 社会保险行政部门对于事实清楚、权利义务明确的工伤认定申请，应当自受理工伤认定申请之日起15日内作出工伤认定决定。

第二十二条 社会保险行政部门应当自工伤认定决定作出之日起20日内，将《认定工伤决定书》或者《不予认定工伤决定书》送达受伤害职工（或者其近亲属）和用人单位，并抄送社会保险经办机构。

《认定工伤决定书》和《不予认定工伤决定书》的送达参照民事法律有关送达的规定执行。

第二十三条 职工或者其近亲属、用人单位对不予受理决定不服或者对工伤认定决定不服的，可以依法申请行政复议或者提起行政诉讼。

第二十四条 工伤认定结束后，社会保险行政部门应当将工伤认定的有关资料保存50年。

第二十五条 用人单位拒不协助社会保险行政部门对事故伤害进行调查核实的，由社会保险行政部门责令改正，处2000元以上2万元以下的罚款。

第二十六条 本办法中的《工伤认定申请表》、《工伤认定申请受理决定书》、《工伤认定申请不予受理决定书》、《认定工伤决定书》、《不予认定工伤决定书》的样式由国务院社会保险行政部门统一制定。

第二十七条 本办法自2011年1月1日起施行。劳动和社会保障部2003年9月23日颁布的《工伤认定办法》同时废止。

非法用工单位伤亡人员一次性赔偿办法

（2010年12月31日人力资源和社会保障部令第9号公布 自2011年1月1日起施行）

第一条 根据《工伤保险条例》第六十六条第一款的授权，制定本办法。

第二条 本办法所称非法用工单位伤亡人员，是指无营业执照或者未经依法登记、备案的单位以及被依法吊销营业执照或者撤销登记、备案的单位受到事故伤害或者患职业病的职工，或者用人单位使用童工造成的伤残、死亡童工。

前款所列单位必须按照本办法的规定向伤残职工或者死亡职工的近亲属、伤残童工或者死亡童工的近亲属给予一次性赔偿。

第三条 一次性赔偿包括受到事故伤害或者患职业病的职工或童工在治疗期间的费用和一次性赔偿金。一次性赔偿金数额应当在受到事故伤害或者患职业病的职工或童工死亡或者经劳动能力鉴定后确定。

劳动能力鉴定按照属地原则由单位所在地设区的市级劳动能力鉴定委员会办理。劳动能力鉴定费用由伤亡职工或童工所在单位支付。

第四条 职工或童工受到事故伤害或者患职业病，在劳动能力鉴定之前进行治疗期间的生活费按照统筹地区上年度职工月平均工资标准确定，医疗费、护理费、住院期间的伙食补助费以及所需的交通费等费用按照《工伤保险条例》规定的标准和范围确定，并全部由伤残职工或童工所在单位支付。

第五条 一次性赔偿金按照以下标准支付：

一级伤残的为赔偿基数的16倍，二级伤残的为赔偿基数的14倍，三级伤残的为赔偿基数的12倍，四级伤残的为赔偿基数的10倍，五级伤残的为赔偿基数的8倍，六级伤残的为赔偿基数的6倍，七级伤残的为赔偿基数的4倍，八级伤残的为赔偿基数的3倍，九级伤残的为赔偿基数的2倍，十级伤残的为赔偿基数的1倍。

前款所称赔偿基数，是指单位所在工伤保险统筹地区上年度职工年平均工资。

第六条 受到事故伤害或者患职业病造成死亡的，按照上一年度全国城镇居民人均可支配收入的20倍支付一次性赔偿金，并按照上一年度全国城镇居民人均可支配收入的10倍一次性支付丧葬补助等其他赔偿金。

第七条 单位拒不支付一次性赔偿的，伤残职工或者死亡职工的近亲属、伤残童工或者死亡童工的近亲属可以向人力资源和社会保障行政部门举报。经查证属实的，人力资源和社会保障行政部门应当责令该单位限期改正。

第八条 伤残职工或者死亡职工的近亲属、伤残童工或者死亡童工的近亲属就赔偿数额与单位发生争议的，按照劳动争议处理的有关规定处理。

第九条 本办法自2011年1月1日起施行。劳动和社会保障部2003年9月23日颁布的《非法用工单位伤亡人员一次性赔偿办法》同时废止。

实施《中华人民共和国社会保险法》若干规定

（2011年6月29日人力资源和社会保障部令第13号公布　自2011年7月1日起施行）

为了实施《中华人民共和国社会保险法》（以下简称社会保险法），制定本规定。

第一章　关于基本养老保险

第一条 社会保险法第十五条规定的统筹养老金，按照国务院规定的基础养老金计发办法计发。

第二条 参加职工基本养老保险的个人达到法定退休年龄时，累计缴费不足十五年的，可以延长缴费至满十五年。社会保险法实施前参保、延长缴费五年后仍不足十五年的，可以一次性缴费至满十五年。

第三条 参加职工基本养老保险的个人达到法定退休年龄后，累计缴费不足十五年（含依照第二条规定延长缴费）的，可以申请转入户籍所在地新型农村社会养老保险或者城镇居民社会养老保险，享受相应的养老保险待遇。

参加职工基本养老保险的个人达到法定退休年龄后，累计缴费不足十五年（含依照第二条规定延长缴费），且未转入新型农村社会养老保险或者城镇居民社会养老保险的，个人可以书面申请终止职工基本养老保险关系。社会保险经办机构收到申请后，应当书面告知其转入新型农村社会养老保险或者城镇居民社会养老保险的权利以及终止职工基本养老保险关系的后果，经本人书面确认后，终止其职工基本养老保险关系，并将个人账户储存额一次性支付给本人。

第四条 参加职工基本养老保险的个人跨省流动就业，达到法定退休年龄时累计缴费不足十五年的，按照《国务院办公厅关于转发人力资源社会保障部财政部城镇企业职工基本养老保险关系转移接续暂行办法的通知》（国办发〔2009〕66号）有关待遇领取地的规定确定继续缴费地后，按照本规定第二条办理。

第五条 参加职工基本养老保险的个人跨省流动就业，符合按月领取基本养老金条件时，基本养老金分段计算、统一支付的具体办法，按照《国务院办公厅关于转发人力资源社会保障部财政部城镇企业职工基本养老保险关系转移接续暂行办法的通知》（国办发〔2009〕66号）执行。

第六条 职工基本养老保险个人账户不得提前支取。个人在达到法定的领取基本养老金条件前离境定居的，其个人账户予以保留，达到法定领取条件时，按照国家规定享受相应的养老保险待遇。其中，丧失中华人民共和国国籍的，可以在其离境时或者离境后书面申请终止职工基本养老保险关系。社会保险经办机构收到申请后，应当书面告知其保留个人账户的权利以及终止职工基本养老保险关系的后果，经本人书面确认后，终止其职工基本养老保险关系，并将个人账户储存额一次性支付给本人。

参加职工基本养老保险的个人死亡后，其个人账户中的余额可以全部依法继承。

第二章　关于基本医疗保险

第七条　社会保险法第二十七条规定的退休人员享受基本医疗保险待遇的缴费年限按照各地规定执行。

参加职工基本医疗保险的个人，基本医疗保险关系转移接续时，基本医疗保险缴费年限累计计算。

第八条　参保人员在协议医疗机构发生的医疗费用，符合基本医疗保险药品目录、诊疗项目、医疗服务设施标准的，按照国家规定从基本医疗保险基金中支付。

参保人员确需急诊、抢救的，可以在非协议医疗机构就医；因抢救必须使用的药品可以适当放宽范围。参保人员急诊、抢救的医疗服务具体管理办法由统筹地区根据当地实际情况制定。

第三章　关于工伤保险

第九条　职工（包括非全日制从业人员）在两个或者两个以上用人单位同时就业的，各用人单位应当分别为职工缴纳工伤保险费。职工发生工伤，由职工受到伤害时工作的单位依法承担工伤保险责任。

第十条　社会保险法第三十七条第二项中的醉酒标准，按照《车辆驾驶人员血液、呼气酒精含量阈值与检验》（GB19522－2004）执行。公安机关交通管理部门、医疗机构等有关单位依法出具的检测结论、诊断证明等材料，可以作为认定醉酒的依据。

第十一条　社会保险法第三十八条第八项中的因工死亡补助金是指《工伤保险条例》第三十九条的一次性工亡补助金，标准为工伤发生时上一年度全国城镇居民人均可支配收入的20倍。

上一年度全国城镇居民人均可支配收入以国家统计局公布的数据为准。

第十二条　社会保险法第三十九条第一项治疗工伤期间的工资福利，按照《工伤保险条例》第三十三条有关职工在停工留薪期内应当享受的工资福利和护理等待遇的规定执行。

第四章　关于失业保险

第十三条　失业人员符合社会保险法第四十五条规定条件的，可以申请领取失业保险金并享受其他失业保险待遇。其中，非因本人意愿中断就业包括下列情形：

（一）依照劳动合同法第四十四条第一项、第四项、第五项规定终止劳动合同的；

（二）由用人单位依照劳动合同法第三十九条、第四十条、第四十一条规定解除劳动合同的；

（三）用人单位依照劳动合同法第三十六条规定向劳动者提出解除劳动合同并与劳动者协商一致解除劳动合同的；

（四）由用人单位提出解除聘用合同或者被用人单位辞退、除名、开除的；

（五）劳动者本人依照劳动合同法第三十八条规定解除劳动合同的；

（六）法律、法规、规章规定的其他情形。

第十四条　失业人员领取失业保险金后重新就业的，再次失业时，缴费时间重新计算。失业人员因当期不符合失业保险金领取条件的，原有缴费时间予以保留，重新就业并参保的，缴费时间累计计算。

第十五条　失业人员在领取失业保险金期间，应当积极求职，接受职业介绍和职业培训。失业人员接受职业介绍、职业培训的补贴由失业保险基金按照规定支付。

第五章 关于基金管理和经办服务

第十六条 社会保险基金预算、决算草案的编制、审核和批准，依照《国务院关于试行社会保险基金预算的意见》（国发〔2010〕2号）的规定执行。

第十七条 社会保险经办机构应当每年至少一次将参保人员个人权益记录单通过邮寄方式寄送本人。同时，社会保险经办机构可以通过手机短信或者电子邮件等方式向参保人员发送个人权益记录。

第十八条 社会保险行政部门、社会保险经办机构及其工作人员应当依法为用人单位和个人的信息保密，不得违法向他人泄露下列信息：

（一）涉及用人单位商业秘密或者公开后可能损害用人单位合法利益的信息；

（二）涉及个人权益的信息。

第六章 关于法律责任

第十九条 用人单位在终止或者解除劳动合同时拒不向职工出具终止或者解除劳动关系证明，导致职工无法享受社会保险待遇的，用人单位应当依法承担赔偿责任。

第二十条 职工应当缴纳的社会保险费由用人单位代扣代缴。用人单位未依法代扣代缴的，由社会保险费征收机构责令用人单位限期代缴，并自欠缴之日起向用人单位按日加收万分之五的滞纳金。用人单位不得要求职工承担滞纳金。

第二十一条 用人单位因不可抗力造成生产经营出现严重困难的，经省级人民政府社会保险行政部门批准后，可以暂缓缴纳一定期限的社会保险费，期限一般不超过一年。暂缓缴费期间，免收滞纳金。到期后，用人单位应当缴纳相应的社会保险费。

第二十二条 用人单位按照社会保险法第六十三条的规定，提供担保并与社会保险费征收机构签订缓缴协议的，免收缓缴期间的滞纳金。

第二十三条 用人单位按照本规定第二十一条、第二十二条缓缴社会保险费期间，不影响其职工依法享受社会保险待遇。

第二十四条 用人单位未按月将缴纳社会保险费的明细情况告知职工本人的，由社会保险行政部门责令改正；逾期不改的，按照《劳动保障监察条例》第三十条的规定处理。

第二十五条 医疗机构、药品经营单位等社会保险服务机构以欺诈、伪造证明材料或者其他手段骗取社会保险基金支出的，由社会保险行政部门责令退回骗取的社会保险金，处骗取金额二倍以上五倍以下的罚款。对与社会保险经办机构签订服务协议的医疗机构、药品经营单位，由社会保险经办机构按照协议追究责任，情节严重的，可以解除与其签订的服务协议。对有执业资格的直接负责的主管人员和其他直接责任人员，由社会保险行政部门建议授予其执业资格的有关主管部门依法吊销其执业资格。

第二十六条 社会保险经办机构、社会保险费征收机构、社会保险基金投资运营机构、开设社会保险基金专户的机构和专户管理银行及其工作人员有下列违法情形的，由社会保险行政部门按照社会保险法第九十一条的规定查处：

（一）将应征和已征的社会保险基金，采取隐藏、非法放置等手段，未按规定征缴、入账的；

（二）违规将社会保险基金转入社会保险基金专户以外的账户的；

（三）侵吞社会保险基金的；

（四）将各项社会保险基金互相挤占或者其他社会保障基金挤占社会保险基金的；

（五）将社会保险基金用于平衡财政预算，兴建、改建办公场所和支付人员经费、运行费用、管理费用的；

（六）违反国家规定的投资运营政策的。

第七章 其 他

第二十七条 职工与所在用人单位发生社会保险争议的，可以依照《中华人民共和国劳动争议调解仲裁法》、《劳动人事争议仲裁办案规则》的规定，申请调解、仲裁，提起诉讼。

职工认为用人单位有未按时足额为其缴纳社会保险费等侵害其社会保险权益行为的，也可以要求社会保险行政部门或者社会保险费征收机构依法处理。社会保险行政部门或者社会保险费征收机构应当按照社会保险法和《劳动保障监察条例》等相关规定处理。在处理过程中，用人单位对双方的劳动关系提出异议的，社会保险行政部门应当依法查明相关事实后继续处理。

第二十八条 在社会保险经办机构征收社会保险费的地区，社会保险行政部门应当依法履行社会保险法第六十三条所规定的有关行政部门的职责。

第二十九条 2011 年 7 月 1 日后对用人单位未按时足额缴纳社会保险费的处理，按照社会保险法和本规定执行；对 2011 年 7 月 1 日前发生的用人单位未按时足额缴纳社会保险费的行为，按照国家和地方人民政府的有关规定执行。

第三十条 本规定自 2011 年 7 月 1 日起施行。

人力资源社会保障部关于执行《工伤保险条例》若干问题的意见

（2013 年 4 月 25 日 人社部发〔2013〕34 号）

各省、自治区、直辖市及新疆生产建设兵团人力资源社会保障厅（局）：

《国务院关于修改〈工伤保险条例〉的决定》（国务院令第 586 号）已经于 2011 年 1 月 1 日实施。为贯彻执行新修订的《工伤保险条例》，妥善解决实际工作中的问题，更好地保障职工和用人单位的合法权益，现提出如下意见。

一、《工伤保险条例》（以下简称《条例》）第十四条第（五）项规定的“因工外出期间”的认定，应当考虑职工外出是否属于用人单位指派的因工作外出，遭受的事故伤害是否因工作原因所致。

二、《条例》第十四条第（六）项规定的“非本人主要责任”的认定，应当以有关机关出具的法律文书或者人民法院的生效裁决为依据。

三、《条例》第十六条第（一）项“故意犯罪”的认定，应当以司法机关的生效法律文书或者结论性意见为依据。

四、《条例》第十六条第（二）项“醉酒或者吸毒”的认定，应当以有关机关出具的法律文书或者人民法院的生效裁决为依据。无法获得上述证据的，可以结合相关证据认定。

五、社会保险行政部门受理工伤认定申请后，发现劳动关系存在争议且无法确认的，应告知当事人可以向劳动人事争议仲裁委员会申请仲裁。在此期间，作出工伤认定决定的时限中止，并书面通知申请工伤认定的当事人。劳动关系依法确认后，当事人应将有关法律文书送交受理工伤认定申请的社会保险行政部门，该部门自收到生效法律文书之日起恢复工伤认定程序。

六、符合《条例》第十五条第（一）项情形的，职工所在用人单位原则上应自职工死亡之日起5个工作日内向用人单位所在统筹地区社会保险行政部门报告。

七、具备用工主体资格的承包单位违反法律、法规规定，将承包业务转包、分包给不具备用工主体资格的组织或者自然人，该组织或者自然人招用的劳动者从事承包业务时因工伤亡的，由该具备用工主体资格的承包单位承担用人单位依法应承担的工伤保险责任。

八、曾经从事接触职业病危害作业、当时没有发现罹患职业病、离开工作岗位后被诊断或鉴定为职业病的符合下列条件的人员，可以自诊断、鉴定为职业病之日起一年内申请工伤认定，社会保险行政部门应当受理：

（一）办理退休手续后，未再从事接触职业病危害作业的退休人员；

（二）劳动或聘用合同期满后或者本人提出而解除劳动或聘用合同后，未再从事接触职业病危害作业的人员。

经工伤认定和劳动能力鉴定，前款第（一）项人员符合领取一次性伤残补助金条件的，按就高原则以本人退休前12个月平均月缴费工资或者确诊职业病前12个月的月平均养老金为基数计发。前款第（二）项人员被鉴定为一级至十级伤残、按《条例》规定应以本人工资作为基数享受相关待遇的，按本人终止或者解除劳动、聘用合同前12个月平均月缴费工资计发。

九、按照本意见第八条规定被认定为工伤的职业病人员，职业病诊断证明书（或职业病诊断鉴定书）中明确的用人单位，在该职工从业期间依法为其缴纳工伤保险费的，按《条例》的规定，分别由工伤保险基金和用人单位支付工伤保险待遇；未依法为该职工缴纳工伤保险费的，由用人单位按照《条例》规定的相关项目和标准支付待遇。

十、职工在同一用人单位连续工作期间多次发生工伤的，符合《条例》第三十六、第三十七条规定领取相关待遇时，按照其在同一用人单位发生工伤的最高伤残级别，计发一次性伤残就业补助金和一次性工伤医疗补助金。

十一、依据《条例》第四十二条的规定停止支付工伤保险待遇的，在停止支付待遇的情形消失后，自下月起恢复工伤保险待遇，停止支付的工伤保险待遇不予补发。

十二、《条例》第六十二条第三款规定的“新发生的费用”，是指用人单位职工参加工伤保险前发生工伤的，在参加工伤保险后新发生的费用。

十三、由工伤保险基金支付的各项待遇应按《条例》相关规定支付，不得采取将长期待遇改为一次性支付的办法。

十四、核定工伤职工工伤保险待遇时，若上一年度相关数据尚未公布，可暂按前一年度的全国城镇居民人均可支配收入、统筹地区职工月平均工资核定和计发，待相关数据公布后再重新核定，社会保险经办机构或者用人单位予以补发差额部分。

本意见自发文之日起执行，此前有关规定与本意见不一致的，按本意见执行。执行中有重大问题，请及时报告我部。

人力资源社会保障部关于执行《工伤保险条例》若干问题的意见（二）

（2016年3月28日　人社部发〔2016〕29号）

各省、自治区、直辖市及新疆生产建设兵团人力资源社会保障厅（局）：

为更好地贯彻执行新修订的《工伤保险条例》，提高依法行政能力和水平，妥善解决实际工作中的问题，保障职工和用人单位合法权益，现提出如下意见：

一、一级至四级工伤职工死亡，其近亲属同时符合领取工伤保险丧葬补助金、供养亲属抚恤金待遇和职工基本养老保险丧葬补助金、抚恤金待遇条件的，由其近亲属选择领取工伤保险或职工基本养老保险其中一种。

二、达到或超过法定退休年龄，但未办理退休手续或者未依法享受城镇职工基本养老保险待遇，继续在原用人单位工作期间受到事故伤害或患职业病的，用人单位依法承担工伤保险责任。

用人单位招用已经达到、超过法定退休年龄或已经领取城镇职工基本养老保险待遇的人员，在用工期间因工作原因受到事故伤害或患职业病的，如招用单位已按项目参保等方式为其缴纳工伤保险费的，应适用《工伤保险条例》。

三、《工伤保险条例》第六十二条规定的"新发生的费用"，是指用人单位参加工伤保险前发生工伤的职工，在参加工伤保险后新发生的费用。其中由工伤保险基金支付的费用，按不同情况予以处理：

（一）因工受伤的，支付参保后新发生的工伤医疗费、工伤康复费、住院伙食补助费、统筹地区以外就医交通食宿费、辅助器具配置费、生活护理费、一级至四级伤残职工伤残津贴，以及参保后解除劳动合同时的一次性工伤医疗补助金；

（二）因工死亡的，支付参保后新发生的符合条件的供养亲属抚恤金。

四、职工在参加用人单位组织或者受用人单位指派参加其他单位组织的活动中受到事故伤害的，应当视为工作原因，但参加与工作无关的活动除外。

五、职工因工作原因驻外，有固定的住所、有明确的作息时间，工伤认定时按照在驻在地当地正常工作的情形处理。

六、职工以上下班为目的、在合理时间内往返于工作单位和居住地之间的合理路线，视为上下班途中。

七、用人单位注册地与生产经营地不在同一统筹地区的，原则上应在注册地为职工参加工伤保险；未在注册地参加工伤保险的职工，可由用人单位在生产经营地为其参加工伤保险。

劳务派遣单位跨地区派遣劳动者，应根据《劳务派遣暂行规定》参加工伤保险。建筑施工企业按项目参保的，应在施工项目所在地参加工伤保险。

职工受到事故伤害或者患职业病后，在参保地进行工伤认定、劳动能力鉴定，并按照参保地的规定依法享受工伤保险待遇；未参加工伤保险的职工，应当在生产经营地进行工伤认定、劳动能力鉴定，并按照生产经营地的规定依法由用人单位支付工伤保险待遇。

八、有下列情形之一的，被延误的时间不计算在工伤认定申请时限内。

（一）受不可抗力影响的；

（二）职工由于被国家机关依法采取强制措施等人身自由受到限制不能申请工伤认定的；

（三）申请人正式提交了工伤认定申请，但因社会保险机构未登记或者材料遗失等原因造成申请超时限的；

（四）当事人就确认劳动关系申请劳动仲裁或提起民事诉讼的；

（五）其他符合法律法规规定的情形。

九、《工伤保险条例》第六十七条规定的“尚未完成工伤认定的”，是指在《工伤保险条例》施行前遭受事故伤害或被诊断鉴定为职业病，且在工伤认定申请法定时限内（从《工伤保险条例》施行之日起算）提出工伤认定申请，尚未做出工伤认定的情形。

十、因工伤认定申请人或者用人单位隐瞒有关情况或者提供虚假材料，导致工伤认定决定错误的，社会保险行政部门发现后，应当及时予以更正。

本意见自发文之日起执行，此前有关规定与本意见不一致的，按本意见执行。执行中有重大问题，请及时报告我部。

劳动和社会保障部关于实施《工伤保险条例》若干问题的意见

（2004年11月1日　劳社部函〔2004〕256号）

各省、自治区、直辖市劳动和社会保障厅（局）：

《工伤保险条例》（以下简称条例）已于二〇〇四年一月一日起施行，现就条例实施中的有关问题提出如下意见。

一、职工在两个或两个以上用人单位同时就业的，各用人单位应当分别为职工缴纳工伤保险费。职工发生工伤，由职工受到伤害时其工作的单位依法承担工伤保险责任。

二、条例第十四条规定“上下班途中，受到机动车事故伤害的，应当认定为工伤”。这里“上下班途中”既包括职工正常工作的上下班途中，也包括职工加班加点的上下班途中。“受到机动车事故伤害的”既可以是职工驾驶或乘坐的机动车发生事故造成的，也可以是职工因其他机动车事故造成的。

三、条例第十五条规定“职工在工作时间和工作岗位，突发疾病死亡或者在48小时之内经抢救无效死亡的，视同工伤”。这里“突发疾病”包括各类疾病。“48小时”的起算时间，以医疗机构的初次诊断时间作为突发疾病的起算时间。

四、条例第十七条第二款规定的有权申请工伤认定的“工会组织”包括职工所在用人单位的工会组织以及符合《中华人民共和国工会法》规定的各级工会组织。

五、用人单位未按规定为职工提出工伤认定申请，受到事故伤害或者患职业病的职工或者其直系亲属、工会组织提出工伤认定申请，职工所在单位是否同意（签字、盖章），不是必经程序。

六、条例第十七条第四款规定“用人单位未在本条第一款规定的时限内提交工伤认定申请的，在此期间发生符合本条例规定的工伤待遇等有关费用由该用人单位负担”。这里用人单位承担工伤待遇等有关费用的期间是指从事故伤害发生之日或职业病确诊之日起到劳动保障行政部门受理工伤认定申请之日止。

七、条例第三十六条规定的工伤职工旧伤复发，是否需要治疗应由治疗工伤职工的协议医疗机构提出意见，有争议的由劳动能力鉴定委员会确认。

八、职工因工死亡，其供养亲属享受抚恤金待遇的资格，按职工因工死亡时的条件核定。

最高人民法院关于审理工伤保险行政案件若干问题的规定

（2014年4月21日最高人民法院审判委员会第1613次会议通过　2014年6月18日最高人民法院公告公布　自2014年9月1日起施行　法释〔2014〕9号）

为正确审理工伤保险行政案件，根据《中华人民共和国社会保险法》《中华人民共和国劳动法》《中华人民共和国行政诉讼法》《工伤保险条例》及其他有关法律、行政法规规定，结合行政审判实际，制定本规定。

第一条　人民法院审理工伤认定行政案件，在认定是否存在《工伤保险条例》第十四条第（六）项“本人主要责任”、第十六条第（二）项“醉酒或者吸毒”和第十六条第（三）项“自残或者自杀”等情形时，应当以有权机构出具的事故责任认定书、结论性意见和人民法院生效裁判等法律文书为依据，但有相反证据足以推翻事故责任认定书和结论性意见的除外。

前述法律文书不存在或者内容不明确，社会保险行政部门就前款事实作出认定的，人民法院应当结合其提供的相关证据依法进行审查。

《工伤保险条例》第十六条第（一）项“故意犯罪”的认定，应当以刑事侦查机关、检察机关和审判机关的生效法律文书或者结论性意见为依据。

第二条　人民法院受理工伤认定行政案件后，发现原告或者第三人在提起行政诉讼前已经就是否存在劳动关系申请劳动仲裁或者提起民事诉讼的，应当中止行政案件的审理。

第三条　社会保险行政部门认定下列单位为承担工伤保险责任单位的，人民法院应予支持：

（一）职工与两个或两个以上单位建立劳动关系，工伤事故发生时，职工为之工作的单位为承担工伤保险责任的单位；

（二）劳务派遣单位派遣的职工在用工单位工作期间因工伤亡的，派遣单位为承担工伤保险责任的单位；

（三）单位指派到其他单位工作的职工因工伤亡的，指派单位为承担工伤保险责任的单位；

（四）用工单位违反法律、法规规定将承包业务转包给不具备用工主体资格的组织或者自然人，该组织或者自然人聘用的职工从事承包业务时因工伤亡的，用工单位为承担工伤保险责任的单位；

（五）个人挂靠其他单位对外经营，其聘用的人员因工伤亡的，被挂靠单位为承担工伤保险责任的单位。

前款第（四）、（五）项明确的承担工伤保险责任的单位承担赔偿责任或者社会保险经办机构从工伤保险基金支付工伤保险待遇后，有权向相关组织、单位和个人追偿。

第四条 社会保险行政部门认定下列情形为工伤的，人民法院应予支持：

（一）职工在工作时间和工作场所内受到伤害，用人单位或者社会保险行政部门没有证据证明是非工作原因导致的；

（二）职工参加用人单位组织或者受用人单位指派参加其他单位组织的活动受到伤害的；

（三）在工作时间内，职工来往于多个与其工作职责相关的工作场所之间的合理区域因工受到伤害的；

（四）其他与履行工作职责相关，在工作时间及合理区域内受到伤害的。

第五条 社会保险行政部门认定下列情形为"因工外出期间"的，人民法院应予支持：

（一）职工受用人单位指派或者因工作需要在工作场所以外从事与工作职责有关的活动期间；

（二）职工受用人单位指派外出学习或者开会期间；

（三）职工因工作需要的其他外出活动期间。

职工因工外出期间从事与工作或者受用人单位指派外出学习、开会无关的个人活动受到伤害，社会保险行政部门不认定为工伤的，人民法院应予支持。

第六条 对社会保险行政部门认定下列情形为"上下班途中"的，人民法院应予支持：

（一）在合理时间内往返于工作地与住所地、经常居住地、单位宿舍的合理路线的上下班途中；

（二）在合理时间内往返于工作地与配偶、父母、子女居住地的合理路线的上下班途中；

（三）从事属于日常工作生活所需要的活动，且在合理时间和合理路线的上下班途中；

（四）在合理时间内其他合理路线的上下班途中。

第七条 由于不属于职工或者其近亲属自身原因超过工伤认定申请期限的，被耽误的时间不计算在工伤认定申请期限内。

有下列情形之一耽误申请时间的，应当认定为不属于职工或者其近亲属自身原因：

（一）不可抗力；

（二）人身自由受到限制；

（三）属于用人单位原因；

（四）社会保险行政部门登记制度不完善；

（五）当事人对是否存在劳动关系申请仲裁、提起民事诉讼。

第八条 职工因第三人的原因受到伤害，社会保险行政部门以职工或者其近亲属已经对第三人提起民事诉讼或者获得民事赔偿为由，作出不予受理工伤认定申请或者不予认定工伤决定的，人民法院不予支持。

职工因第三人的原因受到伤害，社会保险行政部门已经作出工伤认定，职工或者其近亲属未对第三人提起民事诉讼或者尚未获得民事赔偿，起诉要求社会保险经办机构支付工伤保险待遇的，人民法院应予支持。

职工因第三人的原因导致工伤，社会保险经办机构以职工或者其近亲属已经对第三人提起民事诉讼为由，拒绝支付工伤保险待遇的，人民法院不予支持，但第三人已经支付的医疗费用除外。

第九条 因工伤认定申请人或者用人单位隐瞒有关情况或者提供虚假材料，导致工伤认定错误的，社会保险行政部门可以在诉讼中依法予以更正。

工伤认定依法更正后，原告不申请撤诉，社会保险行政部门在作出原工伤认定时有过错的，人民法院应当判决确认违法；社会保险行政部门无过错的，人民法院可以驳回原告诉讼请求。

第十条 最高人民法院以前颁布的司法解释与本规定不一致的，以本规定为准。